HEYNE BÜCHER
SACHBUCH

Stephen King schreibt in seinem Büro ein Buch auf seiner IBM Selectric

In meiner Novelle »Atemtechnik« in *Frühling, Sommer, Herbst und Tod* habe ich einen geheimnisvollen Privatklub in einem alten Backsteinhaus in der East 35th Street in Manhattan erschaffen, in dem sich eine seltsame Schar Männer regelmäßig trifft, um sich ungewöhnliche Geschichten zu erzählen. Oben sind viele Zimmer, und als ein neues Mitglied sich nach der exakten Zahl erkundigt, sagt der seltsame Butler zu ihm: »Das weiß ich nicht, Sir, aber Sie könnten sich da oben verirren.« Dieser Herrenklub ist in Wahrheit eine Metapher für den gesamten Prozeß des Geschichtenerzählens. In mir sind ebenso viele Geschichten wie es Zimmer in diesem Haus gibt, und ich kann mich sehr leicht in ihnen verirren. Im Club wird jedenfalls vor jeder Geschichte ein Trinkspruch ausgebracht, der die Worte über dem großen Kamin in der Bibliothek wiedergibt: DIE GESCHICHTE ZÄHLT, NICHT DER, DER SIE ERZÄHLT. Für mich war das im Leben ein guter Führer, und ich glaube, das würde einen guten Spruch für meinen Grabstein geben. Nur das, kein Name.

Stephen King im *Playboy*-Interview, Juni 1983

DIE WELT DES STEPHEN KING

Was Sie schon immer über den »Meister des Horrors« wissen wollten

HERAUSGEGEBEN
VON GEORGE BEAHM

Für die deutsche Ausgabe bearbeitet
von Joachim Körber

Aus dem Amerikanischen
von Joachim Körber und Ute Thiemann

WILHELM HEYNE VERLAG
MÜNCHEN

HEYNE SACHBUCH
Nr. 19/222

Für unsere Eltern,
für Anne Hearth, Don und Jacqueline Wescott,
und für Howard und Maria Wornom.

GEORGE UND MARY BEAHM

Titel der amerikanischen Originalausgabe
THE STEPHEN KING COMPANION
Erschienen bei Andrews & McMeel, Kansas City, Missouri

Redaktion: Dagmar Loy

Printed in Germany 1992
Umschlagfoto: Corroll Hall, Bangor Daily News
Umschlaggestaltung: Atelier Adolf Bachmann, Reischach
Herstellung: H + G Lidl, München
Satz: Fotosatz Völkl, Puchheim
Druck und Verarbeitung: Ebner Ulm

ISBN 3-453-05818-6

Inhalt

Ich finde, in den besten Büchern kann man
tatsächlich die Freude des Autors, die Vision des Autors
oder so etwas Ähnliches spüren.
Herrgott, eine komische Art, seinen Lebensunterhalt zu verdienen.
Im Grunde genommen eine kindliche Aktivität.

STEPHEN KING, Auszug aus einem Interview
»The Author Talks: Stephen King«.

Die Welt des Stephen King – ein Autor wird vorgestellt

Wer ist *Stephen King* wirklich?

Dies ist die Frage, die immer wieder aufgeworfen wurde, als Douglas E. Winter Horror-Schriftsteller für sein Buch *Faces of Fear* interviewte. Später, als Winter in Ruhe über diese Frage nachdachte, kam er zu dem Schluß, daß er, wenn es eine einfache Antwort darauf gäbe, nicht *Stephen King: The Art of Darkness* hätte schreiben müssen.

Wer Stephen King wirklich ist, diese Frage wird wohl auch zum größten Teil unbeantwortet bleiben. Zu Beginn seiner Karriere war King noch offen und leicht zugänglich – er ging auf landesweite Promotiontouren, nahm an Tagungen teil, erschien bei zahllosen Autogrammstunden und war immer bereit zu Interviews. In einem seiner frühen Interviews bemerkte King einmal, daß er Schuldgefühle bekäme, wenn er einem Journalisten eine Absage erteilte. Schon bald wurde dies jedoch Notwendigkeit, denn die endlosen Anfragen und Verpflichtungen ließen ihm keine Zeit mehr zum Schreiben. Heute wird King abgeschirmt von seinen Fans (durch seine Sekretärin, die seine Briefe durchsieht und Telefonanrufe entgegennimmt), von der Geschäftswelt im allgemeinen (durch seinen Geschäftsmanager bzw. Agenten) und von seinen Lesern (öffentliche Auftritte und Lesungen kommen, wenn überhaupt, nur noch höchst selten vor).

Dieser erste Teil des Buches zeigt die wirkliche Welt des Stephen King, des Meisters des Schreckens aus Bangor, Maine.

Ein Überblick über Kings Karriere wird einen ersten Eindruck vermitteln, wird sozusagen die Bühne für den Rest des Buches bereiten.

Einen sehr persönlichen Einblick in sein Werk gibt das hier abgedruckte *Playboy*-Interview – das beste von vielen Interviews, die King über die Jahre gegeben hat. Sie haben die Gelegenheit, in der ersten Reihe Mitte in Virginia Beach zu sitzen, wo King 1986 anläßlich der Woche der indizierten Bücher einen Vortrag hielt – ein Vortrag, der in diesem Buch erstmalig in gedruckter Form wiedergegeben wird.

Sie werden sein Haus in Bangor besuchen, das historische William-Arnold-Haus, das durch sein eigens gefertigtes schmiedeeisernes Tor unverwechselbar ist. Sie werden die Spottlaudatio auf King lesen, in der Donald M. Grant von seiner fiktiven Reise nach Maine berichtet, um den Autor dort zu besuchen.

Eine Chronologie, ein Kurzprofil seiner Frau, der Schriftstellerin Tabitha King, und Wissenswertes und Kurioses über Stephen King vervollständigen diesen Teil.

Sein Leben – seine Bücher

Lebenslauf

1947	Stephen King wird am 21. September in Portland, Maine, geboren
1949	Der Vater verläßt die Familie, man hört nie wieder etwas von ihm
1949–58	Die Familie zieht nach Fort Wayne, Indiana, dann nach Stratford, Connecticut
1958	Die Familie zieht nach Durham, Maine
1959–60	Der Wendepunkt: King entdeckt eine Kiste mit Horror- und Science-fiction-Büchern im Haus seiner Tante
1962–66	Besuch der Lisbon Falls High School
1966–70	Studium an der University of Maine in Orono (UMO); Abschluß mit einem Bakkalaureat in Englisch (Nebenfach »Sprachlehrforschung« und einige Kurse im Fach »Drama«); lernt seine spätere Frau, Tabitha Spruce, kennen
1971	Heirat mit Tabitha Spruce
1971–73	King unterrichtet Englisch an der Hampden Academy (Hampden, Maine), lebt in einem Wohnwagen in Hermon, Maine
1973	King widmet sich nach dem Verkauf der Hardcover-Rechte von *Carrie* an Doubleday und dem Verkauf der Taschenbuchrechte an NAL nun ganz seiner Karriere als Schriftsteller; Kings Mutter stirbt an Krebs; King zieht mit seiner Familie nach Windham, Maine
1974	Umzug nach Boulder, Colorado
1975	King zieht mit seiner Familie nach Bridgton, Maine, und kauft dort ein Haus
1977	Längerer Aufenthalt in England, doch King kehrt nach drei Monaten zurück, um ein Haus in Center Lovell, Maine, zu kaufen (Sommerwohnsitz)
1978	»Writer in Residence« an der UMO; King mietet ein Haus in Orrington, Maine
1979	King kehrt nach seiner Zeit als Lehrer nach Center Lovell zurück
1980	King kauft einen viktorianischen Herrensitz in Bangor (sein derzeitiger Wohnsitz)

Veröffentlichte Bücher

(US-Ausgaben, in Klammern die Titel der deutschen Ausgaben und deren Erscheinungsjahr)

1974	*Carrie* (*Carrie*, 1977)
1975	*Salem's Lot* (*Brennen muß Salem*, 1979)
1977	*Rage* (*Amok*, 1988), ein Bachman-Buch
	The Shining (*Shining*, 1982)
1978	*Night Shift* (*Nachtschicht*, 1984)
	The Stand (*Das letzte Gefecht*, 1985)
1979	*The Dead Zone* (*Dead Zone – Das Attentat*, 1980 in gekürzter Fassung, 1987 als ungekürzte Ausgabe)
	The Long Walk (*Todesmarsch*, 1987), ein Bachman-Buch
1980	*Firestarter* (*Feuerkind*, 1982)
1981	*Cujo* (*Cujo*, 1983)
	Danse Macabre (*Danse Macabre*, 1988)
	Roadwork (*Sprengstoff*, 1986), ein Bachman-Buch
1982	*Creepshow* (*Creepshow*, 1985)
	The Dark Tower: The Gunslinger (*Schwarz*, 1988)
	Different Seasons (*Frühling, Sommer, Herbst und Tod*, 1984)
	The Running Man (*Menschenjagd*, 1986), ein Bachman-Buch
1983	*Christine* (*Christine*, 1984)
	Cycle of the Werewolf (*Das Jahr des Werwolfs*, 1985)
	Pet Sematary (*Friedhof der Kuscheltiere*, 1985)
1984	*The Eyes of the Dragon* (*Die Augen des Drachen*, 1987)
	The Talisman (*Der Talisman*, 1986), zus. mit Peter Straub
	Thinner (*Der Fluch*, 1985), ein Bachman-Buch
1985	*The Bachman Books*
	Skeleton Crew (*Im Morgengrauen*, 1985/*Der Fornit*, 1987/ *Der Gesang der Toten*, 1986)
1986	*It* (*Es*, 1986, ungekürzte Neuausgabe 1990)
1987	*The Dark Tower II: The Drawing of the Three* (*Drei*, 1989)
	Misery (*Sie*, 1987)
	Silver Bullet (*Der Werwolf von Tarker Mills*, 1988)
	The Tommyknockers (*Das Monstrum*, 1988)
1988	*Bare Bones* (*Angst*, 1989)
1989	*The Dark Half* (*Stark*, 1989)
	Dolan's Cadillac
	My Pretty Pony
1990	*The Stand* (*The Stand/Das letzte Gefecht*, 1990), überarb. Fass.
	Four Past Midnight (*Langoliers*, 1990/*Nachts*, 1991)
1991	*Needful Things* (*In einer kleinen Stadt*, 1991)
	The Dark Tower III: The Waste Lands (*Tot*, 1992)
1992	*Gerald's Game* (*Das Spiel*, 1992)

Der lange Weg zum Erfolg

Schriftsteller werden gemacht, nicht geboren. Die meisten Menschen besitzen das Talent zu schreiben. Aber es ist eine Menge Arbeit erforderlich, dieses Talent in eine gewinnträchtige Ware zu verwandeln. Man schreibt viel, schult seine Schriftstellergabe, schärft das Messer, bis man selbst sein Brot damit schneiden kann.

Stephen King in *Bangor News Daily,* 15. Oktober 1980

Die Bücher

Stephen Kings Karriere war für den Schriftsteller ein »langer, wundersamer Weg« – um die Worte von Grateful Dead zu paraphrasieren.

Nach der Veröffentlichung von *Das Monstrum* – dem letzten Buch aus Kings Vier-Bücher-Feuersturm, von dem zusammen allein in Amerika *vier Millionen* gebundene Ausgaben über den Ladentisch gingen – meldete sich King zu Wort und sagte in einem Interview mit *Publishers Weekly* im Februar 1988 über seinen nächsten Roman, *Stark:* »Es wird noch lange, lange dauern, bis er veröffentlicht wird.«

King hatte eine Pause eingelegt – in der Veröffentlichung seiner Werke, nicht beim Schreiben –, und obgleich einige King-Fans eine Dürrezeit erwarteten, haben es die meisten nicht einmal wirklich bemerkt: 1988 veröffentlichte King *Drei,* den zweiten Band der Saga vom Dunklen Turm, eine Paperbackausgabe des lang ersehnten ersten Bandes der Saga, *Schwarz,* und war »Autor« eines Buches mit Fotografien, *Nachtgesichter* (King-Fans, die jenes überformatige Buch zu Gesicht bekamen, nahmen an, daß es von Stephen King sei; doch schon ein flüchtiger Blick auf die ersten Seiten bewies das Gegenteil, und ein Großteil der King-Leserschaft stellte das Buch wieder ins Regal zurück).

Wenige Monate nach Kings Ankündigung, daß er nun eine längere Ruhepause einlegen würde, berichtete Christopher Spruce, Redakteur und Herausgeber von *Castle Rock,* dem King-Nachrichtenblatt, in einem Leitartikel in der Februarausgabe von 1989, daß King einen Vertrag über vier Bücher unterzeichnet habe. Die Veröffentlichung des ersten Romans *(Stark)* war für den Herbst 1989 angesetzt, gefolgt von drei weiteren Büchern, die jeweils im Abstand eines Jahres herauskommen sollten.

Die Ruhepause war offenkundig vorüber. King ließ seinen Computer wieder auf Hochtouren arbeiten.

Augenblicklich kochte die Gerüchteküche über die genauen Modalitäten des Vertrags.

Wieviel verdiente King dabei? David Streitfield berichtete in seinem »Book Report« für die *Washington Post:*

> Einzelheiten sind nur dünn gesät, doch es besteht allgemeine Übereinstimmung, daß King etwa 32 Millionen Dollar für die nordamerikanischen Hardcover- und Taschenbuchrechte bekommen wird.
>
> Die tatsächliche Summe mag sogar noch höher anzusetzen sein: eine verläßliche Quelle sagt, es handle sich um 40 Millionen Dollar – nette, runde 10 Millionen Dollar pro Buch. Noch ohne die Rechte für die fremdsprachigen Ausgaben, Filmoptionen und die verschiedenen anderen Vermarktungsmöglichkeiten hinzuzurechnen, handelt es sich hierbei um den höchstdotierten Geschäftsabschluß in dieser Branche, der je unterzeichnet wurde ... Man sollte sich in Erinnerung rufen, daß die meisten »literarischen« Schriftsteller zwischen 10 000 und 20 000 Dollar pro Buch einstreichen.

Es ist die Art von Lobeshymne, die, mit abkanzelnden, hämischen Bemerkungen gespickt, King beinahe von Beginn seiner kometenhaften Karriere an über sich ergehen lassen mußte: *Wenn seine Bücher populär sind, können sie nicht gut sein. Aber seht nur, wieviel er dafür bezahlt bekommt – ist das nicht unglaublich?*

Wie King 1976 in »The Guest World«, einer Gastkolumne des *New York Times Book Review,* erklärte, habe er Schuldgefühle, wenn ein Buch wie David Maddens *Bijou* seinem Autor gerade mal eben 15 000 Dollar über eine Zeitspanne von sechs Jahren einbringe, während sein eigener zweiter Roman, *Brennen muß Salem* – zu jener Zeit gerade als Taschenbuch herausgekommen und in weniger als einem Jahr geschrieben –, auf dem besten Wege war, ihm ein kleines Vermögen einzubringen.

King erklärte weiter, daß er sich zwar schuldig fühle, wenn so etwas geschehe, da *Bijou* besser als *Brennen muß Salem* sei, andererseits fühle er sich aber auch *nicht* schuldig, denn er habe das beste Buch geschrieben, das er zustande bringen konnte, ein ehrliches Buch, und am Ende sei das alles, was zähle.

Es ist ein Kommentar, der von großer Einsicht geprägt ist, einer, der mitten in das Herz der Frage trifft: Warum verkauft sich King so gut?

Harlan Ellison – ein zeitgenössischer Autor phantastischer Literatur, der King »einen der herausragendsten Geschichtenerzähler, den das zwanzigste Jahrhundert hervorgebracht hat« nannte – bietet in »Harlan Ellison's Watching«, seiner Filmkritikkolumne, eine mögliche Antwort:

> Weil er vielleicht der ehrlichste populäre Schriftsteller ist, den wir über die letzten Jahre kennenlernen durften. Er schreibt spannend und überzeugend. Er haut die Käufer seiner Bücher nie übers Ohr. Wenn man zur letzten Seite kommt, mag man für sich selbst entscheiden, ob es ihm gelungen ist, die Sache herüberzubringen, aber man fühlt sich nie betrogen.

Es ist eine ziemlich treffende Beschreibung. *Achtzig Millionen* Bücher weltweit im Handel können wohl als überzeugender Beweis gelten, daß King offenkundig eine Saite im Herzen der heutigen Leserschaft zum Klingen bringt – ein Lesepublikum, das über eine Million Ausgaben eines neuen Romans und drei Millionen Taschenbuchausgaben verschlingt.

Daß Kings Werk populär ist, steht außer Frage. Doch was seine Kritiker in ihrer üblichen Fixierung auf die Dollarzeichen in seinen Verträgen gern übersehen, ist, daß seine Bücher, im großen und ganzen, gute, ehrliche Bücher sind. Er ist ein Schriftsteller mit einer Vision, der schreibt, was ihm selbst am besten gefällt und dabei auch Millionen anderen gefällt. Das ist es, was ich Erfolg nenne und was King, in seinem Vorwort zu *Nachtschicht,* eine »vermarktbare Obsession« nennt.

Während King sich anfangs damit über Wasser hielt, Kurzgeschichten zu schreiben und sie an Magazine wie *Cavalier* zu verkaufen, blieb er beinahe unbekannt. Nur wenige stolperten zufällig über seine Arbeiten und bemerkten, wie gut er war. (Einer dieser zufälligen Leser war Douglas E. Winter, der später Kings offizieller Bio- und Bibliograph wurde und *Stephen King: The Art of Darkness schrieb.)*

Erst mit der Veröffentlichung eines Romans im Jahre 1974 erlangte er die Aufmerksamkeit der allgemeinen lesenden Öffentlichkeit und machte seine Teilzeitobsession zu einer gewinnträchtigen Vollzeitbeschäftigung. Auch wenn King zweifelsohne von einem ausgezeichneten Timing profitierte – indem er *Carrie* als direkten Nachfolger zu *Rosemarys Baby, Der Exorzist* und *Amityville Horror* veröffentlichte –, kam der wirkliche Schub doch von der Erzählung selbst, einer ehrlichen, schnörkellosen Geschichte über ein sympathisches Mädchen namens Carrietta White, Außenseiterin und häßliches Entlein, mit dem sich viele Leser identifizieren konnten. Doch im Gegensatz zu ihren Mitmenschen besaß sie sonderbare Fähigkeiten und zahlte es allen heim – die Rache eines paranormalen Klassentrottels sozusagen.

Zu Beginn seiner Arbeit an *Carrie* hielt King so wenig von seinen Bemühungen, daß er die ersten Seiten in den Papierkorb warf. Geplagt von Selbstzweifeln und der berüchtigten Schreibblockade als Resultat der üblichen Sorgen eines Schriftstellers – finanzielle Schwierigkeiten, Spannungen in der Ehe und die Unfähigkeit, mit dem, was man am besten kann, seinen Lebensunterhalt zu bestreiten –, hatte King wenig Zuversicht in *Carrie.*

Es war Kings Glück, daß die Verlagswelt die Sache gänzlich anders sah. Bill Thompson von Doubleday kaufte das Buch für 2500 Dollar, doch als eine Kopie des Manuskripts ihren Weg in die Büros von New American Library fand, knackte King den lang ersehnten Jackpot. Die Taschenbuchrechte an *Carrie* brachten 400 000 Dollar ein. Kings Schriftstellerkarriere begann ihren kometenhaften Aufstieg.

Carrie ist ein verdammt guter Roman. Harlan Ellison hält ihn für den Inbegriff Kingschen Schreibens: »*Carrie* ist Stephen King pur. Es ist Stephen King, bevor er seine schriftstellerische Unschuld verlor, bevor er im Rampenlicht der Öffentlichkeit stand. Es ist Stephen King, der einzig für sich selbst schreibt.«

Carrie war keine Eintagsfliege. King ließ *Brennen muß Salem* – einen brillant konstruierten Horrorroman, der viele seiner Kollegen inspirierte – folgen und bewies, daß der Blitz doch zweimal am selben Ort einschlagen kann. In *Stephen King: The Art of Darkness* berichtet Winter, daß *Carrie* und *Brennen muß Salem* sich zusammen »um die dreieinhalb Millionen Mal« verkauften. Die Verkaufszahlen wurden noch angeheizt von Brian De Palmas von der Kritik gelobter und finanziell erfolgreicher Verfilmung von *Carrie,* die zwei Monate nach dem Erscheinen der Taschenbuchausgabe von *Brennen muß Salem* in die Kinos kam.

Mel Allen, der für die Juni-Ausgabe von *Writer's Digest* von 1977 ein Kurzportrait von King verfaßte, stellt die Fakten in einen größeren Zusammenhang: »Stephen King ist gerade dreißig, doch nur wenige Schriftsteller verkaufen in ihrem gesamten Leben so viele Bücher wie er mit seinen beiden Romanen, *Carrie* und *Brennen muß Salem.*«

Doch erst mit *Shining,* seinem dritten Roman, hatte King einen Hardcover-Bestseller, den ersten von vielen. Und zum erstenmal trug der Klappentext Kings wachsender Popularität im Bereich des Horrors Rechnung. Doubleday rühmte ihn, sehr zu Kings Mißfallen, als »den unumstrittenen Meister der modernen Horrorerzählung«.

Kings zehn Horror-/Fantasy-Lieblingsbücher

Ray Bradbury: *Something Wicked This Way Comes* (deutsch: *Das Böse kommt auf leisen Sohlen*)
Ramsey Campbell: *The Doll Who Ate His Mother* (deutsch: *Die Puppen in der Erde;* leider stark gekürzt)
Jack Finney: *The Body Snatchers* (deutsch: *Unsichtbare Parasiten;* auch: *Die Körperfresser kommen*)
Shirley Jackson: *The Haunting of Hill House* (keine deutsche Ausgabe)
T. E. D. Klein: *The Ceremonies* (deutsch: *MorgenGrauen*)
Robert Marasco: *Burnt Offerings* (keine deutsche Ausgabe)
Richard Matheson: *I Am Legend* (deutsch: *Ich, der letzte Mensch;* auch: *Ich bin Legende*)
Anne Rice: *Interview With The Vampire* (deutsch: *Schule der Vampire;* auch: *Gespräch mit dem Vampir*)
Curt Siodmak: *Donovan's Brain* (deutsch: *Der Zauberlehrling;* auch: *Donovans Gehirn*)
Peter Straub: *Ghost Story* (deutsch: *Geisterstunde*)

Aus: *How to Write Tales of Horror, Fantasy & Science Fiction,* herausgegeben von Jack Williamson

Was nur die wenigsten wußten, war, daß er nebenbei auch einen Roman, *Amok,* unter seinem Pseudonym Richard Bachman veröffentlicht hatte. Es blieb eins der bestgehüteten Geheimnisse der Verlagswelt, bis das fünfte Bachman-Buch, *Der Fluch,* die Tarnung auffliegen ließ.

Doch zu diesem Zeitpunkt war King schon ein Markenzeichen, dessen Name das Bild eines geborenen Geschichtenerzählers, der am Lagerfeuer sitzt und in der Dunkelheit der Nacht Horrorgeschichten erfindet, heraufbeschwor.

King als Horrorschreiber zu vermarkten war für seine Verleger eine willkommene Verkaufsstrategie, doch im großen und ganzen ist diese Bezeichnung ein wenig irreführend. King schrieb später Bücher, die offensichtlich nicht die Art von Horror waren, die die Leute von ihm erwarteten. Doch zu jener Zeit gab Kings Name den Leuten schon so viel Vertrauen, daß sie es mit jedem neuen Buch dieses Autors versuchten, egal, wie die Verleger es nannten: *Frühling, Sommer, Herbst und Tod,* eine Sammlung von Novellen, ist Mainstream; die Bände der *Saga vom Dunklen Turm* sind reinste Fantasy; *Der Talisman* ist ein Fantasy-Quest-Roman; *Das Auge des Drachen* ist in seinem Herzen eine Kindergeschichte, die sich als Erzählung für Erwachsene verkleidet hat.

Wie sich herausstellte, waren King-Leser einzig daran interessiert, eine gut erzählte Geschichte zu bekommen. Seine leicht zugängliche Prosa und die Ehrlichkeit, mit der er an das Schreiben ging, haben sich bei den Lesern ausgezahlt; wie Ellison sagt, »liefert« King.

Nach drei Romanen, die als Horrorliteratur bezeichnet werden können (*Carrie, Brennen muß Salem* und *Shining*), veröffentlichte King *Das letzte Gefecht.* Die ambitionierte, epische Erzählung wurde aus verkaufstaktischen Überlegungen um fast vierhundert Seiten gekürzt, brachte es aber noch immer auf über achthundert Seiten. Die überarbeitete Fassung, die 1990 auf den Markt kam, beläuft sich auf über zwölfhundert Seiten und übertrifft somit *Es* als Kings längsten Roman.

Auf *Das letzte Gefecht* folgte *Nachtschicht,* Kings erste Sammlung von Kurzgeschichten – eine Art Buch, das die meisten Schriftsteller nicht herausbringen können, bevor sie nicht eine sehr treue Leserschaft haben. Das Buch, in dem sich viele der Stücke für *Cavalier* finden, zeigte, daß King zu jener seltenen Gattung von Schriftstellern gehörte, die nicht nur Romane, sondern auch Kurzgeschichten schreiben können. Wie seine Leserschaft später entdeckte, kann King in jedem Genre und jeder Textbreite – von Gedicht bis Kurzgeschichte, von Novelle bis Epos (wie die *Saga vom Dunklen Turm,* die nach Kings Schätzung endgültig wohl sieben Bücher umfassen wird) – schreiben.

Am Anfang der achtziger Jahre begann King eine der produktivsten Perioden seiner schriftstellerischen Karriere. 1979 veröffentlichte er bereits *Dead Zone* und *Todesmarsch,* 1980 *Feuerkind,* 1981 drei Bücher (*Danse Macabre, Cujo* und *Sprengstoff*) und 1982 vier Bücher: *Schwarz,*

Zwei Briefe von Stephen King

Sehr geehrte Herren,
nachfolgend die gewünschte Inhaltsangabe meines nächsten Romans: Handlung, Handlung, BUH!, Handlung, Handlung, Scheiße, BUH!, Handlung, BUH!

Stephen King
benimmt sich in der Buchhandlung B. Dalton daneben

Sehr geehrte Herren!
BUH!
Haben Sie Angst gehabt?
Aber klar doch! Nennen Sie mich den Meister des Schreckens.

Stephen King
Owl's Dung, Maine

Aus: »Letters to the Editors« in *National Lampoon,* Juli 1983 und September 1981.

Frühling, Sommer, Herbst und Tod, Creepshow und *Menschenjagd.* 1983 veröffentlichte King zwei unbedeutendere Bücher (*Christine* und *Das Jahr des Werwolfs*) und erlaubte Doubleday aus vertraglichen Überlegungen heraus, *Friedhof der Kuscheltiere,* einen seiner stärksten Romane, zu bringen. 1984 veröffentlichte King in Zusammenarbeit mit Peter Straub *Der Talisman* und brachte im Selbstverlag *Die Augen des Drachen* heraus, eine erfrischende Geschichte für Kinder und eine Erzählung für Erwachsene, mit der er jene Leser überraschte, die sich fragten, ob er wohl etwas anderes als Horror schreiben könne. Außerdem veröffentlichte er unter seinem Pseudonym *Der Fluch,* einen Roman, der so unverwechselbar King war, daß die Leser ihre Sherlock-Holmes-Mützen aufsetzten und schon bald herausfanden, daß sich King dahinter verbarg – eine Tatsache, die der Buchhändler Robert Weinberg aus Oak Forest, Illinois, in seinem monatlichen Kundenkatalog zumeist Fantasy- und Science-fiction-Fans publik machte.

1985 veröffentlichte King eine weitere Sammlung von Kurzgeschichten, *Skeleton Crew,* und *The Bachman Books,* eine Sammelausgabe aus den ersten vier Bachman-Romanen, von denen die meisten in ihren Originalausgaben schon längst vergriffen waren.

1986 erkannten Kings Verleger, daß der Hunger seiner Fans nach neuen Büchern gar nicht gesättigt, geschweige denn übersättigt werden konnte, und so ließen sie ihre Druckmaschinen auf Hochtouren laufen und entzündeten den »Stephen-King-Feuersturm«, wie sie es selbst nannten. *Es* wurde 1986 veröffentlicht. *Sie, Die Augen des Drachen* und *Das Monstrum* wurden 1987 veröffentlicht. Zusätzlich wurde 1987 *Der Werwolf von Tarker Mills* (siehe *Das Jahr des Werwolfs*) herausge-

> ***Der Autor spricht: Stephen King über das Schreiben***
>
> Qual ist für mich manchmal, wenn ich einen neuen Arbeitstag anfange, mich hinsetze und sage: »Ich muß diesen Fisch wieder nehmen, obwohl er noch ein wenig mehr verfault ist, und ich muß ihn riechen.« Dann fällt das Arbeiten schwer. Aber manchmal kann man auch das genaue Gegenteil von Qual empfinden, ein regelrechtes Euphoriegefühl, weil man etwas plötzlich vollkommen klar sieht.

bracht. Und *Drei* wurde ebenfalls in diesem Jahr von Donald M. Grant veröffentlicht.

Nach der Fertigstellung von *Das Monstrum* kündigte der erschöpfte King an, daß er nun eine Ruhepause einlegen und eine Zeitlang nichts veröffentlichen würde, doch diese Ruhepause stellte sich als recht kurz heraus. 1988 erschien *Schwarz* in einer Paperbackausgabe, und außerdem wurde das Pseudo-King-Buch *Nachtgesichter* veröffentlicht, ein großformatiges Fotobuch »von« Stephen King, mit Fotografien von »f-stop Fitzgerald«. Dieses Werk hatte eine Erstauflage von 250 000 Exemplaren und wurde 100 000mal verkauft – bemerkenswert, wenn man bedenkt, daß Kings Beitrag dazu aus einem einzigen Essay besteht und der bei weitem größte Teil des Buches aus Fotos besteht.

Die erste Hälfte des Jahres 1989 brachte drei Neuveröffentlichungen von King-Büchern auf den Markt: die Paperbackausgabe von *Drei* bei NAL, die limitierte Lord-John-Press-Ausgabe von *Dolan's Cadillac* und die limitierte Ausgabe des Whitney Museums von *My Pretty Pony*. Die zweite Hälfte des Jahres 1989 brachte NALs Taschenbuchausgabe von *Schwarz,* eine Normalausgabe von *My Pretty Pony* (herausgegeben vom Whitney-Museum und von Alfred A. Knopf) und einen Roman, *Stark.*

1990 veröffentlichte Doubleday die lang erwartete, ungekürzte Ausgabe von *Das letzte Gefecht,* mit Illustrationen von Wrightson. Und im Herbst erschien das zweite Buch aus Kings jüngstem Paketabschluß, eine Sammlung von Novellen unter dem Titel *Four Past Midnight (Langoliers/Nachts).* Im Herbst 1991 brachte Viking das dritte Buch dieses Vertrages, *In einer kleinen Stadt,* als Hardcover auf den Markt.

Ein Blick nach vorn

Dann wäre da noch die immer wieder zu Gerüchten anregende *Saga vom Dunklen Turm,* ein Fantasy-Epos, das King schon während seiner Collegezeit begonnen hat. In der Märzausgabe von *Castle Rock* von 1989 findet sich ein Interview von Janet Beaulieu mit Stephen King; sie berichtet, daß »King nunmehr schätzt, daß das abgeschlossene Projekt etwa 10 000 Seiten in wohl acht Bänden umfassen wird, und annimmt, daß der nächste Band wahrscheinlich in zwei oder drei Jahren erscheinen wird«.

An dieser Stelle sei die Spekulation erlaubt, daß King eines Tages vielleicht eine Sammlung seiner eigenen Sachtexte herausgeben wird, die gut und gern so unterhaltend und lesbar wie seine Erzählungen sind. Bis heute hat er gut über einhundert Aufsätze und ähnliches veröffentlicht, manches davon in obskuren Magazinen oder kleinen Publikationen. (Ursula K. LeGuins Sammlung von Aufsätzen, *From Elfland to Poughkeepsie,* ist ein gutes Beispiel dafür, wie unterhaltsam eine solche Sammlung sein kann.)

Die Filme

Verleger lieben Koproduktionen, besonders Filme, zu denen sie eine Lizenz-Buchausgabe auf den Markt bringen können. Die Annahme ist, daß einige den Film sehen und anschließend das Buch lesen werden. Doch wenn der Film die Erwartungen des Publikums nicht erfüllt, dann kauft auch niemand »das Buch zum Film«.

Leider sind nur wenige der vielen Verfilmungen Kingscher Geschichten gelungen, trotz der Millionen von Dollar, die in sie hineingesteckt wurden, der berühmten Schauspieler und Schauspielerinnen, die eingekauft wurden, und der profilierten Regisseure und Produzenten, die sowohl innerhalb als auch außerhalb des Genres feststellen mußten, wie schwer es ist, Kings Prosa erfolgreich für die Leinwand zu bearbeiten.

In einem Interview mit Jessie Hostling, das sich in dem besten der drei Bücher findet, die sich mit den King-Verfilmungen beschäftigen (*Stephen King at the Movies,* leider vergriffen), äußert sich King zu den kaum zu meisternden Problemen, die es mit sich bringt, wenn man seine Werke auf die Leinwand bringen will.

Auf die Frage »Was fehlt?« erwiderte King:

> In den Büchern kommt es darauf an, was zwischen den Zeilen steht. Was immer das sein mag, was immer die Leser erwarten, sie wollen etwas Bestimmtes haben. Nur darum kaufen sie immer mehr Bücher ... Und aus eben demselben Grund gehen sie nicht ins Kino; sie sagen: »Ach, schon wieder eine beschissene Verfilmung eines King-Buchs.«

Kings Einschätzung trifft den Nagel auf den Kopf. Seine Fans finden in den Filmen einfach nicht das, was ihnen an den Büchern gefällt. Doch ein Teil des Problems ist, daß das vornehmlich jugendliche Publikum von Horrorfilmen die blutrünstigere und grausamere Variante vorzieht, wie sie ihm zum Beispiel in *Nightmare on Elm Street* oder in *Freitag der 13.* und in deren endlosen Fortsetzungen geboten wird. Derartige Kost nennt der Autokino-Filmkritiker Joe Bob Briggs »Budenzauber im

Stephen King – der Schauspieler?

Wenn Sie denken, Stephen King schriebe nur Bücher, von denen dann Filme gemacht werden, so mag es Sie überraschen zu erfahren, daß er in diesen Filmen auch mitspielt. Er ist sogar schon in einem Fernseh-Werbespot aufgetreten.

Zumeist macht King nur kleine Gastauftritte, so wie zum Beispiel in *Nightriders* (wo er mit seiner Frau Tabitha zu sehen ist), *Friedhof der Kuscheltiere* (als Priester) und in *Kleine Horrorgeschichten.*

In manchen Fällen dienen seine Auftritte der Komik. In *Rhea M. – Es begann ohne Warnung* wird er von einem Geldautomaten beleidigt, als er erfolglos versucht, Geld abzuheben. In *Die unheimlich verrückte Geisterstunde* spielt er Jordy Verrill, einen Dorftölpel, der in seinem Garten einen Meteoriten entdeckt.

Doch King ist am besten, wenn er sich selbst spielt, wie er dies bis zur bitteren Neige in einem American-Express-Spot tut. Dieser Spot gehört zu einer ganzen Reihe, die von der Werbeagentur Ogilvy & Mathers produziert wurde und in denen berühmte Persönlichkeiten ihren Auftritt haben.

Zu Beginn des Dreißig-Sekunden-Spots geht King, gekleidet in eine Abendjacke, über den Balkon. Im Hintergrund schleicht eine verhüllte Gestalt verstohlen durch das Zimmer. King, mit einer einzelnen Kerze in der Hand, geht die Treppe hinunter. Die Kamera zeigt ein selbsttätig spielendes Klavier. King geht durch einen Flur. Sein Weg wird von flackernden Kerzen erhellt – menschliche Hände ragen aus den Wänden und halten die Kandelaber.

Ein plötzlicher Windzug stößt die Fensterflügel auf und läßt die Kerzen erlöschen. Blitze zucken, während King, mit dem Rücken zu einem Bücherregal gewandt, einen an der Wand angebrachten Kerzenhalter herumdreht. Das Bücherregal rotiert, und dahinter kommt ein nebelverhangener Stollengang zum Vorschein. Dann tritt King in die Höhle.

Der etwas gewollt komische Text sagt, was Sache ist: »Es bringt mich einfach um, wenn man mich nicht erkennt«, sagt King. Und so trägt er immer seine American-Express-Karte bei sich, um sicherzustellen, daß er erkannt wird. Am Ende des Werbespots flüstert King dem Zuschauer noch seinen Tip zu: »Die American-Express-Karte – verlassen Sie das Haus nie ohne sie.«

Fleischwolf« – plötzlicher Tod, Verstümmelung und eimerweise Blut sind die Hauptattraktionen.

Die Verfilmungen von Stephen Kings Büchern sind größtenteils recht konservative Horrorfilme – genauso wie die Buchvorlagen. Ein solcher Mainstream-Ansatz ist weit entfernt von den Sex- und Gewaltszenen, die die Werke einiger der jüngeren Horrorschriftsteller – der Splatterpunks, wie sie sich selbst nennen – charakterisieren, die Clive Barker zu ihrem Führer »ernannt« haben, eine »Ehre«, die Barker immer wieder von sich weist.

Das Ergebnis ist, daß Kings Filme weder die Hardcore-Horrorfans – die typischen, jugendlichen Kinobesucher – noch seine eigenen Fans ansprechen. Im allgemeinen sind die letztgenannten enttäuscht von der Verfilmung, und viele haben den Entschluß gefaßt, keinen weiteren King-Film anzusehen. (Die Verfilmung von *Friedhof der Kuscheltiere* z. B., für die King das Drehbuch schrieb, wurde nur mit lauwarmen Kritiken bedacht, auch wenn dieselben Kritiken sich fast vor Lob über das zugrundeliegende Buch überschlugen.)

Meine höchst subjektive Liste von gelungenen King-Verfilmungen ist leider nur kurz: *Carrie – Des Satans jüngste Tochter* (Regie: Brian De Palma), *Dead Zone – Der Attentäter* (Regie: David Cronenberg) und *Stand by me – Das Geheimnis eines Sommers* (Regie: Rob Reiner, basierend auf der Novelle »Die Leiche« aus *Frühling, Sommer, Herbst und Tod*).

Der Preis des Erfolgs

King ist nicht nur ein populärer Autor, sondern ein verlegerisches Phänomen und hat schon daher seine Berühmtheit verdient. Endlos interviewt und portraitiert vom Anfang seiner Karriere an bis heute, wo er sich »ausinterviewt« fühlt, wie er es in der »Larry King Show« formulierte, ist Stephen King die Personifizierung einer amerikanischen Erfolgsstory – vom jungen, aufstrebenden Schriftsteller, der für 6400 Dollar im Jahr unterrichtete, zum berühmten Autor, dessen Bücher jedes für sich Millionen von Dollar einbringen. Außerdem gehört King zu dieser ganz seltenen Art von Schriftstellern: ein Bestseller-Autor, der, im Gegensatz zu vielen, die sich ganz oben auf der Bestsellerliste zu ihm gesellen, sehr talentiert ist.

Doch dafür muß er auch einen Preis zahlen.

Kings berühmtes Haus in Bangor, Maine, ist von einem handgeschmiedeten Zaun umgeben. »Kein Zutritt«-Schilder sind überall gut sichtbar aufgehängt. Auf einem steht: »DIES IST PRIVATBESITZ. Jagen, Fischen und unbefugter Zutritt sind unter Strafandrohung verboten.« Und die Schilder meinen, was sie sagen.

An seinem Sommerwohnsitz im westlichen Maine sind solche Schilder nicht nötig. Der genaue Standort ist ein gutgehütetes Geheimnis, und die ortsansässigen Bewohner werden den Fans den Weg dorthin nicht zeigen.

King hat natürlich eine geheime Telefonnummer. Doch selbst wenn Sie diese Nummer in die Hände bekommen und anrufen sollten, würde in den üblichen Bürostunden nur Shirley Sonderegger an den Apparat gehen. Und ein Anruf am Abend oder an den Wochenenden erreicht niemanden.

Aufgrund der riesigen Menge an Post, die an Kings Adresse geht, wird diese sortiert, und King bekommt nur zu sehen, was er unbedingt sehen muß. Wenn Sie eine Antwort erhalten, handelt es sich dabei mit neunundneunzigprozentiger Wahrscheinlichkeit um eine vorgedruckte Postkarte, auf der steht, daß King es zwar zu schätzen weiß, von seinen Fans zu hören, doch daß er diese Schreiben nicht selbst beantworten kann, da ihm sonst keine Zeit mehr bliebe, Bücher zu schreiben.

King nimmt nur selten an Kongressen und ähnlichen Veranstaltungen teil. Bei Veranstaltungen, bei denen er trotzdem anwesend ist, wird er belagert. Ebenso selten wirbt er für seine Bücher, indem er Signierstunden gibt. Die Erfahrung hat ihn gelehrt, daß die Schlangen bei solchen Gelegenheiten länger sind, als er in einer einzelnen Sitzung bewältigen kann, und anstatt seine Leser hier zu enttäuschen, zieht King es vor, von vornherein einfach nein zu sagen.

In geschäftlichen Belangen trifft King die letzte Entscheidung persönlich, doch zumeist erst, nachdem die Angelegenheit schon durch die Hände seines Agenten oder Geschäftsmanagers gegangen ist, die sich beide in hervorragender Weise um Kings Interessen kümmern.

Ohne diese Schlüsselpersonen, die King von der Welt abschirmen, würde er nicht eine einzige Zeile zu Papier bringen können. Selma Lanes hat in *The Art of Maurice Sendak* überzeugend Kings Leben als Schriftsteller beschrieben: »Zweifellos ... führt der Mann ein sehr zurückgezogenes Leben ... seine Tage sind sorgsam vorausgeplant, um jede unnötige Störung zu eliminieren, damit ... der Künstler sich ungestört dem Erfüllen seiner Mission widmen kann.«

Kings Mission läßt sich ganz einfach zusammenfassen: Geschichten schreiben, Bücher schreiben. Durch den selbst seine eigenen kühnsten Träume übersteigenden Erfolg ist King höchst widerstrebend gezwungen, das aufzugeben, wonach jeder, der im Rampenlicht der Öffentlichkeit steht, sich sehnt: seine Privatsphäre.

Er ist Opfer seiner eigenen Berühmtheit. Kings Name ist in aller Munde, er ist eine zeitgenössische Figur der Populärkultur. Sein Gesicht wird überall wiedererkannt, zum Teil wegen der vielen Fotos auf den Buchumschlägen und den Interviews, doch größtenteils aufgrund des American-Express-Werbespots, in dem er sich selbst gespielt hat. Er hat herausfinden müssen, daß, wenn jemand berühmt, bekannt und reich ist, jeder ein Stück von ihm haben will. Verständlicherweise ist es das, was King am meisten verabscheut; in seinem Kurzportrait in *Time* nannte er dies »den Kult der Berühmtheit«.

Als Schriftsteller hat King eine Popularität erreicht wie wohl nur wenige Autoren unserer Zeit. Er hat die Titelseite von *Time* geziert. Es sind beinahe ebenso viele Bücher über ihn geschrieben worden, wie aus seiner eigenen Feder stammen. Er hat unzählige Preise im Bereich der phantastischen und Science-fiction-Literatur erhalten. Eine Universität hat es sich zur Aufgabe gemacht, eine gewissenhafte Sammlung seiner Arbeiten zusammenzustellen – das Special-Collections-Archiv an der University of Maine in Orono. Er ist gemeinhin in der beneidenswerten

Position, seine Projekte selbst auswählen zu können. Verleger lieben ihn, da er ihr Goldesel ist, und versuchen, ihn um jeden Preis zufriedenzustellen. Kurz gesagt, hält er eine unvergleichliche Machtposition in der vergleichsweise kleinen Welt der Bücher und Verlage inne. Wie King es in seinem Essay »The Politics of Limited Editions« beschrieb:

> Ich bin zu einem Bestsellersaurus Rex geworden – einer großen, trampelnden Bücherbestie, die geliebt wird, wenn sie Geld scheißt, die man aber haßt, wenn sie Häuser niederstapft ... Ich habe als Geschichtenerzähler angefangen; irgendwo auf meinem Weg bin ich dann zu einem Wirtschaftsfaktor geworden.

Hat der Erfolg King verändert?

Nach Aussage von David Bright, einem Journalisten, der King seit ihrer gemeinsamen Zeit auf dem College kennt, ist King eigentlich noch immer genau derselbe Mensch, der er früher war: talentiert, mit ganzem Herzen dem Schreiben verpflichtet, ein ruhiger Mann, der seine Familie liebt und den die Sirenen des Erfolgs glücklicherweise nie mit ihren Verlockungen vom rechten Pfad abzubringen vermochten. In einem neueren Interview mit dem Autor, das in *Portland Monthly* erschien, bemerkte Bright, daß King heute »ein wenig weltlicher – und ohne Frage reicher – ist als in seinen College-Tagen, doch davon einmal abgesehen, hat er sich kaum verändert«.

Es ist ein langer, wundersamer Weg für Stephen King gewesen, der mit fünfundvierzig Jahren noch viele gute Bücher in sich trägt. Ich selbst bin einer von denen, die schon gespannt darauf warten, zu sehen, wie sich dieser Weg fortsetzen wird.

Das *Playboy*-Interview*
Eric Norden im Gespräch mit Stephen King

Stephen King ist endlos interviewt worden, und die meisten Interviews stecken, wie zu erwarten, voll Wiederholungen. Viele verraten auch, daß die Gesprächspartner weder mit King, seinem Werk noch mit dem Horror-Genre allgemein vertraut sind. Das *Playboy*-Interview ist eine Ausnahme. Meiner Meinung nach ist es bis heute das beste Interview mit Stephen King. Das Gespräch, das Eric Norden im Zeitraum von zwei Wochen in Stephen Kings Winter- und im Sommerwohnsitz geführt hat, liest sich auch heute, Jahre nach seiner Erstveröffentlichung, noch interessant.

In seiner einführenden Vorbemerkung steckt Norden den Schauplatz ab: »Es war ein nebliger, diesiger Vormittag Ende November«, als er in Kings »erwartungsgemäß finsterem Nest des Schriftstellers, den ein übelmeinender Kritiker als den ›Zauberer von Rotz‹ bezeichnet hat« eintraf.

Norden beschreibt King als »stattliche einsfünfundachtzig groß und hundert Kilo schwer, ein gutmütiger Bär von einem Mann mit ansteckendem Grinsen und entwaffnend blauen Augen hinter einer dicken Hornbrille. Das rabenschwarze Haar fällt über eine Braue und lockt sich im Nacken, sein Bart ist dicht, aber makellos geschnitten ... Er trug ein verblichenes Baumwollhemd von Levi's, Jeans, eine Motorradjacke aus schwarzem Leder und halbhohe Turnschuhe – seine Alltagsuniform in Bangor, das er liebevoll als eine ›harte, trinkfeste Arbeiterstadt‹ beschreibt.«

Norden führt aus, daß der größte Teil des Interviews in Kings modernem Elf-Zimmer-Sommerhaus auf einem Hügel über dem einsamen Lake Kezar im Vorgebirge der White Mountains geführt wurde. Warum? »Um den ununterbrochenen Anrufen von Verlagen, Agenten, Lektoren und Hollywood-Produzenten zu entgehen, die King in Bangor plagen.«

»Während herbstliche Nebelbänke am ersten Tag von zwei Wochen, die ich damit verbringen sollte, King zu interviewen, über den See wehten, begann ich mit der Frage, wie es ist, wenn man die Erfüllung eines Wunschtraums erlebt hat.«

PLAYBOY: Der Protagonist von *Brennen muß Salem,* ein aufstrebender junger Autor, der Ähnlichkeiten mit seinem Schöpfer aufweist, gesteht einmal: »Wenn ich manchmal nachts im Bett liege, denke ich mir ein *Playboy*-Interview mit mir selbst aus. Zeitverschwendung. Sie neh-

---

* Aus PLAYBOY Interview: Stephen King, *Playboy* (US-Ausgabe), Juni 1983; Copyright © 1983 by PLAYBOY. Nachdruck mit freundlicher Genehmigung. Alle Rechte vorbehalten.

men nur Autoren, wenn ihre Bücher groß rausgekommen sind.« Zehn Romane und mehrere Millionen Dollar auf dem Konto später *sind* Ihre Bücher groß rausgekommen. Wie ist einem dabei zumute?

KING: Großartig! Gefällt mir! Und es ist meinem Ego natürlich ungeheuer zuträglich, wenn ich mir vorstelle, Partner eines *Ihrer* Interviews zu sein, bei dem mein Name schwarz und fettgedruckt erscheint, und dazu die drei Fotos unten auf der Seite, über den Zitaten, wo ich es etwas versaut und mich verplappert habe. Es ist eine Ehre, in der unsterblichen Gesellschaft von George Lincoln Rockwell und Albert Speer und James Earl Ray zu sein. Was war los, konntet ihr Charles Manson nicht bekommen?

PLAYBOY: Wir haben Sie dieses Jahr als unseren Angstmacher auserkoren. Die Abstimmung war nicht einmal knapp.

KING: O.k., Waffenstillstand. Ich bin wirklich ziemlich erfreut, denn als ich – scheinbar ohne nennenswerten Erfolg – versuchte, den Durchbruch als Schriftsteller zu schaffen, las ich immer Ihre Interviews, und sie waren mir stets ein sichtbares Symbol der Errungenschaft ebenso wie des Ruhms. Ich krame, wie die meisten Schriftsteller, in meinen Erinnerungen nach Stoffen, aber ich bin selten wirklich explizit autobiographisch. Der Abschnitt aus *Brennen muß Salem,* den Sie zitiert haben, ist eine Ausnahme, und er spiegelt meine Einstellung aus der Zeit, bevor ich mein erstes Buch verkaufte, wider, als wirklich nichts zu klappen schien. Wenn ich in jenem schwarzen Loch der Nacht, wenn alle Zweifel und Ängste und Unsicherheiten fauchend auf einen einstürmen – die Skandinavier nennen das die Wolfsstunde –, nicht schlafen konnte, lag ich im Bett und fragte mich abwechselnd, ob ich nicht das kreative Handtuch werfen sollte, und dachte mir Masturbations-Wunscherfüllungsphantasien aus, in denen ich ein erfolgreicher und angesehener Schriftsteller war. Dort fing mein imaginäres *Playboy*-Interview an. Ich stellte mir vor, wie ich ruhig und gefaßt, majestätisch, sein würde, wie ich mit erleuchtet formulierten Antworten auf die schwersten Fragen antworten und brillante *aperçus* wie Tennisbälle von der Wand abspielen würde. Und jetzt, wo Sie tatsächlich hier sind, werde ich wahrscheinlich nichts anderes tun, als stammelnde Ungereimtheiten von mir geben! Aber ich schätze, daß es eine gute Therapie war. Es beschäftigte mich die Nacht über.

PLAYBOY: Was Sie die Nacht über beschäftigt, wird ein wesentliches Thema dieses Interviews sein. Interessierten Sie sich als Kind für Gespenstergeschichten?

KING: Ghulchen und Gespensterchen und alles, was in der Nacht herumspukt – was Sie wollen, ich liebte alles! Damals konnte mein Onkel Clayton, ein großartiger alter Bursche, der seinen kindlichen Sinn für das Wunderbare nie verloren hatte, einige der besten Geschichten erzählen. Onkel Clayt schob die Jagdmütze auf seinem schlohweißen

Haarschopf zurück, rollte sich mit einer leberfleckigen Hand eine Bugler-Zigarette, zündete sie mit einem Diamond-Streichholz an, das er an seiner Schuhsohle anzündete, und fing an, tolle Geschichten zu erzählen, nicht nur von Gespenstern, sondern auch von hiesigen Legenden und Skandalen und familiären Angelegenheiten, den Unternehmungen von Paul Bunyan, allem unter der Sonne. Ich lauschte an Sommerabenden auf der Veranda atemlos seinem östlichen Akzent, und ich war in einer anderen Welt. Möglicherweise in einer besseren Welt.

PLAYBOY: Haben diese Geschichten Ihr Interesse am Übernatürlichen geweckt?

KING: Nein, das reicht soweit ich mich erinnern kann zurück. Aber Onkel Clayt war ein großartiger Geschichtenerzähler. Clayt war ein Original. Wissen Sie, er konnte Bienen »spüren«. Das ist eine merkwürdige ländliche Begabung, die es einem ermöglicht, einer Honigbiene von einer Blume bis zu ihrem Bienenstock zu folgen – manchmal meilenweit durch Wälder und Unterholz und Moore, aber er hat nie eine verloren. Manchmal frage ich mich, ob dazu nicht mehr als nur gute Augen gehörten. Außerdem hatte Onkel Clayt noch eine andere Begabung: Er war Wünschelrutengänger. Er konnte mit einer alten Astgabel Wasser finden. Ich weiß nicht, wie und warum er es gemacht hat, aber er konnte es.

PLAYBOY: Glauben Sie wirklich an dieses Ammenmärchen?

KING: Nun, eine entzündete Wunde mit einer Scheibe schimmligen Brotes zu bedecken, das war auch ein Ammenmärchen, aber es ging dem Penicillin um tausend Jahre voraus. Aber zugegeben, anfangs war ich skeptisch, was das Wünschelrutengehen anbelangt, bis ich es tatsächlich selbst sah und erlebte – als Onkel Clayt sämtliche Experten Lügen strafte und einen Brunnen in unserem Vorgarten fand.

PLAYBOY: Sind Sie sicher, daß Sie nicht einfach der Macht der Suggestion aufgesessen sind?

KING: Zugegeben, das wäre eine Erklärung, oder zumindest eine vernunftmäßige Begründung, aber ich bezweifle es. Ich war ein unerschütterlicher Skeptiker. Ich halte es für wahrscheinlicher, daß es eine vollkommen logische und nicht-übernatürliche Erklärung für das Wünschelrutengehen gibt – lediglich eine, die die Wissenschaft bis jetzt noch nicht versteht.

Es ist leicht, sich über solche Sachen lustig zu machen, aber vergessen Sie nicht Haldanes Gesetz, eine Maxime, die der berühmte britische Wissenschaftler J. B. S. Haldane geprägt hat: »Das Universum ist nicht nur seltsamer, als wir uns vorstellen, es ist seltsamer, als wir uns vorstellen *können.*«

PLAYBOY: Hatten Sie sonst noch übersinnliche Erlebnisse als Kind?

KING: Nun, nochmals, ich bin nicht sicher, ob das Wünschelrutengehen überhaupt übersinnlich war – wenigstens nicht in dem Sinne, wie der Ausdruck heute mißbraucht wird. War es ein übersinnliches Erlebnis, wenn Menschen im achtzehnten Jahrhundert Steine vom Himmel fallen sahen? Das wissenschaftliche Establishment brauchte sicherlich noch fünfzig Jahre, bis die Existenz von Meteoriten eingestanden wurde. Aber um Ihre Frage zu beantworten, nein, ich habe als Kind sonst nichts erlebt, das nach Übernatürlichem riecht.

PLAYBOY: Haben wir nicht anderswo gelesen, daß es in Ihrem Haus – in dem dieses Interview übrigens stattfindet – spukt?

KING: Oh, gewiß, es ist der Schemen eines alten Mannes namens Conquest, der vor etwa vier Generationen aus diesem irdischen Jammertal verschied. Ich habe den alten Tottler nie gesehen, aber wenn ich ab und zu bis spät in die Nacht arbeite, bekomme ich das unbehagliche Gefühl, daß ich nicht allein bin. Ich wünschte, er würde sich zeigen, vielleicht könnten wir zusammen Cribbage spielen. Niemand meiner Generation spielt das mit mir. Er starb übrigens im Salon, in dem wir gerade sitzen.

PLAYBOY: Danke. Dürfen wir Ihren Erfahrungen mit dem Wünschelrutengehen und ähnlichem entnehmen, daß Sie an außersinnliche Wahrnehmungen und übersinnliche Phänomene im allgemeinen glauben?

KING: Ich würde nicht sagen, daß ich daran glaube. Wissenschaftliche Verdikte schließen das meiste davon aus, und man sollte sie sicherlich nicht einfach gutgläubig akzeptieren. Aber ich bin nicht der Meinung, wir sollten sie nur deshalb abtun, weil wir nicht verstehen können, wie und warum und gemäß welchen Gesetzen sie funktionieren. Es besteht ein gewaltiger und wichtiger Unterschied zwischen dem Unerklärten und dem Unerklärlichen, daran sollten wir immer denken. Ich persönlich ziehe übrigens den Ausdruck »wilde Talente« vor, den der Sciencefiction-Autor Jack Vance geprägt hat.

Es ist jedenfalls zu schade, daß das orthodoxe wissenschaftliche Establishment solchen Fragen nicht unvoreingenommener gegenübersteht, denn sie sollten rigorosen Untersuchungen und Überprüfungen unterzogen werden – schon allein aus dem Grund, daß sie nicht zur alleinigen Angelegenheit von Spinnern und Scharlatanen verrückter okkulter Randgruppen werden.

Es gibt eine Menge Beweise dafür, daß die amerikanische und die sowjetische Regierung dieses Thema verdammt viel ernster nehmen, als sie öffentlich zugeben wollen, und daß sie Forschungen höchster Priorität betreiben, um ein ganzes Spektrum esoterischer Phänomene zu verstehen und zu isolieren – von Levitation und Kirlian-Fotografie (das ist ein fotografischer Prozeß, der die menschliche Aura sichtbar macht) bis hin zu Telepathie, Teleportation und Psychokinese.

Traurigerweise und wahrscheinlich seltsamerweise verfolgt keine Seite das Thema aufgrund einer objektiven Suche nach wissenschaftlicher Wahrheit. Sie interessieren sich in Wahrheit nur für Spionage und das militärische Potential, etwa um die Gehirne von Raketensilo-Kontrolleuren zu verwirren oder um die Entscheidungen von nationalen

Führern in Krisensituationen zu beeinflussen. Eine Schande, denn wir sprechen hier davon, die Geheimnisse des menschlichen Verstandes zu enträtseln und die innere Grenze zu erforschen. Das sollte man auf gar keinen Fall in den Händen der CIA oder des KGB lassen.

PLAYBOY: Sowohl *Carrie* als auch *Feuerkind* handeln von den wilden Talenten junger Mädchen an der Schwelle zum Erwachsenwerden. Waren das literarische Aufarbeitungen des Poltergeist-Themas, wie es von Steven Spielbergs Film *Poltergeist* populär gemacht wurde?

KING: Nicht direkt, wenngleich ich gestehen muß, daß eine Ähnlichkeit existiert. Poltergeist-Aktivität soll angeblich eine plötzliche Manifestation quasi-hysterischer psychischer Energie bei Kindern, im allgemeinen Mädchen, sein, die gerade in die Pubertät kommen. Diesbezüglich könnte man also sagen, daß speziell Carrie eine Art Poltergeist ist. Ich möchte aber damit nicht sagen, daß an dem sogenannten Poltergeist-Phänomen etwas objektiv Gültiges dran wäre, nur daß das eine der möglichen Erklärungen sein könnte. Aber ich habe das ganze Thema niemals ernsthaft recherchiert, und die Fälle, von denen ich gelesen habe, sind von so viel *National Enquirer*-Material und Sensationshascherei umgeben, daß ich dazu neige, mir ein Urteil zu verkneifen. Charlie McGee, das Mädchen in *Feuerkind,* besitzt tatsächlich eine spezielle Begabung, wenn das der richtige Ausdruck ist, die über das Poltergeist-Phänomen hinausgeht, auch wenn sie gelegentlich in Verbindung damit genannt wird. Charlie kann Feuer entfachen – sie kann Häuser niederbrennen oder, wenn ihr kein anderer Ausweg mehr bleibt, Menschen.

Beim ganzen Themenkreis wilder Talente war es während der Recherchen für *Feuerkind* faszinierend herauszufinden, daß es ein ausreichend dokumentiertes und dennoch völlig verblüffendes Phänomen mit der Bezeichnung Pyrokinese gibt, oder spontane menschliche Verbrennung, wobei ein Mann oder eine Frau in einem Feuer, das fast unvorstellbare Temperaturen erzeugt, gebraten werden – ein Feuer, das aus dem *Inneren* des Opfers zu kommen scheint. Es gibt medizinisch dokumentierte Fälle auf der ganzen Welt, in denen ein Leichnam zur Unkenntlichkeit verbrannt aufgefunden wurde, während das Bett oder der Sessel, in dem er gefunden wurde, nicht einmal angesengt war. Manchmal sind die Opfer buchstäblich zu Asche verbrannt, und ich weiß durch Recherchen über Begräbnisrituale für ein neues Buch, daß die dazu erforderliche Hitze unglaublich ist. Sehen Sie, nicht einmal in einem Krematorium kann man das erreichen; daher steht ein Mann am anderen Ende des Förderbands, auf dem der Leichnam aus dem Brennofen herauskommt, der einen Rechen hat, um die Knochen zu beseitigen, bevor sie jemanden in die kleine Urne fegen, die auf den Kaminsims gestellt wird.

Ich erinnere mich an einen Fall, der Mitte der sechziger Jahre durch die Presse ging, bei dem ein Junge einfach am Strand lag, als er plötzlich in Flammen aufging. Sein Vater zerrte ihn ins Wasser und tauchte ihn unter, aber er brannte *unter Wasser* weiter, als wäre er von einer Phosphorbombe getroffen worden. Der Junge starb, und der Vater mußte mit Verbrennungen dritten Grades an den Armen ins Krankenhaus eingeliefert werden.

Es gibt viele Geheimnisse auf der Welt, viele dunkle, schattige Ecken, die wir noch nicht erforscht haben. Wir sollten nicht so anmaßend sein, alles einfach abzutun, was wir nicht verstehen können. Das Dunkel kann *Zähne* haben, Mann!

PLAYBOY: Das Dunkel war außerdem sehr lukrativ für Sie. Abgesehen von den phänomenalen Verkaufszahlen der Bücher selbst, wurde *Brennen muß Salem* als Miniserie ans Fernsehen verkauft, und aus *Carrie* und *Shining* wurden Kinofilme. Sind Sie mit den Ergebnissen zufrieden?

KING: Nun, wenn man die engen Grenzen des Fernsehens bedenkt, dann hätte *Brennen muß Salem* wesentlich schlechter werden können. Bei dem Fernseh-Zweiteiler führte Tobe Hooper Regie, der mit *Blutgericht in Texas* Ruhm erlangte, und abgesehen von ein paar Patzern – daß er meinen Vampir Barlow zum Beispiel genau wie das leichenhaft unmenschliche Geschöpf der Nacht in dem berühmten deutschen Stummfilm *Nosferatu* aussehen ließ –, hat er seine Sache ziemlich gut gemacht. Ich atmete erleichtert auf, als Pläne, eine Fernsehserie daraus zu machen, aufgegeben wurden, weil das heutige Fernsehen einfach zu institutionalisiert, feige und phantasielos ist, echten Horror zu machen.

Brian De Palmas *Carrie* war großartig. Er handhabte das Material gekonnt und künstlerisch und spornte Sissy Spacek zu einer hervorragenden schauspielerischen Leistung an. Der Film ist in vieler Hinsicht besser als mein Buch, das meiner Meinung immer noch eine spannende Lektüre ist, aber von einer gewissen Schwerfälligkeit beeinträchtigt wird, einer Sturm-und-Drang-Eigenschaft, die im Film fehlt. Stanley Kubricks Version von *Shining* kann ich viel schwerer bewerten, weil ich der ganzen Sache immer noch zutiefst ambivalent gegenüberstehe. Ich bewunderte Kubrick lange Zeit und machte mir daher größte Erwartungen, was das Projekt anbetraf, aber vom Endergebnis war ich zutiefst enttäuscht. Teile des Films sind grauenerregend und vollgepackt mit einem gnadenlosen klaustrophobischen Entsetzen, während andere deutlich abfallen.

Ich glaube, der Film hat zwei grundlegende Probleme. Zunächst einmal ist Kubrick ein sehr kalter Mensch – pragmatisch und rational –, und er hatte größte Schwierigkeiten, sich eine übernatürliche Welt auch nur akademisch vorzustellen. Er rief mich zu den unmöglichsten Tages- und Nachtzeiten aus England an, und ich erinnere mich, einmal rief er an und sagte: »Glauben Sie an Gott?« Ich dachte etwas nach und sagte dann: »Ja, ich denke schon.« Kubrick antwortete: »Nein, ich glaube nicht, daß es einen Gott gibt«, und legte auf. Nicht, daß Religion im Horror enthalten sein muß, aber ein eingefleischter Skeptiker wie Kubrick konnte das schiere, unmenschliche Böse des Overlook-Hotels einfach nicht begreifen. Daher suchte er nach dem Bösen in den Personen und machte aus dem Film eine häusliche Tragödie mit nur vagen übernatürlichen Schwingungen. Das war der grundlegende Makel: Weil er selbst nicht glauben konnte, konnte er den Film auch für andere nicht glaubwürdig machen.

Das zweite Problem liegt an der Charakterisierung und der Wahl der Darsteller. Jack Nicholson ist zwar ein guter Schauspieler, aber für diese Rolle überhaupt nicht geeignet. Seine letzte große Rolle hatte er in *Einer flog über das Kuckucksnest* gehabt, und damit und mit seinem irren Grinsen sah das Publikum schon bei der ersten Einstellung automatisch einen Irren in ihm. Aber das Buch handelt davon, wie Jack Torrance durch den verderblichen Einfluß des Overlook, das wie eine große Batterie ist, die mit einem so übermächtigen Bösen geladen wurde, daß sie alle verderben kann, die damit in Kontakt kommen, allmählich erst wahnsinnig *wird.* Wenn der Mann von Anfang an verrückt ist, dann ist die ganze Tragödie seines Untergangs nichtig. Aus diesem Grund hat der Film kein Zentrum und kein Herz, trotz seiner auf brillante Weise entnervenden Kameraeinstellungen und des atemberaubenden Einsatzes der Steadycam. Der grundlegende Fehler bei Kubricks Version von *Shining* ist, daß der Film von einem Mann gemacht wurde, der zuviel denkt und zuwenig fühlt; und aus diesem Grund packt er einen nie richtig am Hals und wirkt nicht, wie richtiger Horror wirken sollte.

Ich würde eines Tages gerne ein Remake von *Shining* machen, vielleicht sogar selbst Regie führen, wenn mir jemand genügend Seil gibt, mich selbst damit aufzuhängen.

PLAYBOY: In *Das letzte Gefecht,* das für viele Ihrer Fans eine Art Kultobjekt geworden ist, löscht ein sich rapide verändernder Grippevirus, der versehentlich vom US-Militär freigesetzt wurde, neun Zehntel der Weltbevölkerung aus und bereitet damit die Bühne für einen apokalyptischen Kampf zwischen Gut und Böse. Diesem Höchstmaß an Völkermord gingen *Carrie* und *Feuerkind* auf einer bescheideneren Ebene voraus; am Ende beider Bücher lassen die in die Enge getriebenen Heldinnen Feuer auf ihre Peiniger und auf Unschuldige gleichermaßen herabregnen; ebenso *Brennen muß Salem,* wo die Stadt am Ende niederbrennt; und die Explosion und das Niederbrennen des Overlook-Hotels am Ende von *Shining.* Ist in Ihnen ein Pyromane oder ein wahnsinniger Bombenleger, der danach schreit, befreit zu werden?

KING: Auf jeden Fall, und diese destruktive Seite meiner Natur findet starken Niederschlag in meinen Büchern. Mein Gott, es macht mir Spaß, Sachen niederzubrennen – jedenfalls auf dem Papier. Ich glaube, im wirklichen Leben würde Brandstiftung nicht halb soviel *Spaß* machen wie in der Literatur. Eine meiner Lieblingsszenen aller meiner Werke findet sich etwa in der Mitte von *Das letzte Gefecht,* als einer meiner Bösewichter, der Mülleimer-Mann, die vielen Tanks einer Ölraffinerie in Brand steckt und sie hochgehen wie Bomben. Es ist, als wäre der Nachthimmel selbst in Brand gesteckt worden. Mein Gott, das war riesig! Ich schätze, das ist der Werwolf in mir, aber ich liebe Feuer, ich liebe Zerstörung. Sie ist groß und schwarz und aufregend. Wenn ich solche Szenen schreibe, dann komme ich mir vor wie Samson, der den Tempel niederreißt und auf aller Köpfe regnen läßt.

Das letzte Gefecht war eine besondere Erfüllung, denn da hatte ich die Möglichkeit, die ganze menschliche Rasse auszurotten, und, Mann, das hat vielleicht *Spaß* gemacht! Wenn ich an der Schreibmaschine saß, fühlte ich mich wie Alexander der Große, der das Schwert über dem Gordischen Knoten erhoben hatte und knurrte: »Scheiß drauf, ihn aufzupfriemeln, ich werde das auf *meine* Weise machen!« Ein Großteil des zwanghaften, besessenen Gefühls, das ich hatte, während ich an *Das letzte Gefecht* schrieb, war auf den diabolischen Kitzel zurückzuführen, daß ich mir ausmalen konnte, wie eine ganze verwurzelte Gesellschaftsordnung mit einem einzigen Schlag vernichtet wurde. Ich schätze schon, daß das die Seite des wahnsinnigen Bombenlegers meines Charakters ist.

Aber das Ende des Buches offenbart einen anderen, wie ich hoffe, konstruktiveren Aspekt. Nach der ganzen Auslöschung, dem Leiden und der Verzweiflung, ist *Das letzte Gefecht* inhärent optimistisch, weil es eine allmähliche Wiedereinführung menschlicher Werte beschreibt, als die Menschheit sich wieder aus der Asche erhebt und letztendlich das moralische und ökologische Gleichgewicht wiederherstellt. Bei allen schlimmen Szenen ist das Buch auch ein Vermächtnis an die beständigen menschlichen Werte Mut, Güte, Freundschaft und Liebe, und am Ende wiederholt es Camus' Bemerkung: »Auch das Glück ist unausweichlich.«

PLAYBOY: Aber vor Wohlstand und Ruhm muß es doch auch eine Zeit gegeben haben, als Ihnen das Glück nicht unausweichlich erschienen ist. Wie schwer waren Ihre frühen Jahre?

KING: Nun, wollen wir einfach sagen, daß ich wie jeder, der über Nacht Erfolg hatte, meinen Preis bezahlen mußte. Als ich Anfang der siebziger Jahre mit einem Abschluß in Englisch und einer Lehrerlaubnis das College verließ, stellte ich fest, daß eine Lehrerschwemme herrschte, daher arbeitete ich zunächst als Tankwart in einer Tankstelle und später für sechzig Dollar pro Woche als Bügler in einer Großwäscherei. Wir waren so arm wie Kirchenmäuse und hatten zwei kleine Kinder, und es erübrigt sich wohl zu sagen, daß es nicht leicht war, mit diesem Gehalt auszukommen. Meine Frau suchte sich Arbeit in einem benachbarten Dunkin' Donuts und kam jeden Abend und roch wie ein

Krapfen. Anfangs ein ganz netter Geruch, Sie wissen schon, angenehm und süß, aber nach einer Weile wurde er verdammt penetrant – ich war seither nicht mehr imstande, einem Krapfen ins Gesicht zu sehen.

Wie auch immer, im Herbst 1971 bekam ich schließlich einen Job als Englischlehrer an der Hampden Academy, jenseits des Penobscot River in Bangor, aber sie zahlten nur sechstausendvierhundert Dollar jährlich, kaum mehr, als ich vorher verdient hatte. Ich mußte sogar nachts wieder in der Wäscherei arbeiten, damit wir uns über Wasser halten konnten. Wir lebten auf einer kahlen, verschneiten Bergkuppe in Hermon, Maine, in einem Wohnwagen – was nicht der Arsch des Universums sein mag, aber bestenfalls einen Furz weit davon entfernt ist. Ich kam erschöpft von der Schule heim und zwängte mich in den Heizraum des Wohnwagens, wo ich Tabbys kleine tragbare Olivetti auf einen Kindertisch stellte, den ich auf den Knien balancieren mußte, und dort versuchte ich dann, funkelnde Prosa zu tippen.

Dort habe ich übrigens *Brennen muß Salem* geschrieben. Es war mein zweites veröffentlichtes Buch, aber ich hatte den größten Teil davon fertiggestellt, bevor *Carrie* von Doubleday angekauft worden war. Und glauben Sie mir, wenn ich nach einem Tag des Unterrichtens nach Hause kam und mit ansehen mußte, wie Tabby kühn mit einem Berg unbezahlter Rechnungen jonglierte, war es ein Vergnügen, mich in diesen engen Heizraum zu zwängen und mit einer Horde blutsaugender Vampire zu kämpfen. Verglichen mit unseren Gläubigern, waren sie eine verdammte Erleichterung!

PLAYBOY: Haben Sie zu der Zeit irgendwelche Sachen verkauft?

KING: Ja, aber nur Kurzgeschichten, und auch nur an die weniger verbreiteten Herren-Magazine wie *Cavalier* oder *Dude.* Das Geld war weiß Gott hilfreich, aber wenn Sie diesen speziellen Markt kennen, dann wissen Sie, daß es nicht viel war. Jedenfalls reichte das Honorar für meine Kurzgeschichten nicht aus, uns aus den roten Zahlen zu halten, und meine längeren Arbeiten führten zu nichts. Ich hatte mehrere Romane geschrieben, die von unlesbar über mittelmäßig bis ganz passabel reichten, aber alle waren abgelehnt worden, wenngleich ich etwas Zuspruch von einem wunderbaren Lektor bei Doubleday namens Bill Thompson erhielt. Aber so dienlich seine Unterstützung auch war, damit konnte ich nicht zur Bank gehen. Meine Kinder hatten aufgetragene Sachen von Freunden und Verwandten an, unser alter klappriger Buick Special Baujahr 1965 war in rapider Selbstvernichtung begriffen, und wir mußten schließlich Ma Bell bitten, unser Telefon abzuholen.

Und zu alledem ging auch persönlich noch alles schief. Ich würde heute zu gerne sagen, daß ich wacker aufgestanden bin und allen widrigen Umständen mutig die Faust ins Antlitz geschüttelt und unbeeinträchtigt weitergemacht habe, aber das kann ich nicht. Ich ergab mich Selbstmitleid und meinen Ängsten und fing an, zuviel zu trinken und das Geld mit

Poker und Glücksspiel durchzubringen. Sie kennen die Szene ja: Es ist Freitagabend, und man löst seinen Gehaltsscheck in der Bar ein und fängt an, sie runterzukippen, und ehe man sich's versieht, hat man das halbe Lebensmittelbudget der Woche auf den Kopf gehauen.

PLAYBOY: Wie hat Ihre Ehe unter diesen Belastungen gehalten?

KING: Nun, eine Zeitlang stand sie auf Messers Schneide, und die Lage zu Hause konnte ziemlich angespannt werden. Es war ein Teufelskreis: Je kläglicher und unzureichender ich mich wegen meines Scheiterns als Schriftsteller fühlte, je mehr versuchte ich, mit der Flasche auszubrechen, was den häuslichen Streß nur verschärfte und mich noch deprimierter machte. Tabby war natürlich sauer wegen des Fusels, aber sie sagte mir, ihr wäre klar, der Grund für mein Trinken war, ich würde nicht mehr daran glauben, daß ich es noch schaffen, daß ich jemals ein Schriftsteller von irgendwelcher Bedeutung werden würde. Und ich hatte natürlich Angst, sie könnte recht haben. Ich lag nachts wach und stellte mir vor, ich wäre fünfzig, mit ergrauendem Haar, kantigem Kiefer und einem Netz von geplatzten Whiskey-Äderchen – wir hier in Maine nennen sie »Säufertätowierung« – auf der Nase und einer verstaubten Truhe voll unveröffentlichten Romanen, die im Keller verfaulten, während ich den Rest meines Lebens High-School-Englisch unterrichtete und meinen letzten Rest literarischer Ambitionen darauf verwendete, die Schülerzeitung zu beraten oder Kurse in kreativem Schreiben abzuhalten. *Bäääähl!* Obwohl ich erst Mitte zwanzig war und vernunftmäßig wußte, daß ich noch eine Menge Zeit und Möglichkeiten vor mir hatte, baute sich der Druck, mit meiner Arbeit den Durchbruch zu schaffen, zu einer Art psychischem Crescendo auf, und wenn diese Chance vertan zu sein schien, fühlte ich mich schrecklich deprimiert und in die Enge getrieben. Ich kam mir vor wie in einem selbstmörderischen Rattenlabyrinth gefangen, aus dem es keinen Ausweg gab.

PLAYBOY: Haben Sie jemals ernsthaft an Selbstmord gedacht?

KING: O nein, niemals; dieser Ausdruck eben war lediglich ein sinnbildlicher Overkill. Ich habe meinen Teil menschlicher Schwächen, aber ich bin auch bis auf die Knochen störrisch. Das ist vielleicht das Maine-Erbe; ich weiß nicht. Wie dem auch sei, hat nicht Mencken gesagt, Selbstmord sei ein verspätetes Eingeständnis, daß die Meinung der Verwandten seiner Frau richtig ist? Aber es hat mir schon Sorgen gemacht, welche Auswirkungen das alles auf meine Ehe hatte. Verdammt, wir waren damals schon auf schlüpfrigem Boden, und ich fürchtete, der Treibsand könnte gleich nach der nächsten Kurve anfangen.

Ich liebte meine Frau und die Kinder, doch als der Druck wuchs, bekam ich zweifelnde Empfindungen ihnen gegenüber. Einerseits wollte ich nichts mehr als für sie sorgen und sie beschützen – aber gleichzeitig hatte ich auch – da ich auf die Zwänge der Vaterschaft unzureichend vorbereitet war – eine ganze Menge böser Gefühle, angefangen von Abneigung bis zu Zorn und gelegentlichem unverhohlenem Haß, sogar Anfällen geistiger Gewalttätigkeit, die ich Gott sei Dank unterdrücken konnte. Ich wanderte um drei Uhr morgens in einer kalten Winternacht im engen Wohnzimmer unseres Wohnwagens herum und hatte meinen zahnenden, neun Monate alten Sohn Joe im Arm, der mir meistens aufs Hemd spuckte, und ich versuchte herauszufinden, wie und warum ich mich selbst diesem speziellen Irrenhaus anvertraut hatte. Dann stürmten sämtliche klaustrophobischen Ängste auf mich ein, und ich fragte mich, ob für mich nicht schon alles vorbei war, ob ich dem Traum eines Narren nachjagte. Manchmal heulte ein nächtliches Schneemobil in der dunklen Ferne wie ein wütendes Insekt, und ich sagte zu mir: »Scheiße, King, sieh es ein; du wirst den Rest deines Lebens verdammte High-School-Kinder unterrichten.« Ich weiß nicht, was aus meiner Familie und meiner geistigen Gesundheit geworden wäre, hätte ich nicht 1973 die unerwartete Nachricht erhalten, daß Doubleday *Carrie* gekauft hatte, das meiner Meinung nach kaum Verkaufschancen gehabt hatte.

PLAYBOY: Was war wichtiger für Sie – das Geld für *Carrie* oder die Tatsache, daß man Sie endlich als ernst zu nehmenden Romancier erkannt hatte?

KING: Eigentlich beides, auch wenn ich bezweifeln möchte, ob sie mich bei Doubleday für so einen ernst zu nehmenden Romancier hielten. Sie hatten nicht die Absicht, *Carrie* als diesjährige Antwort auf *Madame Bovary* anzupreisen, soviel steht fest. Obwohl es in dem Buch vieles gibt, das mir immer noch gefällt und zu dem ich stehe, bin ich der erste, der zugibt, daß es oft linkisch und unkünstlerisch ist. Aber *Carrie* war sowohl kreativ wie auch finanziell eine Art Notausgang für Tabby und mich, durch den wir in eine völlig andersartige Existenz fliehen konnten. Verdammt, unser Leben veränderte sich so schlagartig, daß wir noch über ein Jahr später mit breitem, fassungslosem Grinsen im Gesicht herumliefen und kaum zu glauben wagten, daß wir endgültig aus dem Gröbsten heraus waren. Es war ein großartiges Gefühl der Befreiung, denn ich konnte endlich das Unterrichten an den Nagel hängen und meine, wie ich glaube, einzige Funktion im Leben erfüllen: Bücher schreiben. Gute, schlechte oder gleichgültige Bücher, das müssen andere entscheiden; mir genügt es, einfach nur zu *schreiben.* Ich schreibe, seit ich zwölf Jahre alt war, anfangs zwar ernsthaft, aber sehr schlecht, und ich verkaufte *Carrie,* als ich sechsundzwanzig war, also hatte ich eine ziemlich lange Lehrzeit. Aber dieser erste Hardcover-Verkauf war durchaus süß!

PLAYBOY: Sie haben angedeutet, daß der Zwang, Schriftsteller zu werden, in Ihnen wohnt, seit Sie ein Junge waren. War er eine Möglichkeit, einer unglücklichen Kindheit zu entfliehen?

KING: Vielleicht, wenngleich es im allgemeinen unmöglich ist, sich der Empfindungen und Motivationen der Kindheit zu erinnern, noch weniger, sie zu begreifen oder vernunftmäßig zu analysieren. Kinder sind Gott sei Dank nach unseren vertrockneten Erwachsenennormen auf köstliche, kreative Weise verrückt. Aber es stimmt, daß ich als Kind Opfer vieler widerstrebender Gefühle war. Ich hatte Freunde und all das, aber ich fühlte mich häufig unglücklich und anders, anderen Kindern meines Alters entfremdet. Ich war ein dickes Kind – kräftig war die Bezeichnung, die sie in Bekleidungsgeschäften dafür hatten –, und meine Koordination war schlecht, ich wurde immer zuletzt gewählt, wenn eine Mannschaft gebildet wurde.

Manchmal verspürte ich, speziell zwischen zehn und zwanzig, einen gewalttätigen Impuls, als wollte ich es der Welt heimzahlen, aber ich hielt diese Wut im verborgenen. Sie war ein heimlicher Ort in mir selbst, den ich keinem anderen offenbaren wollte. Das liegt teilweise sicher daran, daß mein Bruder und ich als Kinder eine rechte Rockzipfel-Existenz führten. Mein Vater verließ uns, da war ich zwei und mein Bruder vier, und er ließ meine Mutter ohne einen roten Heller sitzen. Sie war eine wunderbare Dame, eine im altmodischen Sinne sehr wackere Dame, und sie ging arbeiten, um uns durchzubringen, meistens in irgendwelchen schäbigen Jobs, weil sie keine Ausbildung hatte. Nachdem mein Vater seinen Abgang gemacht hatte, führte sie eine haltlose Existenz und folgte normalerweise den Jobs durchs Land. Wir reisten durch Neuengland und den Mittelwesten, und eine schlechtbezahlte Stelle folgte der anderen. Sie arbeitete als Büglerin und Krapfenbäckerin – wie meine Frau zwanzig Jahre später –, als Haushälterin, Lagerarbeiterin, was Sie wollen: sie hat es getan.

PLAYBOY: Hat es irgendwelche bleibenden Narben hinterlassen, am Rande der Armut zu leben?

KING: Nein, ich habe es weder damals noch heute als Armut betrachtet. Wir haben keineswegs ein Leben immerwährenden Elends geführt, und wir haben nie eine Mahlzeit versäumt, auch wenn selten ein feines Lendensteak auf unseren Tellern war. Als ich zehn war, zogen wir schließlich nach Maine, in die kleine Stadt Durham.

Wir führten zehn Jahre praktisch eine Tausch-Existenz, ohne jemals Bargeld zu sehen. Wenn wir Essen brauchten, brachten Verwandte eine Tüte Lebensmittel vorbei; wenn wir Kleidung benötigten, gab es immer etwas Aufgetragenes. Glauben Sie mir, ich war in der Schule nie auf der Liste der Bestangezogenen! Der Brunnen versiegte in diesem Jahr, und wir mußten den Außenabort benützen. Es gab auch kein Bad oder eine Dusche, und wir mußten in den eiskalten Wintern von Maine etwa eine halbe Meile zu meiner Tante Ethelyn gehen, um ein heißes Bad zu nehmen. Scheiße, wir *dampften,* wenn wir durch den Schnee nach Hause gingen. Ich schätzte daher schon, ja, daß es eine harte, strapazierende Existenz war, aber keine verarmte im wichtigsten Sinne des Wortes. Dank meiner Mutter fehlte es nie an einem, und das war, so kitschig es sich anhören mag, das zu sagen, Liebe. In diesem Sinne war ich wesentlich gesegneter als zahllose Kinder von wohlhabenden oder Mittelschichtsfamilien, deren Eltern für alles Zeit haben, nur nicht für ihre Kinder.

PLAYBOY: Hat Ihr Vater in den Jahren seit seinem Weggehen jemals Kontakt mit Ihnen aufgenommen, entweder aus Schuldgefühlen oder – angesichts Ihres neu erlangten Reichtums – Gier?

KING: Nein, auch wenn ich vermute, letzteres wäre seine wahrscheinlichere Motivation. Es war übrigens ein klassisches Verlassen, er hat nicht einmal ein Schriftstück der Erklärung oder der Rechtfertigung hinterlassen. Er sagte buchstäblich, er würde ins Lebensmittelgeschäft gehen, um Zigaretten zu holen, und er hat keines seiner Besitztümer mitgenommen. Das war 1949, und seither hat keiner von uns je wieder etwas von dem Mistkerl gehört.

PLAYBOY: Jetzt sind Sie ein Multimillionär, dem mehr Mittel zur Verfügung stehen, als Ihre Mutter sich je hätte träumen lassen – haben Sie je daran gedacht, eine eigene Untersuchung zu veranlassen, um Ihren Vater zu finden oder wenigstens festzustellen, ob er noch lebt oder tot ist?

KING: Im Laufe der Jahre ist mir das ein paarmal durch den Kopf gegangen, aber etwas hat mich immer zurückgehalten. Aberglauben, nehme ich an, wie das alte Sprichwort, daß man schlafende Hunde nicht wecken soll. Um die Wahrheit zu sagen, ich weiß nicht, wie ich reagieren würde, sollte ich ihn je finden und ihm von Angesicht zu Angesicht gegenüberstehen. Aber selbst wenn ich je eine Untersuchung anfangen würde, ich glaube nicht, daß etwas dabei herauskommen würde, weil ich ziemlich sicher bin, daß mein Vater tot ist.

PLAYBOY: Warum?

KING: Nach allem, was ich über meinen Vater gehört habe, müßte er sich mittlerweile selbst ausgebrannt haben. Er hat viel getrunken und gezecht. Andeutungen meiner Mutter konnte ich entnehmen, daß er mehr als einmal Ärger mit dem Gesetz hatte. Er hat häufig genug Tarnnamen benutzt – er wurde als Donald Spansky in Peru geboren, dann nannte er sich Pollack und ließ seinen Namen schließlich gesetzlich in King ändern.

Er fing als Electrolux-Vertreter im Mittelwesten an, aber ich glaube, er hat irgendwo unterwegs seinen Quittungsblock verschwinden lassen. Meine Mutter hat mir einmal gesagt, er war der einzige Mann des Vertreterteams, der regelmäßig schönen jungen Witwen um zwei Uhr morgens Staubsauger vorführte. Wie meine Mutter sagte, war er ein rechter Frauentyp, und ich habe möglicherweise eine wunderschöne illegitime Halbschwester in Brasilien. Wie auch immer, er war ein rastloser Mann, ein »Travelin' Man«, wie es in dem Lied heißt. Ich glaube, er kam leicht in Schwierigkeiten.

PLAYBOY: Sie sind also nicht unbedingt erpicht darauf, als Ihres Vaters Sohn angesehen zu werden?

KING: Wollen wir hoffen, daß in meinem Fall das Erbteil hinter den Umwelteinflüssen zurücksteht. Nach allem, was ich gehört habe, hat mein Vater mich jedenfalls um Längen geschlagen, was die Ehe-Abteilung anbelangt, wo ich monoton monogam bin, aber ich habe eine Schwäche für Fusel, die ich zu beherrschen versuche, und ich liebe schnelle Autos und Motorräder. Seine Wanderlust teile ich eindeutig nicht, was einer der Gründe ist, warum ich in Maine geblieben bin, obwohl ich mittlerweile die finanziellen Möglichkeiten hätte, überall in der Welt zu leben. Seltsamerweise scheint die einzige Gemeinsamkeit unser literarischer Geschmack zu sein. Mein Vater empfand eine heimliche Liebe zu Science-fiction und Horror-Geschichten, und er hat selbst versucht, welche zu schreiben, die er den bedeutenden Magazinen seiner Zeit, etwa *Bluebook* und *Argosy,* anbot. Aber er verkaufte keine Geschichte, und es ist keine erhalten.

PLAYBOY: Ein Album der persönlichen Belange Ihres Vaters nimmt im Arbeitszimmer Ihres Sommerhauses eine herausragende Stelle ein. Deutet dieser Erhalt eines Erinnerungsstückes an einen Mann, den Sie nie persönlich gekannt haben, nicht an, daß Sie geistig immer noch an dieser Wunde nagen?

KING: Nein, die Wunde selbst ist verheilt, aber das schließt ein Interesse, wie und warum sie zugefügt wurde, nicht aus. Und ich glaube, das ist sehr weit davon entfernt, an einem seelischen Schorf zu kratzen. Wie auch immer, dieses Album, das Sie erwähnen, ist keine Art heiliger Schrein zu seinem Gedenken, sondern lediglich ein paar Souvenirs: einige eselsohrige Postkarten, die er meiner Mutter aus verschiedenen Häfen geschickt hat, besonders in Lateinamerika; ein paar Fotos verschiedener Schiffe, auf denen er gesegelt ist; ein verblichenes und eher schmeichelndes Portait von einem mexikanischen Marktplatz. Nur die Habseligkeiten, die er hinterlassen hat, wie der Leichnam in den E.-C.-Horror-Comics der fünfziger Jahre – Herrgott, wie ich diese Dinger geliebt habe! –, der aus seinem feuchten Grab zurückkehrt, um an seiner Frau und ihrem Geliebten, die ihn umgebracht haben, Rache zu nehmen, aber vorher ruft er sie an und flüstert: »Ich komme: Ich wäre schon früher da, aber es fallen ständig Stücke von mir ab.«

Nun, die Stücke, die meinem Vater unterwegs abgefallen sind, sind in diesem kleinen Album aufbewahrt, wie in einer Zeitkapsel. Alles hört 1949 auf, als er die Flatter machte. Manchmal blättere ich die Seiten durch, und das erinnert mich an einen kalten Herbstnachmittag in den fünfziger Jahren, als mein Bruder und ich einige alte Filmrollen fanden, die mein Vater aufgenommen hatte. Er war offenbar ein großer Foto-Fan, aber abgesehen von ein paar Schnappschüssen haben wir nie viel von seiner Kunst gesehen. Meine Mutter hatte den Film auf dem Dachboden meiner Tante und meines Onkels verstaut. Da waren also die beiden Kinder – ich muß um die acht und David um die zehn gewesen sein –, die sich abmühten, den Dinosaurier von einem Filmprojektor zu bedienen, den wir gemietet hatten.

Als wir ihn endlich am Laufen hatten, war das Material zunächst ziemlich enttäuschend – jede Menge fremde Gesichter und exotische Schauplätze, aber keine Spur von dem Alten. Dann, nachdem wir mehrere Filmspulen angesehen hatten, sprang David plötzlich auf und rief: »Das ist er! Das ist unser Vater!« Er hatte einem seiner Kumpels die Kamera gegeben, und da war er, er lehnte an der Schiffsreling, im Hintergrund eine wogende See. Mein alter Herr. David crinnerte sich an ihn, aber für mich war es das Gesicht eines Fremden. Wie das Meer aussah, war er wahrscheinlich irgendwo im Nordatlantik, also muß der Film während des Krieges aufgenommen worden sein. Er hob die Hand und lächelte und winkte damit seinen Söhnen zu, die noch gar nicht geboren waren. Hi, Dad, vergiß nicht zu schreiben.

PLAYBOY: Wenn man bedenkt, was Sie schreiben, haben Sie jemals daran gedacht, zu einer Séance zu gehen oder nach einer anderen übernatürlichen Möglichkeit zu suchen, Kontakt mit ihm aufzunehmen?

KING: Soll das ein Witz sein? Ich habe in meinem ganzen Leben keine Séance besucht! Mein Gott, nein! Das würde ich als allerletztes tun, eben weil ich ein wenig über das Thema Bescheid weiß. Sie könnten mich nie zu so etwas bringen, und dasselbe gilt für das Quija-Brett. Diese ganze Scheiße – Finger weg! Zugegeben, ich weiß, die meisten Medien sind Schwindler, Betrüger und Täuschungskünstler, die übelsten menschlichen Geier, Geschäft aus dem Elend und Leid und der Einsamkeit der Menschen ein Geschäft machen. Aber *wenn* Wesenheiten dort draußen schweben – körperlose Geister, Dämonen, wie immer man sie nennen möchte –, dann ist es der Gipfel der Narretei, sie aufzufordern, einen als Leitung in diese Welt zu benützen. Es könnte ihnen gefallen, was sie sehen, Mann, und sie könnten beschließen zu bleiben!

PLAYBOY: Ist Ihre Angst vor Séancen ein einmaliges Phänomen, oder stehen Sie allen Aspekten des sogenannten Übernatürlichen abergläubisch gegenüber?

KING: Oh, sicher, ich bin von Natur aus ziemlich abergläubisch. Ich meine, ein Teil meines Verstandes, der rationale Teil, will sagen: »Komm schon, Mann, das ist alles bequeme Scheiße«, aber der andere Teil, der Teil, der so alt ist wie der erste Höhlenmensch, der sich an seinem Feuer niederkauert, während etwas Riesiges und Hungriges in der Nacht heult, sagt: »Ja, möglicherweise, aber warum ein Risiko eingehen?« Daher beherzige ich sämtliche Formen von Aberglauben: Ich gehe nicht unter Leitern durch, ich habe eine Scheißangst vor sieben Jahren Pech, wenn ich einen Spiegel zerdeppere; ich bleibe am Freitag dem 13. zu Hause und verkrieche mich unter den Laken. Mein Gott, einmal mußte ich am Freitag dem 13. fliegen – ich hatte keine andere Wahl –, und die Besatzung mußte mich nicht gerade um mich tretend und schreiend an Bord tragen, aber es war auch kein Picknick. Daß ich sowieso Angst vor dem Fliegen habe, hat nicht hilfreich gewirkt. Ich glaube, es paßt mir einfach nicht, mein Leben einem anonymen Piloten anzuvertrauen, der vielleicht den ganzen Nachmittag über heimlich einen weggesoffen hat oder der ein Blutgerinnsel im Kopf hat, das wie eine unsichtbare Zeitbombe ist. Aber ich habe es allgemein mit der Zahl 13; sie streicht immer mit ihrem eiskalten Finger meine Wirbelsäule rauf und runter. Wenn ich schreibe, dann höre ich nie auf Seite 13 oder einem Vielfachen der Zahl 13 auf; ich tippe einfach weiter, bis ich zu einer sicheren Zahl gekommen bin.

PLAYBOY: Haben Sie Angst vor der Dunkelheit?

KING: Selbstverständlich. Hat das nicht jeder? Ich kann sogar meine eigene Familie manchmal nicht verstehen. Ich schlafe nur, wenn ein Licht im Zimmer brennt, und es erübrigt sich wohl zu sagen, daß ich sehr genau darauf achte, daß die Bettdecke ganz fest unter meine Füße gesteckt ist, damit ich nicht mitten in der Nacht aufwache und eine klamme Hand meinen Knöchel umklammert. Als wir jung verheiratet waren, das war im Sommer, schlief Tabby unverhüllt, während ich dalag und die Decke bis an die Augen hochgezogen hatte, und sie sagte: »Warum schläfst du auf diese seltsame Weise?« Und ich versuchte ihr zu erklären, daß es so einfach sicherer war, aber ich bin nicht sicher, ob sie es verstanden hat. Und jetzt hat sie noch etwas gemacht, worüber ich nicht besonders glücklich bin: Sie hat einen flauschigen Teppich um unser Doppelbett herum gelegt, und das bedeutet, wenn man vor dem Zubettgehen nachsehen will, was sich darunter versteckt, muß man diesen Teppich hochheben und die Nase direkt darunter schieben. Und das ist *zu nahe,* Mann; etwas könnte einem das Gesicht wegkratzen, bevor man es überhaupt sehen kann. Aber Tabby kann meinen Standpunkt einfach nicht einsehen.

PLAYBOY: Haben Sie jemals daran gedacht, mit einem Besenstiel unter dem Bett zu stochern?

KING: Nee, Mann, das wäre memmenhaft. Ich meine, wir haben ab und zu Gäste, die über Nacht bleiben; wie würde es aussehen, wenn sie am nächsten Morgen sagen würden: »Gute Güte, wir sind gestern abend ins Bad gegangen, und dabei haben wir Steve gesehen, der auf Händen und Knien war und einen Besenstiel unter das Bett geschoben hat.« Das wäre dem Image abträglich. Aber nicht nur Tabby versteht mich nicht, auch das Verhalten meiner Kinder macht mir Sorgen. Ich meine, ich leide ein wenig unter Schlaflosigkeit, und ich sehe jede Nacht an ihren Betten nach, ob sie noch atmen, und meine beiden ältesten, Naomi und Joe, sagen immer zu mir: »Vergiß nicht, das Licht auszumachen und die Tür zu schließen, wenn du gehst, Daddy.« Das Licht ausmachen! Die Tür schließen! Wie halten sie das nur aus? Ich meine, großer Gott, *alles mögliche* könnte in ihren Zimmern sein, sich im Schrank zusammenkauern oder unter dem Bett verstecken und nur darauf warten, hervorzukriechen, zu ihnen zu schleichen und die Fangzähne in sie zu schlagen! Diese Wesen können das Licht nicht ertragen, wissen Sie, aber die Dunkelheit ist *gefährlich!* Aber versuchen Sie einmal, das den Kindern begreiflich zu machen. Ich hoffe nur, es ist alles in Ordnung bei ihnen. Gott weiß, als *ich* in ihrem Alter war, da wußte ich genau, daß das Schreckgespenst auf mich wartete. Vielleicht wartet es immer noch.

PLAYBOY: Was macht Ihnen, abgesehen von Ihrer eigenen Phantasie, noch angst?

KING: Ein Film, den ich mit Sicherheit nie vergessen werde, ist *Fliegende Untertassen greifen an,* mit Hugh Marlowe in der Hauptrolle; es war grundsätzlich ein Horror-Film, der sich als Science-fiction verkleidet hatte. Es war im Oktober 1957, ich war gerade zehn geworden, und ich sah ihn im alten Stratford-Theater in der Innenstadt von Stratford, Connecticut – eine von diesen Vierteldollar-pro-Vorführung-Samstagnachmittagsmatineen für Kinder. Der Film war eine reine Routineangelegenheit, er handelte von einer Invasion der Erde durch eine tödliche Rasse Außerirdischer von einem sterbenden Planeten; aber gegen Ende – als der Film sich gerade dem guten Teil näherte, als Washington in Flammen aufging und die letzte, entscheidende interstellare Schlacht bevorstand – wurde die Leinwand plötzlich schwarz. Nun, Kinder fingen an zu klatschen und Buhrufe auszustoßen, weil sie dachten, der Vorführer hätte einen Fehler gemacht oder der Film wäre gerissen, aber dann gingen auf einmal die Lichter im Kino volle Stärke an, was alle überraschte, denn so etwas war noch nie während eines Films vorgekommen. Dann kam ein bleich aussehender Geschäftsführer den Mittelgang entlang, erklomm die Bühne und sagte mit zitternder Stimme: »Ich möchte Ihnen mitteilen, daß die Russen einen Weltraumsatelliten in die Erdumlaufbahn geschossen haben. Sie nennen ihn *Sputnik.*« Oder Spootnik, wie er es ausgesprochen hat.

Es folgte eine lange, gedämpfte Pause, während diese Bande Kinder der fünfziger Jahre in umgekrempelten Jeans, mit Bürstenschnitten oder Zauseschnitten oder Pferdeschwänzen versuchte, das zu verdauen; und dann schnitt plötzlich eine den Tränen nahe, aber dennoch von bebendem Zorn erfüllte Stimme durch das fassungslose Schweigen: »Ach, zeigen Sie den Film weiter, Sie Lügner!« Der Film ging nach ein paar Minuten tatsächlich weiter, aber ich saß einfach erstarrt auf meinem Sitz, weil ich wußte, daß der Geschäftsführer nicht gelogen hatte.

Es war ein grauenerregendes Wissen für ein Mitglied dieser ganzen Generation von Kriegsbabys, die mit *Captain Video* und *Terry und die Piraten* und *Combat Casey*-Comics groß geworden waren, sich im Mythos von der amerikanischen Unverwundbarkeit und moralischen

Überlegenheit geborgen fühlten und überzeugt waren, wir waren die Guten und Gott war mit uns bis ans Ende. Ich stellte sofort die Verbindung zwischen dem Film, den wir sahen, und der Tatsache her, daß die Russen einen Weltraumsatelliten am Himmel kreisen hatten, der, wie ich wußte, mit H-Bomben gefüllt sein mochte, die bereit waren, auf unsere arglosen Köpfe herabzuregnen. In diesem Augenblick überkreuzten sich die Ängste des erfundenen Horrors lebhaft mit der Realität eines möglichen nuklearen Holocaust; der Übergang von Fantasy zur wirklichen Welt wurde mit einemmal wesentlich geheimnisvoller und bedrohlicher. Und während ich dasaß, endete der Film mit den Stimmen der bösen eindringenden Untertassenpiloten, die als letzte Drohung von der Leinwand hallten: »Seht zum Himmel ... eine Warnung wird vom Himmel kommen ... Seht zum Himmel ...« Ich kann immer noch nicht, nicht einmal meinen eigenen Kindern, begreiflich machen, wie verängstigt und allein und deprimiert ich mich in diesem Augenblick gefühlt habe.

PLAYBOY: Kinder haben, wie Sie sagen, eine aktive Phantasie, aber war Ihre nicht auf ungesunde Weise überhitzt?

KING: Ich glaube, die meisten Kinder haben einige meiner morbiden Besessenheiten, und bei denen, die sie nicht haben, fehlt wahrscheinlich etwas. Ich schätze, es ist alles eine Frage des Ausmaßes. Eine aktive Phantasie hat immer zu der Last gehört, die ich mit mir herumschleppen mußte, und wenn man ein Kind ist, kann das mitunter ein verdammt grausamer Tribut sein. Aber viele Ängste, mit denen ich zurechtkommen lernen mußte, hatten nichts mit dem Übernatürlichen zu tun. Sie entstammen zahlreichen alltäglichen Ängsten und Unsicherheiten, mit denen viele Kinder zurechtkommen müssen. Während ich heranwuchs, dachte ich zum Beispiel häufig darüber nach, was passieren würde, sollte meine Mutter sterben und ich zum Waisen werden. Nun würde ein Kind mit wenig Phantasie, mit einer großen Zukunft im Computerprogrammieren oder im Handelsministerium, zu sich sagen: »Ach was, sie ist nicht tot, sie ist nicht einmal krank, also vergiß es.« Aber mit der Phantasie, die ich hatte, konnte man die Bilder nicht einfach wieder abschalten, wenn man sie einmal heraufbeschworen hatte, daher sah ich meine Mutter in einem mit Seide ausgekleideten Mahagonisarg mit Messinggriffen, und ihr totes Gesicht war ausdruckslos und wächsern; ich hörte die Orgel im Hintergrund spielen; und dann sah ich mich selbst, wie ich von einer schrecklichen alten Dame in Schwarz zu einer Art Dickensscher Arbeitsstelle gezerrt wurde.

Was mir an der Vorstellung vom Tod meiner Mutter am meisten zu schaffen machte, war nicht, zu irgendeiner Institution verschleppt zu werden, so schlimm das gewesen sein mochte, sondern ich hatte Angst, ich könnte den Verstand verlieren.

PLAYBOY: Hatten Sie je Zweifel an Ihrer geistigen Gesundheit?

KING: Ich habe ihr nicht vertraut, soviel steht fest. Während ich heranwuchs, war eine meiner größten Ängste, ich könnte den Verstand verlieren, besonders nachdem ich den beunruhigenden Film *The Snake Pit* mit Olivia de Havilland im Fernsehen gesehen hatte. Da waren diese Irren in einem staatlichen Irrenhaus, die sich selbst mit ihrem Wahn und ihren Psychosen quälten, und sie wurden wiederum von ihren sadistischen Wärtern gequält, und es bereitete mir überhaupt keine Mühe, mich in ihrer Mitte zu sehen. Aber in den dazwischenliegenden Jahren habe ich gelernt, was für ein zähes und widerstandsfähiges Organ das menschliche Gehirn ist und wie vielen psychischen Hammerschlägen es trotzen kann, aber damals war ich sicher, daß ich einmal mit einem Schlag verrückt werden würde; man geht eine Straße entlang, und – *pfft!* – plötzlich hält man sich für ein Huhn oder fängt an, die Nachbarskinder mit Gartenharken zu zerstückeln. Ich hatte lange Zeit Angst davor, wahnsinnig zu werden.

PLAYBOY: Gibt es Fälle von Wahnsinn in Ihrer Familie?

KING: Oh, wir hatten eine reiche Ernte Exzentriker, um es milde auszudrücken, jedenfalls von seiten meines Vaters. Ich erinnere mich an meine Tante Betty, die meine Mutter immer als Schizophrene bezeichnete und deren Leben offenbar in einer Klapsmühle zu Ende ging. Dann war da die Mutter meines Vaters, Granny Spansky, die David und ich kennenlernten, als wir im Mittelwesten lebten. Sie war eine große, kräftige Frau, die mich wechselweise faszinierte und abstieß. Ich sehe sie immer noch vor mir, wie sie wie eine alte Hexe mit zahnlosem Zahnfleisch kicherte, während sie einen ganzen Laib Brot in zerlassenem Speck auf einem antiken Herd röstete, was sie dann verschlang und dabei schwelgte: »Mein Gott, das ist *rösch!*«

PLAYBOY: Welche anderen Ängste hatten Sie in Ihrer Kindheit?

KING: Nun, der Tod faszinierte und entsetzte mich – der Tod im allgemeinen und meiner im besonderen –, was wahrscheinlich die Folge davon war, daß ich als Kind viele Rundfunksendungen hörte und ein paar verdammt brutale Fernsehserien sah, zum Beispiel *Peter Gunn* und *Highway Patrol,* in denen der Tod schnell kam und billig war. Ich war felsenfest davon überzeugt, daß ich keine zwanzig werden würde. Ich stellte mir vor, wie ich eines Abends durch eine dunkle, verlassene Straße nach Hause ging und jemand oder etwas aus dem Gebüsch hervorsprang, und aus. Der Tod als Konzept und die Leute, die den Tod austeilten, faszinierten mich.

Ich erinnere mich, daß ich ein ganzes Album über Charlie Starkweather sammelte, den Massenmörder der fünfziger Jahre, der zusammen mit seiner Freundin eine blutige Schneise durch den Mittelwesten pflügte. Mein Gott, ich hatte eine Menge Mühe, das vor meiner Mutter geheimzuhalten. Starkweather tötete kaltblütig acht oder neun Menschen, und ich schnitt sämtliche Artikel über ihn aus, die ich finden konnte, und dann saß ich da und versuchte, den inneren Horror hinter diesem gewöhnlichen Gesicht zu ergründen. Ich wußte, ich sah das ganz große soziopathische Böse vor mir, nicht den netten kleinen Bösewicht von Agatha Christie, sondern etwas Wilderes und Dunkleres und Entfesseltes. Ich schwankte zwischen Faszination und Ekel, möglicherweise aus dem Grund, weil mir klar wurde, daß das Gesicht auf dem Foto mein eigenes sein konnte.

PLAYBOY: Um es noch einmal zu sagen, das sind nicht die Gedanken eines typischen Mitglieds der Little League. Haben Sie sich nicht schon damals Sorgen gemacht, es könnte etwas Abnormales an Ihrer Besessenheit sein?

KING: Besessenheit ist ein zu starkes Wort. Es war mehr, als wollte ich ein Puzzle lösen, weil ich wissen wollte, wie jemand so etwas wie Starkweather tun konnte. Ich vermute, ich wollte das Unaussprechliche entschlüsseln, so wie die Leute versuchen, den Sinn hinter Auschwitz oder Jonestown zu ergründen. Ich fand das Böse sicher nicht auf eine üble Weise verführerisch – das wäre pathologisch –, aber ich fand es anziehend. Und ich glaube, das trifft auf die meisten Menschen zu, andernfalls wären die Buchhandlungen nicht fünfunddreißig Jahre nach dem Zweiten Weltkrieg immer noch voll von Büchern über Adolf Hitler. Die Faszination des Abscheus, wie Conrad das genannt hat.

PLAYBOY: Sind die Ängste und Unsicherheiten Ihrer Kindheit bis ins Erwachsenenleben hinein erhalten geblieben?

KING: Ein paar der alten und getreulichen nächtlichen Alpdrücke habe ich noch, etwa die Angst vor der Dunkelheit, aber einige der anderen habe ich einfach gegen neue ausgetauscht. Ich meine, man kann nicht ewig an den Ängsten von gestern klebenbleiben, richtig? Wollen mal sehen, einige modernisierte Phobien. O.k., ich habe Angst vor dem Ersticken, vielleicht weil mein Sohn in der Nacht, als meine Mutter an Krebs starb – sogar praktisch in derselben Minute –, zu Hause in seinem Bett einen furchtbaren Erstickungsanfall hatte. Er war blau angelaufen, als es Tabby endlich gelang, das Hindernis herauszuklopfen. Ich kann mir vorstellen, wie mir dasselbe am Eßtisch passiert, und alle geraten in Panik und vergessen die Heimlich-Methode, und ich werde von einem halben Big Mac weggeputzt. Was sonst noch? Ich mag Insekten allgemein nicht, aber ich konnte mit den dreißigtausend Küchenschaben in *Creepshow* zurechtkommen. Aber Spinnen kann ich nicht ertragen! Unmöglich – schon gar nicht diese großen haarigen, die wie pelzige Baseбälle mit Beinen aussehen, sich in Bananenstauden verstecken und darauf warten, einen anzufallen. Herrgott, solche Sachen versteinern mich.

PLAYBOY: Da Sie *Creepshow* erwähnen, das Sie geschrieben und in dem Sie auch mitgespielt haben, ist dies vielleicht der Zeitpunkt zu fragen, warum der Film an der Kinokasse so sehr durchgefallen ist.

KING: Wir wissen nicht, ob das so ist, denn noch sind nicht alle Abrechnungen aus dem Land da und verbucht. Der Film lief in den ersten Wochen phantastisch, und seither hier schlecht und dort ganz gut. Ich glaube, die Verrisse, die er erhalten hat, haben manche Erwachsene davon abgehalten, ihn sich anzusehen, dafür standen viele Teenager Schlange, ihn zu sehen. Ich habe natürlich mit schlechten Besprechungen gerechnet, weil *Creepshow* auf den Horror-Comic-Traditionen der fünfziger Jahre beruht und keine Weiterentwicklung ist, sondern eine Nachgestaltung. Hätten die Mainstream-Kritiker das begriffen und gewürdigt, dann hätte ich auf der Stelle gewußt, daß wir mit dem, was wir versucht haben, kläglich gescheitert sind. Natürlich haben ein paar hochangesehene Kritiker wie Rex Reed den Film gemocht, aber das liegt daran, daß sie mit diesen Comics groß geworden sind und sich ihrer mit nostalgischer Verklärung erinnern.

PLAYBOY: Aber selbst Reed war weniger als überwältigt von Ihrer Darstellung; er schrieb: »King sieht aus und schauspielert genau wie ein übergewichtiger Li'l Abner.« Ungerecht?

KING: Nein, vollkommen richtig, denn das ist genau die Art von Hinterwäldler, die ich spielen sollte, und Romero hat zu mir gesagt, ich sollte ihn »so breit wie einen Highway« zeichnen. Meine Frau behauptet natürlich, daß ich die Idealbesetzung war, aber dazu sage ich nichts.

PLAYBOY: Zurück zu dem, was Sie immer noch versteinert – abgesehen von Flops an der Kinokasse. Welches ist Ihre schlimmste Angst?

KING: Ich glaube, daß eines meiner Kinder sterben könnte. Ich glaube nicht, daß ich damit fertig werden würde. Aber es gibt eine Menge anderer Dinge: die Angst, daß etwas mit meiner Ehe schiefgeht; daß die Welt in einen Krieg stürzt; Scheiße, ich bin nicht einmal über die Entropie glücklich. Aber das sind alles Gedanken der Wolfsstunde, die man hat, wenn man nicht schlafen kann und sich herumwälzt und es einem möglich wird, sich selbst davon zu überzeugen, daß man Krebs oder einen Gehirntumor hat oder, wenn man auf der linken Seite liegt und sein Herz klopfen hört, daß man kurz vor einem tödlichen Herzanfall steht. Und manchmal kann man in der Dunkelheit liegen und davon überzeugt sein, daß man unten etwas hört, besonders wenn man überarbeitet ist. Und wenn man sich dann wirklich anstrengt, kann man Laute hören, die die Treppe *herauf*kommen. Und dann, heiliger Gott, sind sie *hier,* sie sind im Schlafzimmer! Sie wissen schon, alle Gedanken der finsteren Nacht – der Stoff, aus dem die angenehmen Träume sind.

PLAYBOY: Sie haben Ihre Schlaflosigkeit erwähnt, und Sie haben während des ganzen Interviews Exedrin wie Fruchtgummi hinuntergeschluckt. Leiden Sie auch an chronischen Kopfschmerzen?

KING: Ja, ich habe ziemlich schlimme Kopfschmerzen. Sie kommen und gehen, aber wenn sie anfangen, dann heftig. Exedrin hilft, aber wenn es wirklich schlimm wird, kann ich nur nach oben gehen und mich im Dunkeln hinlegen, bis sie wieder weg sind. Früher oder später verschwinden sie ganz unvermittelt, dann funktioniere ich wieder. Nach allem, was ich in der medizinischen Fachliteratur gelesen habe, ist es keine klassische Migräne, sondern »Streß-Kopfschmerzen«, die mich in Zeiten extremer innerer Anspannung oder Überarbeitung heimsuchen.

PLAYBOY: Sie konsumieren noch mehr Bier als Exedrin; und Sie haben selbst gesagt, daß Sie einmal ein Alkoholproblem hatten. Rauchen Sie auch Gras?

KING: Nein, ich ziehe härtere Drogen vor. Jedenfalls früher; ich habe seit ein paar Jahren nichts Hartes mehr genommen. Gras macht mich nicht besonders high; ich werde ein wenig ausgelassen, aber hinterher ist mir immer übel. Aber ich besuchte Ende der sechziger Jahre die Universität. Es war nicht einmal an der University of Maine ein Problem, an Drogen heranzukommen. Ich habe jede Menge LSD und Peyote und Meskalin eingeworfen, alles in allem mehr als sechzig Trips. Ich würde mich aber niemals für Acid oder andere halluzinogene Drogen stark machen, denn es gibt gute Trip-Persönlichkeiten und schlechte Trip-Persönlichkeiten, und letztere Kategorie kann ernsthafte emotionale Schäden bekommen. Wenn man das falsche physiologische und geistige Make-up hat, kann es wie russisches Roulette mit einer geladenen .45er Automatic sein, Acid zu nehmen. Aber ich muß sagen, daß die Ergebnisse bei mir weitgehend positiv waren. Ich hatte nie einen Trip, von dem ich nicht wie nach einer geistigen Lähmung heruntergekommen wäre; es war stets wie eine psychische Müllabfuhr, die den ganzen angesammelten Abfall aus meinem Kopf wegschaffte. Und zu der Zeit brauchte ich diese spezielle Art von geistigem Einlauf.

PLAYBOY: Hatten die Erfahrungen mit halluzinogenen Drogen irgendwelche Auswirkungen auf Ihr späteres Schreiben?

KING: Überhaupt keine. Acid ist nur eine chemische Illusion, ein Spiel, das man mit seinem Gehirn spielt. Wenn es um eine echte Bewußtseinserweiterung geht, ist es vollkommen wertlos. Ich habe Aldous Huxleys Behauptung, daß Halluzinogene die Pforten der Wahrnehmung öffnen, nie glauben können. Das ist mystische Selbsttäuschung, die Scheiße, die Timothy Leary zu predigen pflegte.

PLAYBOY: Haben Sie Angst vor einer schriftstellerischen Sperre?

KING: Ja, das ist eine meiner größten Ängste. Sehen Sie, wir haben uns vorhin über meine Kindheitsfurcht vor dem Sterben unterhalten, aber die ist etwas, mit dem ich einigermaßen zu Rande gekommen bin. Ich meine, ich kann intellektuell und gefühlsmäßig begreifen, daß einmal der Tag kommen wird, da ich unheilbaren Lungenkrebs habe, oder ich gehe eine Treppe hinauf und spüre plötzlich eisigen Schmerz meinen Arm entlanglaufen, bevor der Hammerschlag die linke Seite meiner Brust trifft und ich tot die Treppe hinunterfalle. Ich würde mich wohl ein wenig überrascht fühlen und Bedauern empfinden, aber ich würde auch wissen, daß es sich um etwas handelt, dem ich lange den Hof gemacht habe und das sich nun endlich entschlossen hat, mich zu heiraten. Was ich andererseits nicht begreifen oder womit ich nicht zu Rande kommen kann, das ist, als Schriftsteller einfach auszutrocknen.

Das Schreiben ist für meine geistige Gesundheit notwendig. Als Schriftsteller kann ich meine Ängste und Unsicherheiten und nächtlichen Schrecken auf dem Papier externalisieren, und dafür bezahlen manche Leute den Seelenklempnern kleine Vermögen. In meinem Fall bezahlen sie *mich* dafür, daß ich mich in meinen gedruckten Büchern psychoanalysiere. Und dadurch bin ich imstande, mich »geistig gesund zu schreiben«, wie es die große Dichterin Anne Sexton ausgedrückt hat. Wissen Sie, das ist eine alte Technik der Therapeuten: Bringe den Patienten dazu, sich seine Dämonen von der Seele zu schreiben. Ein Freudscher Exorzismus. Ich kann alle gewalttätigen Energien, die ich habe – und das sind eine Menge –, auf das Papier auskotzen. Meine ganze Wut, meinen Haß und meine Frustration, alles Gefährliche und Kranke und Schlechte in mir, kann ich in meine Werke speien. Überall auf der Welt sitzen Leute in Gummizellen, die dieses Glück nicht haben.

PLAYBOY: Was glauben Sie, wären Sie heute, wenn Sie Ihre schriftstellerische Begabung nicht hätten?

KING: Schwer zu sagen. Vielleicht wäre ich ein gelinde verbitterter Englischlehrer an der High School und würde mich so durchschlagen, bis ich meine Pension erhalten und in die Dämmerjahre abtreten könnte. Andererseits hätte ich ebenso gut zusammen mit Charlie Whitman oben im Texas Tower enden können, um meine Dämonen mit einem Zielfernrohr auszutreiben, anstatt mit dem Textcomputer. Ich meine, ich kenne diesen Whitman. Mein Schreiben hat verhindert, daß ich selbst in diesen Turm gegangen bin.

PLAYBOY: Sie haben freizügig über Ihre inneren Ängste und Unsicherheiten gesprochen, aber bisher sind wir noch nicht auf sexuelle Dinge zu sprechen gekommen. Haben Sie da irgendwelche Probleme?

KING: Nun, ich glaube, ich habe ziemlich normale sexuelle Gelüste, was immer das Wort normal in diesen haltlosen Zeiten bedeuten mag. Ich meine, ich stehe nicht auf Schafe oder Klistiere oder mehrfach Amputierte oder Marshmallowanbetung oder was immer der letzte Schrei sein mag. Mein Gott, ich bin kürzlich durch einen Sex-Shop gegangen und habe ein Hochglanzmagazin mit einem Mann gesehen, der auf ein nacktes Mädchen gekotzt hat. Ich meine, chacun à son gôut und so weiter, aber *bääääh!* Ich bin auch nicht auf dem Sadomasochismus-Trip, auf dem Ihre Konkurrenz *Penthouse* ein ganzes Imperium aufgebaut hat. Verdammt, Sie können ein Foto von einem nackten Mädchen mit diamantbesetztem Hundehalsband machen, das von einem Mann in Leder und mit Knobelbechern an der Leine geführt wird, und trotz künstlerischem Glanz und Gazeschirm vor der Linse und Pastellfarben ist es Schund: es riecht dennoch übelkeiterregend nach Konzentrationslagerporno. Es gibt eine Reihe sexueller Möglichkeiten, die mich anmachen, aber ich fürchte, sie sind alle langweilig normal.

PLAYBOY: Also versteckt sich kein Schreckgespenst in Ihrer Libido?

KING: Nein, nicht in diesem Sinne. Das einzige sexuelle Problem, das ich hatte, war mehr funktioneller Natur. Ich litt vor einigen Jahren vorübergehend unter Impotenz, und das ist überhaupt nicht komisch, glauben Sie mir.

PLAYBOY: Was hat sie verursacht?

KING: Nun, ich bin nicht gut genug in klinischer Selbstbetrachtung, daß ich das sagen könnte. Es war kein dauerhaftes Problem. Ich schätze, teilweise war das Trinken dafür verantwortlich – die Engländer nennen das den Brauereihänger. Henry Fielding hat gesagt, daß zuviel Alkohol bei einem langweiligen Mann den Sexualtrieb hemmen kann, daher gehe ich davon aus, daß ich langweilig bin, wenn das stimmt, denn wenn ich sie zu schnell runterkippe, bin ich schlichtweg zu betrunken zum Ficken. Fusel steigert vielleicht das Verlangen, aber er beeinträchtigt die Ausführung entschieden. Natürlich müssen teilweise psychologische Gründe dafür verantwortlich sein, denn der sicherste Weg, den ich kenne, jemanden impotent zu machen, ist, wenn er sich selbst ständig sagt: »Mein Gott, was ist, wenn ich impotent bin?« Zum Glück habe ich schon eine ganze Weile keine Probleme mehr damit. Scheiße, warum habe ich dieses Thema angeschnitten? Jetzt werde ich wieder anfangen, darüber nachzudenken!

PLAYBOY: Haben Sie festgestellt, daß Ihre sexuelle Anziehungskraft zugenommen hat, seit Sie zu Geld und Berühmtheit gekommen sind?

KING: Ja, es gibt eine Menge Frauen, die Ruhm oder Macht oder was auch immer ficken möchten. Das gesamte Groupie-Syndrom. Manchmal ist die Vorstellung eines anonymen Ficks faszinierend: Sehen Sie, jemand kommt zu einer Signierstunde in einer Buchhandlung und sagt: »Gehen wir zu mir«, und Sie verlassen am nächsten Morgen die Stadt, und ein Teil von Ihnen ist versucht zu sagen: »Klar doch, gehen wir; wir schütten Wesson-Öl übereinander und vögeln uns echt die Augen raus.« Aber es ist besser, sich nicht auf diese schlüpfrige Ebene zu begeben – keine Anspielung auf Wesson-Öl beabsichtigt –, und ich habe es auch nicht getan. Meine Ehe ist mir zu wichtig, und außerdem fließt so viel meiner Energie ins Schreiben, daß ich es eigentlich nicht nötig habe, herumzumachen.

PLAYBOY: Waren Sie Ihrer Frau immer treu?

KING: Ja, so altmodisch sich das anhören mag. Ich weiß, man erwartet, daß jemand so etwas sagt, wenn es gedruckt wird, aber es stimmt dennoch. Ich würde die Liebe meiner Frau niemals wegen eines Abenteuers aufs Spiel setzen. Ich bin ihr zu dankbar für ihre unerschütterliche Hingabe an mich und für die Hilfe, die sie mir gegeben hat, damit ich so leben und arbeiten kann, wie ich es will. Sie ist natürlich auch eine Rose mit Dornen, und ich habe mich früher häufig an ihnen gestochen, daher würde ich es, von allem anderen abgesehen, gar nicht wagen, sie zu betrügen!

PLAYBOY: Haben Sie sich bedroht gefühlt, als Ihre Frau ihre eigene schriftstellerische Laufbahn einschlug und ihren ersten Roman, *Das Puppenhaus,* veröffentlichte?

KING: Aber sicher. Ich war verdammt eifersüchtig. Meine Reaktion war wie die eines Kindes. Ich wollte sagen: »He, das sind *meine* Spielsachen, mit denen kannst du nicht spielen.« Aber daraus wurde rasch Stolz, als ich das fertige Manuskript gelesen hatte und feststellte, daß sie verflucht gute Arbeit abgeliefert hatte. Ich wußte, daß sie es in sich hatte, denn Tabby war eine gute Dichterin und Kurzgeschichtenautorin, als wir in meinem Seniorjahr am College anfingen, miteinander zu gehen, und sie hatte bereits einige Preise für ihre Arbeiten gewonnen. Daher gelang es mir, dieses kindischen Eigensinns sehr rasch Herr zu werden. Aber wenn ihre Bücher sich zum erstenmal besser verkaufen als meine, dürfte das wieder etwas anderes sein!

PLAYBOY: Weshalb finden sich in Ihren Büchern so auffällig wenig explizite Sex-Szenen? Fühlen Sie sich damit nicht wohl?

KING: Nun, Peter Straub sagt: »Stevie hat den Sex noch nicht entdeckt«, und ich versuche ihn zu widerlegen, indem ich auf meine drei Kinder deute, aber ich glaube nicht, daß ihn das überzeugt. Ich fühle mich wahrscheinlich tatsächlich nicht wohl damit, aber dieses Unbehagen resultiert aus einem anderen Problem, das ich habe, glaubwürdige romantische Beziehungen zu schildern. Ohne solche starken Beziehungen, auf denen man aufbauen kann, ist es schwer, Sex-Szenen zu schildern, die glaubwürdig sind und die Handlung voranbringen; sonst würde ich Sex nur willkürlich und sinnlos einbringen. Sie wissen schon: »Oh, verdammt, zwei Kapitel ohne eine Fick-Szene, wird Zeit, daß ich eine zusammenschustere.« In *Cujo* finden sich ein paar explizite Sex-Szenen und in meinem Kurzroman »Der Musterschüler« in *Frühling, Sommer, Herbst und Tod,* in dem ein vom Nazi-Bösen verführter Teenager sich zusammenphantasiert, wie er ein Mädchen tötet, während er sie vergewaltigt, er bringt sie langsam mit Stromschlägen um und genießt jede Zuckung, bis er seinen Orgasmus mit ihren Todeszuckungen koordiniert. Das vereinbarte sich mit dem verdrehten Charakter des Jungen, aber weiter konnte ich nicht in Richtung S/M gehen, denn nach einem gewissen Punkt wirken einfach meine geistigen Unterbrecher.

PLAYBOY: Abgesehen von Ihren Schwierigkeiten, Sex-Szenen zu schreiben, haben Sie offenbar auch Probleme mit Frauen in Ihren Büchern. Die Kritikerin Chelsea Quinn Yarbro hat geschrieben: »Es ist niederschmetternd, wenn ein Schriftsteller mit so viel Talent und Kraft und Vision nicht imstande ist, glaubwürdige weibliche Personen zwischen siebzehn und sechzig darzustellen.« Ist das eine faire Kritik?

KING: Ja, unglücklicherweise ist es, glaube ich, von aller Kritik, die an mir geübt worden ist, die zutreffendste. Ich würde ihre Kritik sogar noch dahingehend erweitern, wie ich schwarze Personen darstelle. Sowohl Halloran, der schwarze Koch in *Shining,* wie auch Mutter Abigail in *Das letzte Gefecht* sind pappkameradenhafte Karikaturen von schwarzen Superhelden, die durch die rosa getönte Brille weiß-liberaler Schuld gesehen werden. Und wenn ich glaube, daß ich von der Anklage freigesprochen werden kann, daß die meisten männlichen amerikanischen Schriftsteller Frauen entweder als Dummerchen oder als zerstörerische Huren-Göttinnen portraitieren, dann erschaffe ich jemanden wie Carrie – die als dümmliches Opfer anfängt und dann zur zerstörerischen Göttin *wird,* die in einer Explosion hormoneller Wut eine ganze Stadt vernichtet. Ich sehe die Probleme schon, kann sie aber derzeit noch nicht ändern.

PLAYBOY: Man wirft Ihnen außerdem vor, daß Ihre Werke übertrieben nachahmend sind. In *Fear Itself,* einer kürzlich erschienenen Sammlung kritischer Essays über Ihre Romane, sagt Verfasser Don Herron, »King scheint damit zufrieden zu sein, ohnehin abgenutztes Material neu aufzuarbeiten ... Selten findet man in Kings Geschichten übernatürliche Schöpfungen, die nicht wenigstens auf frühere Werke hindeuten oder sogar offen daraus geborgt sind.« Würden Sie dem widersprechen?

KING: Nein, ich gebe es offen zu. Ich habe mich nie als strahlend originellen Schriftsteller betrachtet, wenn es darum geht, vollkommen neue Einfälle für die Handlung auszudenken. Selbstverständlich sind in der Genre- wie in der Mainstream-Literatur gleichermaßen nicht mehr besonders viele davon übrig, und die meisten Schriftsteller arbeiten lediglich ein paar grundlegende Themen auf, ob das nun die ängstliche Introspektion und die ermüdenden Identitätskrisen der Ästheten sind, die sexuellen und häuslichen Probleme der John-Updike-Schule von Schwanzbetrachtern oder die traditionellen Schemata von Kriminalroman und Science-fiction und Horror. Ich versuche – gelegentlich erfolgreich, hoffe ich – neuen Wein aus alten Schläuchen einzuschenken. Ich bestreite jedoch nicht, daß die meisten meiner Bücher bis zu einem gewissen Grad nachahmenden Charakter haben, aber einige der Kurzgeschichten sind hinreichend *sui generis,* und *Cujo* und *Dead Zone* sind beide im Grunde genommen originelle Konzepte. Aber *Carrie* zum Beispiel wurde zu einem erheblichen Anteil von einem gräßlichen alten B-Film mit dem Titel *Die Augen des Satans* abgeleitet, *Shining* wurde von Shirley Jacksons großartigem Roman *The Haunting of Hill House* beeinflußt; *Das letzte Gefecht* verdankt sowohl George R. Stewarts *Leben ohne Ende* und M. P. Shiels *Die purpurne Wolke* einiges; und *Feuerkind* hat zahlreiche Vorgänger in der Science-fiction. *Brennen muß Salem* wurde natürlich von dem großen Klassiker des Genres, Bram Stokers

Dracula, beeinflußt, und es weist eine ganz bewußte Ähnlichkeit damit auf. Daraus habe ich nie ein Geheimnis gemacht.

PLAYBOY: Außerdem scheint Sie das Phänomen des Nazitums zu faszinieren, über das Sie hinreichend in *Frühling, Sommer, Herbst und Tod* und im Roman *Dead Zone* geschrieben haben, in dem es um den Aufstieg eines amerikanischen Hitler und den verzweifelten Versuch eines Mannes geht, ihn aufzuhalten, bevor es zu spät ist.

KING: Nun, die Natur des Bösen ist ein natürliches Interesse für jeden Horror-Schriftsteller, und das Nazitum ist wahrscheinlich die dramatischste Inkarnation dieses Bösen. Was war der Holocaust schon anderes als die buchstäbliche Erschaffung der Hölle auf Erden, ein Fließbandinferno mit Feueröfen und menschlichen Dämonen, die die Toten mit Mistgabeln in Kalkgruben schaufelten? Natürlich sind auch im Gulag oder in Ländern wie Kambodscha Millionen gestorben, aber die Verbrechen der Kommunisten resultieren aus der Pervertierung einer im Grunde genommen vernünftigen und apollinischen Philosophie des neunzehnten Jahrhunderts, während das Nazitum etwas Neues und Verderbtes und durch seine ureigenste Natur Perverses war. Ich kann mir gut vorstellen, was für eine gefährliche Faszination er ausgeübt haben muß, als er in den zwanziger Jahren explosionsartig auf der Bildfläche Deutschlands erschien. Der Werwolf in uns ist nie weit von der Oberfläche entfernt, und Hitler wußte, wie man ihn befreit und füttert. Ja, wenn ich in den frühen dreißiger Jahren in Deutschland gewesen wäre, hätte mich das Nazitum wahrscheinlich auch angezogen, glaube ich.

Aber ich bin auch ziemlich sicher, daß ich schon vor 1935 oder 1936, bevor die Konzentrationslager kamen und die Massenmorde ernsthaft anfingen, die Natur der Bestie erkannt haben würde, und zwar in mir selbst ebenso wie in der Ideologie, und dann wäre ich ausgestiegen. Aber wenn man nicht selbst in so einer Situation steckt, weiß man natürlich nie, wie man reagieren würde. Doch man kann die Echos des verrückten dionysischen Motors, der die Nazis antrieb, rings um sich herum sehen. Ich bin ein großer Rock'n' Roll-Fan, und Rock war ein großer Einfluß auf mein Leben und meine Arbeit, aber selbst dort kann man ab und zu die Bestie mit ihren Ketten rasseln hören und sehen, wie sie sich zu befreien versucht. Nichts so Dramatisches wie Altamont; nur die wilden, aufgepeitschten Mob-Emotionen, die man erzeugen kann, wenn man ein paar Tausend Menschen in einem Auditorium hat, die vom Sound und dem Dope aus ihren Schädeln gefetzt werden.

Ich bewundere Bruce Springsteen, und meine Frau und ich besuchten kürzlich eines seiner Konzerte in Toronto, wo er plötzlich den Arm mit geballter Faust gerade ausstreckte, wie beim Faschistengruß, und die kreischenden Fans im Auditorium folgten dem Beispiel sofort, und uns war einen unbehaglichen Augenblick zumute, als wären wir in Nürnberg. Und in Springsteen ist nun eindeutig nicht die geringste Spur von

Faschismus oder Rassismus oder gewalttätigem Nihilismus, wie in einigen der englischen Punks, aber diese Massenhysterie, die man bei Rockkonzerten erzeugen kann, war plötzlich zu einer dunklen und beängstigenden Erscheinung geronnen. Natürlich kann guter, starker Rock ein ganzes Kraftwerk emotionaler Regungen hervorbringen, weil er von Natur aus Aufs-Ganze-gehen-Stoff ist; er ist im attraktivsten Sinne des Wortes anarchistisch; er handelt davon, schnell zu leben, jung zu sterben und eine schöne Leiche abzugeben. Und Horror ist genau so. Beide greifen nach der Schlagader, und wenn sie funktionieren, beschwören sie urtümliche Archetypen herauf.

PLAYBOY: Sie werden gemeinhin als Horror-Autor bezeichnet; aber sollten Romane wie *Das letzte Gefecht,* der grundsätzlich ein futuristischer Katastrophen-Roman ist, nicht eigentlich als Science-fiction bezeichnet werden?

KING: Ja, technisch gesehen haben Sie recht. Es ist sogar so, die einzigen Bücher von mir, die ich als puren, unvermischten Horror bezeichnen möchte, sind *Brennen muß Salem, Shining* und jetzt *Christine,* weil sie alle keinerlei Erklärung für die stattfindenden übernatürlichen Ereignisse liefern. *Carrie, Dead Zone* und *Feuerkind* andererseits liegen weit mehr innerhalb der Science-fiction-Tradition, da sie sich mit psionischen wilden Talenten beschäftigen, von denen wir vorhin gesprochen haben. *Das letzte Gefecht* hat in beiden Lagern einen Fuß, denn der zweite Teil des Buches, der Teil, der die Konfrontation zwischen den Kräften der Finsternis und den Kräften des Lichts schildert, enthält ein starkes übernatürliches Element. Und *Cujo* ist weder Horror noch Science-fiction, aber ich hoffe, es ist *furchteinflößend.* Es ist natürlich nicht immer leicht, solche Sachen einzuordnen, aber ich betrachte mich im Grunde genommen schon als Horror-Autor, weil es mir *Spaß* macht, den Leuten angst zu machen. So wie Garfield sagt, »Lasagne ist mein Leben«, so kann ich mit Fug und Recht sagen, daß Horror meines ist. Ich würde ihn auch dann schreiben, wenn ich nichts dafür bezahlt bekäme, weil es auf Gottes grüner Erde nichts Schöneres gibt, als den Leuten eine Scheißangst einzujagen.

PLAYBOY: Wie weit würden Sie gehen, den erwünschten Effekt zu erzielen?

KING: Soweit ich gehen muß, bis der Leser davon überzeugt ist, daß er sich in den Händen eines echten, stammelnden, nachweislich mörderischen Wahnsinnigen befindet. Das Genre existiert auf drei Ebenen, die verschieden und voneinander getrennt sind, und jede ist ein wenig gröber als die vorhergehende. Zuoberst kommt der Schrecken, die erlesenste Empfindung, die jeder Schriftsteller erzeugen kann; dann Horror; und dann, auf der untersten Ebene, der Würgereflex des Ekels. Ich versuche natürlich zuerst, Sie zu erschrecken, und wenn das nicht wirkt, versuche ich Horror zu erzeugen; bleibt auch das wirkungslos, dann versuche ich es mit Niederknüppeln. Ich habe keinen Stolz, ich würde Ihnen ein Sandwich geben, in dem sich Würmer winden, oder ich würde Ihre Hand in ein von Maden wimmelndes totes Waldmurmeltier stecken. Ich würde *alles* machen, was erforderlich ist; ich würde alles auf mich nehmen, ich würde eine Ratte schlachten, wenn es sein muß – ich habe zu meiner Zeit jede Menge Ratten geschlachtet. Schließlich hat Oscar Wilde gesagt, nichts ist so erfolgreich wie der Exzeß. Wenn jemand wegen dem, was ich geschrieben habe, schreiend erwacht, dann freut mich das sehr. Wenn er lediglich seine Kekse auskotzt, ist das immer noch ein Sieg, wenn auch ein kleinerer. Ich glaube, der größte Triumph wäre, wenn jemand tot umfällt – Herzschlag, weil er sich buchstäblich zu Tode geängstigt hat. Ich würde sagen: »Herrgott, was für ein Jammer«, und es wäre mein Ernst, aber ein Teil von mir würde denken: Mein Gott, es hat tatsächlich *funktioniert!*

PLAYBOY: Würden Sie irgendwo eine Grenze ziehen – sagen wir einmal Nekrophilie, Kannibalismus oder Kindesmord?

KING: Ich kann mir nicht vorstellen, daß ich über ein Thema nicht schreiben würde, obwohl es wahrscheinlich welche gibt, über die ich nicht schreiben *kann*. In *Brennen muß Salem* ist eine Kindesmord-Szene, als der Vampir ein Baby opfert, aber sie wird nur angedeutet, nicht in allen Einzelheiten geschildert, was meiner Meinung nach die Obszönität der Tat noch steigert. Was Kannibalismus anbelangt, so habe ich eine Geschichte geschrieben, die von einer Art Kannibalismus handelt. Sie trägt den Titel »Der Überlebenstyp« und handelt von einem Chirurgen, der nach einem Schiffsunglück an ein winziges, kahles Korallenatoll im Südpazifik angespült wird. Um zu überleben, ist er gezwungen, sich selbst Stück für Stück aufzuessen. Er schreibt alles peinlich genau in seinem Tagebuch nieder, und nachdem er seinen Fuß amputiert hat, vermerkt er: »Ich habe alles nach Hoyle getan. Ich habe ihn gewaschen, bevor ich ihn gegessen habe.« Die Leute sagen, ich wäre so berühmt geworden, daß ich meinen Einkaufszettel veröffentlichen könnte, aber diese Story hat *niemand* auch nur mit einem drei Meter langen Stab angerührt, und sie sammelte fünf Jahre in meiner Schublade Staub an, bis sie kürzlich in einer Anthologie erschienen ist. Ich gebe zu, daß ich ein paar schreckliche Sachen geschrieben habe, furchtbare Sachen, die mir immer noch Sorgen machen. Ich denke dabei besonders an mein Buch *Friedhof der Kuscheltiere,* und dabei an eine spezielle Szene, in der ein Vater seinen toten Sohn exhumiert. Es ist ein paar Tage, nachdem der Junge bei einem Verkehrsunfall getötet worden ist, und während der Vater auf dem Friedhof sitzt und den toten Sohn in den Armen hält und weint, gibt der von Faulgas aufgedunsene Leichnam gräßliche Rülpser und Fürze von sich – wahrhaft abscheuliche Laute und Gerüche, die mir von Leichenbestattern und Friedhofsarbeitern in allen scheußlichen Einzelheiten beschrieben worden sind. Diese Szene beschäftigt mich immer noch, denn als ich sie geschrieben habe – sie hat sich gewissermaßen selbst geschrieben; meine Schreibmaschine rauschte wie beim automatischen Schreiben –, da sah ich den Friedhof und konnte die abscheulichen Laute hören und die gräßlichen Gerüche riechen. Kann ich immer noch. *Brrr!* Wegen solcher Szenen wollte Tabby nicht, daß ich das Buch veröffentliche.

PLAYBOY: Haben Sie Ihre Bücher jemals selbst zensiert, weil etwas einfach so abscheulich war, daß man es nicht veröffentlichen konnte?

KING: Nein, wenn ich es zu Papier bringen kann, ohne dabei den ganzen Textcomputer vollzukotzen, dann ist es, soweit es mich betrifft, geeignet, ans Tageslicht zu gelangen. Ich dachte, ich hätte deutlich gemacht, daß ich nicht zimperlich bin. Vergessen Sie nicht, ich habe keine Illusionen, was das Horror-Genre anbelangt. Es mag durchaus zutreffen, daß wir die Grenzen des Wunderbaren erweitern und ein Gefühl der Ehrfurcht angesichts der Geheimnisse des Universums erzeugen und diesen ganzen Mist. Aber trotz der großen Worte, die Sie von Schriftstellern des Genres hören, daß Horror eine sozial und psychologisch nützliche Katharsis für die Ängste und Aggressionen der Menschen bildet, ist die brutale Tatsache, daß wir immer noch öffentliche Hinrichtungen als Geschäft betreiben.

Wie auch immer, ich würde mich nicht selbst zensieren, aber ich wurde einmal zensiert. In der ersten Fassung von *Brennen muß Salem* hatte ich eine Szene, in der Jimmy Cody, der dortige Arzt, im Keller eines Gasthauses von einer Horde Ratten aufgefressen wird, die der Obervampir dorthin befiehlt. Sie wuseln über ihn wie ein sich windender, pelziger Teppich und beißen und krallen, und als er versucht, seinen Gefährten oben eine Warnung zuzurufen, wuselt ihm eine in den offenen Mund und windet sich da, während sie ihm die Zunge frißt. Ich liebte diese Szene, aber mein Lektor machte mir klar, daß Doubleday sie *unter gar keinen Umständen* veröffentlichen würde, und ich fügte mich schließlich und spießte den armen Jimmy auf Messern auf. Aber, Scheiße, es war einfach nicht dasselbe.

PLAYBOY: Machen Sie sich nie Sorgen, daß geistig instabile Leser Ihre erfundene Gewalt im tatsächlichen Leben begehen könnten?

KING: Aber gewiß doch, und das bekümmert mich nicht wenig, ich würde lügen, wenn ich sagen würde, daß es nicht so ist. Ich fürchte sogar, es könnte bereits geschehen sein. Letztes Jahr wurde in Florida ein Homosexueller ermordet; ein berühmter Ernährungswissenschaftler namens Junk-Food Doctor wurde auf besonders bestialische Weise getötet, er wurde gefoltert und langsam erstickt, während der Mörder danebensaß und Billigfraß verspeiste und ihm beim Sterben zusah. Hinterher kritzelten sie das Wort REDRUM an die Wand, das ist MURDER – also Mord – rückwärts, was natürlich genau das Wort aus *Shining* ist. Die dummen Kerle sollten nicht nur geröstet oder wenigstens auf Lebenszeit eingesperrt werden, nein, man sollte sie auch noch wegen Plagiarismus verklagen!

Es gab noch zwei andere, ähnliche Fälle. 1977 wurde in Boston eine Frau von einem jungen Mann ermordet, der eine Vielzahl von Küchengeräten verwendete, und die Polizei vermutete, daß er eine Szene aus dem Film *Carrie* imitiert hatte, in der Carrie ihre Mutter tötet, indem sie sie buchstäblich an die Wand nagelt, und zwar mit Küchengeräten vom Korkenzieher bis zum Kartoffelschäler. Und 1980 las eine Frau in Baltimore ein Buch an einer Bushaltestelle; sie wurde das Opfer eines versuchten Überfalls. Sie zückte sofort ein verstecktes Messer und erstach ihren Angreifer, und als ein Reporter sie danach fragte, was sie gelesen hatte, zog sie stolz ein Exemplar von *Das letzte Gefecht* hervor, und dort werden die Guten nicht eben dazu aufgefordert, die andere Wange hinzuhalten, wenn die Bösen kommen. Vielleicht liegt hier tatsächlich ein Nachahmungstrieb vor, wie bei den Tylenol-Vergiftungen.

Aber andererseits wären diese Menschen auch tot, wenn ich nie ein einziges Wort geschrieben hätte. Die Mörder hätten dennoch gemordet. Ich finde daher, wir sollten dem Impuls widerstehen, den Botschafter seiner Botschaft wegen zu töten. Das Böse ist im Grunde genommen dumm und phantasielos und braucht keine kreative Inspiration von mir oder sonstwem. Aber obwohl ich das alles vernunftmäßig weiß, muß ich gestehen, es ist beunruhigend zu denken, daß ich, wie weitläufig auch immer, mit Mordtaten von jemand anderem in Verbindung gebracht werden könnte. Wenn ich mich also verteidigend anhöre, dann liegt das daran, daß mir so zumute ist.

PLAYBOY: In einer Besprechung Ihrer Arbeit in *The New Republic* hat die Autorin Michele Slung gesagt, die grimmige Natur Ihrer Themen könnte einige Kritiker verleiten, Ihre literarische Begabung zu unterschätzen. Slung meint: »King wurde vom Establishment der Kritik nicht besonders ernst genommen, wenn überhaupt ... Sein wahres Stigma – der Grund dafür, daß man ihn nicht im Wettstreit mit echten Schriftstellern sieht – ist, daß er beschlossen hat, über Dinge zu schreiben, die in der Nacht spuken.« Finden Sie, daß die Kritiker Sie ungerecht behandelt haben?

KING: Nein, im allgemeinen nicht. Die meisten Kritiker im ganzen Land waren freundlich zu mir, daher habe ich diesbezüglich keine Beschwerden. Aber sie hat natürlich recht, wenn sie auf die Tatsache hinweist, daß ein kleines, aber einflußreiches Element des literarischen Establishment Horror und Fantasy zur Getto-Literatur abstempelt und sofort außerhalb des Bereichs der sogenannten ernsten Literatur verweist. Ich bin sicher, die Vorgänger dieser Kritiker im neunzehnten Jahrhundert hätten Poe verächtlich als den großen amerikanischen Schundschreiber abgetan.

Aber dieses Problem reicht über mein spezielles Genre hinaus. Diese kleine Elite, die sich in den Literaturmagazinen und Rezensionsspalten einflußreicher Zeitungen und Zeitschriften an beiden Küsten drängt, geht davon aus, daß *jede* populäre Literatur per definitionem auch schlechte Literatur sein muß. Diese Kritik richtet sich eigentlich gar nicht gegen *schlechtes* Schreiben, sie richtet sich gegen eine ganze Art des Schreibens. Meine *Art* des Schreibens, wie sich herausstellt. Diese Bewahrer der hehren Kultur betrachten es fast als religiöses Glaubensgebot, daß sich Handlung und Story dem Stil unterordnen müssen, wogegen es meine tiefste innere Überzeugung ist, daß die Story das Wesentliche drin haben *muß,* weil sie die gesamte literarische Arbeit definiert. Alle anderen Überlegungen sind zweitrangig – Thema, Stimmung, sogar Charakterisierung und Sprache.

PLAYBOY: Das Magazin *Time,* das kaum eine hochgestochene Bastion ist, hat Sie als einen Meister der »postliterarischen Prosa« verdammt, und *The Village Voice* veröffentlichte einen ätzenden Angriff, der mit einer Karikatur Ihrer Person illustriert war, die Sie als fettes, bärtiges Schwein zeigt, das über Säcken voll Geld grinst, während Ihnen eine Ratte bewundernd auf der Schulter sitzt. In der *Voice* stand: »Wenn Sie Geist, Intelligenz oder Einsichten schätzen, selbst wenn Sie nur bereit sind, sich mit dem geringsten Anzeichen guten Stils zu begnügen, dann können Sie Kings Bücher getrost vergessen.«

KING: Dieser Angriff der *Voice* hat ein politisches Element. Sehen Sie, ich betrachte die Welt auf eine altmodische Weise. Ich glaube, daß die Menschen ihr eigenes Schicksal bezwingen und gewaltige Anforderungen konfrontieren und meistern können. Ich bin davon überzeugt, daß es absolute Werte von Gut und Böse gibt, die in diesem Universum um die Vorherrschaft ringen – was natürlich vom Ansatz her ein religiöser Standpunkt ist. Und ich bin der Meinung – was mich in den Augen der »erleuchteten« *cognoscenti* natürlich noch mehr verdammt –, daß die traditionellen Werte von Familie, Treue und persönlicher Ehre nicht samt und sonders in der modischen kalifornischen Gußform der »Ich«-Generation ertrunken und aufgelöst worden sind. Das bringt mich natürlich in Widerspruch zu einer essentiell städtischen und liberalen Sensibilität, die jedwede Veränderung mit Fortschritt gleichsetzt und sämtliche Konventionen zerstören will, und zwar in der Literatur ebenso wie in der Gesellschaft. Ich betrachte diese Art von Radical Chic nun freilich ungefähr ebenso wohlwollend, wie Tom Wolfe das in seinen frühen politischen Schriften getan hat, und die *Village Voice* hat als Fahnenträger linksliberaler Werte nun ganz treffend geschlossen, daß ich in gewisser Hinsicht der Feind bin. Sehen Sie, Menschen wie ich erbosen Menschen wie sie. Sie sagen letztendlich: »Welches Recht hast du, die Leute zu unterhalten? Dies ist eine ernste Welt mit einer Menge ernster Probleme. Sitzen wir herum und kratzen am Schorf; *das* ist Kunst.«

Der kritische Ansatz in dem Artikel von *Time* war etwas anders. Dort wurde ich weitgehend angegriffen, weil ich auf Bilder zurückgreife, die Film und Fernsehen entstammen, und man fand, daß das entwürdigend für die Literatur ist und möglicherweise ihrer bevorstehenden Demontage den Weg ebnet. Tatsache ist aber, ich schreibe für eine Generation, die unter dem Einfluß der Ikonen populärer amerikanischer Kultur aufgewachsen ist, von Hollywood zu McDonald's, und es wäre lächerlich, so zu tun, als würden diese Menschen den ganzen Tag herumsitzen und über Proust nachdenken. Der Kritiker von *Time* hätte seine Kritik an Henry James richten müssen, der schon vor achtzig Jahren festgestellt hat: »Eine gute Gespenstergeschichte muß an hundert verschiedenen Stellen mit den gewöhnlichen Dingen des Lebens verbunden sein.«

PLAYBOY: John D. McDonald, einer Ihrer großen Fans, hat vorhergesagt, daß »Stephen King sich nicht auf sein derzeitiges Interessengebiet beschränken wird«. Hat er recht? Und wenn ja, was werden Sie in Zukunft machen?

KING: Nun, ich habe schon früher sogenannte Mainstream-Stories und sogar Romane geschrieben, aber die Romane waren ziemlich frühe und amateurhafte Werke. Ich werde über alles schreiben, was meine Phantasie anregt, ob das nun Werwölfe sind oder Baseball. Ein paar Leute scheinen überzeugt davon, daß ich Horror lediglich als Schablone für kommerziellen Erfolg ansehe, eine Geldmaschine, deren Hebel ich den Rest meines Lebens ziehen werde, während andere der Überzeugung sind, sobald mein Bankkonto die richtige kritische Masse erreicht, werde ich allen kindischen Unsinn hinter mir lassen und die Antwort dieser Generation auf *Wiedersehen mit Brideshead* schreiben. Tatsache ist aber, daß Geld nichts damit zu tun hat. Was ich schreibe, das macht mir Spaß, und ich wollte und *könnte* nichts anderes schreiben.

Meine Art des Geschichtenerzählens liegt in einer langen, von der Zeit geheiligten Tradition, die bis zu den griechischen Barden und mittelalterlichen Minnesängern zurückreicht. In gewisser Weise sind Leute wie ich das moderne Äquivalent des alten walisischen Sündenessers, des wandernden Barden, der ins Haus gerufen wurde, wenn jemand auf dem Totenbett lag. Die Familie setzte ihm ihr bestes Essen und Trinken vor, denn während er aß, nahm er gleichzeitig auch alle Sünden der sterbenden Person in sich auf, damit deren Seele im Augenblick des Todes unbefleckt und reingewaschen gen Himmel fahren konnte. Und das machten die Sündenesser Jahr für Jahr, und alle wußten, sie würden zwar mit vollen Bäuchen sterben, aber dafür direkt zur Hölle fahren.

In diesem Sinne absorbieren also ich und meine Kollegen Horror-Autoren alle Ihre Ängste und Befürchtungen und Unsicherheiten und nehmen sie auf uns selbst. Wir sitzen in der Dunkelheit außerhalb Ihres wärmenden Feuerscheins, und wir kichern in unsere Kessel und spinnen unsere Spinnennetze der Worte, während wir die ganze Zeit das Kranke aus Ihren Köpfen saugen und in die Nacht spucken.

PLAYBOY: Sie haben vorhin gesagt, daß Sie ein abergläubischer Mensch sind. Haben Sie jemals die Befürchtung, daß alles zu gut für Sie läuft und daß plötzlich eine böse kosmische Kraft kommen und Ihnen alles wieder wegnehmen wird?

KING: Das fürchte ich nicht, das *weiß* ich. Es muß so sein, daß eine Katastrophe oder Krankheit oder eine andere kataklysmische Betrübnis schon ein Stück die Straße entlang auf mich wartet. Sehen Sie, es wird niemals besser; es wird nur schlimmer. Und wie John Irving gesagt hat, wir werden nur bescheiden dafür belohnt, daß wir gut sind, aber unsere Übertretungen werden mit absoluter Härte bestraft. Ich meine, nehmen Sie einmal etwas Schönes, wie das Rauchen. Was ist das doch für eine kleine Freude: Sie setzen sich nach dem Essen mit einem guten Buch und einem Bier hin, zünden sich eine Zigarette an und entspannen sich zehn Minuten lang, und Sie schaden dabei keinem, jedenfalls solange Sie ihm nicht den Rauch ins Gesicht blasen. Aber welche Strafe verhängt Gott für diese läßliche Sünde? *Lungenkrebs, Herzanfall, Herzschlag!* Und wenn Sie eine Frau sind, die während der Schwangerschaft raucht, dann stellt Er sicher, daß Sie einen hübschen, tropfenden, gesunden Mongoloiden gebären. Komm schon, Gott, wo ist dein Sinn für Verhältnismäßigkeit? Aber dieselbe Frage stellte Hiob vor dreitausend Jahren, und Jehova brüllte aus seinem Wirbelwind zurück: »Wo warst du, als ich die Welt erschaffen habe?« Mit anderen Worten: »Halt's Maul, Arschgesicht, und nimm das, was ich dir gebe.« Und das ist die einzige Antwort, die wir jemals bekommen, daher weiß ich, daß es schlimmer werden wird. Ich *weiß* es einfach.

PLAYBOY: Bei jedem anderen wäre diese abscheuliche Frage ein Klischee. Bei Ihnen scheint sie genau richtig zu sein: Welche Inschrift hätten Sie gern auf Ihrem Grabstein?

KING: In meiner Novelle »Atemtechnik« in *Frühling, Sommer, Herbst und Tod* habe ich einen geheimnisvollen Privatklub in einem alten Backsteinhaus in der East 35th Street in Manhattan erschaffen, in dem sich eine seltsame Schar Männer regelmäßig trifft, um sich ungewöhnliche Geschichten zu erzählen. Oben sind viele Zimmer, und als ein neues Mitglied sich nach der exakten Zahl erkundigt, sagt der seltsame alte Butler zu ihm: »Das weiß ich nicht, Sir, aber Sie könnten sich da oben verirren.« Dieser Herrenklub ist in Wahrheit eine Metapher für den gesamten Prozeß des Geschichtenerzählens. In mir sind ebenso viele Geschichten, wie es Zimmer in diesem Haus gibt, und ich kann mich sehr leicht in ihnen verirren. Im Club wird jedenfalls vor jeder Geschichte ein Trinkspruch ausgebracht, der die Worte über dem großen Kamin in der Bibliothek wiedergibt: DIE GESCHICHTE ZÄHLT, NICHT DER, DER SIE ERZÄHLT. Für mich war das im Leben ein guter Führer, und ich glaube, das würde einen guten Spruch für meinen Grabstein geben. Nur das, kein Name.

Ein Abend mit Stephen King – der »Lieblingsautor« zu Besuch in Virginia Beach

Zweimal jährlich veranstalten die Freunde der Bibliothek, eine ehrenamtliche Gruppe von Förderern der öffentlichen Bibliotheken in Virginia Beach im US-Staat Virginia, einen Bücherverkauf. Um die Verkaufsveranstaltung im Sommer (die bis zu 12 000 Dollar einbringen kann) zu unterstützen, helfen Jugendliche der Gruppe dabei, Bücher zu sortieren, Schilder zu malen, Bücher auszupacken und, so Bibliotheksdirektorin Martha J. Sims, den Kunden zu helfen, die Bücher zu den Autos zu tragen. Als Gegenleistung verwenden die Freunde der Bibliothek die halben Einnahmen, um einen berühmten Schriftsteller einzuladen, der einen Vortrag vor den freiwilligen Helfern hält.

1985 bat Mary K. Chelton, damals Direktorin für Öffentlichkeitsarbeit der Bibliothek, die öffentliche Schule um Hilfe. Die Schule führte eine Umfrage unter den Schülern durch, in der sie nach dem beliebtesten Autor gefragt wurden. »Stephen King wurde mit überwältigendem Vorsprung als Favorit genannt«, sagte Sims.

Chelton schrieb daraufhin – über den Verlag New American Library – im September 1985 einen Brief an Stephen King. Binnen eines Monats antwortete King bzw. seine Sekretärin Shirley Sonderegger und teilte mit, er würde nur gegen Unkostenerstattung erscheinen, an welchen Termin man denn gedacht habe?

Chelton antwortete unverzüglich und schlug einen Tag zwischen dem 6. und dem 12. April 1986 vor. Dieser Termin paßte King nicht, da dieser an der Werbekampagne für *Rhea M. – Es geschah ohne Warnung* beteiligt war, dem ersten Film, bei dem er selbst Regie geführt hatte, und an den Vorbereitungen für »Stephen-King-Feuersturm« arbeitete, in dem vier Romane Kings in einem Zeitraum von vierzehn Monaten veröffentlicht werden sollten – ein beispielloses verlegerisches Unternehmen. Wäre nicht ein Termin im Herbst möglich? Chelton schlug daraufhin den 21. oder 22. September vor. Ersteres wurde abgelehnt, es war Kings Geburtstag, aber der 22. September ging in Ordnung.

Die Vorbereitungen

Nachdem der Termin festgelegt war, begannen die ernsthaften Vorbereitungen. Werbeplakat und Handzettel wurden entworfen und gedruckt. Das Plakat wurde in Bibliotheken der Umgegend ausgehängt, die Handzettel wurden verteilt. Fast auf der Stelle schrieben zwei besorgte Mitbürger von Virginia Beach an die Lokalzeitung und fragten: »Ist Stephen King wirklich der Typ von Schriftsteller, der unserer Meinung als Eltern und verantwortungsbewußten Bürgern zufolge für die Bibliothek werben sollte?«

Ein Prospekt wurde an die örtliche Fan-Gruppe geschickt, die HaRoSFA (Hampton Roads Science Fiction Association), und deren Mitglieder wurden gebeten, die Nachricht zu verbreiten.

Castle Rock, das Stephen-King-Nachrichtenmagazin, veröffentlichte in der Juliausgabe eine kurze Vorankündigung des Ereignisses: »Wenn Sie in der Nähe von Virginia Beach wohnen, sollten Sie sich den 22. September 1986 im Kalender anstreichen. Stephen King wird einen Vortrag in der öffentlichen Bibliothek von Virginia Beach halten. Informationen über Eintrittskarten und die genaue Uhrzeit erhalten Sie dort.«

Sofort liefen die Telefone heiß. Treue Fans aus allen Bundesstaaten, viele davon Abonnenten des Nachrichtenmagazins, riefen vergeblich wegen Informationen und Karten an. Wie sich herausstellte, war die Ankündigung versehentlich verfrüht erschienen. Karten sollten erst ab Ende August verkauft werden, der Verkauf beschränkte sich auf die nähere Umgebung. Keine Karten würden verschickt werden.

Inzwischen war klar, daß der ursprüngliche Plan, den größten Saal im Pavillon in Virginia Beach mit rund tausend Sitzen zu mieten, für die zu erwartende Menge nicht ausreichte. So wurde das große Auditorium des Pavillons gemietet, viertausend Karten wurden gedruckt und durch die Zweigstellen der Bibliothek ohne Aufpreis verkauft. Am Samstag vor Kings Eintreffen erschien ein Leitartikel von William Ruehlmann in der Lokalzeitung – der einzige in den lokalen Medien. Dieser Artikel löste eine neuerliche Flut von Telefonanrufen begeisterter King-Fans aus, die bei den Zweigstellen der Bibliothek, der Verwaltung und dem Pavillon selbst vergebens wegen Karten angefragt hatten. Um die Anwohner, die King hören wollten, nicht zu enttäuschen, entstand der Plan, das Ereignis auf Video aufzuzeichnen und dieses nach Kings Rückflug auf Kanal 29 zu senden – ein gutgemeinter Plan, der allerdings später von Beamten sabotiert wurde, die zu große Bedenken wegen der öffentlichen Meinung hatten.

Inzwischen wurden die Einzelheiten von Kings Besuch ausgearbeitet.

Als Thema des Vortrags schlug Chelton King vor, er solle darüber sprechen, wie er Schriftsteller geworden sei, woher er seine verrückten Einfälle habe und welche Erfahrungen er mit Lesern gemacht habe – geeignete Themen für Teenager, für die der Abend schließlich gedacht war.

Weil es problematisch ist, von Bangor nach Norfolk zu fliegen – die Verbindungen sind schlecht, die notwendigen Aufenthalte kosten Zeit –, mietete King einen Privatjet für den Flug. Da er angeboten hatte, nur gegen Erstattung der Spesen zu erscheinen, bezahlte er die Differenz zwischen einem Linienflugticket erster Klasse und den Chartergebühren für den Jet aus eigener Tasche.

King traf auf dem Norfolk International ein und wurde von einer kleinen, von Chelton angeführten Abordnung empfangen. Danach trug er sich unter falschem Namen im Hotel Pavillon Towers ein, um Belästigungen durch neugierige Fans und Autogrammjäger zu entgehen. Zuvor hatte ein ortsansässiger Buchhändler Bücher von King im Gesamtwert von über 50 000 Dollar (Buchhandelspreis) zum Signieren in Kings Hotelzimmer bringen lassen. Um 18 Uhr speiste King mit acht Teenagern, die bei der Verkaufsveranstaltung im Sommer geholfen hatten, im Hotel. Der Vortrag sollte um 21 Uhr beginnen.

Der Besuch

Die gründlich ausgearbeiteten Pläne gingen fast reibungslos über die Bühne. Die Bücher, die signiert werden sollten, wurden in Pappkartons mit Styroporchips geliefert. Da King nicht wußte, was er mit den Chips anfangen sollte, stopfte er sie in eine Schublade der Kommode und hinterließ einen Zettel, auf dem er sich beim Zimmermädchen entschuldigte. Nach stundenlangem Signieren bekam der Autor einen Krampf in der Hand – doch nur vorübergehend. Beunruhigender war Kings entzündeter Hals. Seine Heilmethode bestand darin, daß er zum Essen Flaschenbier bestellte und zwei Flaschen davon in die Taschen steckte, damit er während des Vortrags keinen trockenen Hals bekam.

Um 20 Uhr wurden die Tore des Pavillons geöffnet, und Tausende strömten herein. Überwiegend entstammten sie der Mittelschicht – Teenager, Collegestudenten, Yuppies und Erwachsene mittleren Alters, eindeutig Kings breites Publikum und nicht nur die fanatischen Anhänger.

Vor dem Hauptauditorium stand ein Tisch mit Kings Büchern, die signiert zum Ladenpreis angeboten wurden. Die Bücher gingen verständlicherweise weg wie warme Semmeln: King tritt selten in der Öffentlichkeit auf, und wenn, stehen Bücher nicht immer in ausreichenden Mengen zum Kauf zur Verfügung.

Um 21 Uhr ging King von Leibwächtern flankiert zur Bühne. Aus Sicherheitsgründen wurde die Veranstaltung streng überwacht, damit niemand in seine direkte Nähe kommen konnte. Unter stehenden Ovationen setzte sich King. Der Vortrag begann mit einer Lesung aus einem vorbereiteten Text mit Beispielen, wie Kings Bücher an öffentlichen Schulen verboten wurden. Nach einer kurzen Ankündigung von Mary Chelton bestieg King das Podium und sprach eineinhalb Stunden.

Er begann mit der Erklärung, daß er niemals Vorträge halte. »Ich mache einfach den Mund auf und plappere drauflos.« Dies ist seine Standardfloskel, etwas Ähnliches sagte er auch, als er 1983 einen Vortrag in der Billerica Library in Massachussetts hielt: »Ich kann keine Vorträge halten – darin bin ich wirklich nicht gut –, und ich kann nicht sinnvoll nach vorbereiteten Aufzeichnungen sprechen. Ich kann bestenfalls plappern, ein schönes altes Wort, das bedeutet, man erzählt eine Weile von dem, was man macht, und dann setzt man sich ...«

Das Plappern begann mit Kings Bemerkungen zum Thema Zensur, passend zur »Woche verbotener Bücher«, dann kam er zum eigentlichen Thema, einer Lesung aus seinem Roman *Sie,* der er die Schilderung eines bizarren Zusammentreffens mit seinem Fan Nummer eins, Mark Chapman, voranstellte. Nach der Lesung beantwortete King Fragen – zuerst aus einem Zettelkasten, in den die Anwesenden beim Eintreten ihre Fragen hatten werfen können, dann aus dem Publikum.

Als nach neunzig Minuten klar wurde, daß die Fragestunde die ganze Nacht dauern konnte, unterbrach Mary Chelton sie wegen Kings Halsentzündung. Sie beendete den Abend damit, daß sie King ein T-Shirt mit der Aufschrift »Freunde der Bibliothek« überreichte.

Danach

Am darauffolgenden Tag nahm ein Rundfunksender Fragen der Zuhörer nach Kings Besuch in Virginia Beach entgegen. Es ist kaum überraschend, daß sich verschiedene Anrufer besorgt über das »schlechte Vorbild« äußerten, das King abgegeben hatte: King hatte Bier vor leicht zu beeinflussenden Jugendlichen getrunken und Schimpfwörter benutzt! Darüber hinaus hatte das Bürgermeisteramt eine Beschwerde wegen »Kings Trinken in der Öffentlichkeit und seiner Befürwortung von Sex und Drogen« erhalten, auch die Bibliothek selbst erhielt eine Beschwerde wegen Kings Bierkonsum. Eine ironische Episode: Kings Vortrag als Teil der »Woche verbotener Bücher« wurde mit einem Verbot belegt und durfte nicht im lokalen Kabelfernsehen gesendet werden.

Viel später, im Juni 1987, erschien in *Castle Rock* eine Falschmeldung mit dem Inhalt, das Video könne über das Fernleihsystem der Bibliotheken ausgeliehen werden. »Bitten Sie Ihre Bibliothekarin nur, sich mit der öffentlichen Bibliothek von Virginia Beach in Verbindung zu setzen«, schrieb der Rezensent, der offensichtlich die Fakten nicht recherchiert hatte.

Marcie Sims erläuterte die Politik der Bibliothek: Es ist ein eherner Grundsatz, Videokassetten nicht fernzuleihen, denn anders als Bücher, die Transportschäden verkraften können, sind Videos empfindlich und teuer; aus diesem Grund sind Videokassetten grundsätzlich von der Fernleihe ausgeschlossen. Wie nicht anders zu erwarten, liefen nach dieser irreführenden Meldung erneut die Telefonleitungen heiß, und die hartgesottenen King-Fans aus anderen Bundesstaaten, die keine Karten bekommen hatten, wurden nun wieder enttäuscht, weil das Band ebenfalls nicht zugänglich war.

Eine noble Geste

Nach dem Vortrag schrieb King einen Dankesbrief an Mary Chelton und legte einen Scheck über die Einnahmen durch die bei dem Vortrag verkauften Bücher bei.

GB

Ein Schaufenster zur »Woche verbotener Bücher« in Rizzoli's Bookstore in Williamsburg, Virginia

Verbotene Bücher und andere Sorgen

Stephen King wird vorgestellt – *von Kelly Powell*

Unser Gast, Stephen King, dürfte den meisten von Ihnen kein Unbekannter sein. Er hat uns alle öfter zu seltsamen Ausflügen in eine Stadt namens Castle Rock mitgenommen. Eine Stadt, die man besser nicht alleine besuchen sollte, aber wenn man mit ihm hingeht, erlebt man einen eigenartigen Kitzel. Wahrscheinlich wird jeder, der dort Nebelschwaden sieht, sich vorstellen, wie es wäre, in diesem Nebel in einem Supermarkt festzusitzen – mit Stephen King. Ich wette, einige von Ihnen haben ihre Autos ängstlich angesehen, nachdem sie eine Autofahrt in *Christine* hinter sich hatten – mit Stephen King. Und niemand wird länger gerne ruhig neben Oma sitzen bleiben können – wenn er die von Stephen King kennengelernt hat. Beim Schulabschlußball ist man, ohne Carrie zu kennen, besser dran. Soll doch Stephen King mit ihr hingehen. Und wenn Sie aus womöglich unerklärlichen Gründen sterben, wollen wir nur hoffen, daß jemand mit einer MasterCard die Beerdigung bezahlen kann, wie Stephen King in *Friedhof der Kuscheltiere.*

Unglücklicherweise gibt es manche Menschen, die sich dafür aussprechen, wir anderen sollten seine Bücher nicht lesen. Stephen Kings Bücher sind an folgenden Orten verboten worden:

- Las Vegas, Nevada, 1975 – *Carrie* wurde in der Bibliothek der Clark High School als »Schund« bezeichnet.
- Vergennes, Vermont, 1978 – *Carrie* wurde in der Bibliothek der High School unter Verschluß genommen, weil es den Schülern »schaden« könnte, besonders »jungen Mädchen«.
- Rankin County, Mississippi, 1984 – *Cujo* wurde der Vorwurf gemacht, das Buch sei »schmutzig und von fragwürdigem sexuellem Gehalt«.
- Bradford, New York, 1984 – *Cujo* wurde aus der Schulbücherei entfernt, weil es sich »um einen Haufen Dreck« handle.
- Campbell County, Wyoming, 1984 – *Feuerkind* wurde der Vorwurf gemacht, es enthalte »unverblümte Schilderungen von Geschlechtsakten, eine vulgäre Sprache und Gewalt«. *Shining* wurde ebenfalls der Vorwurf gemacht, »die Geschichte enthalte Gewaltszenen, dämonische Besessenheit und verspotte die christliche Religion«.
- Washington County, Alabama, 1985 – *Christine* wurde aus sämtlichen Schulbibliotheken entfernt, weil es eine »inakzeptable Sprache« enthalte und als »pornographisch« angesehen wurde.
- Hayward, Kalifornien, 1985 – *Cujo* wurde von der Einkaufsliste aller Schulbibliotheken gestrichen, weil der Roman »eine obszöne Sprache« und »explizite Sex-Szenen« beinhalte.
- Vancouver, Washington, 1986 – *Shining* wurde aus den Bibliotheken

von vier Junior High Schools entfernt, da es aufgrund der »widerlich obszönen Sprache« für jugendliche Leser nicht geeignet sei.

Stephen King wollte nie konform sein um jeden Preis, daher erscheint es besonders angemessen, daß er im Auftrag der Freunde der Bibliothek zur Woche verbotener Bücher 1986 spricht. Diese Veranstaltung soll ihm das Recht sichern, die Bücher zu schreiben, die er will, und uns das Recht, sie zu lesen, wenn wir es wollen, und das wollen offensichtlich eine ganze Menge von uns, obwohl einige uns gerne daran hindern würden.

Meine Damen und Herren, ich darf Ihnen den modernen Meister der Horror-Literatur vorstellen – Stephen King.

Stephen Kings Vortrag in Virginia Beach[1]

Ich wollte so eine Veranstaltung immer einmal damit anfangen, daß ich herauskomme und sage: »Hallo, ich bin Johnny Cash«, aber ich schätze, das kann ich jetzt nicht mehr. Ich habe einen entzündeten Hals, aber etwas Vitamin B mitgebracht, damit ich das Problem in den Griff bekomme.

Wie viele von Ihnen haben verbotene Bücher und das ganze Thema satt? Ich auch. Ich spreche nicht gerne darüber, und ich denke, ich werde heute abend auch nicht allzu lange dabei verweilen.

Ich halte keine Vorträge, weil ich eigentlich nicht weiß, wie das geht, und ich rede nicht gern, weil ich es nicht kann. Ich mache einfach den Mund auf und plappere drauflos. Sehen Sie, ich war Lehrer an der High School, und bei mir ist es wie beim Pawlowschen Hund: Die Glocke läutet, und man macht den Mund auf. Man redet drauflos, bis es wieder läutet – wenn also nicht eine Glocke ertönt, sitzen Sie vielleicht die ganze Nacht hier.

Aber ich wollte Ihnen einige Geschichten über Bücher und die Situationen erzählen, in die man mit »gefährlichem« Material geraten kann – oder mit Material, das manche Menschen für gefährlich halten.

Die erste trug sich zu, als *Brennen muß Salem* gerade veröffentlicht worden war – ein Buch, das meine Familie zwar gern gelesen hat, darüber hinaus aber nicht viele Menschen. Es war kurz bevor der Film *Carrie* in die Kinos kam und mich zu einem Markennamen machte, so wie Spiro Agnew. Ich besuchte ein literarisches Damenkränzchen im westlichen Maine, wo ich einen kurzen Vortrag hielt, eine Weile vorlas und Fragen beantwortete, als eine Dame um die fünfundsechzig, die eher wie achthundert aussah, aufstand und sagte: »Nun, wissen Sie, die Geschichte hat mir schon gefallen, nur diese schmutzige Sprache nicht. Ich

[1] Aufgezeichnet und niedergeschrieben von George Beahm.

GB

»Ich möchte Ihnen als Studenten, die lernen sollen, nur eines sagen, sobald ein Buch aus der Bibliothek entfernt wurde, gehen Sie nicht, sondern laufen Sie zu der nächsten öffentlichen Bibliothek oder einem Buchhändler und finden Sie heraus, was Ihre Eltern vor Ihnen verheimlichen wollen, denn genau das müssen Sie wissen!«

sehe keinen Grund, warum jemand eine gute Geschichte mit so vielen schmutzigen Wörtern darin lesen sollte.«

Ich sagte: »Nun, sehen Sie es einmal so: Denken Sie mal, wie Männer miteinander sprechen, wenn sie samstagvormittags beim Barbier unter sich sind.«

Und sie sagte: »Nun, ich war samstagvormittags schon beim Barbier, und dort spricht man nicht so.«

Worauf ich sagte: »Madame, ich schreibe von den Samstagvormittagen, an denen Sie *nicht* dort waren.«

Ich habe viele Geschichten über verzweifelte Menschen in verzweifelten Situationen geschrieben, und irgendwann läuft das einmal darauf hinaus, daß man zu sich sagt: Da haben wir einen Mann, der etwas in seiner Garage zusammenbaut, er ist allein und schlägt einen Nagel in ein Brett, verfehlt den Nagel und trifft statt dessen seinen Daumen. Blut spritzt, und so weiter. Sagt dieser Mann etwa »Ach du liebe Zeit«? Strengen Sie Ihre Phantasie an. Mit anderen Worten, ich spreche davon, daß man die Wahrheit sagen sollte. Frank Norris, der *The Pit* und *McTeague* und eine Menge andere naturalistische Romane geschrieben hat, die vielerorten verboten worden sind, hat einmal gesagt: »Ich habe keine Angst, ich entschuldige mich nicht, weil ich tief in meinem Herzen weiß, daß ich nie gelogen habe, nie beschönigt. *Ich habe die Wahrheit gesagt.*« Und ich glaube, die größte Wahrheit der Literatur ist eben die, daß Literatur Wahrheit *ist;* moralische Literatur ist die Wahrheit inmitten der Lüge. Wenn man in seinen Geschichten lügt, ist man unmoralisch und hat überhaupt kein Recht zu schreiben.

Und dann noch die andere Geschichte über verbotene Bücher. Vor ein paar Jahren habe ich einen Film mit dem Titel *Die unheimlich verrückte Geisterstunde* gemacht, in dem ich sogar eine Rolle gespielt habe. Ich hatte schon vorher einmal einen Auftritt bei demselben Regisseur, George Romero, eine kleine Nebenrolle in einem Film mit dem Titel *Knightriders,* wo ich einen Spießer gespielt habe; er muß gedacht haben, daß ich einen prima Spießer abgebe, weil er mir die Rolle des Jordy Verrill angeboten hat, und darum mußte ich die Rolle dieses Bauerntölpels spielen, der zu einem kümmerlichen Menschen mutiert. Ich schrieb auch das Drehbuch.

Als der Film in der Nachproduktionsphase war, kam es zu einer Kontroverse im Schulsystem von Pittsburgh. Ein Schüler, der als Semesterarbeit einen Aufsatz zum Thema »Arbeiten« schreiben mußte, wollte etwas über die Stahlindustrie erzählen. Dazu holte er ein Buch aus der öffentlichen Bibliothek, *Working* von Studs Terkel. Nun geht Studs Terkel seine Bücher folgendermaßen an: Er sitzt nach der Arbeit mit Arbeitern in Bars, und sein Geniestreich ist, daß er das Tonband einschaltet und überhaupt keine Fragen stellt; er läßt sie einfach draufloserzählen. Die Stahlarbeiter haben eine Menge Wörter benützt, die die

Dame gestört hätten, wenn sie an jenem Tag beim Barbier gewesen wäre, und diese Wörter standen auch alle in dem Buch.

Nun, die Mutter des Jungen sah das Buch, nahm es ihm weg, las es und war entsetzt über die Ausdrücke. Sie kennen die Worte. George Carlin nennt sie die sieben Worte, die man im Fernsehen nicht sagen darf. Aber sie war entsetzt und verlangte, das Buch aus den öffentlichen Bibliotheken von Pittsburgh zu entfernen, es zu verbieten, weil es Schülern der High School schaden könnte. Ihre Augen könnten sich schließlich nach der Lektüre dieser Worte in Glibber verwandeln und an ihren Wangen runterfließen, oder sie könnten sich von der Lektüre angestachelt fühlen, Frauen, Kinder oder Stachelschweine zu vergewaltigen, wer weiß? Wie dem auch sei ... Sie wissen ja selbst, wie leicht Teenager zu beeindrucken sind. Man kann nicht davon ausgehen, daß sie etwas richtig machen; sie sind vollkommen vertrauensunwürdige Menschen, die einfach alles machen, was ihre Freunde ihnen erzählen, und daher kann man ihnen solche Bücher einfach nicht geben. Wenn man ihnen die kleinen niedlichen Golden Books schenkt, werden sie verantwortungsbewußte Erwachsene, die sich in der Welt zurechtfinden.

Die Sache kam vor den Schulrat, es kam zu einer heftigen Kontroverse, nach der *Working* von Studs Terkel tatsächlich eine Zeitlang aus den Bibliotheken von Pittsburgh entfernt wurde.

Der Knüller der Geschichte ist nun der: Als der Junge das Buch aus der Bibliothek geholt hatte, war ein einziger Ausleihstempel darin – sein eigener. Das Buch hatte drei Jahre in der Bibliothek gestanden, und niemand hatte es je ausgeliehen. Als der Schulrat beschloß, das Buch zu entfernen, befanden sich dreiundsechzig Stempel darin. (Das erinnert mich an meine Kindheit. Damals gab es ein Buch namens *Peyton Place.* Man mußte gar nicht lange nach den schlimmen Stellen suchen; das Buch klappte von alleine dort auf.)

Ich hatte einmal mit einem Volksentscheid gegen Obszönität in Maine zu tun. Die Fragestellung war einfach: »Möchten Sie, daß es als Verbrechen eingestuft wird, obszönes Material zu verkaufen oder zu verbreiten?« Das ist, als würde man fragen: »Ist es ein Verbrechen, den Nikolaus sterben zu lassen?« Die meisten Befragten sagten: »Selbstverständlich.« Aber als sie in die Wahlkabinen gingen, haben sie es sich wohl doch anders überlegt, und ich bin froh, daß der Entscheid mit 70 zu 30 abgelehnt wurde. Den Leuten ist wohl klargeworden, daß *obszön* ein Wort ist, das jeder anders auslegt. Was ist obszön, was nicht? Was ist moralisch? Was ist unmoralisch?

Wir leben in einer Demokratie. Wir leben in einem Land, das den freien Willen einschränkt, der angeblich herrschen soll. Demokratie ist ein zweischneidiges Schwert, was heißen soll, es gibt eine Menge verbissener Konservativer, die behaupten, sie wollten mir nur das Gewehr wegnehmen, wenn sie es aus meinen kalten Fingern brechen ... Okay, prima, und es gibt Leute, die sagen: »Ihr könnt mich nicht zwingen, einen Motorradhelm zu tragen, weil es mein gottgegebenes Recht ist, so zu fahren, wie ich will, und ihr habt mir diesbezüglich keine Vorschriften zu machen.« Mann, ich liebe dieses Gesetz. Hier in Maine haben wir kein Gesetz für Helme, und was mich betrifft, verschwindet so jede Menge Dreck aus dem genetischen Reservoir, weil die Typen an die Wand fahren und sind im Eimer, Baby. Wenn sie nicht schlau genug sind, freiwillig einen Helm zu tragen, na gut, sind sie eben hinüber und können keine Bande Kinder machen, der Fürsorge auf der Tasche liegen und so weiter.

Jedenfalls wissen wir, daß die Demokratie ein zweischneidiges Schwert ist. Wenn man den Leuten das Recht gibt, Waffen zu tragen, bekommt früher oder später jemand eins auf den Pelz gebrannt. Und wir wissen auch, wenn man den Leuten das Recht gibt, ohne Helm Motorrad zu fahren, sieht früher oder später das Gehirn von irgend jemandem aus wie das, was aus dem Mixer kommt. Aber für eine Menge Konservativer und Fundamentalisten gibt es einen Punkt auf dem Schwert der Demokratie, wo die zwei Schneiden zu einer werden; dieser Punkt wird immer dann erreicht, wenn ihre eigenen persönlichen Gefühle verletzt werden. Die Schlimmsten sind fundamentalistische Prediger und Lehrer. Es gibt Leute wie Jimmy Swaggert oder Pat Robertson, die in eine Zeitmaschine springen würden, wenn sie könnten, um damit in den Garten Eden zurückzukehren, und dann würden sie sagen: »Gott, du hast da diesen Baum. Es ist ein Baum der Erkenntnis. Du wirst jetzt *auf der Stelle* einen Stacheldraht darum ziehen!«

Nun, Gott hat keinen Stacheldraht darum gezogen. Jesus hat gesagt, gebt Cäsar, was Cäsars ist, und Gott, was Gottes ist. Soweit es mich betrifft, soll niemand seine Nase in das stecken, was ich lese.

Erzählen Sie mir nicht, daß ich keine Waffe haben kann, wenn ich ein moralischer, aufrechter Bürger bin. Sagen Sie mir nicht, ich muß beim Motorradfahren einen Mundschutz tragen – ein Gesetz, das eine Zeitlang in Kalifornien gültig war. Was sich auf meinem Regal im Wohnzimmer abspielt, geht keinen etwas an. Ich glaube, vielen Leuten ist

Stephen King über Zensur

Ich hatte einmal mit einem Volksentscheid gegen Obszönität in Maine zu tun. Die Fragestellung war einfach: »Möchten Sie, daß es als Verbrechen eingestuft wird, obszönes Material zu verkaufen oder zu verbreiten?« Das ist, als würde man fragen: »Ist es ein Verbrechen, den Nikolaus sterben zu lassen?«

Aus: »Verbotene Bücher und andere Sorgen«, Stephen Kings Vortrag zur »Woche verbotener Bücher« in Virginia Beach am 22. September 1986.

überhaupt nicht klar, daß das Gossenmaterial, das ihnen so sehr mißfällt, einen so kleinen Marktanteil ausmacht, daß die Vertreiber andauernd Pleite machen. Das Problem ist nicht so, wie sie es sehen: *Es wird aufgebauscht,* und mehr will ich dazu nicht sagen, weil es im Grunde genommen wirklich langweilig ist.

Ich möchte noch eines sagen, und das hat mit den Bibliotheken der öffentlichen Schulen zu tun, okay? Denn wenn man es mit den Bibliotheken öffentlicher Schulen zu tun hat – das betrifft besonders diejenigen unter Ihnen, die eine öffentliche Schule besuchen –, ist die Situation die, daß sie sich *in loco parentis* befinden, was bedeutet, sie müssen sehr sorgfältig nach dem Grundsatz vorgehen, *als wären sie die Eltern.* Und wenn Übereinstimmung herrscht, daß man ein Buch aus der öffentlichen Bibliothek entfernen sollte, dann sollten sie es auch entfernen. Es macht mir überhaupt nichts aus, ob sie *Cujo* oder *Brennen muß Salem* oder *Shining* irgendwo in New York oder Vermont oder sonstwo aus der Schulbibliothek verbannen oder ob sie *Working* aus den öffentlichen Schulbibliotheken in Pittsburgh nehmen. Ich möchte Ihnen als Studenten, die lernen sollen, nur eines sagen: Sobald ein Buch aus der Bibliothek entfernt wurde, gehen Sie nicht, sondern *laufen Sie zu der nächsten öffentlichen Bibliothek oder einem Buchhändler und finden Sie heraus, was Ihre Eltern vor Ihnen verheimlichen wollen, denn genau das müssen Sie wissen!*

Lassen Sie sich nicht verarschen oder geistige Fesseln anlegen, denn wenn das erst einmal angefangen hat, hört es nicht mehr auf. Einige unserer bekanntesten Staatsmänner sind Bücherverbrenner gewesen, Hitler, Stalin, Idi Amin. Über solche Leute muß man etwas erfahren.

Aber nun genug von verbotenen Büchern und solchem Zeug.

Mal sehen, welche Fragen werden mir am häufigsten gestellt.

Woher haben Sie Ihre Einfälle? Das weiß ich eigentlich nicht; ich habe sie eben.

Wie ist es, wenn man berühmt ist? Nicht anders als sonst, nur wenn man bei solchen Veranstaltungen ist und sieht, daß einen alle anstarren, ist das ein wenig seltsam. Wenn man berühmt ist, lernt man eines, nämlich immer den Hosenschlitz zuzuknöpfen oder den Reißverschluß hochzuziehen, weil die Leute sagen: »Das ist Stephen King, und sein Hosenschlitz ist offen.« Was immer peinlich ist.

Die Geschichte, wie es ist, berühmt zu sein, ist die berühmte Pittsburgh-Geschichte. Ich weiß nicht, ob Sie sie schon gehört haben oder nicht, hier jedenfalls die Kurzfassung.

Die erste Werbetour, die ich für ein Buch gemacht habe, war für *Shining,* das Doubleday promoten wollte. Und ich ging auf Tour, was bedeutet, man macht alles in einer Stadt, was einen in die Medien bringt. Als letztes nahm ich an einem Bankett mit Julius Feiffer und [Brendan]

Gill und ein paar anderen Schriftstellern teil, und jemand sagte: »Wenn alles vorbei ist, gehen wir uns betrinken«, was zu dem Zeitpunkt ein überaus vernünftiger Vorschlag zu sein schien. Denn wenn man auf einer Bühne sitzt, wenn man weiß, man muß eine Rede halten und zweitausend Menschen sehen einem zu, wie man Hähnchen ißt, und beobachten, welche Gabel man benützt, das kann schon ein wenig beängstigend sein.

Und so besuchten wir eine Art Bar auf einem Hügel, den die Pittsburgher Incline nennen, und ich spürte das, was man züchtig mit Montezumas Rache umschreibt. In meinem Inneren fand ein regelrechtes Erdbeben statt, daher entschuldigte ich mich und rannte zur Herrentoilette ... einem unvorstellbaren Örtchen, überall Gold und Marmor. Der Toilettenmann war achthundert Jahre alt, kahl und mit pulsierenden Venen – Sie wissen, was ich meine –, er hielt ein Handtuch über dem Arm und hatte einen Teller mit einigen Vierteldollarmünzen vor sich, damit man wußte, was man zu tun hatte, falls man Analphabet war. Nur eines hatte diese Luxustoilette nicht, nämlich Türen an den Kabinen, aber in meiner Situation war mir das einerlei. Daher nahm ich hastig Platz, und in meinem ganzen Leben habe ich mich nie wieder selbst so sehr bedauert.

Ich war eine Woche von zu Hause fort, hatte Heimweh und fühlte mich elend, körperlich angeschlagen, und ich dachte, schlimmer könnte es nicht mehr werden, bis der Toilettenmann mit einem silbernen Kugelschreiber in der Hand auf mich zukam und sagte: »Sind Sie nicht Stephen King? Meine Mutter hat Sie in der Sendung ›Morning‹ gesehen. Sie mag Ihre Bücher. Könnte ich ein Autogramm für sie haben?« Und da saß ich nun mit den Jeans um die Knöchel und gab dem Mann ein Autogramm, was haben wir uns gefreut. So ist es, wenn man berühmt ist.

Jetzt mal sehen ... Ich will mal in dieses Kästchen greifen und sehen, ob wir einen Lottogewinner haben. [King hält eine Handvoll Zettel, auf die Fragen gekritzelt sind.] Das sollte ausreichen, uns bis morgen zu beschäftigen. [Aus dem Publikum: »Alles Gute zum Geburtstag!«] Danke. Ich bin gestern neununddreißig geworden. Wie Jerry Lee sagte: »Ich bin neununddreißig und klammere mich verzweifelt an allem fest.« Eigentlich nicht; es macht mir nichts aus, neununddreißig zu sein. Hinter eines bin ich gekommen: Dieses Midlife-Crisis-Zeug ist Krampf. Laut Statistik geben alle mit zweiundsiebzig den Löffel ab – das ist der Durchschnitt, daher denke ich, ich habe meine Midlife Crisis schon mit sechsunddreißig hinter mich gebracht und es nicht einmal bemerkt; ging einfach vorbei. Es gibt drei Stadien des Lebens: jung sein, in mittlerem Alter und alt, okay. Laut Statistik ist man in mittleren Jahren, sobald man fünfunddreißig geworden ist. Da sollte man seine Midlife Crisis haben. Sobald man achtundvierzig ist, ist man ein alter Furz und kann es vergessen. Aber nun gut ...

Die erste Frage – herrje, das ist ja wirklich Lotto –: »Wie denken Sie über Gott, und was halten Sie von Pat Robertson?« Und dann steht da noch: »PS: Wann wird PBS endlich *The Stand* als Miniserie drehen?« PBS dürfte die einzige Hoffnung sein, weil man das bei einem der Kabelkanäle nicht machen kann. Man kann das Ende der Welt nicht von Kuschelweich-Toilettenpapier sponsern lassen; das paßt denen nicht. Wie ich über Gott denke? Ich denke, er ist da draußen. Wichtiger wäre, was Gott über mich denkt. Und was ich über Pat Robertsons Präsidentschaftskandidatur denke? Baby, das will man vielleicht gar nicht wissen. Das ist so, als würde man mich fragen, wie ich dazu stünde, wenn sich Jesus Christus um das Amt des Kaisers von Rom beworben hätte. Ich finde, ein Prediger hat nichts in der Politik und ein Politiker nichts beim Predigen zu suchen. Meiner Meinung nach war Jimmy Carter dafür das beste Beispiel, aber er hat immerhin den Unterschied zwischen Cäsar und Gott und Gott und Cäsar verstanden. Er war vielleicht kein wahnsinnig toller Präsident, aber er war okay.

Hier steht: »Was halten Sie von Virginia Beach?« Nun, ich habe ein Hotel und einen Saal gesehen. Der Virginia Beach Pavillon ist eine interessante Konstruktion. Sieht aus wie ein paar riesige ... hat jemand von Ihnen *The Stand* gelesen? Sieht aus wie etwas, das der Mülleimermann verbrennen würde. Viele runde Bauteile zusammengesetzt. Aber ich finde Virginia Beach toll, weil Sie mich eingeladen haben, hierher zu kommen, das machen nicht alle. Sie waren alle sehr nett zu mir und sind geduldig hiergesessen, während ich mein Mundwerk spazierengeführt habe.

Auf diesem hier steht: »Welches ist meine liebste Comicfigur?« Die Antwort ist ohne jeden Zweifel Batman, und Spiderman an zweiter Stelle, aber auf G. I. Joe stehe ich echt.

Ich besitze einen Textcomputer, den ich nur zum Überarbeiten benütze, dessen Gehirn nennt man CPU, ein großes fettes Kästchen, das einfach nur dasteht, und es ist ein wenig furchteinflößend, daher verdecke ich es mit kämpfenden G. I. Joes, und wenn ich manchmal nicht weiterweiß, schiebe ich sie herum und so [ahmt Kampfgeräusche nach], und wenn Leute hereinkommen, die man nicht kennt, ist das ein bißchen peinlich, aber man sagt: »Ich versuche nur, mir vorzustellen, was Kinder machen, wenn sie von der Schule nach Hause kommen.«

Mein Sohn Owen kennt die Wahrheit. Er ist neun und hat mir gestern zum Geburtstag einen Dr. Mindbender geschenkt. Dr. Mindbender ist so toll.

»Machen Sie sich manchmal selbst angst?« Die Antwort ist: Trinkt Bier. Wenn man zu sehr Angst hat, gibt es immer noch das Valium der Armen; es ist in Flaschen gefüllt. Wer ist heute abend im Silver Bullet? Ich auf jeden Fall.

Die Antwort lautet: Ja, ich habe mir dreimal selbst angst gemacht.

Häufig ist das so, als hätte man eine Planierraupe im Kopf und weiß, man macht den Leuten angst, aber das ist nicht so schlimm. Es ist, als ... ich will nicht unbedingt sagen, es ist, als würde man sie niederwalzen – aber meine Vorstellung von einem guten Buch ist, wenn der Verfasser, tot oder lebendig, plötzlich aus den Seiten herausgreift und einen am Hals packt und sagt: *Du gehörst mir, Baby! Du gehörst mir! Versuch doch zu fliehen! Möchtest du deinem Mann das Essen kochen? Zu schade! Möchtest du ins Bett? Verfluchte Scheiße! Du bist mein! Du gehörst mir!*

Sehen Sie, das ist meine Vorstellung, wie es sein sollte. Man soll sich aufmachen und die da draußen erwischen. Man soll nicht herummachen und behutsam sein oder so was; man soll sie niederwalzen. Sie überleben es, wissen Sie, aber ich habe mir dreimal selbst angst gemacht, einmal bei dem Buch, aus dem ich Ihnen gerade vorgelesen habe [*Sie*], wo später etwas außerordentlich Garstiges passiert, und beim Überarbeiten habe ich diese Stelle einfach übergangen und eingesehen, daß ich mich gedrückt hatte, weil ich wußte, wenn ich zur Axt und dem Schweißbrenner kommen würde, würde es echt schlimm werden, und das wollte ich nicht schreiben.

Und in *Shining* ist eine Stelle, wo der Junge ins Zimmer geht und findet die tote Frau in der Badewanne, und er sagt sich, das alles ist gar nicht da, dreht sich um, und Mann, sie ist immer noch da. Ich bin so ausgeflippt, daß ich es kaum glauben konnte.

Normalerweise ist es beim Überarbeiten am schlimmsten, wenn einem klar wird, daß man den ganzen Alptraum noch einmal durchmachen muß.

Und ich denke, das dritte Mal muß gegen Ende von *Christine* gewesen sein, als mir klar wurde, wie schlimm alles enden würde, was mir wirklich nicht gefiel, weil das ganze Buch irgendwie wie ein Witz angefangen hatte. Wie ein übergeschnapptes »Happy Days«: Junge bekommt Auto, Junge verliert Auto, Junge findet Auto. Ich fand es urkomisch, bis der Junge anfing, Leute zu überfahren. Denn manchmal geraten Geschichten außer Kontrolle und sind wie das Auto selbst; sie fahren von alleine, und zwar nicht immer in die Richtung, die man selbst gerne hätte.

Ich werde jetzt noch ein paar Zettel ziehen und dann noch ein paar Fragen aus dem Publikum beantworten. Hierbei kommt nicht soviel rüber. Das mag ich nicht. Ich brauche den Kontakt zu den Leuten.

»Wieviel Stunden schreiben Sie im Durchschnitt, und was war Ihr längster Arbeitstag?« Nun, mal sehen, okay, ich glaube die längste Zeit habe ich hinter der Schreibmaschine verbracht, als ich an *Der Talisman* gearbeitet habe, ein Buch, das ich zusammen mit Peter Straub schrieb. Ich schrieb das Kapitel über das Internat von Sunlight Gardner und stellte fest, daß sieben Stunden vergangen waren und meine Nieren höllisch weh taten und ich kaum aufstehen konnte. Das war ein unheimliches Erlebnis, aber ich schrieb am Computer, und das habe ich seitdem seingelassen, weil ... haben Sie jemals diesen James-Bond-Film gesehen [*Feuerball*], wo er an die Fitneßmaschine angeschnallt wird, und die trimmt ihn fast zu Tode? So ist das mit einem Computer: Wahnsinn! Ich habe es seinlassen. Ich habe normalerweise sechs Seiten geschrieben, und dann war Schluß. Aber mit einem Computer geht es immer weiter und weiter. Es nimmt kein Ende.

»Viele Ihrer Leser finden eine Moral in Ihren Geschichten. Haben Sie das beabsichtigt, und, wenn ja, sollen Ihre Geschichten Mother Goose-Stories für kommende Generationen sein?« Die Antwort lautet: Ja, ich bemühe mich, so moralisch zu sein, wie ich kann, weil man in diesem Genre auf einem dünnen Grat wandert. Wir haben zuviel Schund. Wir haben zuviel Gewalt. Wie in den späteren *Freitag der Dreizehnte*-Filmen. Meine Meinung ist, die sieht man sich nicht an, um mitzuerleben, wie Menschen davonkommen, sondern um zu sehen, wie sie sterben. Und damit hat man für mich die Grenze zum Unmoralischen überschritten. Ich wollte immer, daß meine Figuren leben und daß meine Leser die Figuren mögen und sie gut und hoffnungsvoll finden und so weiter, und sie sollen wollen, daß sie überleben.

Ich bekam viele Briefe zu dem Roman *Cujo,* weil Tad Trenton, der kleine Junge, gestorben ist. Nun, ich hatte nicht gedacht, daß er sterben würde. Ich habe nicht gewollt, daß er stirbt; ich dachte, er würde überleben. Ich bekam Briefe, in denen stand: »Oh, Sie verfluchter Dreckskerl ... der Junge ist gestorben. Wie konnten Sie das nur tun?« Und ich schrieb zurück: »Ich weiß nicht, er ist eben gestorben. Ich habe daran gearbeitet, und ich habe gedacht, sie könnte ihn wiederbeleben, aber er hat einfach den Löffel abgegeben. Ich konnte nichts dafür.« In Wirklichkeit ist das das moralische Ende, nämlich daß Kinder nicht immer überleben – manchmal sterben Kinder auch. Das ist die Wahrheit: Manchmal sterben sie, manchmal können sie gerettet werden.

Nun, im Film haben sie ihn dann überleben lassen, denn ich glaube, wir wären vor jedem Kino in Amerika an den höchsten Ast geknüpft worden. Außerdem war ich neugierig, was passieren würde, wenn der Junge überlebt, denn das hatte ich von Anfang an vorgehabt. Aber ich glaube, daß der Junge – im Kontext des Films – nach Ende des Films einen viel qualvolleren Tod stirbt, weil der Hund von der tollwütigen Fledermaus gebissen worden ist und dem Jungen das Gesicht leckt. Ich bin sicher, er hat auch die Tollwut bekommen und ist eines viel schlimmeren Todes gestorben. Aber das passiert natürlich erst nach Ende des Films.

Haben Sie noch Fragen? Ich werde noch eine Weile reden.

[Eine Frage aus dem Publikum nach der Verfilmung von *Das letzte Gefecht.*] Ich hoffe, daß *Das letzte Gefecht* verfilmt wird. Wir haben schon darüber gesprochen. Das Drehbuch ist schon lange fertig, und ich denke, es würde einen wunderbaren Film abgeben. Ich finde, es sieht auch nicht zu schrecklich oder teuer aus. Glücklicherweise wurde »Die Leiche« verfilmt, und der Film – *Stand by Me* – war erfolgreich. Vielleicht wird das etwas ändern und Gelder lockermachen. Das eigentliche Problem ist aber nicht das Geld, sondern die Zeit. Der Film würde wahrscheinlich zwei und eine dreiviertel Stunde laufen, und Hollywood hat in seiner beispiellosen Banalität einen Ausdruck für die Zeit zwischen dem Ende einer Vorstellung und dem Anfang der nächsten, sie nennen sie »spill and fill« – »kommen und gehen« –, und sie mögen keine Filme, die länger als zwei Stunden dauern, weil man dann nur schwer drei Vorstellungen pro Abend durchziehen kann.

Friedhof der Kuscheltiere? Ich weiß nicht. Es wurde geplant und verworfen und neu geplant ... Die Leute in Hollywood sind verrückt, sie sind nicht wie wir. [Anmerkung des Herausgebers: Der Film kam im April 1989 in die Kinos.]

[Eine Frage aus dem Publikum nach *Das letzte Gefecht.*] Er fragt mich nach *Das letzte Gefecht,* ob es stimmt, daß eine Neuausgabe geplant ist und ob es gekürzt wurde. Es stimmt, das Buch war in der ursprünglichen Fassung rund vierhundert Seiten länger als die veröffentlichte Version. Die vierhundert Seiten wurden gekürzt, weil es das letzte Buch mit Doubleday war und sie es für 12,95 Dollar verkaufen wollten – inzwischen kostet es übrigens 19,95 als gebundene Ausgabe, da sieht man mal, was die Inflation ausmacht –, aber sie waren fest entschlossen, es für 12,95 zu veröffentlichen und wußten, daß ich den Verlag aus verschiedenen Gründen wechseln wollte. Daher wurde ich zu einer Konferenz gebeten, wo sie meinten: »Das Buch ist vierhundert Seiten zu lang. Wollen Sie es kürzen, oder sollen wir es machen?« Daher sagte ich: »Nun, vielleicht sollte ich es besser machen«, weil ich nicht wußte, was sie streichen würden, und deshalb habe ich selbst gekürzt, so gut es ging. Aber die gekürzten Abschnitte enthielten wirklich gutes Material, und deshalb werden wir in etwa zwei Jahren eine Neuausgabe machen und alles wieder einfügen, was gestrichen wurde. Tolles Zeug ... vieles ist echt stark. Mit Illustrationen von Bernie Wrightson und so weiter. Wird ein schönes Buch. Es enthält ... jede Menge starkes Material, das Sie noch nie gelesen haben. [Anmerkung des Herausgebers: Die revidierte Fassung der Originalausgabe von *Das letzte Gefecht* wurde 1990 von Doubleday veröffentlicht.]

[Frage aus dem Publikum, wieviel von Stephen King selbst in die Figur Bill Denbrough aus *Es* eingeflossen ist.] Bis zu einem gewissen Grad ist sicher einiges darin vorhanden, aber wenn Schriftsteller über sich selbst schreiben, lügen sie immer. Wenn Schriftsteller über sich selbst schreiben – was ich einige Male getan habe –, denken sie bei sich, weil sie mit Lügen ihren Lebensunterhalt verdienen: Ich weiß, was passiert ist, das ist passiert, das ist passiert und das ist passiert, aber es war nicht besonders interessant, wie es ausgegangen ist. Stellen wir uns einmal vor, es wäre *so* passiert. Und darum verändert man alles ein bißchen.

Eigentlich habe ich Bill Denbrough dem Schriftsteller Peter Straub nachempfunden. Die Figur Bill Denbrough ist kahl, ich habe mit neununddreißig lediglich ein bißchen Schnee auf der Bergspitze, ich habe noch alle Haare. Vielleicht nicht mehr alle Tassen im Schrank, aber meine Haare habe ich noch. Und Peter ... ich glaube, ein Grund, weshalb Peter gestottert hat – mittlerweile hat er es überwunden –, ist der, daß er als Dreijähriger, wie die Figur im Buch, von einem Auto angefahren und gegen eine Mauer geschleudert wurde. Er und sein sieben Jahre alter Bruder durften damals allein zum Markt gehen, um Eis zu kaufen. Auf dem Weg wurde Peter von einem betrunkenen Fahrer mit dem Auto erfaßt und mit dem Kopf gegen die Mauer geschleudert; sein älterer Bruder nahm sein Eis, ging nach Hause und sagte: »Peter ist tot. Er war ein guter Bruder.« Aber Peter war nicht tot, und ich habe ihm das Manuskript gezeigt und gefragt, ob ich es benützen dürfte. Komisch, aber in »Die Leiche«, das als *Stand by Me* verfilmt wurde, ist fast alles tatsächlich passiert, ich habe es nur ein wenig zurechtgebogen. Ich habe Narben von Blutegeln am ganzen Körper, einige an Stellen, die man nicht zeigen darf, ohne Pat Robertson echt wütend zu machen. Wenn Sie den Film sehen, werden Sie verstehen, wovon ich spreche. Man biegt die Ereignisse zurecht, damit sie zur Geschichte passen. So ist das.

[Aus dem Publikum: »*Der Talisman* ist gut. Haben Sie noch eine Zusammenarbeit vor?«] In naher Zukunft nicht. Es war schwer. Mit jemandem zusammenzuarbeiten ist schwer, aber es hat auch Spaß gemacht. Es ist eine gute Geschichte geworden.

Müdigkeit scheint sich bei dem einen oder anderen breitzumachen. Ich mache Ihnen einen Vorschlag: Ich beantworte noch zwei Fragen. Ich möchte noch hinzufügen, daß ich normalerweise nichts gegen das Signieren habe, aber dies hier wäre wie eine Party für die gesamte Demokratische Partei. Und wenn man einmal angefangen hat, kann man nicht mehr aufhören, weil man für etwa vierzig Leute signieren kann, und die ersten vierzig sind besessene Sammler, die Bücher in Zellophanhüllen bringen, die man nicht einmal ohne Handschuhe anfassen soll. Letztendlich hat man dreihundert Bücher signiert und eine Hand, die aussieht wie eins von Jerrys Kindern, und alle anderen sind irgendwie ausgeschlossen und gar nicht glücklich darüber.

[Als Antwort auf eine Frage aus dem Publikum:] Ob ich ein großer Fan der Boston Red Sox bin? Ist der Papst Katholik? Ich bin so ein großer Fan der Boston Red Sox, daß ich es kaum erwarten kann, bis die Red-Sox-Houston-Weltserie anfängt. Und wenn sie gegen diese Schlappschwänze von Mets spielen, wird alles in vier Spielen überstanden sein, denn die Mets sind so schlapp, und die Houstons sind ein armseliges kleines Team.

Ich habe eine Wette mit einem Sportreporter abgeschlossen, der dummerweise verkündet hat, am Flag Day würden sie draußen sein, und ja, er hat sein Hähnchen in Unterhosen gegessen. Ich meins im Frack. Das war einer der schönsten Tage – wie der Typ in dem Song meint – one of the best days of my life.

Rock in der toten Zone – Stephen Kings private Radiostation

Radio und besonders Musik haben mich als Kind geprägt. Dort habe ich meine Identität gefunden. Man sucht, findet etwas, das einem gehört, und man behalt es. Es ist schwer zu erklären, aber es ist etwa so, als würde man ein Paar Schuhe finden, die einem passen. Meine erste Schallplatte war eine 78er-Version von Elvis Presleys »Hound Dog«. Von dem Augenblick an wußte ich, was ich wollte, und ich wollte alles, was ich in die Finger bekommen konnte.

Stephen King in einem Interview für *Radio and Records,* 1984

In dem *Playboy*-Artikel »Between Rock and a Soft Place« (Januar 1982) erzählt King die Geschichte seiner Fahrt auf der I-95 von Boston nach Maine, wo er sich von ganzem Herzen wünschte, »einen Sender mit gutem Rock 'n' Roll zu finden und die Lautstärke voll aufzudrehen, bis die Lautsprecher zu scheppern anfangen«.

Das Radio des Mietwagens hatte nur eine Wellenlänge, nämlich AM, und schon bald mußte er feststellen, daß darauf kein Hard Rock zu finden war. »Da begann ich mir Sorgen zu machen – ernsthafte Sorgen zu machen – um den Rock 'n' Roll.«

Er sorgte sich so sehr, daß er ein Jahr später einen AM-Sender in Bangor kaufte, eine Investition, zu der ihn ein Geschäftsmanager drängte, doch der eigentliche Grund war sein Interesse daran, echten, harten Rock 'n' Roll am Leben zu erhalten. Wie King es im Oktober 1987 in einem Artikel in *Castle Rock* formulierte: »Ich habe es getan, weil die scharfe Klinge des Rock 'n' Roll dieser Tage gefährlich stumpf geworden war.«

Aus dem WACZ (bei der Gründung 1926 WLBZ) wurde WZON, im Besitz und unter Leitung der Zone Corporation. Man kann sie auf dem AM-Band bei 620 Kilohertz finden.

Diese Investition bietet King noch einen weiteren Vorteil. Wenn er sich zum Schreiben hinsetzt, stellt er »Hard Rock von WZON ein. Er ist nie enttäuscht von dem, was er hört: Schließlich gehört ihm der Sender«, schreibt *Time* in seiner Titelgeschichte über King vom 6. Oktober 1986.

Im März 1988 berichtete *Castle Rock*, daß der Sender verkauft werden würde. »King hat die Entscheidung, WZON zum Verkauf anzubieten, im letzten Jahr getroffen, nach einer monatelangen Talfahrt sowohl der Zuhörerzahlen als auch der Finanzen.« Doch kurz darauf, im Oktober 1988, berichtete *Castle Rock,* daß King seine Meinung geändert habe. Der Sender würde in eine nonkommerzielle Radiostation umgewandelt werden, deren Eigner nun nicht mehr die Zone Corporation,

GB

Das Schild vor dem WZON-Radiosender in Bangor

sondern die Bangor Public Communication, Inc., wäre, eine gemeinnützige Gesellschaft, deren Vorsitzender King ist.

Nach Aussage von *Castle Rock* würde sich mit dieser Umwandlung vom profitorientierten zum gemeinnützigen Sender das Programm ändern:

> Der Sender bietet zur Zeit hauptsächlich klassischen und Album-Rock, durchsetzt mit Blues. Doch aufgrund der geänderten Konzeption des Senders werden die Zuhörer zukünftig auch ab und zu einen Country-Song oder etwas Heavy Metal hören. Zur Zeit werden Planungen unternommen, auch andere Musikarten, unter anderem auch spezielle Blöcke mit Gospels und New Age Music, zu senden.

Castle Rock zitierte dazu King, der sagte: »Kommerzieller AM-Rock'n'Roll ist so gut wie tot. Den Sender als einen nonkommerziellen Rocker wieder auferstehen zu lassen ist vielleicht der einzige Weg, diese Programmform auf dem AM-Band am Leben zu erhalten.«

Stephen King als Breckenridge Elkins?

von Donald M. Grant

Wenn Sie je Robert E. Howards Geschichten um Breckenridge Elkins gelesen haben, werden Sie viele der Anspielungen in dieser »Spottlaudatio« von Verleger Donald M. Grant verstehen, der ganz nebenbei gesagt eine Sammlung von Breckenridge-Elkins-Geschichten mit wundervollen Illustrationen von Tim Kirk veröffentlicht hat. (Außerdem hilft es Ihnen, wenn Sie Talbot Mundy gelesen haben, den Grant ebenso veröffentlicht hat. Außerdem hat Grant eine Bibliographie zu Talbot Mundy zusammengestellt, Talbot Mundy: Messenger of Destiny. *Als Verleger hat Grant vier Stephen-King-Bücher in acht verschiedenen Ausgaben herausgebracht.)*

Die folgende »Spottlaudatio« wurde bei der NECON (New England Convention) zum besten gegeben, einer 1980 ins Leben gerufenen jährlich stattfindenden Veranstaltung. Den Vorsitz teilen sich Robert Booth (für die ersten fünf oder sechs Treffen) und Robert Platte, der diese Position momentan innehat. NECON ist eine eher kleine, entspannte und außerordentlich billige Zusammenkunft, die auf dem Campus des Roger Williams-Colleges in Bristol, Rhode Island, abgehalten wird. Das College bietet einen wunderbaren Ausblick auf das Wasser und die Insel von Rhode Island.

Donald M. Grant, viermaliger Preisträger des renommierten Howard Award of the World Fantasy Convention, war der erste »Leidtragende«, den man auf diese Weise ehrenvoll durch den Kakao gezogen hat. Seither hat sich der sogenannte »Roast« des Ehrengastes zu einem der Höhepunkte der jährlichen Zusammenkünfte entwickelt. 1981 folgte Charles L. Grant, und Stephen King war 1982 der dritte »Roastie«.

Kleine Randbemerkung: Alle Fußnoten sind von Donald M. Grant.

Vor zwei Jahren wurde ich unter ähnlichen Umständen in eben diesen Räumlichkeiten heimtückisch angegriffen, verunglimpft und mißhandelt. Der Angriff war in keiner Weise von meiner Seite provoziert und kam völlig überraschend und wurde von einer zusammengewürfelten Horde aktenkundiger Missetäter unter der Führung des Tagungsvorsitzenden Robert Booth ausgeführt. Ein Jahr später führte Booth eine ebensolche Attacke gegen meinen armen alten hilflosen Onkel[1], Charlie Grant [Charles L. Grant]. Aus diesem Grunde entschloß ich mich, als mir zugetragen wurde, daß jener ränkeschmiedende Brutus – und ich meine hiermit jenen Halunken, der in ganz Rhode Island als »Booth der

[1] In Wirklichkeit besteht kein verwandtschaftliches Verhältnis zwischen uns, obgleich ich drei von Charlies Büchern veröffentlicht habe.

Verräter« bekannt ist (in allen anderen Gegenden hat man noch unfreundlichere Namen für ihn) – einen neuerlichen, einen dritten NECON-Überraschungsangriff ausgeheckt hat, diesem Bösewicht seine meuchlerischen Ränke zu durchkreuzen! Bei der Heimtücke dieses Mannes muß einem einfach die Galle hochkommen![2]

Zum ersten scheint Booth geradezu besessen davon zu sein, Grants zu überfallen. Und irgendwann in seinen stümperhaften, törichten Umtrieben hat er erfahren, daß Steve Kings zweiter Vorname Grant lautet.[3] Darüber hinaus ist mir gerade erst heute morgen zugetragen worden, daß er im nächsten Jahr einen Überfall auf Kathy Grant plant.[4]

Zum zweiten bin ich von ganzem Herzen stolz auf meine innige Verbindung zu dem großen Bundesstaat Maine, und ich betrachte jeden Angriff gegen einen Bürger Maines als einen persönlichen Affront. Steve King hier und jetzt zu verunglimpfen ist so, als würde man mich auffordern, meine Abonnements für die *Maine Times* und das *Down East*-Magazin zu stornieren. Nur über meine Leiche. Der Staat Maine beherbergte schon solche Schriftsteller wie Kenneth Roberts; die Groschenheftkönige Hugh Pendexter und George Surdez; Achmed Abdullah, der den *Dieb von Bagdad* schrieb; Clarence E. Mulford, aus dessen Feder *Hopalong Cassidy* stammt; George Allan England, der sich sogar um das Amt des Gouverneurs des Staates bewarb; und schließlich, nicht zuletzt, Talbot Mundy. Behalten Sie diesen letzten Namen im Gedächtnis.[5] Steve King gehört in diese illustre Gruppe von Schriftstellern. Sie sind alle tot. Doch lassen Sie mich erzählen, wie ich seine Bekanntschaft machte.

Vor einigen Jahren las ich einen Roman aus der Feder eines neuen Autors namens Stephen King. Er hat mich sehr angesprochen, doch es war etwas leicht Beunruhigendes daran, als hätte ich etwas wiedererkannt. Schließlich vergaß ich es wieder, doch als mich ein zweiter Roman erreichte, hatte ich wieder denselben Eindruck, mir erschien das Ganze irgendwie vertraut. Diesmal ließ mich das Gefühl nicht wieder los, und so rief ich jenes obskure Verlagshaus an, welches King vertrat, und löcherte sie mit einigen Fragen. »Wo lebt dieser King eigentlich? Was sind seine Referenzen? Wann kann ich mit ihm sprechen?«

Die Antworten waren zuerst äußerst ausweichend, doch ich ließ ein wenig meine Muskeln spielen, und schließlich gestanden die Burschen ein, daß King in Maine lebte und dort etwas mit dem Erziehungswesen des Staates zu tun habe, ein Lehrer oder Rektor sei. Nun, ich kenne den Staat gut – man hat mich gelegentlich schon als einen manischen Mainer

---

[2] Robert Booth, Vorsitzender der Tagung, hatte sich zwei Wochen vor Beginn der Tagung einer Operation unterzogen, bei der seine Gallenblase entfernt wurde.

[3] Das stimmt natürlich nicht. (Kings zweiter Vorname lautet Edwin.)

[4] Der Autor »Les Simons« ist in Wirklichkeit Kathy Grant (Mrs. Charles L. Grant).

[5] Alle diese Autoren haben tatsächlich zu irgendeinem Zeitpunkt in Maine gelebt.

bezeichnet –, doch die Beschreibung, die sie mir gaben, um zur King Rancho zu gelangen, schien hochkompliziert. Dennoch entschied ich, ihr buchstabengetreu zu folgen. Ich fuhr so weit ins nördliche Maine hinauf, daß die Hudson Bay eine Anderthalbtagereise südwestlich lag – mit dem Hundeschlitten. Dieser King lebte so weit oben in der Wildnis, daß die durchschnittliche Höchsttemperatur des Monats – es war Juli – bei null Grad lag. Dennoch gelangte ich über die Gebirge und die Tundra – überall lag noch eine Menge Schnee – zu jenem großen Farmhaus und klopfte an der Tür. Eine Frau machte mir auf und stellte sich als Kings Ehefrau, Tabitha, vor. Sie war eine freundliche junge Frau, die mir erklärte, daß ihr Mann derzeit noch in der Schule sei, doch sicher bald zurückkommen würde. Ob ich nicht hereinkommen und auf ihn warten wolle? Ich war nicht den ganzen Weg gekommen, nur um mich am Anblick der nördlichen Tundra zu erfreuen, also trat ich ein und ließ mich dankbar nieder. Es war kalt hier oben, wie ich schon erwähnte, und in einem riesigen Kamin prasselte ein großes, loderndes Feuer. Davor ausgestreckt lag etwas, das ich auf den ersten Blick für einen großen Hund hielt – einen jener kolossalen, großen weißen Pyrenäenhunde, wie man sie, glaube ich, nennt. Doch die Kreatur wälzte sich herum und grunzte, und es war überhaupt kein Hund – es war ein Eisbär!

Tabitha King plauderte fröhlich über das große Angebot an Wild und den wenigen Schnee in jenem Jahr und darüber, daß Steve einige Schwierigkeiten mit dem Leseunterricht in der dritten Klasse habe.

Von meinem Sitzplatz aus konnte ich das gesamte Panorama vor dem Fenster bewundern – die Moschusochsen, die mit ihren Schnauzen im Schnee scharrten, die Polarfüchse, die Schneeleoparden und all die anderen Vertreter der Tierwelt dieser Gegend. Die Kinder der Kings waren draußen und tollten um einen Iglu herum, den sie gebaut hatten. Kurz darauf kam ein Bursche auf einem Pferd herangeritten. Es war einer jener großen Kaltblüter, wie Marshal Dillon sie immer in *Rauchende Colts* geritten hat, ein Tier, für das es ein leichtes war, einen Hundertachtzig-Kilo-Kerl auf seinem Rücken zu tragen. Steve King wog damals ein gutes Stück mehr als heute; da er sich zu jener Zeit von dem ernähren mußte, was das Land ihm bot, aß er viel mehr als heutzutage, wo er ein am Hungertuche nagender Schriftsteller ist. Er war eine recht imposante, massige Gestalt, wie er so durch den Schnee herangestampft kam. Als er das Haus betrat, musterte ich ihn eingehender, und wenn er gesagt hätte: »Howdy, Fremder, ich bin Breckenridge Elkins[6] aus B'ar Creek, Nevada«, hätte es mich nicht im geringsten überrascht. Statt dessen sagte er: »Howdy, Fremder, ich bin Stephen King aus B'ar Creek, Maine. Wir bekommen hier in diesem Teil des Landes nur wenig Besucher zu Gesicht. Ayuh!«

---

[6] Robert E. Howards berühmter, in den Bergen lebender Held.

Nach den üblichen Vorstellungen und einem kurzen Geplauder, bei dem ich mich als ein Verleger mit Interesse an phantastischer Literatur und ein begeisterter Liebhaber des Staates Maine zu erkennen gab und ihm erzählte, wie sehr mir seine ersten beiden Bücher gefallen hatten, setzten wir uns. Meine Interessen schienen von ganzem Herzen sein Gefallen zu finden, und das Gespräch plätscherte gemütlich und freundlich dahin. Nach einer Weile kamen wir auf die beiden neuen Bücher, an denen er gerade schrieb, allerdings nicht, bevor er sich für einen Augenblick entschuldigt hatte und zu einer kleinen Hütte neben dem Iglu hinausgegangen war. Er kehrte mit etwas zurück, das ich auf den ersten Blick für eine Rinderhälfte hielt. Man lud mich zum Abendessen ein.

»Haben Sie schon mal Rentier gegessen?« fragte er. »Hab gestern eins geschossen.«

Wir plauderten ein bißchen weiter und schienen uns prächtig zu vertragen. Schließlich bot Steve an, seine beiden neuen Manuskripte hervorzuholen, wobei er mich jedoch warnte, daß es sich noch um Rohfassungen handele. Tabitha schritt ein: »Ich denke nicht, daß du unseren Gast wirklich damit langweilen mußt, ihm dieses unfertige Zeug zu zeigen.« Doch Steve King ließ sich nicht zurückhalten. Er hatte noch nie zuvor einen wirklichen, lebenden Leser phantastischer Literatur getroffen, und er wollte mit seiner Ware protzen.

So wurden die Manuskripte hervorgeholt und landeten nach einem kurzen prahlerischen Zurschaustellen in der Apfelkiste vor meinem Sessel. Ein Blick genügte. »Wo haben Sie die her?« rief ich aus und sprang gleichzeitig auf.

»Was meinen Sie?« erwiderte er unwirsch und sprang ebenfalls auf. »Das sind meine!«

»Ich kenne diese Schreibmaschine«, erklärte ich ihm langsam und betont deutlich. »Woher haben Sie diese Manuskripte?«

»Die hab ich geschrieben«, bekundete er trotzig, während er mit einer schnellen Bewegung die Manuskripte an sich riß und mich bedrohlich anfunkelte. Bereits damals besaß er diese magische Kunstfertigkeit mit Worten, die seine Bücher charakterisiert.

Hat Sie schon jemals ein einhundertachtzig Kilo schweres Breckenridge-Elkins-Ebenbild wütend angefaucht? Um die ganze Sache noch beängstigender zu machen, wachte in diesem Augenblick der Eisbär auf und begann zu knurren. Nun, Sie alle wissen, daß man zweimal mit der Bitte an mich herangetreten ist, Tarzan im Film zu verkörpern, und mich bei einer anderen Gelegenheit gebeten hat, Conan zu spielen. Und außerdem war ich zu jener Zeit noch immer professioneller Catcher.[7] Ich denke, bei einem Kampf Mann gegen Bär hätte ich den Eisbären mühelos besiegen können, doch der Bär und dieser Mainer Klotz – das war zu-

[7] Grant mißt einen Meter dreiundachtzig und wiegt etwas über zweiundsiebzig Kilo.

viel für mich. Von all den harten Burschen, die ich kenne, wäre nur Crazy Dick Brisson [Mitglied des Tagungskomitees und einer der Mitbegründer dieser Veranstaltung] angetreten und hätte es allein mit diesen beiden aufgenommen. Ich suchte so schnell ich konnte das Weite. Ich bin sicher, daß der Bär meinen Teil an dem Rentierfleisch bekommen hat.

Draußen im Auto, während ich so schnell, wie ich es wagen konnte, durch die Tundra brauste – er hatte ein Rudel Wölfe (Werwölfe vielleicht) hinter mir hergehetzt –, fügten sich die Puzzleteile auf einmal zusammen. Über Jahre hinweg hatten die alten Schreiberlinge in Maine eine Geschichte gesponnen um eine legendäre, verlorene Kiste voller Manuskripte eines dort ansässigen Schriftstellers. Ich hatte dem beim besten Willen keinen Glauben geschenkt – bis zu diesem Tag. Doch jene sogenannten Rohfassungen, die dieser King mir gezeigt hatte, waren auf einer Schreibmaschine getippt, die mir nur zu vertraut war. Es war Talbot Mundys Schreibmaschine, auf der das getippt war, und die Manuskripte waren vor mehr als sechzig Jahren geschrieben worden, als Mundy in Maine lebte.[8]

Sie mögen sich nun fragen, wieso ich, wenn all dies der Wahrheit entspricht, noch immer eine solch hohe Achtung für Stephen King hege. Ganz einfach. Irgendwie, irgendwo ist dieser Bergschrat aus Maine über diese verloren geglaubte Kiste voller Manuskripte gestolpert, und er erkannte augenblicklich, was für einen Schatz er da gefunden hatte! Mehr noch, er oder jemand, der ihm nahesteht – ich habe Grund zu der Annahme, daß es Tabitha King war –, besaß die weise Voraussicht, diese Manuskripte überarbeiten und aktualisieren zu lassen. Abermals geht der Dank dafür an King. Er hat Tabitha ja schließlich geheiratet, oder?

Eine Frage blieb noch offen, und ich machte mir große Gedanken darüber und forschte sogar etwas nach. Wenn es nicht King war, der diese Manuskripte so weit überarbeitet hatte, daß man sie als zeitgenössische Arbeiten verkaufen konnte, wer hatte es dann getan? Ich habe nun überzeugende Beweise dafür, daß Tabitha King Alan Ryan[9] angestellt hat, um Talbot Mundys Romane zu bearbeiten. Alan ist ein sehr guter, sehr kompetenter Autor. Außerdem schreibt er schnell, doch was das Beste von allem ist, Alan arbeitet wirklich billig.

Nach diesem Geständnis sollte ich vielleicht hinauf nach Nova Scotia fliehen und Einsiedler werden, deshalb möchte ich, bevor ich schließe, öffentlich bekennen, daß einiges von dem, was ich hier offenbart habe, vielleicht leicht übertrieben sein mag. Es gibt da jedoch ein sorgsam gehütetes Geheimnis, das ich an dieser Stelle zum erstenmal enthüllen

---

[8] Talbot Mundy lebte während des Ersten Weltkriegs in Norway, Maine.

[9] Der Schriftsteller Alan Ryan hatte den Vorsitz bei diesem »Roast« und war später selbst »Roastie«.

möchte, und dabei handelt es sich um etwas, das bisher nicht einmal Kings übliche Verleger ahnen. *Ich habe Stephen Kings erstes Buch veröffentlicht!* Unmöglich! sagen Sie mir. Aber gar nicht. Denken Sie nur einmal daran, wie viele Schriftsteller heutzutage Pseudonyme benutzen. Auch King hat sich bei seinem allerersten Buch dieses Kunstgriffes bedient, und ich habe es veröffentlicht. Es war eine wirklich erstklassige Geschichte. Ich hatte mit Steves Eitelkeit zu kämpfen, als ich einen Titel dafür suchte – er ist heute bescheidener. Nach einem längeren Streitgespräch druckte ich die Geschichte unter dem Titel, unter dem er sie eingereicht hatte. Beinahe zumindest! Er stimmte schließlich zu, daß ich sie unter einem Titel druckte, bei dem nur das erste Wort weggefallen war: Er nannte es: STEPHEN KING – OF THE KHYBER RIFLES.[10]

---

[10] *King – Of the Khyber Rifles* war Talbot Mundys bekanntester Roman, 1916 erstmalig erschienen. Grant hat später eine wunderbar illustrierte Ausgabe dieses Titels herausgebracht.

Stephen King in Stichworten – Wissenswertes und Kurioses

Kings erste veröffentlichte Geschichte: »I was a Teenage Grave-robber«, veröffentlicht in der Fanzeitschrift *Comics Review.*

Kings erster Verkauf eines Werkes: Eine Kurzgeschichte an *Startling Mystery Stories,* für die er 35 Dollar erhielt.

Der seltsamste Unfall während des Lesens eines King-Buches: Während ein Mädchen tief in der Nacht in einem Gewitter sein Buch las, wurde ihr Bett vom Blitz getroffen.

Kings erster Vorschuß auf ein Buch: 2500 Dollar für *Carrie.*

Kings erster Bestseller als Hardcover: Sein dritter Roman, *Shining.*

Das teuerste King-Buch: *My Pretty Pony,* ein Buch in einer limitierten Auflage, herausgegeben vom Whitney-Museum, Stückpreis 2200 Dollar.

Die ausgefallensten Ausgaben von King-Büchern: Eine limitierte Ausgabe von *Firestarter [Feuerkind]* in Asbest gebunden und die limitierte Ausgabe von *My Pretty Pony,* gebunden in rostfreien Stahl.

Die höchste limitierte Auflage: 30 000 Exemplare von Donald M. Grants Ausgabe von *The Dark Tower II: The Drawing of the Three [Drei].* – In Deutschland ist es die Taschenbuchausgabe von *Sie* (Heyne Verlag), die zum deutschen Kinostart des Films *Misery* in einer einmaligen Auflage von 250 000 Exemplaren veröffentlicht wurde.

Das seltenste Buch von King: Die deutsche Ausgabe von *Nebel* der Edition Phantasia. Da King nachträglich den Lizenzvertrag zwischen der Edition Phantasia und dem Heyne Verlag nicht anerkennen wollte, wurde die Auflage auf seine Bitte hin vernichtet, nur rund hundert Bücher (von 500), die zu dem Zeitpunkt bereits verkauft worden waren, sind der »Bücherverbrennung« entkommen.

Der höchste Preis, der je für einen Brief von King gezahlt wurde: 440 Dollar für einen Brief an Forrest Ackerman, in dem King eine Geschichte für *Famous Monsters of Filmland* anbietet, die nicht zur Veröffentlichung angenommen wurde.

Das teuerste handgeschriebene Manuskript: 6600 Dollar für ein Schulheft, das in Arbeit befindliche Werke und private Notizen enthält.

Jobs, die King hatte, bevor er sich 1973 ganz dem Schreiben widmete: Einer Pressemitteilung von NAL zufolge war King »Hausmeister, Lastenträger, Färber und Näher in einer Textilfabrik, Baseballtrainer, Bibliotheksgehilfe und zeitweilig Aushilfe in einem Selbstbedienungswaschsalon«. King nannte diese Jobs »Scheißarbeiten«. Sein erster professioneller Job war der als Lehrer.

Der höchste Vorschuß: Ein angeblicher (nicht bestätigter) Vertrag über 4 Bücher für ca. 40 Millionen Dollar. (Das erste Buch ist *Stark.*)

Das umstrittenste Buch: *Schwarz,* als es erstmalig von Donald M. Grant veröffentlicht wurde, da es bis 1988 nicht in einer regulären Ausgabe im Handel war.

Kings längstes Buch: Ehemals *Es,* wird nunmehr von der überarbeiteten Fassung von *Das letzte Gefecht* übertroffen.

Das einzige Buch, das in einer späteren Ausgabe in großem Maße überarbeitet ist: *Das letzte Gefecht.*

Die schlechteste Filmadaption: *Kinder des Zorns* [basierend auf der Kurzgeschichte »Kinder des Mais«].

Die besten Filmadaptionen: *Carrie – Des Satans jüngste Tochter* und *Stand by Me – Das Geheimnis eines Sommers* [basierend auf »Die Leiche« aus *Frühling, Sommer, Herbst und Tod*].

Der teuerste Flop: Die Broadway-Produktion von *Carrie.*

Der einzige Film, bei dem King Regie führte: *Rhea M. – Es geschah ohne Warnung.*

Geschätzte Auflage aller Bücher: 80 Millionen weltweit.

Voraussichtliche Anzahl von Büchern, die sich im Jahr 2000 in Druck befinden werden: 100 Millionen weltweit (nach Schätzung von Douglas E. Winter).

Bücher von King: 33.

Bücher über King: 29.

Anzahl aller filmischen Bearbeitungen Kingscher Werke: 25.

Anzahl der Tonkassetten mit Kings Werken: 45.

Das erste Sachbuch über King: Underwood-Millers *Fear Itself.*

Erstes Buch eines einzelnen Autors über King: Douglas E. Winters *The Art of Darkness.*

Der fleißigste Kritiker: Michael R. Collings mit sechs Büchern und einem siebten in Arbeit.

Die häufigste Beschäftigung Kingscher Figuren: Sie sind Schriftsteller und Lehrer.

Der am häufigsten vorkommende Handlungsschauplatz: Castle Rock, Maine.

Die beste Spürnase: Robert E. Weinberg, dafür, daß er entdeckte, daß King unter einem Pseudonym schrieb, und diese Tatsache in seinem Bücherkatalog enthüllte, Monate bevor es öffentlich aufgedeckt wurde.

Die schlechteste Spürnase: Ein Gerücht, daß King ein Laser-Taschenbuch unter dem Pseudonym Aaron Wolfe geschrieben habe, was sich später als Pseudonym von Dean Koontz herausstellte.

Die witzigste Ente: Das Gerücht, King sei der angebliche Autor eines Beeline-Pornos, *Love's Lessons,* geschrieben unter dem Pseudonym Helen Purcell.

Der offensichtlichste Widerspruch: King, der behauptet, er würde *Schwarz* nie für die Veröffentlichung in einer regulären Ausgabe freigeben.

Die überteuertste, künstlich limitiert gehaltene Ausgabe: Das signierte Tonkassetten-Paket der ersten beiden Bände der Saga vom Dunklen Turm: $ 100 für *Schwarz* und $ 125 für *Drei*.

Die unattraktivsten Hardcoverausgaben von Kings Büchern: Die Doubleday-Editionen.

Die einfallsreichsten Titelcover: NALs Taschenbuchausgaben.

Das beste Buch über King: *Stephen King: The Art of Darkness* von Douglas E. Winter.

Taschenbuchausgaben, die sich über fünf Millionen Mal verkauft haben: *Brennen muß Salem, Shining, Das letzte Gefecht.*

Die höchste Startauflage eines Romans von King im Hardcover: *Stark* mit 1,5 Millionen Exemplaren.

Die Schriftstellerin Tabitha King

Tabitha King lebt mit ihrem Mann und ihren drei Kindern in Bangor, Maine.

Klappentext zu *Die Entscheidung,* Tabitha Kings viertem Roman

Als Janet O. Jeppson begann, Science-fiction-Romane zu veröffentlichen, konnten die Rezensenten, mit einer Ausnahme, der Versuchung einfach nicht widerstehen: Statt das Buch zu besprechen, besprachen sie die Person. Genauer gesagt, sie sprachen von ihrem Ehemann, bei dem es sich zufällig um den inzwischen verstorbenen Isaac Asimov handelte, der zu den besten drei Science-fiction-Autoren unserer Zeit gezählt wird (die anderen beiden sind Arthur C. Clarke und der ebenfalls verstorbene Robert A. Heinlein).

Tabitha King weiß, wie Janet Jeppson sich fühlen muß. Wie Janet ist auch Tabitha selbst Schriftstellerin und mit einem bekannten Autor verheiratet, eine Tatsache, auf die Rezensenten immer wieder gern hinweisen. (In *Rave Review*, einer Zeitschrift für Buchbesprechungen, wurde *Die Entscheidung* besprochen, und der abschließende Kommentar war, wie wohl niemanden überraschen wird, daß der Vorname von Tabithas Ehemann Stephen lautet.)

Trotz der unausweichlichen (und oftmals albernen) Vergleiche ihrer Werke mit denen ihres Mannes hat Tabitha King Lob von Schriftstellerkollegen wie Douglas E. Winter und Harlan Ellison einheimsen können, die sie beide für eine herausragende regionale Autorin halten.

Tabitha King hat sich sogar ihr ganz eigenes Territorium erobern können: Nodd's Ridge, Maine, ist Tabitha-King-Land. Eine kritische Beurteilung? Ihr Werk wird überdauern. Das Special-Collections-Archiv der Fogler-Bibliothek an der University of Maine in Orono, Tabithas Alma Mater, hat ihre Schriften angefordert.

Von ihren vier Romanen haben drei (ihr jüngst erschienener eingeschlossen) Nodd's Ridge als Schauplatz der Handlung: *Die Seelenwäch-*

Tabitha King: Die Bücher

- *Small World* (1981), gewidmet »the Boogeyman, with love« [Ehemann Stephen]; veröffentlicht als NAL-Taschenbuch. [*Das Puppenhaus;* 1986, Heyne Taschenbuch]
- *Caretakers* (1983), veröffentlicht als NAL-Taschenbuch. [*Die Seelenwächter;* 1986, Heyne Taschenbuch]
- *The Trap* (1985), veröffentlicht als NAL-Taschenbuch. [*Die Falle;* 1987, Heyne Taschenbuch]
- *Pearl* (1988), veröffentlicht als NAL-Hardcover. [*Die Entscheidung;* 1989, Heyne Taschenbuch]

Photo courtesy of the *Bangor Daily News*

Tabitha King

ter, Die Falle (ursprünglicher Titel: *Wolves at the Door*) und ihr neuester, *Die Entscheidung* (ursprünglicher Titel: *Coming to Grief*). In *Die Entscheidung* kehrt die Protagonistin, Pearl Dickenson, aufgrund einer Erbschaft nach Nodd's Ridge zurück und entschließt sich zu blei-

Photo courtesy of the *Bangor Daily News*

Tabitha Kings Arbeitszimmer in ihrem Haus in Bangor, Maine

ben, wodurch die Kleinstadt (und sie selbst) sich unwiderruflich verändert.

Tabitha King arbeitet zur Zeit an ihrem fünften Roman, der wiederum in Nodd's Ridge spielen wird. Sie ist eine Autorin mit einer sehr deutlichen, eigenen Sprache, die Geschichten eines Maine erzählt, das nicht allzu weit von Castle Rock entfernt liegt.

Ein Horrorautor entwirft sein eigenes Heim

Nirgends ist es so schön wie zu Hause. Stephen King hat den größten Teil seines Lebens in der Nähe von Bangor verbracht, also schien es nur logisch, sich schließlich in Bangor niederzulassen. Die Kings besitzen außerdem noch einen Sommerwohnsitz in West-Maine, doch es ist der Winterwohnsitz, das viktorianische Herrenhaus am West Broadway, der unverwechselbar Kingsche Züge trägt.

In seiner Titelgeschichte vom 6. Oktober 1986 beschreibt das *Time*-Magazin das Haus wie folgt:

> Die Familie bewohnt ein 129 Jahre altes 23-Zimmer-Haus, das von einem schwarzen schmiedeeisernen Zaun mit den verschlungenen Formen von Fledermäusen und Spinnennetzen umgeben ist, welchen die Besitzer aus einer überschwenglichen Laune heraus aufstellen ließen. Das Haus ist kaum mehr als einen Steinwurf von dem heruntergekommenen Stadtviertel entfernt, in dem die Kings ihre Odyssee begannen. Das Gebäude besitzt einen exzentrischen Charme, der gut zu seinen Bewohnern paßt: eine der Kuppeln ist konisch, die andere rechteckig.

Das Haus der Kings, historisch als das William-Arnold-Haus bekannt, hebt sich deutlich von den anderen Gebäuden in jener ruhigen Wohnstraße ab. Kings Nachbarn respektieren seine Privatsphäre. Für Touristen und seine Fans ist das Haus leicht zu finden – und offenkundig als Privatbesitz gekennzeichnet. Der eigens angefertigte Zaun verrät es schon von weitem, doch die »Zutritt verboten«-Schilder, die überall deutlich sichtbar angebracht sind, mahnen jeden, daß King sein Haus als seine Festung betrachtet, in der er einzig King, der Privatmann, ist.

Warum hat King Maine und dort gerade Bangor als Wohnsitz ausgesucht? Wie *Time* es in seiner Titelgeschichte formuliert:

> Die fünf Kings könnten ihre Burg überall haben, doch Stephen weigert sich, die heimatliche Erde zu verlassen; selbst das an einem See gelegene Sommerhaus der Familie findet sich in diesem Staat. »Maine ist weitaus am besten für ein Paar Bauerntrampel wie uns«, beharrt er. »Und es ist besser für die Kinder.«

Bob Haskell, ein Kolumnist bei der Lokalzeitung, dem *Bangor Daily*, bestärkt dies noch:

> Bangor ist Steve King und seiner Familie immer als der ideale Ort zum Leben erschienen ... »Seht doch«, habe ich einigen Leuten er-

Photo courtesy of the *Bangor Daily News*

Stephen Kings Arbeitszimmer

zählt, die glauben, ich würde Steve eine ganze Ecke besser kennen, als es wirklich der Fall ist, »er wurde in Maine geboren. Er lebt zehn Minuten von einem Flughafen entfernt, der ihn zu jedem Ort der Welt bringen kann. Und er wird nicht ständig belästigt, wie es sein würde, wenn er in Boston oder New York lebte. Jeder hier nimmt ihn einfach an, wie er ist. Weshalb also sollte er irgendwo anders leben wollen?«

King selbst beantwortet diese Frage in seinem Essay »A Novelist's Perspective on Bangor«, der bisher nur in einer in geringer Stückzahl erschienenen Broschüre, *Black Magic and Music,* erschienen ist, die die Bangor Historical Society 1983 zu Wohltätigkeitszwecken herausgegeben hat.

Wie King dort erklärt, besteht ein Teil des Problems darin, daß die Leute eine vorgefaßte Erwartungshaltung davon haben, wie er leben sollte; daß er aufgrund seines Reichtums wie eine jener Berühmtheiten leben sollte, die man in Leachs »Lifestyles of the Rich and Famous« sehen kann. Doch dies ist nicht sein Stil, weder im privaten noch im beruflichen Bereich. Wie King erkannte – und wie viele Schriftsteller gelernt haben –, ist die Voraussetzung für das erfolgreiche Entwerfen eines Milieus, daß man seinen Wurzeln treu bleibt. Auch wenn es manchmal einengend ist – Maine ist der Handlungsort seiner meisten Romane –, hat dieses Milieu seinem Werk doch auch eine Atmosphäre und eine Griffigkeit verliehen, die seinen Lesern ein Gefühl von Authentizität geben.

Das rationale Moment hinter der Entscheidung, sich in Bangor und nicht in irgendeiner anderen Stadt in Maine niederzulassen, läßt sich nicht ganz einfach darlegen. King erklärt, daß er, um *Es* (dessen Arbeitstitel damals noch *Derry* lautete) schreiben zu können, den richtigen Ort finden mußte, wo er es schreiben konnte – und dieser Ort war eben Bangor.

Nachdem er 1980 das Haus gekauft hatte, erzählte er dem Lokalblatt: »Wir werden Bangor nun zu unserem endgültigen Winterwohnsitz machen.«

Es ist nun beinahe zehn Jahre her, daß King Bangor zu seinem permanenten Winterwohnsitz machte. Sicher, einige der Ortsansässigen halten ihn nicht für einen Einheimischen – weil er nicht sein ganzes Leben hier verbracht hat –, doch sie haben sich an ihn gewöhnt, und er hat sich an sie gewöhnt.

GB

Die Seitenansicht von Stephen Kings Haus in Bangor (der langgezogene, niedrige Anbau links ist der Swimming-Pool)

Ein Jungmädchentraum wird wahr – *von Joan H. Smith, Mitarbeiterin von* News

Sie werden dieses Haus niemals in Robin Leachs Fernsehsendung »Lifestyles of the Rich and Famous« zu sehen bekommen, obgleich diese Beschreibung sicher auf seinen Bewohner, Stephen King, paßt. King scheint höchst zufrieden, in Bangor, Maine, zu leben, weit weg vom lärmenden Treiben der Großstädte.

Ich vermute, er möchte es gar nicht anders haben.

Kings Winterwohnsitz ist ein viktorianisches Herrenhaus, in einem historischen Bezirk gelegen. Die Vorderfront ist eher unscheinbar, so wie die anderen Anwesen in diesem wohlhabenden, ruhigen Viertel, doch das Innere des Hauses ist ganz nach den Wünschen seiner Besitzer modernisiert worden. Der auffälligste Anbau ist natürlich der Swimming-Pool.

In dieser einmaligen Privatführung durch das Kingsche Heim, einem Abdruck aus den Bangor Daily News *aus dem Jahr 1984, spricht eine Lokalreporterin mit Tabitha King und führt Sie durch das von Fledermäusen flankierte Tor und hinein in das Heim von Bangors berühmtestem Bürger.*

Als Mädchen schlenderte sie mit einer Freundin den West Broadway entlang und träumte davon, in einem jener Anwesen zu leben. Am besten gefiel ihr das rote mit den Türmchen. Aber sie hätte nie geglaubt, daß sie eines Tages wirklich dort leben würde.

Doch aus dem Mädchen mit den verträumten Augen wurde die Schriftstellerin Tabitha King, und sie heiratete den Mann, der der berühmteste Horror-Schriftsteller unserer Zeit wurde, Stephen King. Er entschied, daß das scheunenrote viktorianische Herrenhaus am West Broadway, mit all seinen Türmchen, Geheimgängen und, obgleich sie es zum Zeitpunkt des Kaufes noch nicht wußten, seinem Gespenst, genau nach seinem Geschmack war.

»Ich dachte, das muß wohl Schicksal sein«, sagte Tabitha.

Das älteste Haus in der Straße, 1858 für 7000 Dollar von einem Mann gebaut, der es sich nicht leisten konnte, mußte erst einige größere Veränderungen über sich ergehen lassen, bevor es den Bedürfnissen von drei Kindern, zwei Schriftstellern und ihrem Hofstaat genügte.

Eine ganze Mannschaft von Handwerkern aus Center Lovell, wo die Kings einen Sommerwohnsitz haben, benötigte vier Jahre, um das Innere des Herrenhauses zu modernisieren, alles in Einklang mit der historischen Außenfront.

»Die Denkmalschutzkommission war äußerst zufrieden damit«, sagte sie.

Das Haus selbst blieb mit Ausnahme der Küche, einiger zusätzlicher Schrankflächen und einer Waschkammer unverändert. Die hauptsächlichen Renovierungsarbeiten betrafen die Scheune, die als Abstellplatz

King vor seinem neuen Haus in Bangor

für die Sofas diverser Verwandter umfunktioniert worden war, nun jedoch den größten Teil des Wohnraums ihres Heims darstellt.

Tabitha hat das Gefühl, als wären sie immer noch nicht ganz fertig; Stephen hatte genug von den nie enden wollenden Bauarbeiten. Wenn in diesem Sommer in Bangor die Filmversion von Stephens Buch *Friedhof der Kuscheltiere* gedreht werden sollte – und sie ist überzeugt, daß man es tun wird –, wird Tabitha den Sommer in Bangor verbringen und endlich Zeit genug haben, um das Haus herum Rabattengärten mit Pfingstrosen und Rosen zu planen.

Über die Jahrzehnte hat das 126 Jahre alte Haus viele Veränderungen erlebt, so zum Beispiel die Anfügung einer Vorderveranda und eines überdachten Portals. Doch das meiste ist noch in seinem Originalzustand belassen, einschließlich des Eingangs aus leuchtender heller Eiche, die man damals als einfaches Nutzholz verwendete und die wahrscheinlich das Beste war, was sich der Erbauer leisten konnte.

Die Räume sind zumeist in kühlen grünen und blauen Pastelltönen dekoriert, was einen attraktiven Kontrast zu den warmen Tönen der Eichen- und Mahagonivertäfelungen bildet.

Das Wohnzimmer ist geräumig und gemütlich mit Stilmöbeln eingerichtet. Über einem Stutzflügel hängt eine Fotografie des Sommerwohnsitzes, der auch in Tabithas Buch *Die Seelenwächter* auftaucht.

»Es war ein kühler Raum, und für eine ganze Zeit, nachdem wir eingezogen waren, wollte niemand hier hineingehen, weder die Kinder noch die Tiere. Ich legte einen Läufer aus und tapezierte die Wände neu, doch die Schwingungen waren einfach schlecht. Wir wußten, daß dies das Zimmer mit dem Gespenst sein mußte.«

»Bruce [ihr siamesischer Kater] schläft gern auf der Couch hier drinnen; es ist seine Couch«, erklärt Tabitha.

In dem eckigen Turm auf der rechten Seite befindet sich eine Sammlung aus eichenen Stilmöbeln, eins von Tabithas vielen »Nestern«, die sich überall im Haus finden.

In diesem Nest packt sie Päckchen ein und sieht die Kleidung durch. Neben ihrem Eichenschreibtisch steht ein großes orangefarbenes Teleskop, das ihr Mann, ein Hobby-Astronom, an klaren Nächten in den Garten hinausschleppt. Dieser Quantensprung in der Zeit ist ein erster Hinweis darauf, was einen im hinteren Teil des Hauses erwartet.

Die Kings haben sechs kleine Räume kombiniert, um daraus eine labyrinthartige Küche zu erschaffen. An einer Frühstückstheke sitzt ein Mann und trinkt Kaffee, während er mit der Haushälterin schwatzt. Tabitha stellt ihn als den Mann vor, der sich um ihre Wang-Computer kümmert. Heute ist er zu Besuch hier. Direkt hinter ihm befindet sich ein weiteres von Tabithas Nestern. Sie nennt es ihr »Concierge-Nest«, wo sie ihre Speisepläne zusammenstellt und ihre Rechnungen zahlt. Eine Pinnwand, an die eine Unzahl von Zetteln und die Speisekarte eines

Schnellrestaurants angeheftet sind, hängt über einer kleinen Arbeitsfläche, auf der sich Bücher und Papier türmen.

Auf einer Theke in der ehemaligen Speisekammer hockt in einem Käfig ein Albino-Meerschweinchen namens Butler. Um die Ecke herum befindet sich eine überdurchschnittlich hohe Arbeitsfläche, die eigens für den einsneunzig großen Stephen angefertigt wurde, damit er darauf seinen Brotteig kneten kann. Um eine weitere Ecke herum findet sich ein backsteinerner Ofen, in dem er den Teig dann gehen läßt.

»Das sind Royal-River-Backsteine, aus der Gegend, in der Steve aufgewachsen ist«, erklärt Tabitha.

Die Küche ist ein moderner Raum mit einer leuchtend-roten Spüle, Arbeitsflächen aus massivem Holz und geschmackvollen naturweißen,

Photo courtesy of the *Bangor Daily News*

Ein Blick auf den Swimming-Pool (Die Stoffskulpturen, die an den Balken hängen, stellen Meeresgeschöpfe dar und wurden von Barbara Lambert aus Orono, Maine, entworfen.)

mit Eichenfurnier verzierten Schränken. Ein roter, elektrischer Speisenaufzug wird benutzt, um die Schmutzwäsche in die Waschkammer im ersten Stock zu transportieren.

»Ich kann Ihnen in der ganzen Küche Mängel zeigen, aber der Pool ist perfekt«, sagt Tabitha, während sie mich durch einen langen Flur, der den Unebenheiten des Bodens folgt, vorbei an einer Reihe gekachelter Umkleidekabinen, die einst Pferdeboxen waren, zum Pool führt.

Jenseits des 15 Meter langen Pools liegt ein Fenster, das vom Architektenbüro I. M. Pei entworfen wurde, das auch das Kunstmuseum von Portland gebaut hat. Die moscheegleichen Formen des Fensters und der Pool selbst wiederholen ein Motiv, das sich ebenso in der Form des Bodens der Vorderveranda, einem Medaillon, das die Außenfront des Hauses schmückt, und in einem handgefertigten schmiedeeisernen Tor, das die Kings hinzufügten, findet.

Die kleinen, eckigen Fenster, die einst Licht in die Pferdeboxen ließen, sind an der Südseite des Poolraums belassen worden. Von außen sieht er wie eine guterhaltene Scheune aus dem letzten Jahrhundert aus.

Doch drinnen offenbart sich Tabitha Kings persönlicher Traum – ein mit kleinen Steinen bepflastertes Schwimmbecken, 3 Meter 65 an seiner tiefsten Stelle, in dem sie jeden Tag schwimmt.

»Steve geht nur hin und wieder hinein, doch die Kinder und ich schwimmen jeden Tag, und mein Vater, der ein schwaches Herz hat, benutzt ihn auch«, erklärt Tabitha, die erst mit dreißig schwimmen lernte.

Sie sagt, sie hätte sich »wahnsinnig verliebt« in die Kreationen von Barbara Lambert aus Orono, deren ausgestopfte Stoffskulpturen von den Balken rings um das Becken hängen. Lamberts phantastische Meeresgeschöpfe stellen eine »durchgedrehte Evolution« dar, zumindest ist das Tabithas Meinung, die von sich sagt, daß sie viel über Biologie liest und fest davon überzeugt sei, daß es nur wenig in der Phantasie gäbe, das nicht auch in Wirklichkeit existiere.

Die Skulpturen leuchten in vielen verschiedenen Grün- und Blautönen, die die Farben des Beckens hervorheben, die sich je nach Tages- und Jahreszeit verändern.

Über den Umkleidekabinen des Hallenbades befindet sich ein Arbeitszimmer mit einem Buntglasfenster, das eine fliegende Fledermaus darstellt. Ein Geheimzugang zu diesem Arbeitszimmer führt über eine Treppe mit einer niedrigen Decke, durch eine schwere Tür, die sich schließt und vollkommen unsichtbar zu einem Teil der Bücherwand wird. Oberlichter, Hängelampen, weiße Wände und weißer Plüschteppich erhellen die Schreibhöhle von Stephen King.

Er sagte, er brauche ein helles Arbeitszimmer, da er »nicht so gut gucken kann«. Es waren zwei der größten Schreibtische, die die Kings finden konnten, nötig, um die gesammelten Gerätschaften seines Wang-Computers und seines Druckers unterzubringen. Neben dem Drucker liegt ein säuberlicher Papierstapel mit dem Titel *Es* von Stephen King, sein neuester Roman. Daneben steht ein verchromter Lautsprecher aus einem Autokino, der ihm als König der Autokino-Horrorfilme überreicht wurde. An allen Wänden des Raums ziehen sich Bücherregale entlang. In einem Teilbereich finden sich Ausgaben all seiner achtzehn Bücher, die fremdsprachigen Ausgaben eingeschlossen.

Die Hälfte von Kings Büchern sind Bestseller geworden, acht wurden verfilmt, drei weitere warten gerade auf ihre Adaption.

Der Sitzbereich jenseits des Arbeitszimmers war einst ein Heuboden, auf dem der Pferdebursche schlief. Geheimgänge durch die Giebel führten zu den Dienstmädchenzimmern auf dem Dachboden über dem Haus.

»Wie man mir erzählte, machte man sich Sorgen, daß die Pferdeburschen zu den Dienstmädchen gelangen könnten ...«, erklärt Tabitha.

An der einen Wand prangt ein Nummernschild aus New Hampshire, auf dem das Wort »Cujo« zu lesen steht. Ein Puzzle von Marilyn Monroe und ein weiteres von Humphrey Bogart hängen an der Wand über einer anthrazitgrauen Couch mit losen Kissen. Ein Plastikmodell des Frankenstein-Monsters ziert den Couchtisch.

»Die einzige Zeit, in der ich merke, daß dies hier eine Scheune ist, ist der Sommer, weil ich dann im Loft geröstet werde«, erklärt Stephen.

Jenseits der Stube befindet sich sein Bad mit einer schwarzen Jacuzzi-Wanne und einem schwarzen Säulenwaschbecken. Das Büro seiner Sekretärin befindet sich ebenfalls auf dem Heuboden. Tabitha teilt die Sekretärin mit Stephen, ebenso wie auch den Drucker, der mit dem Computer in ihrem Arbeitszimmer auf der anderen Seite des Hauses vernetzt ist.

Tabithas Arbeitszimmer im ersten Stock des zylindrischen Turms gehörte zuerst Stephen, als sie vor vier Jahren hierherzogen. Doch obgleich sie in den riesigen Fenstern von innen gutisolierte, hölzerne Fensterläden anbringen ließ, empfand er die Straßengeräusche als zu störend. Sie liebt es zuzuschauen, wie sich die Farben der noch aus der Erbauungszeit stammenden, in der Form von Spinnweben gestalteten Buntglasfenster verändern, wenn das Sonnenlicht hindurchflutet.

»Steve hat hier drei Bücher geschrieben. Er hatte nie zuvor ein Arbeitszimmer, das ganz allein ihm gehörte, und er fand, daß er es verdient hätte«, erklärt Tabitha. »Jetzt hat er endlich sein eigenes Reich.«

Schmiedeeisen – *von Terry Steel*

Man nennt es architektonisches Schmiedewerk. Doch Terry Steel, ein Mitglied der Artist Blacksmith Association of North America, erklärt in seinem Artikel: »Nur eine Handvoll von uns widmet sich ausschließlich die-

ser speziellen Handwerkskunst.« Es ist beinahe eine vergessene Kunst, die sich Techniken bedient, die über Jahrhunderte unverändert geblieben sind, doch das Ergebnis ist beeindruckend, wie jeder bestätigen kann, der den handgefertigten schmiedeeisernen Zaun gesehen hat, der das Anwesen der Kings in Bangor, Maine, umgibt.

Der 82 Meter lange Zaun ist eine Verschmelzung von Kunst und Handwerk, Form und Funktion und hebt das Haus der Kings aus allen anderen in diesem historischen Viertel am West Broadway heraus. Er besagt auch ganz unmißverständlich, daß die Bewohner dieses Hauses einen ausgesprochenen Hang zum Makabren und eine gewisse Verschrobenheit besitzen. Und so seltsam es scheinen mag, der architektonische Entwurf des Zauns paßt außerdem noch ausgezeichnet zu den ihn umgebenden, anderen Anwesen.

In diesem Auszug aus einem im Oktober/November 1983 in Fine Homebuilding *erschienenen Artikel über die Kunst des ornamentalen Schmiedehandwerks berichtet Terry Steel über die Geschichte hinter dem einzigartigen Zaun des Kingschen Anwesens.*

Wenn ich den Leuten erzähle, daß ich Schmied bin, ernte ich zumeist verständnislose Blicke. Was ich »mache«, ist architektonisches Schmiedewerk – ich stelle ornamentale Schmiedearbeiten her, wobei ich ausschließlich traditionelle Schmiedetechniken verwende. Die Artist Blacksmith Association of North America (A. B. A. N. A.) führt etwa 1800 Mitglieder, doch nur eine Handvoll von uns widmet sich ausschließlich dieser speziellen Handwerkskunst.

Schmiede sind beinahe so ausgestorben wie Dinosaurier. Die Geburt des Automobils kündigte das Ende des größeren Bedarfs von Hufeisen an. Und das Auftauchen von maschinengefertigten, massenproduzierten Teilen und Eisenwaren, Hand in Hand mit der Entwicklung moderner Schweißtechniken, machte den örtlichen Schmied überflüssig. Schließlich brachten die Architekturstile des 20. Jahrhunderts das endgültige Aus für jene Schmiede, die kunstvolle Verzierungen herstellten. Die sogenannte funktionale Architektur löschte Legionen von erfahrenen Bauhandwerkern aus.

Frank Lloyd Wright titulierte den puren funktionalen Stil als »flachbrüstig modern«. Er erkannte, daß ein Haus nicht nur Abgeschiedenheit, Wärme und Schutz bedeutet, sondern auch eine intime und individuelle Umgebung. Das Problem der zeitgenössischen Architekten und Bauherren ist es, die Notwendigkeit der Funktionalität wieder mit dem Verlangen nach Ästhetik in Einklang zu bringen – d. h. schlichte Formen attraktiv und interessant zu gestalten. Dekorative Schmiedeeisenarbeiten sind eine Möglichkeit, dies zu tun.

Wenn Sie sowohl ganzheitliche Strukturen als auch ein ausgefallenes Design haben wollen, gibt es nur einen Weg – ornamentales Schmiede-

GB

Ein dreiköpfiger Greif wacht über eine Ecke der Kingschen Residenz in Bangor

werk, gefertigt von einem Schmied, der sich noch auf dieses Handwerk versteht.

Der Schriftsteller Stephen King und seine Frau Tabitha erkannten dies, und so erteilten sie mir 1981 den Auftrag, zwei Tore und einen schmiedeeisernen Zaun für ihr Anwesen in Bangor, Maine, zu fertigen. Das Haus der Kings, gebaut 1855–57 und in der Gegend als das William-Arnold-Haus bekannt, liegt in einem denkmalgeschützten historischen Viertel. Es ist eine italianisierte Villa mit asymmetrischem Korpus, einem eckigen Walmdach und einem kreuzblumenförmigen Turm. Ein kleinerer, achteckiger Turm wurde später im Queen-Anne-Stil der 1880er und 90er hinzugefügt.

Der Entwurf

Die schmiedeeiserne Umzäunung eines Grundstücks legt nicht nur die Grenzen nach außen fest, die Abstände der Streben müssen so bemessen sein, daß keine Tiere und Kinder hinein (oder hinaus) können; daher werden kurze Streben eingefügt, die man »Hundestangen« nennt. Tore müssen sich so mühelos bwegen lassen wie eine Haustür.

Doch Schmiedewerk ist auch eine Verzierung. Bei den Entwürfen werden hauptsächlich lineare Motive benutzt, die positiven und negativen Raum definieren. Form und Proportion sind wesentliche Elemente. Die Wahl eines einflügeligen oder zweiflügeligen Tors zum Beispiel hängt von der Größe der Einfahrt ab, damit die Proportionen des fertigen Werks auch stimmen. Die Gestaltung selbst muß einem Zweck dienen, und die Motive müssen ausdrucksvoll sein.

Das William-Arnold-Haus

Die italianisierte Villa

In Bangor wurde nur eine Villa im italianisierten Stil gebaut. Das William-Arnold-Haus ... datiert aus den Jahren 1854 bis 1856. Es war das erste Haus, das in West Broadway auf den ehemaligen Davenport-Ländereien zwischen der Hammond und der Union Street erbaut wurde.

William Arnold (1806–75) war der wohlhabende Besitzer eines Mietstalls, der in der Union und der Ohio Street lebte, bevor er dieses Haus erbaute. Arnolds Steuererklärung zeigt, daß der Wert des Grundstücks vor dem Bau des Hauses mit $ 1700 veranschlagt war; nach der Fertigstellung des Hauses im Jahr 1856 wurde sein Wert auf $ 6000 festgesetzt. Arnold verkaufte das Haus im Juli 1857 für $ 6148,93 an William H. Smith aus Old Town.

Auch wenn er das Haus aus unbekanntem Grund verkaufte, genoß William Arnold weiterhin großes Ansehen. Er wurde später der Präsident der Penobscot Mutual Fire Insurance Company und hatte großen Einfluß in Unitarier- und musischen Kreisen. Bei seinem Tode belief sich sein Nachlaß auf 19 000 Dollar. Dies war zwar keine unbedeutende Summe, doch auch nicht das Vermögen eines reichen Mannes, was die Vermutung stützt, daß das Haus am West Broadway eine zu große Investition für einen Mann wie ihn darstellte.

Aus: *Bangor, Maine, 1769–1914, An Architectural History.*

GB

Detail aus Steels Arbeit am Vordertor

Fledermäuse und Spinnen

Die Gestaltung des Tores

Ich hatte eine Eingebung, einen Augenblick der Kreativität, in dem der Entwurf des Tores entstand. Ich hatte das Konzept und zeichnete es auf die Tafel. Dann begann ich, daran zu arbeiten, es zusammenzusetzen. Ich war so gut wie fertig, als Tabitha vorbeikam, um es sich anzusehen.

Ursprünglich hatte Steve gesagt, er wolle Tiere wie Fledermäuse und Spinnen, also finden sich diese Tiere im Vordertor, gezeichnet aus der Phantasie heraus, so wie wir uns in unserer Kindheit die Geschöpfe der Nacht ... und der Angst ... vorstellten. Es schien mir, daß dies die Quelle dessen ist, was King schreibt. Ich wollte, daß das Tor etwas über den Menschen dahinter aussagte.

Außerdem hatte ich bei meinen Besuchen eine Menge Comic-Hefte herumliegen sehen, unter ihnen *Superman* und *Batman*. Erinnern Sie sich an das Fledermaussymbol, das in *Batman* auf die Wolken projiziert wird? Das habe ich für die beiden Fledermäuse am Zaun verwendet: Superheldenfiguren, keine dämonischen Figuren.

Terry Steel, in einem Interview mit George Beahm, 1989

Bei meinem ersten Gespräch mit den Kings brachte ich eine ganze Reihe von Zeitschriften mit, in denen sich Beispiele der Schmiedeeisenkunst befanden, ebenso wie eine Reihe von Fotografien, die ich von Zäunen und Toren um Beacon Hill in Boston herum aufgenommen hatte. Die Kings hatten ebenfalls Bücher mit Zeichnungen von Schmiedewerk, und wir besprachen mögliche Entwürfe. Es war wichtig, daß der Zaun und die Tore zur Architektur des Hauses paßten, daß sie attraktiv und ansprechend waren und doch gleichzeitig etwas von der Persönlichkeit der Bewohner widerspiegelten. King, ein Schriftsteller des Makabren, wollte Fledermäuse in das Design eingearbeitet haben. Seine Frau wollte Spinnen und Spinnweben.

Wir gingen um das Grundstück herum, und ich notierte die gesamten Ausmaße und die Breite der Zufahrten, an denen die Tore aufgestellt werden würden. Wir beschafften uns eine Vermessungskarte und fanden einige alte Fotografien des Grundstücks. Die ursprüngliche Umfassung schien etwa fünf Fuß hoch gewesen zu sein, und wir beschlossen, daß der neue Zaun dieselbe Höhe haben sollte.

Als nächstes studierte ich die architektonischen Einzelheiten. Mein Blick fing sich augenblicklich an dem attraktiven hölzernen Appliqué an der Südwand des Hauses, dessen Design meiner Überzeugung nach klassischen schmiedeeisernen Verzierungen und Ornamenten entliehen war. Ich kehrte den Prozeß um und entlieh es wieder für die Gestaltung des Zauns – es taucht in den Stützabschnitten und der Gestaltung des Seitentores auf.

Die Buntglasfenster im ganzen Haus boten eine weitere Vorlage; ihre Bögen und Radiuslinien gaben mir die Idee für die Gestaltung der Spinnweben. Das große Tor mit seinen Kreisen und Bögen wiederholt Motive, die ich über den Türen und den kreisförmigen Fenstern der hinteren Scheune gefunden habe.

Nach dem ersten Treffen und Ideenaustausch fuhr ich nach Hause und erstellte eine Vorschlagsmappe, in der sich erste Entwurfszeichnungen und Kostenvoranschläge fanden. Nachdem die Kings den Entwürfen für die Streben und den Zaun zugestimmt hatten, fuhr ich zurück nach Bangor, um die genauen Abmessungen zu notieren. Nach einem Gespräch mit der Historischen Gesellschaft von Bangor erhielten wir die Baugenehmigung.

Der Auftrag brauchte eineinhalb Jahre bis zu seiner Fertigstellung – 82 Meter handgeschmiedeten Zauns, mit einem Gewicht von 4990 Kilo, unterbrochen von zwei Toren, bestehend aus Spinnen, Spinnweben, Ziegenköpfen und Fledermäusen. Der Redakteur der Lokalzeitung nannte das Projekt einen bedeutenden Beitrag für die Architektur der Stadt Bangor. Eine Nachbarin kam vorbei, um mir zu sagen, daß der Zaun genau das sei, »was das Haus brauchte«, und warf dann einen sehnsüchtigen Blick auf ihren eigenen Garten. Eins ist sicher. Keiner, der auf der Suche nach dem Haus, in dem Stephen King lebt, nach Bangor kommt, wird große Mühe haben, es zu finden.

Photo courtesy of the *Bangor Daily News*

King mit einer Kristallkugel, in der der Kopf einer Klapperschlange eingegossen ist

Die Welt des Stephen King – der Autor und seine Leser

In diesem Abschnitt erhalten Sie einen persönlichen Einblick in das, was der King-Kritiker Michael R. Collings »das Stephen-King-Phänomen« nannte, die Welt der Bücher- und Audioveröffentlichungen, der Fans, der Kritiker und der Kunst des Schreibens. Außerdem erhalten Sie detaillierte Informationen darüber, welche Materialien über King erhältlich sind und wie man an sie herankommt.

• In »Die Fans« werden Sie Kings Fanpost und Kings Reaktion darauf lesen können. Ein lustiges kleines Quiz hilft Ihnen festzustellen, ob Sie wirklich ein so großer King-Fan sind, wie Sie immer glaubten. Es gibt Informationen über *Castle Rock,* die monatlich erscheinende Zeitung, die sich ganz King und seinen Aktivitäten widmet (mit Informationen darüber, wie man sie abonnieren kann). Und wenn Sie andere Fans kennenlernen wollen, wäre da das Horrorfest, der jährliche Kongreß für King-Fans, der (wie sollte es anders sein?) im Stanley-Hotel in Estes Park in Colorado, der Inspiration für *Shining,* abgehalten wird.

• In »Bestseller und Raritäten« läßt sich King selbst über das Phänomen der Hardcover-Bestseller aus, in einem Artikel, der hier zum erstenmal seit seinem ursprünglichen Erscheinen in *Publishers Weekly* abgedruckt ist. Sie werden einen Blick auf die teuerste limitierte Ausgabe eines King-Buches werfen können, die je veröffentlicht wurde – 2200 Dollar für *My Pretty Pony.* Sie werden einen Ausflug in die Welt des Verlegens limitierter Ausgaben unternehmen – Verlagshäuser wie John Lord Press, Starmont House, Kings eigene Philtrum Press – und erhalten einen Einkaufsführer zu den Raritätenverlegern und Händlern (jenen, die die limitierten Ausgaben Kingscher Bücher verlegen und verkaufen).

• In »Audioveröffentlichungen« erhalten Sie einen Überblick über alle erhältlichen Tonkassetten mit Büchern von King: von der großen Auswahl ungekürzter Lesungen von Recorded Books bis zu den 3-D-Fassungen von »Nebel« und *Der Fluch,* dem Bachman-Buch, das Kings Pseudonym auffliegen ließ.

• In »Die Kritiker« lernen Sie Michael R. Collings kennen, einen der wichtigsten King-Kritiker, der zugleich den Rekord hält, die meisten Bücher über King veröffentlicht zu haben. In einem Exklusivinterview und einem Artikel, der eigens für dieses Buch geschrieben wurde, erklärt Collings, weshalb er Kings Werk so sehr liebt – und weshalb andere es hassen. Und Sie erfahren die wahre Geschichte um Kings erfolgreiche Bemühungen, die Zensur in Maine zu unterbinden, erzählt vom *Castle Rock*-Redakteur und Herausgeber Christopher Spruce.

• In »Das Schreiben« erfahren Sie aus erster Hand, was Clive Barker, den King die »Zukunft der Horror-Literatur« nannte, über King zu sagen weiß – zusammengetragen aus zwei Radio-Interviews mit Larry King. In einem Exklusivinterview für dieses Buch können Sie lesen, was Harlan Ellison von Kings Werk hält. Howard Wornoms Artikel untersucht die komischen Todesarten Kingscher Figuren. Und für jene von Ihnen, die glauben zu wissen, woher King seine Ideen bekommt, gibt es ein Quiz: Können Sie anhand des Kerns einer Idee das Buch erkennen, das später veröffentlicht wurde? (Die Auflösung ist natürlich dabei.)

Die Fans

Fanbriefe an Stephen King

Am meisten halte ich von einem Buch, wenn man nach der Lektüre ganz erledigt ist und sich wünscht, daß man mit dem Autor, der es geschrieben hat, eng befreundet wäre und daß man ihn anrufen könnte, wenn man Lust dazu hätte. Das kommt allerdings nicht oft vor.

Holden Caulfield, *Der Fänger im Roggen* von J. D. Salinger

Wenn Fanpost ein Barometer für die Popularität eines Schriftstellers ist, dann ist King wirklich außerordentlich populär. Mit einer Auflage von achtzig Millionen Büchern plus Millionen von Kinogängern, die seine Filme sahen, erhält King Berge von Post aus aller Herren Länder. Der größte Teil davon geht an seine Verleger, Viking und New American Library, oder an Magazine, in denen etwas von ihm erschienen ist; in diesen Fällen wird ihm die Post nachgesendet. Für diejenigen, die den direkteren Weg vorziehen, reicht es nach Kings eigener Auskunft aus, ihm an die Adresse »Bangor, Maine« zu schreiben. »Hier oben wissen alle, wer ich bin«, erklärte Stephen in einer Radio-Talkshow mit Larry King.

King zu schreiben ist eine Sache; eine Antwort zu erhalten eine andere. Stephen hat sich, wie jede andere Berühmtheit, mit ganzen Wagenladungen von Briefen abzumühen, von schlichten Dankesschreiben von zufriedenen Lesern bis zu flehenden Bitten um Ratschlag und Hilfe von Studenten, die gerade an einer Hausarbeit sitzen, und von bislang unveröffentlichten Schriftstellern.

Wenn Sie an Ihren Lieblingsfernseh- oder Filmschauspieler schreiben, erhalten Sie zumeist Antwort von einer Firma, die nichts weiter tut, als Fanpost zu beantworten. Ihr Brief wird mit größter Wahrscheinlichkeit nie den Star selbst erreichen. Ein bekannter Cartoonist hat einen Vollzeitangestellten, dessen Aufgabe es ist, die Post zu beantworten, der

Cartoonist unterschreibt die Briefe dann, damit sie persönlicher erscheinen. Wenn Sie abermals schreiben, brauchen Sie sich keinerlei Hoffnungen auf eine Antwort zu machen; er hat keine Zeit, Ihr Brieffreund zu werden.

Wenn Sie an King schreiben, öffnet und liest eine Sekretärin Ihren Brief. Auch hier ist die Wahrscheinlichkeit groß, daß Sie, wenn Ihr Brief nicht *dringend* einer persönlichen Antwort bedarf, keine erhalten; oder Sie erhalten eine freundliche, doch entschuldigende, vorgedruckte Postkarte, die besagt: Vielen Dank, daß Sie mir geschrieben haben, ich weiß es zu schätzen; doch so gern ich es auch tun würde, wenn ich mir die Zeit nähme, all meine Briefe zu beantworten, würde mir keine Zeit bleiben, meine Bücher zu schreiben.

In »›Ever Et Raw Meat?‹ and Other Weird Questions«, einem Essay, der ursprünglich in der *New York Times* erschien und anschließend als *Letters from Hell* von der Lord John Press veröffentlicht wurde, liefert King amüsante Beispiele von Briefen, die er erhalten hat, und beantwortet sie.

Aus den Archiven der Special-Collections-Abteilung an der University of Maine in Orono, in der King Material hinterlegt hat, legt eine Kiste mit Korrespondenz überzeugenden Beweis für die Bandbreite der Briefe ab, die King erhält. Viele von ihnen waren, wie King es nennt, »das Übliche«, obgleich die meisten Leute schlicht an ihn schrieben, um ihrer Freude über einen speziellen Roman Ausdruck zu verleihen. Die meisten der Briefe sind handschriftlich, im Plauderton gehalten und eher informell. Eine erstaunliche Anzahl enthält Entschuldigungen dafür, seine Zeit in Anspruch zu nehmen, und ein paar beschweren sich

Der Autor spricht: Stephen King über Fanpost

Ich will Ihnen die Wahrheit sagen: Eine ganze Menge lese ich nicht, weil es sich wiederholt und auch ein wenig beängstigend ist. Wenn man zu sehr über das Schreiben nachdenkt, ist das wie bei einem Schauspieler auf der Bühne: Es macht nichts, daß man weiß, das Publikum ist da, es macht nichts, wenn man es als anonyme Masse spürt, aber man darf niemals in die Gesichter sehen. Sie sind da draußen, und das genügt. Ich kann ihnen nicht einem nach dem anderen in die Augen sehen. Das ist beängstigend. Ich denke kaum darüber nach, was ich tue. Ich schreibe für mich selbst, denn wenn man nicht für sich selbst schreibt, wenn man für ein hypothetisches Publikum schreibt, wird es nicht gut, ist es Schwindel.

Ich mag die Leute, die meine Bücher lesen, und ich mag sie nicht nur, weil sie mich unterstützen. Ich mag sie, weil sie zuhören.

Es gibt Schriftsteller, die der Meinung sind, etwas zu Papier zu bringen wäre ausreichend, aber ich war nie der Meinung, daß es damit zu Ende ist. Ich war immer der Meinung, damit es vollkommen ist, muß es eine andere Person erreichen. Wir sprechen hier von Kommunikation.

bei King über Fehler, die beim Lektorieren hätten entdeckt werden müssen. Kostproben aus den Briefen:

Ein typischer Brief: »Sie sind erst der zweite Schriftsteller, an den ich je geschrieben habe. Ich wollte Ihnen schreiben, weil mir das Buch [*Shining*] so sehr gefallen hat, daß ich an kaum etwas anderes denken konnte, seit ich es aus der Hand gelegt habe.«

Ein verwirrtes Dankeschön: »Wie seltsam es ist, Ihnen zu schreiben und für etwas zu danken, das eigentlich ein höchst unschönes Erlebnis war [das Lesen von *Shining*].«

Der Kommentar ohne konkreten Anlaß: »Ich habe es immer so empfunden, daß ein Autor von Gruselgeschichten der talentierteste Autor überhaupt ist, weil er die Gefühle des Lesers packen können und sie über die ganze Geschichte hin festhalten muß.«

Der Leser, der seine Grenzen kennt: Nachdem er *Shining* gelesen hatte, fühlte er sich gezwungen, auch *Carrie* und *Brennen muß Salem* zu lesen, doch er hatte so seine Zweifel: »Obgleich ich mich für einen starken Menschen halte, muß ich doch um meine geistige Gesundheit fürchten.«

Über Kings filmische Art zu schreiben: »Während des Lesens hatte ich das Gefühl, mitten im Geschehen zu stehen.«

Eine flehentliche Bitte um Hilfe: »Ich möchte nur eins, nämlich daß mir jemand sagt, daß ich ein lausiger Schriftsteller bin, der aufhören sollte, seine Zeit zu vergeuden, oder daß ich durchaus Talent habe und es weiter versuchen sollte. PS: Wenn Sie nichts für mich tun können, schicken Sie etwas Geld.«

Die Leiden des Hausarbeitenschreibens: »... aufgrund der Tatsache, daß ich in einer Kleinstadt lebe, war ich außerstande, genügend Artikel und Rezensionen dieses Romans [*Shining*] zu finden. Ich würde mich deshalb sehr freuen, wenn Sie mir Ihre persönliche Interpretation und alle weiteren Artikel und Rezensionen, die Sie besitzen, schicken könnten.«

Das unbelesene Publikum: »Mein Mann, der nur selten ein Buch liest, konnte es [*Shining*] gar nicht mehr aus der Hand legen.«

Über Kings Motivation zu schreiben: »Schreiben Sie nur, um damit Geld zu machen, oder des literarischen Werts wegen oder in der Hoffnung, daß es sich als Fernseh- oder Filmdrehbuch verkaufen läßt?«

Die üblichen Fragen: »Weshalb sind Sie Schriftsteller geworden? Warum schreiben Sie Horror-Romane? Woher bekommen Sie Ihre Ideen?«

Die Bestätigung: »Es ist mit mir schon so weit gekommen, daß es nur den Namen Stephen King auf einem Buch braucht, und ich weiß, daß es gut ist.«

Kein Blatt vor den Mund genommen: »Entschuldigen Sie den Ausdruck, aber Sie haben es geschafft, daß sich diese Einundzwanzigjährige vor Angst in die Hosen geschissen hat.«

Ein sechzehnjähriger Schriftsteller, der Hilfe braucht: »Ich habe für beinahe ein Jahr an einem Roman gearbeitet (und ich meine wirklich gearbeitet), und das Schreiben ist ein ganz schönes Stück schwerer, als ich erwartet hatte. Es ist ein nettes kleines Buch, aber es gibt da so viele Probleme!! Ich brauche dringend Hilfe! Manchmal könnte ich eine sehr gute blutrünstige Szene schreiben, bei der einem alles hochkommt, doch wenn ich dann versuche, sie aus meinem Kopf heraus aufs Papier zu bringen, dann ist sie einfach nicht mehr beängstigend.«

Die merkwürdigen Fragen: »Wieso handeln alle Ihre Bücher von etwas, das besessen ist? Haben Sie irgendwelche Vorschläge für einen noch am Anfang stehenden Schriftsteller?«

Und mein Liebling: »Wirklich, Steve, [*Shining*] ist ein Meisterwerk, wenn man bedenkt, daß es von einem amerikanischen Schundautor geschrieben worden ist, und ich gratuliere dir.«

Wie gut kennen Sie King?

Manchmal fällt es schwer, objektiv zu sein. Wer sind Sie? Dieses kleine Quiz wird Ihnen helfen herauszufinden, ob Sie ein echter Fan sind. Die nachfolgenden Definitionen aus dem Brockhaus und Meyers Konversationslexikon sollten Sie im Kopf behalten, während Sie sich anhand der Zehn Stufen des Fans beurteilen.

Fan [engl., gekürzt aus fanatic, »Fanatiker«]: der begeisterte Anhänger von jemandem (v. a. von Stars aus Sport und Film) oder etwas.

fanatisch [zu lat. fanaticus, eigtl. »von der Gottheit ergriffen und in rasende Begeisterung versetzt«]: sich mit blindem Eifer, leidenschaftlich und rücksichtslos für etwas einsetzen.

Irrsinn: Geisteskrankheit, psychische Störungen, Sinnestäuschungen und Wahnbildung.

Nirwana [Sanskrit, eigtl. »das Erlöschen«, »Vergehen«]: Das Erlöschen ... Positiv ist das Nirwana die Loslösung aus dem Geburtenkreislauf (Seelenwanderung), die Befreiung aus dem Leiden des Diesseits. Dieser Zustand kann von dem Erlösten schon in diesem Dasein erreicht werden.

Obsession [lat. »das Besetztsein«], Psychologie: Zwangsvorstellung, Zwangshandlung.

<u>*Die Zehn Stufen des Fans*</u>

Stufe 1: Desinteresse – »Stephen *wer*?«

Stufe 2: Mildes Interesse – Die Art von Mensch, die tatsächlich liest, zumeist, um die Zeit totzuschlagen, wenn es keine anderen Alternativen gibt, und die zufällig über ein Buch von King stolpert, das jemand anders hat liegenlassen, meistens ein Taschenbuch.

Stufe 3: »Ich warte auf das Taschenbuch« – Der Mensch, der, wenn er sich das Buch nicht aus der Bibliothek beschaffen kann, in aller Seelenruhe darauf wartet, bis ein Jahr später die Taschenbuchausgabe auf den Markt kommt. Dies ist auch als das Annie-Wilkes-Syndrom bekannt und kann schwere Wunden hinterlassen.

Stufe 4: Der Leser – Der Mensch, der nicht darauf warten kann, daß die Taschenbuchausgabe auf den Markt kommt. Wenn das Hardcover für vierzig Mark in die Läden kommt, ist er schon da, um es zu kaufen. (Wahrscheinlich hat er zuvor dem Buchhändler schon wochenlang mit der Frage in den Ohren gelegen: »Wann kommt es denn endlich?«) Außerdem wird der Leser jede Geschichte von King in ihrer originalen Hardcover- oder Taschenbuchausgabe aufspüren, sobald er von ihr hört.

Stufe 5: Der Sammler – Die arme, gemarterte Seele, die in der ewigen Furcht lebt, daß irgendwo, irgendwie ein Buch von King existiert, das sie nicht haben kann. Dies ist auch als das Syndrom des Dunklen Turms bekannt.

Stufe 6: Der Komplettsammler – Nicht zufrieden damit, eine Ausgabe von jedem King-Buch zu besitzen, muß dieser Mensch einfach alles besitzen, was sich in Druck befindet, in jeder Ausgabe, von jedem Verleger, in jedem Zustand. (Siehe: *fanatisch.*)

Stufe 7: Der Investor – Gut situiert, hauptsächlich wegen der »klugen Investition«, das Buch zum ursprünglichen Preis gekauft und dann später für das Zehnfache weiterverkauft zu haben, zieht der Investor es vor, das Buch nicht zu lesen. Es wäre dann nicht länger in einem *guten* Zustand – die Spuren der Augen beim Lesen könnten es beschädigt haben. Der Zustand, der bei einem Buch angestrebt wird, liegt natürlich jenseits vom bloßen »gut« – der seltene Status »druckfrisch«, vorzugsweise unberührt von menschlichen Händen und ungesehen von menschlichen Augen. Idealerweise werden solche Bücher direkt vom Verleger bezogen, der sie sorgfältig verpackt und versandt hat. Diese Bücher werden niemals ausgepackt, denn dann wären sie ja nicht mehr »druckfrisch«. (Eines Tages werde ich, nachdem ich das korrekte Gewicht herausgefunden habe, ein leeres Buch fertigen und einen Pappkarton dafür fälschen. Ich würde die Ausgaben als »ungeöffnete, ungelesene Bücher« bewerben und mir an diesen leichtgläubigen Trotteln eine goldene Nase verdienen. Glauben Sie mir, die werden die Bücher nie öffnen, um herauszufinden, was darin ist.)

Stufe 8: Der zweitgrößte Fan – Der Mensch an der Schwelle dazu, der allergrößte Fan zu werden. Ein zweitgrößter Fan – und ich habe Mitleid mit ihm, denn er muß sich offenkundig noch mehr *anstrengen* – kann nicht ohne seine tägliche King-Dosis leben. Er besitzt alles, was man mit Geld kaufen kann. Seine VISA-Karte hat schwer unter seinem abnormalen Interesse an King-Büchern gelitten. (Siehe: *Obsession.*) Er hat

CASTLE ROCK

The Stephen King Newsletter

November 1988 — Bangor, Maine — Vol. 4, No. 11 — $1.25

Pet Sematary Film Crews Visit Bangor

by Christopher Spruce

The filming of Stephen King's *Pet Sematary* moved from the Ellsworth area to Bangor during the last week of September. Film crews spent three days and nights filming at Bangor's Mount Hope Cemetery.

Production crews from Laurel Entertainment Inc. set up facilities near the superintendent's office at Mount Hope Sept. 27 and worked through Sept. 29 filming a variety of scenes for their production of *Pet Sematary*.

One of the scenes filmed will feature a cameo appearance by author Stephen King, who also has written the screenplay for the movie based on his best-selling novel.

Among the actors involved in the Mount Hope segments were Fred Gwynn, who plays Jud Crandall, and Dale Midkiff, who plays the part of Louis Creed.

A visit to the set Sept. 28 evidenced literally dozens of people marking time near cemetery offices, waiting for the scene to be filmed to be set up. A number of local people were cast as "mourners," and were carefully dressed and made up for their roles.

Even as cemetery crews went about their regular duties, the film crew set up a graveside scene at the bottom of a hill diagonally facing State Street. Tracks on which to roll one of the cameras were laid, klieg lights erected immediately adjacent to the site and a dozen or more chairs set up next to the fictitious grave for the make-believe mourners. Back on the gravel roadway leading up to the film site, an hydraulic boom truck raised one huge spotlight and its technician 25 feet off the ground.

Eerily, as production workers were setting up the scene under the supervision of Director Mary Lambert, a branch from one of the large, old trees overlooking the set area crashed to the ground. The incident was blamed on the brisk winds racing around the cemetery late Wednesday morning, Sept. 28 but more than a few crew members wondered aloud if supernatural forces were at work.

A quick-witted staffer may have remarked, "It was like something out of Stephen King."

The branch-falling incident caused production assistants to shoo onlookers away from hillside vantage points which offered the clearest view of the filming. A couple dozen curious folk sat on a knoll a half a football field away from the actual filming, observing the proceedings. The sun poked in and out of the clouds in what was otherwise a perfect fall day. The weather seemed to be just right for the graveside scene being filmed. But Director Lambert waited a couple of hours for just the right cloud-cover to occur to shoot a long-distance, wide-angled view of the set from the top of one of the adjacent knolls.

As the actors rehearsed the scene, King was seen clowning with Gwynn. From a distance, it appeared Gwynn fell momentarily into his now-famous Herman Munster character, pulling stiffly with his righthand at the bottom of his suit jacket, and mugging in his best Munsterese.

One of the bizzare scenes at the filming location in the cemetery was a portable table set up parallel to four old weathered gravemarkers. On the table, among other things, were a loaf of bread and jars of

Continued on Page 7

Castle Rock
P.O. Box 8183
Bangor, Maine 04401

Second Class Postage

Actor Fred Gwynn, left, confers with Stephen King prior to filming of cameo appearance by SK in the film version of Pet Sematary. *(Tabitha King photo)*

Book Review

Pearl Is 'Engaging Character'

by Janet C. Beaulieu

Pearl by Tabitha King. New American Library, 336 pages, $18.95.

Tabitha King's fourth novel, "*Pearl*," opens as a newcomer journeys to the familiar territory of Nodd's Ridge, Maine, on the border of the White Mountains, the same setting used in King's earlier novel "*The Trap*."

Pearl Dickenson has inherited her grandmother's family home and has come to take possession. Our first glimpse of the area is Pearl's:

"One comes upon the skyward folding of the land into the White Mountains as a sudden revelation: all at once the woods open up around the individual houses of the village, standing apart from each other in a community of privacy, their backs to the ancient splendid hills. The lake is a wedge of sapphire in the middle ground between, a blue tear in all that rooted rock and green hallelujah of trees."

When Pearl meets Walter Mackenzie, the caretaker, she remarks: "God had a good day here, didn't She?"

One of Pearl's first tasks is to see to her grandmother's interment in the cemetery that borders her land, and immediately the reader senses Pearl's instinctive connections to a family and a place she never really knew.

"There was nothing to fear in graveyards, no reason to fear the dead. She had been with both her mother and Gussie at the end. It had been spooky and at the time inexplicably comforting to witness the abandonment of their bodies by their spirits . . . Pearl was surprised to feel a vague but unshakable, odd sensation of connection to relatives in the family plot. Though all but a stranger to them in life, in spite of being a stranger, she was flesh of their flesh."

The kicker, however, is that Pearl is not obviously flesh of their flesh. A thoroughly surprised Walter Mackenzie reports his meeting with their new neighbor to Reuben Styles, owner of the local garage: "Reuben, she's a Negro . . . She's no tarbaby. Lighter'n that. Brown, I mean. Light eyes, too . . . Oo-la-la, I'm telly you. Oo-la-la." In a latter conversation, Pearl describes herself somewhat more graciously: "I'm not black. I'm a very nice shade of mahogany."

Though at first her obvious mixed racial ancestry is grist for the local gossip mill, most people seem to quickly forget the color of her skin and concentrate instead on the person inside. Which is not all that difficult, because in Pearl, Tabitha King has created a truly engaging character. Pearl is bright, feisty, determined and irrepressible, the way all women wish they could be. She is also warm and caring, the kind of person who instinctively takes more than one broken stray under her wing — sometimes despite their loud and vociferous objections.

Soon after Pearl settles in and makes herself at home, she sets about making her living, and after much spirited and imaginative dickering, she purchases Needham's Diner from its owner, Roscoe, a man who throughout the story is alternately her friend and her antagonist. One of the more thoroughly entertaining sections concerns the Needham/Dickenson dickering, which is not only funny, but which exemplifies King's enviable talent for natural, authentic dialogue.

The entire novel moves with a quick, lively pace which makes it a real pleasure to read. The characters also make the book pleasureable, because most of them are really likeable people. The reader doesn't want anything bad to happen to anyone — well,

Continued on Page 6

GB

Die Titelseite der Castle Rock*-Ausgabe vom November 1988*

Castle Rock abonniert und liest jede Ausgabe, als wäre es eine religiöse Handlung. Er hat, kurz gesagt, zur Apotheose Kings beigetragen.
Stufe 9: Der allergrößte Fan – Dieser Mensch lebt in der Dead Zone. Es reicht ihm nicht, alle Videobänder zu kaufen, alle Soundtracks zu sammeln, alle Bücher in allen Ausgaben von allen Verlegern in allen Zuständen, inklusive noch der numerierten oder signierten Ausgaben der limitierten Auflagen, zu kaufen. Nein. Sein größtes Interesse ist es, das ultimative Sammlerobjekt von King zu besitzen, egal, was es kostet. Wenn er sich jedoch nicht alles leisten kann und ein elendes Leben fristen muß, dann begnügt er sich auch damit – zögernd, gepeinigt –, ein Leben als King-Groupie zu führen, Fanartikel und Rezensionen zu schreiben und zu hoffen, daß die Leute ihn als das erkennen, was er ist: der Mann, der King sein wollte. (Siehe: *Irrsinn.*)
Stufe 10: Nirwana – Der Mensch, der glaubt, er *wäre* Stephen King.
Auf welcher Stufe befinde *ich* mich? Das würden *Sie* wohl gerne wissen! Ich würde es Ihnen nur zu gerne sagen, wenn ich die Zeit dazu hätte, doch die Straßen sind von einem Schneesturm verstopft, und ich muß losgehen und den neuesten Misery-Chastain-Roman kaufen – er ist gerade als Taschenbuch herausgekommen. Wenn ich Glück habe, treffe ich auf dem Weg in die Stadt einen netten Menschen.

Castle Rock – das offizielle Stephen-King-Nachrichtenblatt

Wenn Sie etwas Interessantes über mich erfahren wollen,
abonnieren Sie ... Castle Rock.

Stephen King, in einem Leserbrief in einer Ausgabe der
Bangor Daily News vom März 1985

Von seiner ersten Ausgabe im Januar 1985 an war *Castle Rock* die Informationsquelle für King-Fans in aller Welt. Doch schließlich entschied Herausgeber Christopher Spruce, das Erscheinen des Blattes 1989 mit der Dezemberausgabe einzustellen. Wie Spruce in einem Leitartikel in der September/Oktober-Ausgabe desselben Jahres erklärte, gab es dafür viele Gründe.

Eine der wichtigsten Überlegungen war jedoch, daß Spruce sich nie ganz sicher war, ob King »wirklich je gänzlich wohl bei dem Gedanken war, daß ihm allein eine ganze Zeitung gewidmet war«.

Wie dem auch sei. Auch wenn der Abonnentenstamm von fünftausend auf schließlich nur noch fünfzehnhundert schrumpfte, erfüllte das Blatt doch eine wichtige Funktion – eine Funktion, die King und seine Frau Tabitha sehr wohl anerkannten. In einem in der *Maine Times*-Ausgabe vom 11. Juli 1986 erschienenen Interview erklärt Edgar Allen Beem den Nutzen von *Castle Rock:*

Durch den ständig wachsenden Berg an Fanbriefen und Nachfragen um Informationen war King mehr oder weniger gezwungen (wie seine Frau Tabitha es ausdrückt), »sein Verhältnis zu seinen Fans zu institutionalisieren«.

Nach dem Dahinscheiden von *Castle Rock* mußten die Fans anderenorts nach Informationen Ausschau halten – und sich in manchen Fällen auf recht zweifelhafte Quellen verlassen, die falsch wiedergegebene »Neuigkeiten« in Umlauf brachten, die sich bei näherem Hinsehen als reine Spekulationen entpuppten. (Donald M. Grant, der zwei Bände der *Saga vom Dunklen Turm* veröffentlicht hat, berichtet in einem seiner Kataloge, er hätte »Hunderte über Hunderte von Nachfragen – sowohl schriftlich als auch telefonisch – erhalten, alle nach dem angeblichen dritten Band der Saga, THE DARK TOWER III: THE WASTE LANDS«. Wie Grant erklärt, »wurde dieser Titel, *entgegen allen Gerüchten,* noch nicht geschrieben«.)

Glücklicherweise sind andere Informationsquellen verfügbar. *Midnight Graffiti* hält seine Leser über alles Neue zum Thema King auf dem laufenden, und Tyson Blue, einer der umtriebigsten King-Kritiker, sucht nach einem Zuhause für eine Neuigkeiten-Kolumne über King – Informationen für all jene, die ihre regelmäßige King-Dosis brauchen. Dann gibt es da den vierteljährlichen Katalog der Overlook Connection (siehe Raritätenhändler und Spezialbuchhandlungen), in dem sich Neuigkeiten von allen wichtigen Vertretern des Horror-Genres finden.

Der Anfang von Castle Rock

Es begann als ein bescheidenes, sechs Seiten langes Nachrichtenblatt in Briefformat, gedruckt in beinahe unleserlichen Old-English-Lettern. *Castle Rock,* benannt nach der fiktiven Stadt in Maine, in der so viele King-Geschichten spielen, etablierte sich schnell als verläßlichste Quelle für Informationen über alle King betreffenden Angelegenheiten. Wie Stephanie Leonard, Herausgeberin und Redakteurin in der Gründungsphase, in der ersten Ausgabe des Blattes erklärte, war die redaktionelle Linie einfach zu beschreiben:

> Unser Ziel ist es, Sie über das Werk dieses höchst produktiven Schriftstellers auf dem laufenden zu halten. *Castle Rock* wird monatlich erscheinen, und wir werden neben den Neuigkeiten auch Wissenswertes und Kurioses, Rätsel, Rezensionen, Anzeigen, Inhaltsangaben und, wie wir hoffen, Leserbeiträge bringen.

Das unausweichliche Wachstum

Mit der vierten Ausgabe hatte *Castle Rock* sich von einem informellen, getippten Nachrichtenblatt in eine professionell entworfene und gedruckte Zeitung mit Fotos und Zeichnungen verwandelt. Der altgediente Journalist Christopher Spruce war für das neue Erscheinungsbild verantwortlich. *Castle Rock,* das einst mit einem Minimalbudget sozusagen aus dem Nichts entstanden war, begann durch Mund-zu-Mund-Propaganda und Anzeigen in NAL-Taschenbuchausgaben von Kings Büchern zu wachsen.

Entgegen anderslautenden Gerüchten war King über die Jahre weder finanziell noch redaktionell an *Castle Rock* beteiligt. Dennoch ist sein Einfluß unverkennbar. Er steuerte Originalgeschichten (»Dolan's Cadillac«) und Artikel bei, beschwichtigte Gerüchte, bestätigte Fakten und nutzte das Blatt gelegentlich als ein Forum, um sich direkt an seine Leser zu wenden.

Die Inhalte

Obgleich *Castle Rock* im wahrsten Sinne des Wortes eine Fan-Publikation war, so war es doch entschieden kein Forum für den neuesten Klatsch über King und für ungeahnte Einblicke in dessen Privatleben. Wie Spruce seiner Leserschaft bei unzähligen Gelegenheiten erklärte: »Es gibt da draußen einige Leute, die ein solches Fan-Blättchen haben wollen, doch wir sind nicht an Kings Privatleben interessiert. Ich denke nicht, daß es uns irgend etwas angeht.«

Was man in *Castle Rock* finden konnte: die Kolumne des Herausgebers (mit Informationen über kürzlich erschienene und geplante Bücher von und über King), Leserbriefe (mit Antworten vom Herausgeber), Rezensionen neuer King-Bücher, Videokassetten und anderer Materialien sowie Wissenswertes über King. Hinzu kamen: Interviews, Artikel und Buchrezensionen über andere Autoren des Horror-Genres. Für jene, die an King-Sammlerobjekten interessiert waren, gab es einen Abschnitt mit Kleinanzeigen, die Bestelladressen für alles, von Filmfotos bis zu Exemplaren limitierter Ausgaben, viele von King signiert, boten.

Der Eintritt in die tote Zone

Da Christopher Spruce beinahe von der Gründung an intensiv an *Castle Rock* beteiligt war, fiel es ihm schwer, die endgültige Entscheidung zu fällen:

> Einige von denen, mit denen ich regelmäßig zu tun habe, werden vielleicht verstehen, wie schwer es mir fällt, *Castle Rock* aufzugeben. Wenn man über so lange Zeit so viel Energie in ein Projekt gesteckt hat, ist es außerordentlich schwer, zurückzutreten und zu sagen: »Das war's! Hier steige ich aus!«

Alte Ausgaben sind zum Teil noch erhältlich. Wenn Sie nähere Informationen wünschen, schreiben Sie bitte an *Castle Rock,* c/o Christopher

Spruce, POB 8060, Bangor, Maine, 04401, und legen Sie einen adressierten und frankierten Rückumschlag bei.

Horror-News – das deutsche Stephen-King-Nachrichtenblatt

1989 gründete Peter Schmitz die KRAG – die King Readers Association Germany –, um die deutschen King-Fans und -Interessierten unter einer Dachorganisation zu vereinigen. Nachdem der »offizielle Stephen King Newsletter« *Castle Rock* sein Erscheinen eingestellt hatte, faßte Schmitz den Plan, für den deutschen Markt ein ähnliches Magazin herauszugeben, das Informationen über bereits erschienene und in Planung befindliche Projekte bringt. 1991 schließlich erschien die erste Ausgabe von *Horror-News – Das neue Stephen King Fan-Magazin;* die Nummer 2 erschien dann 1992. Interessenten wenden sich an: KRAG, Peter Schmitz, Postfach 1933, 7910 Neu-Ulm

Horrorfest – der Stephen-King-Kongreß

»Alle hatten eine Menge Spaß«, schloß der Veranstaltungsvorsitzende Ken Morgan, unter dessen Leitung das erste Horrorfest-Treffen von 12. bis 14. Mai 1989 in Este Park, Colorado, im Stanley-Hotel stattfand – jenem Hotel, das die Vorlage für das fiktive Overlook-Hotel in Kings zweitem Roman, *Shining,* war. »Es war eine Veranstaltung für King-Fans.«

Die Vorbereitung

Es begann alles im September 1986, als Morgans Frau ihm eine Ausgabe von Kings Roman *Shining* gab. Fasziniert von dem Buch, fing Morgan an, andere Bücher von King zu sammeln. Seine Frau bemerkte sein großes Interesse und schenkte ihm zu Weihnachten ein Abonnement für *Castle Rock.*

In der Zwischenzeit hatte Morgan damit begonnen, Kings Bücher seinen Freunden zu empfehlen, von denen sich einige jedoch weigerten, die Romane zu lesen. Morgan fragte sich, ob dies wohl eine typische Reaktion sei, doch nachdem er *Castle Rock* gelesen hatte, war ihm klar, daß er mit seinem Interesse nicht allein dastand. Dann hatte er einen Einfall: Wäre es nicht eine tolle Sache, einige King-Fans bei einem Treffen zusammenzubringen?

Morgan wollte zunächst nur ein informelles Zusammentreffen arrangieren, doch Nachfragen von erfahrenen Veranstaltungsbesuchern ließen ihn schon bald erkennen, daß es einen konkreten Plan geben mußte, damit überhaupt jemand kam. Daraufhin besuchte Morgan verschiedene Science-fiction-Kongresse, um herauszufinden, wie man es richtig machte – und was man besser nicht tun sollte.

Horror-News

1/91	*Das neue Stephen King Fan-Magazin*	4 DM

Brief an den Leser:

Endlich ist es soweit, die erste Ausgabe des Stephen King Fan-Magazins ***Horror- News*** der King Readers Association Germany liegt vor euch. Als im Herbst 1989 die Produktion des amerikanischen Stephen King Fanzines ***Castle Rock*** eingestellt wurde, hatten nicht nur amerikanische Fans, sondern alle King-Fans auf der ganzen Welt keine Informationsquelle mehr. Denn ***Castle Rock*** war die einzige existierende Informationsschrift für Fans des Horror Königs.

Doch damit ist es jetzt wenigstens für alle seine deutschen Fans vorbei. Denn $1^1/_2$ Jahre nach der Gründung der **KRAG** sind jetzt die gröbsten Probleme beseitigt und wir können die Produktion einer Club-Zeitung endlich in Angriff nehmen. Wir erheben zwar nicht den Anspruch so gut wie das ***Castle Rock Magazine*** zu sein (was ohnehin nicht möglich ist), aber wir hoffen mit ***Horror-News*** allen deutschsprachigen Fans von Stephen King ein ausreichendes Kontingent an Informationen bieten zu können. Gemischt mit kniffligen Rätseln, spannenden Kurzgeschichten und Leserbriefen dürfte daraus ein Angebot entstehen das, weil extra auf King Fans zugeschnitten, in Deutschland wohl leider immer noch seinesgleichen sucht.

Nun noch etwas in eigener Sache: wir haben zwar die gröbsten Probleme gelöst, aber das heißt leider nicht, daß wir gar keine Probleme mehr haben. Es wurden lediglich die Informationsquellen im In- und Ausland gesichert und es konnten einige Hindernisse in der Herstellung beseitigt werden. Aber das größte Problem mit dem wir immer noch kämpfen, ist neben einem chronischen Mitgliedermangel die fehlende Unterstützung durch unsere Clubmitglieder. Wir hatten uns diverse Kurzgeschichten, Leserbriefe, Kleinanzeigen, Fragen, Anregungen, Brieffreundschaften, Cartoons u.s.w. erhofft, doch bis jetzt tut sich in dieser Richtung leider überhaupt nichts. Es wäre doch schade wenn in der ***Horror-News*** zwar viele Infos aus Amerika und Deutschland zu finden wären, aber nichts persönliches von und für die Mitglieder der **KRAG**. Denkt doch mal darüber nach und schreibt irgend etwas für uns, es muß ja nicht viel sein. In diesem Sinne wünschen wir Euch viel Spaß beim Lesen,

Eure

Horror-News Redaktion

An dieser Stelle möchte ich auch all denen danken, die dazu beigetragen haben, daß diese Zeitung entstehen konnte. Allen voran natürlich Stephen King mit seinem Assistenten Juliann Eugley, aber auch Craig Goden vom **Time Tunnel** und Joachim Körber von der **Edition Phantasia**, dem mein besonderer Dank gilt. Allen Genannten und Ungenannten mein herzlichstes Dankeschön für ihre unermüdliche Unterstützung.

Unsere Themen: Seite:

Die Nummer 1 des deutschen King-Nachrichtenblatts Horror-News

Der Eröffnungstag

Das Treffen wurde am 12. Mai 1989 eröffnet und hatte 325 Teilnehmer – eine beachtliche Zahl für eine erstmalig durchgeführte Veranstaltung.

Offizieller Beginn des Kongresses war die Eröffnung des Ausstellungsraums, wo ein Dutzend Händler seltene King-Bücher, Sammlerstücke, Zeitschriftenabonnements für Kleinverlage des Genres und Mitgliedschaften in dem Horror-Bereich angehörigen und nahestehenden Fan-Organisationen anboten.

Später am Abend fand ein »Kennenlern«-Büfett – mit einem reichsortierten Speisenangebot – statt. Unglücklicherweise entsprach das Büfett »nicht im geringsten dem, was versprochen worden war«, erklärte Morgan. Anschließend gab es eine Verlosung von Büchern, die von den Ehrengästen signiert worden waren, gefolgt von einem Vortrag von Robert Hellis, einem ehemaligen Angestellten des Stanley, der über das Hotel und seine Spukvergangenheit sprach – ein Vortrag, den er schon vor vielen Touristengruppen gehalten hatte.

Um Mitternacht begannen einige Autoren, aus ihren Werken zu lesen, gleichzeitig wurden bis zum Morgengrauen Horrorfilme gezeigt.

Eingeschneit

Am Samstag und am Sonntag – während der Regen zu Schnee wurde – sah das Veranstaltungsprogramm mehrere Gesprächsrunden, ein King-Filmfestival, Autorenlesungen und den Höhepunkt der Veranstaltung vor: die erste Wohltätigkeitsauktion zugunsten der Horror Writers of America, einer gerade ins Leben gerufenen Organisation für Autoren des Phantastischen. Unter den Materialien, die hier unter den Hammer kamen, befanden sich Originalmanuskripte, signierte Ausgaben von Romanen und Memorabilia wie ein Drachen, der als Werbung für eine Kurzgeschichte von Harlan Ellison eingesetzt worden war – er wechselte für 100 Dollar den Besitzer.

Obgleich Horrorfest '89 als Stephen-King-Veranstaltung beworben wurde, widmeten sich die folgenden Veranstaltungen, Horrorfest '90 und '91, dem Horror-Genre im allgemeinen. Dies ist auch für die zukünftigen Kongresse geplant.

Bestseller und Raritäten

»Meine Meinung« – *von Stephen King*

Publishers Weekly, *das Fachblatt der Buchbranche, enthält eine Seite für persönliche Meinungen, »My Say – Meine Meinung«, wo für die Branche interessante Fragen erörtert werden. In seinem Artikel antwortet Stephen King auf eine »My Say«-Kolumne von Ron Busch, die in der Ausgabe vom 15. November 1985 erschienen war.*

Es ist schön, daß Ron Busch ein wenig Zeit gefunden hat, über die Probleme der Taschenbuchverlage nachzudenken... Er hat das Problem dargelegt, aber die offensichtlichste Ursache übersehen.

Warum warten die Leute nicht auf die Taschenbuchausgabe? Ich will meine eigenen Erfahrungen darauf als Antwort anbieten. In den ersten vierundzwanzig Jahren meines Lebens habe ich mir nur ein einziges gebundenes Buch gekauft – William Manchesters *Death of a President* –, das ich verschenkt habe. Obwohl ich büchersüchtig war (und bin), kam es mir nie in den Sinn, gebundene Ausgaben zu kaufen. Ich betrachtete mir die Schaufenster von Buchhandlungen mit der müßigen Neugier, sagen wir, eines Bauarbeiters, der Diademe im Schaufenster von Tiffany's betrachtet. Ich wuchs in der unteren Mittelschicht auf, heiratete früh, wurde früh Vater. Mein erster Broterwerb war als Tankwart, wenig später wurde ich Lehrer mit einem Jahreseinkommen von 6400 Dollar. Die gebundenen Ausgaben – die Hardcover – in unserem Haus wurden stets nach zwei Wochen wieder in die Bibliothek zurückgebracht. Wenn wir Bücher kauften, dann Taschenbücher. Das war nicht die Ausnahme, sondern die Regel. Meine liebe Frau und ich waren, zusammen mit allen anderen unserer Altersklasse, der Taschenbuchmarkt in den goldenen Zeiten der Verkaufszahlen. Wir waren Baby-Boomer, Angehörige einer Generation mit der breitesten Lesebildung und den größten Einkommenserwartungen in der Geschichte.

Ich kaufte mir gebundene Ausgaben, nachdem Doubleday die Taschenbuchrechte meines ersten Romans *Carrie* für 400 000 Dollar an die New American Library verkauft hatte. Plötzlich konnte ich es mir leisten, Hardcover zu kaufen. Vielleicht habe ich einige meiner Baby-Boomer-Zeitgenossen um ein paar Jahre geschlagen, und vielleicht verdiene ich inzwischen mehr Knete als die meisten, aber meine Erfahrungen sind immer noch die gleichen. Wir sind in einer vom Krieg gebeutelten Wirtschaft aufgewachsen, wir kennen den übersättigten Arbeitsmarkt und finanzielle Rezession. Wir, in den Medien die Blumenkinder von 1972, wurden in den Medien zu den Yuppies von 1984 – wir verdienen nicht nur unseren Lebensunterhalt, sondern weitaus mehr.

Was haben wir mit unserem hohen Einkommen gemacht? Unter anderem sind wir Buchkäufer geworden. Was Ron Busch nicht erwähnt, ist folgendes: Wir warten nicht mehr auf den Nachdruck, weil wir uns die Erstausgabe leisten können. Ich kann diese entscheidende Marktwandlung anhand meiner eigenen Karriere zurückverfolgen. Busch nennt mich als einen der modernen Bestsellerautoren, die im Taschenbuch angefangen haben, aber das stimmt nicht; mein erster Verlag war Doubleday. Ich glaube nicht, daß ich zwischen *Das letzte Gefecht* (das im Hardcover auf Platz 12 der Bestsellerliste landete und im Taschenbuch auf Platz 1) und *Dead Zone* (das auf beiden Listen die Nr. 1 war) so viel besser geworden bin. Ich glaube nur, daß viele Leser meiner Altersgruppe endlich eine finanzielle Situation in ihrem Leben erreicht hatten, wo sie nicht mehr auf die Taschenbuchausgabe warten mußten.

Busch nennt die vergleichsweise neue Praxis, Hardcover zu verramschen, als einen Grund dafür, daß die Verkaufszahlen von Taschenbüchern rückläufig sind, und er hat sicher recht, aber er versäumt es, das in einen größeren Zusammenhang zu stellen. Man kann eine Ware nicht mit Rabatt anbieten, wenn sie sich nicht verkauft. Wenn man das versucht, fällt man auf die Nase. Billigere Hardcover konnten erst eingeführt werden, als auch die Verkaufszahlen es ermöglicht haben. Mei-

Scott Haskell, Photo courtesy of the *Bangor Daily News*

Stephen King signiert Danse Macabre, *und Tabitha King signiert* Das Puppenhaus *in einer Buchhandlung in Maine*

ne Meinung ist daher schlicht und einfach: Die Taschenbuchverkaufszahlen sind nicht rückläufig, weil die Taschenbuchpreise nun doch die Schallmauer von 3,95 Dollar überschritten haben. Ähnliche Befürchtungen haben sich schon bei der Schwelle von 2,95 Dollar als unbegründet erwiesen. Sie sind gesunken, weil Taschenbücher bei den Kaufwilligen in zunehmendem Maße unwichtiger geworden sind. Ironischerweise wurden die Taschenbuchpreise wahrscheinlich aus denselben Gründen hochgeschraubt, wie die Hardcoverpreise in den sechziger und siebziger Jahren so rapide eskaliert sind: Wenn die Luft raus ist, muß man den Preis erhöhen und auf einen Hit hoffen.

Was können die Taschenbuchverlage tun? Die offensichtliche Lösung besteht nicht in Werbung in den Taschenbüchern oder in unabhängigen Produktionen (die in der Filmbranche nicht zu Kreativität ermutigt hat, sondern für eine Reihe von endlos gleichförmigen sexy Teeniekomödien, Psychokiller- und Kriegsfilmen verantwortlich war), sondern in einem Umdenken. Für Leute im Buchgewerbe ist das ein traumatisches Erlebnis. Sie sind intelligent, aber nur als allerletzte Möglichkeit innovativ.

Teilweise liegt das Problem einfach im Ruf begründet. Seit 1945 oder so betrachten Taschenbuchverlage sich selbst gleichzeitig als das einzig Wahre und als die Abfallverwerter der Buchindustrie. Plötzlich stimmt keins von beiden mehr. Daß es immer noch ein Publikum für Taschenbücher gibt, läßt sich durch ein eigentümliches Negativum beweisen – der Hund, der *nicht* bellte, wie Holmes gesagt haben könnte. Als John Saul und V. C. Andrews – beide außerordentlich populäre Verfasser von Taschenbuch-Originalausgaben – im Hardcover veröffentlicht wurden, waren die Verkaufszahlen enttäuschend, aber die Verkaufszahlen dieser Autoren im Taschenbuch sind nach wie vor phänomenal.

Das Verkaufspotential existiert. Dieses Potential zu aktivieren hängt größtenteils davon ab, ob die Taschenbuchverlage bereit sein werden, sich einen eigenen Stab zuverlässiger, verkaufsträchtiger Autoren aufzubauen (und das wiederum hängt, wie Busch dargelegt hat, zu einem großen Teil davon ab, ob Verlage, die Hardcover und Taschenbücher verlegen, bereit sein werden, die beiden Geschäftszweige voneinander zu trennen und allen Beteiligten ein elftes Gebot in die Köpfe zu hämmern: Du sollst nicht den Schreiberling deines Nachbarn abwerben), und ob sie bereit sein werden, Bücher anzubieten, die sich nicht schon durch den Namen des Autors oder eigene riesige Investitionen von selbst verkaufen.

Taschenbuchverlage müssen wieder von vorne anfangen und nicht nur nach der schnellen Mark suchen, sondern nach guten Schriftstellern; sie müssen ein Band der Unterstützung mit diesen Autoren flechten. Früher sind die Taschenbuchverlage Schnitter gewesen. Jetzt müssen sie anfangen, auch zu pflanzen und zu kultivieren.

Ein königliches Sammlerstück – *My Pretty Pony*

My Pretty Pony, das sechste Buch der »Artists and Writers«-Serie, die von den Library Fellows des Whitney Museum of American Art herausgegeben wird, ist ein wahrlich königliches Geschenk. Das Buch, in einer auf 280 Exemplare limitierten Auflage, war schon bald nach seiner Veröffentlichung vergriffen, was nicht weiter überraschend ist. Was die King-Fans jedoch überraschte, war der Preis: 2200 Dollar. Damit ist *My Pretty Pony* das teuerste Buch von King, das je veröffentlicht wurde, auch wenn die Herausgeberin der Reihe, May Castleberry, darauf verweist, daß der Preis »dem der anderen Bücher [der Serie] entspricht«.

Wie Castleberry erklärte, nahm das Projekt Gestalt an, als die Künstlerin Barbara Kruger, eine King-Leserin, Stephen King als einen möglichen Autor für die Reihe vorschlug. May Castleberry schrieb daraufhin an King, um ihm die Reihe vorzustellen und ihm etwas über die Ausstattung der Bücher zu erzählen.

Drei Monate vergingen, ohne daß sie ein Wort von King hörte. Dann erhielt Castleberry unerwartet eine vierzig Seiten lange Geschichte mit über neuntausend Worten, die speziell für dieses Projekt geschrieben worden war. *My Pretty Pony* handelt, wie Barbara Kruger in *Artnews* erklärt, »von einer Familie im Bundesstaat New York, von der Beziehung zwischen einem Kind, seinem Großvater und seinem Pferd«.

Die Künstlerin

Barbara Kruger ist eine in New York City lebende Werbegraphikerin. Ihre Werke sind »international in Museen und Galerien ausgestellt worden, so zum Beispiel im Whitney Museum of American Art in New York, bei der Documenta in Kassel, im Museum of Modern Art in New York, und bei der Biennale in Venedig«, wie es in der Broschüre zu *My Pretty Pony* zu lesen steht.

Zusätzlich zur graphischen Gestaltung fertigte Kruger neun Farblithographien an.

Eine symbolische Zusammenarbeit

Anders als bei Büchern, bei denen der Künstler und der Autor eng zusammenarbeiten, wurde *My Pretty Pony* sozusagen mit Hilfe einer Hebamme, May Castleberry, ins Leben geholt. Kruger und King hatten nie direkten Kontakt. »Nicht nur, daß ich keine Lust hatte, nach Maine hinaufzufahren, ich bat King auch nie um Erklärungen dazu, wie ich mit dem Text umzugehen hatte«, erklärte Kruger in einem Interview mit *Artnews:*

> Denn es ist so sehr eine Geschichte um Leben und Tod und Zeit, daß ich mir das Verstreichen der Zeit wirklich visuell vorstellen wollte, al-

so habe ich eine echte Digitaluhr in ein Stück rostfreien Stahl eingebettet und dies als Deckblatt genommen.
Es war sehr wichtig für mich, beim Entwerfen des Buches auf meine Erfahrungen aus dem Graphik-Design zurückzugreifen. Ich mußte mir den Text nicht nur in Form von Seiten vorstellen, sondern auch daraufhin, wie das Buch aufgebaut sein würde: die Größe der Materialien, die Drucktype, die Zeilen- und Letternabstände und die Verbleiung, die Farben und die Papiersorten, die wir verwendeten.

Bibliographische Details

Nach Aussage der Broschüre:

Das Buch wurde von Barbara Kruger entworfen und von May Castleberry, Herausgeberin der »Artist and Writer«-Reihe des Whitney Museum of American Art, produziert. Neun [Farb-]Lithographien wurden von Maurice Sanchez und James Miller von den Derriere L'Etoile Studios in New York aufgezogen und auf Rives-Papier gedruckt. Der Text ist von Hand gesetzt und unter der Oberaufsicht von Jerry Kelly auf einer Buchpresse in Vierundzwanzig-Punkt-Century-Schoolbook bei A. Colish in Mount Vernon, New York, gedruckt worden. Sechzehn Seiten, einschließlich des Titels, und der Kolophon in Helvetica Bold sind im Siebdruckverfahren bei Pinwheel in New York gedruckt worden. Anschließend wurde das Buch unter Oberaufsicht von Craig Jensen bei Booklab in Austin, Texas, in Leder, Stoff und Metall gebunden. Der Umschlag aus rostfreiem Stahl, mit einem darin eingesetzten Big-Time-Digitaluhrwerk, wurde von Herman Hirsch bei Hi-Tech Stainless Steel Specialities in Dallas, Texas, gefertigt. Jedes Buch hat die Maße 34 x 53 cm.

Die limitierte Auflage

Die Auflage ist auf 280 Exemplare limitiert. Von den 150 Exemplaren, die zum freien Verkauf standen, wurden 50 zu einem Subskriptionspreis von 1800 Dollar pro Buch verkauft; die übrigen Exemplare wurden für 2200 Dollar angeboten. Einhundert Exemplare waren für die Whitney Library Fellows, die Privatsammlung des Museums und die Mäzene des Museums reserviert. Dreißig Exemplare bildeten die »Künstler-Edition«, die identisch mit den anderen Exemplaren war, Kruger und King erhielten jeweils fünfzehn Exemplare.

Die Buchhandelsausgabe

Wie Castleberry erklärte, plante das Museum schon früh, in Zusammenarbeit mit Alfred A. Knopf eine Buchhandelsausgabe von *My Pretty Pony* herauszubringen. Das Museum, in seiner Funktion als Herausgeber des Buches, lieferte dabei die gedruckten und gebundenen Bücher, die dann von Knopf vertrieben wurden.

Courtesy of the Public Relations Department, the Whitney Museum of Art, New York, NY.

Die limitierte Ausgabe von My Pretty Pony, *herausgegeben vom Whitney-Museum – 2200 Dollar (Beachten Sie die* funktionierende *Uhr im Einband!)*

Die Buchhandelsausgabe ist ein Faksimile der Ausgabe des Whitney-Museums und kostete bei ihrem Erscheinen 50 Dollar. Es handelt sich dabei um ein 23,5 x 34 cm großes Hardcover, dessen Auflage von King auf 15 000 Exemplare festgelegt wurde. Kruger steuerte neun Farblithographien und sechzehn Illustrationen bei.

Lord John Press – der etwas andere Verlag

Die Lord John Press, ein Kleinverlag, der sich auf Bücher in limitierten Auflagen und broschierte Hefte spezialisiert hat, hat kürzlich ihr zehnjähriges Jubiläum mit der Veröffentlichung von *Lord John Ten: A Celebration* gefeiert. Das Buch, mit Originalkurzgeschichten, Essays, Gedichten, Fotografien und einem Theaterstück von insgesamt siebenundzwanzig verschiedenen Autoren und Künstlern, ist in der Tat ein literarisches und künstlerisches Fest. Die limitierte und signierte Ausgabe (200 Exemplare zu je 100 Dollar) ist ein elegantes Buch und ohne jeden Zweifel ein wahres Schmuckstück.

Ein Autor lehnte ab, einen Beitrag zu liefern, da er nichts in entsprechender Länge aufzuweisen hatte. Statt dessen bot er eine ungewöhnliche Novelle an, die Verleger Herb Yellin ohne langes Zögern zur Veröffentlichung annahm.

Der Autor? Stephen King. Das Werk? *Dolan's Cadillac,* ein Prosawerk, das zuvor als Fortsetzungsgeschichte in den frühen, 1985er Ausgaben von *Castle Rock* erschienen war.

Dolan's Cadillac

Ganz so einfach war es jedoch nicht. Yellin hatte seit Jahren auf das richtige King-Projekt gewartet. Wie der Verleger sich erinnert, war es »etwa sieben Jahre her, seit ich ihn in San Francisco getroffen hatte, und er hatte mir versprochen, daß ich der dritte auf seiner Liste von Kleinverlagen wäre, denen er ein Buch geben wollte. Ich bin geduldig, und *Dolan's Cadillac* paßt besser zu der Art von Büchern, die wir gewöhnlich verlegen. Die Geschichte handelt von Rache, ein Thema, das ich verstehe und schätze, also ›paßt‹ es sehr gut.«

Das Buch wurde in zwei Ausgaben herausgebracht: einer limitierten und signierten Edition von 1000 Exemplaren (zu 100 Dollar) und einer signierten Luxusausgabe von 100 Exemplaren (zu 250 Dollar), die beide sehr schnell vergriffen waren.

Letters from Hell

Als Yellin 1987 in der *New York Times* Kings Essay »›Ever Et Raw Meat?‹ and Other Weird Questions« über die Briefe las, die King von seinen Fans erhält, schrieb er an King und bat ihn um die Erlaubnis, den Essay als broschiertes Heft herausbringen zu dürfen. King stimmte zu. Das Heft, unter dem neuen Titel *Letters from Hell*, wurde in einer Auflage von 500 numerierten Exemplaren publiziert, alle von King signiert.

Es ist als Dreifarbdruck mit einer Buchpresse auf schwerem Arches-Papier, 50 x 63,5 cm, gedruckt. (Ich möchte Ihnen sehr ans Herz legen, es sich einmal anzusehen. Es ist ein wahres Kunstwerk.)

Ein Blick zurück

Die Lord John Press wurde 1977 gegründet und ist der Ein-Mann-Betrieb von Herb Yellin in Northridge, Kalifornien. Trotzdem kann der Verlag etwa siebzig Titel aufweisen. Die Liste seiner Autoren ist beeindruckend, ein buchstäbliches »Who's who?« der zeitgenössischen amerikanischen Literatur. (Unter den Autoren finden sich der frühere Präsident Gerald Ford, John Barth, Donald Barthelme, Ray Bradbury, Raymond Carver und Ken Kesey.) Jedes Buch oder broschierte Heft wird in einer limitierten Auflage herausgebracht – selten mehr als ein paar hundert Exemplare – und dann weltweit durch Katalogbestellung und Fachbuchhändler vertrieben. Wie nicht anders zu erwarten, stellt jedes Buch eine einzigartige Verbindung von Text und künstlerischer Gestaltung, von Inhalt und Ausstattung dar. Jedes broschierte Heft ist ein gelungenes Beispiel für Eleganz in Gestaltung und Druck, gewöhnlich mit eigens angefertigten Illustrationen.

Das Besondere an einer limitierten Ausgabe

Warum sollte man in einer Zeit, in der ein neuer Roman von King in einer Startauflage von über einer Million gebundener Exemplare und später als Taschenbuch in einer Startauflage von drei Millionen Exemplaren auf den Markt gebracht wird, eine limitierte Ausgabe kaufen?

Wie Howard Wornom, ein Kunde der John Lord Press, erklärt:

> Mir war nicht klar gewesen, daß es Leute gibt, die Bücher mit Hingabe »machen«. Ich liebe Bücher – ich liebe die Art, wie sie gefertigt sind, ich liebe die Art, wie sich die Seiten umblättern lassen, ich liebe es, wenn gutes Papier verwendet wird, wenn der Verleger etwas Interessantes, Ausgefallenes oder Einfallsreiches versucht. Ich denke, der Einfallsreichtum und die Liebe und die Sorgfalt, die jemand darauf verwendet, ein Buch zu machen, sind ebenso wichtig wie die Sorgfalt, die auf das Schreiben eines Buches verwendet wird.

Ein Blick nach vorn

1990 bringt Yellin in der Doppelfunktion als Verleger und Herausgeber eine ambitionierte Anthologie heraus. *Jagged Cut Image* wird Beiträge von Clive Barker, Joyce Carol Oates, Stephen King, Peter Straub, Ray Bradbury, Ramsey Campbell, Whitley Strieber und Dennis Etchison enthalten.

»Die Vorbereitungen sind noch längst nicht abgeschlossen, aber es ist schon aufregend genug, sich dieses Projekt nur vorzustellen«, erklärt Yellin in einer Notiz im 1987/88er Katalog. Die Kataloge sind kostenlos. Schreiben Sie an die Lord John Press, 19073 Los Alimos Street, Northridge, California 91326.

Philtrum Press – Stephen Kings eigener Verlag

Das Interessanteste an Philtrum Press ist sein Verleger, Stephen King. An Philtrum Press wendet er sich, wenn er etwas veröffentlichen will, ohne daß ihm jemand hineinredet. Kommerzielle Überlegungen stehen nicht im Vordergrund, wie dies bei seinen anderen Verlegern der Fall ist.

Die Liste der veröffentlichten Titel ist kurz: *The Plant* (drei Hefte, in unregelmäßigen Abständen als Weihnachtsgrüße herausgebracht, ein noch im Werden begriffener Roman), die Erstausgabe von *Die Augen des Drachen* (ein Buch in einer limitierten Ausgabe) und ein Roman von Don Robertson, *The Ideal, Genuine Man,* später von Putnam vertrieben. (Zur Zeit sind alle Bücher außer Robertsons Roman vergriffen.)

Eine Liste mit geplanten Veröffentlichungen gibt es nicht. Die Wahrheit ist, daß niemand weiß, was King als nächstes verlegen wird oder wann. Sie können gern hinschreiben und sich auf die Liste für Interessenten an einem Katalog setzen lasse, aber viel dürfte es nicht nützen.

Dies sind die Werke, die veröffentlicht wurden:

The Plant

Anders als die meisten von uns, die die Post mit Weihnachtskarten überfluten, zieht King es statt dessen vor, etwas Persönlicheres zu verschicken: wie zum Beispiel die limitierte Heftausgabe eines noch in Arbeit befindlichen Romans, *The Plant.* Wie »Briefe aus Jerusalem«, eine Kurzgeschichte in Briefform, wird *The Plant* mit Hilfe von Briefen und Tagebuchnotizen erzählt. Die Geschichte wurde in unregelmäßigen Abständen in einer Auflage von 226 Exemplaren (200 numeriert, 26 mit Buchstaben gekennzeichnet) veröffentlicht und zeigt, wie Harlan Ellison sagt, einen King in seltener Höchstform: »... jene von uns, die die Ehre hatten, die ersten Abschnitte von *The Plant* ... zu lesen, begegneten darin einem Talent von außergewöhnlichen Dimensionen.«

The Plant ist die Geschichte eines bisher unveröffentlichten Horrorschriftstellers, Carlos Detweiler, der seinen Roman *True Tales of Demon Infestations* an einen Lektor bei Zenith Books, John Kenton, schickt. Beim Durchsehen des Buches entdeckt Kenton zu seinem Entsetzen lebensechte Fotografien von Ritualen und Menschenopfern. Diese übergibt er umgehend der Polizei, die daraufhin erfolglos nach Detweiler sucht. Detweiler wiederum schickt Kenton einen Brief, in dem er ankündigt, ihm eine Pflanze zu schicken.

Aufgrund der sehr ausgewählten Verbreitung – die Fortsetzungen gehen ausschließlich an Kings Freunde – sind die einzelnen Abschnitte von *The Plant* sehr teuer: 1500 bis 2000 Dollar pro Stück.

Die Geschichte ist längst noch nicht abgeschlossen, und bisher ist noch nichts über mögliche Pläne bekanntgeworden, das Werk in einer

> **_King über_ The Plant**
>
> Es handelt sich um einen Episodenroman in Fortsetzungen. Vor einigen Jahren habe ich über Weihnachtskarten nachgedacht und darüber, wie sehr sie der Massenproduktion unterliegen. Sie schienen mir nichts wirklich Persönliches zu sein. Daher habe ich mir gedacht: Nun ja, ich mache dieses kleine Büchlein ... und verschicke es an Freunde.
>
> *King in der »Larry King Show«*

anderen Form zu verlegen. Da jedoch alle anderen wichtigen Werke von King in Hardcover- oder Taschenbuchausgaben erhältlich sind, wird auch *The Plant* aller Wahrscheinlichkeit nach als eigenständiges Buch, als Teil einer Sammlung oder als Ausgabe eines Kleinverlags früher oder später auf den Markt kommen.

Die Augen des Drachen

Drei Jahre bevor Viking eine Ausgabe dieses Romans mit Illustrationen von David Palladini herausbrachte, veröffentlichte Philtrum Press eine verschwenderisch gestaltete, limitierte Ausgabe mit Illustrationen von Kenny Ray Linkous.

In einem Essay in *Castle Rock* – und nur dort zuu finden! – läßt King sich ausführlich über die Geschichte hinter der Veröffentlichung dieses Buches in seinem eigenen Verlag aus. Es ist eine faszinierende Geschichte, und wenn Sie sie in ihrer Gänze lesen wollen, sollten Sie sich die betreffenden Ausgaben von *Castle Rock* (Juni und Juli 1985) besorgen.

Nachdem der Roman fertiggestellt war, wurde King bewußt, daß es Jahre dauern würde, bis er herausgebracht werden könnte. Außerdem war es, im Gegensatz zu seinen anderen Büchern, kein Horror-Roman, es war ein Märchen für Kinder jeden Alters. Statt das fertige Buch mehrere Jahre auf seine Veröffentlichung warten zu lassen, entschied King, es selbst zu verlegen.

King holte sich Michael Alpert, einen engen Freund und Buchhersteller, zu Hilfe. Durch Zufall und mit ein wenig göttlicher Fügung stieß Alpert auf einen bis dahin unbekannten Zeichner und Maler, Kenny Ray Linkous, der die Federillustrationen beisteuerte. Wie King erklärt, war geplant, 1250 Exemplare herauszubringen – von denen 1000 Exemplare verkauft werden sollten, damit er es sich leisten konnte, 250 Exemplare als Weihnachtsgruß an seine Freunde und Bekannten zu verschenken. Es war bestenfalls ein gerade kostendeckendes Unternehmen. Alle Exemplare wurden mit Hilfe einer sorgfältig durchgeführten Lotterie verkauft. Heute, acht Jahre später, ist das Buch ein teures Sammlerstück: Die Exemplare, die als Weihnachtsgruß verteilt wurden, bringen zwischen 1500 und 2000 Dollar; für die, die durch die Lotterie verkauft wurden, werden 750 Dollar verlangt.

Das wunderschön gestaltete, überformatige, mit speziell angefertigten Illustrationen geschmückte Buch, in einem eigens entworfenen Schuber, wurde mit handgesetzten Lettern auf eigens importiertem handgeschöpftem Papier gedruckt.

The Ideal, Genuine Man

Das zweite Buch, das bei Philtrum Press verlegt wurde, *The Ideal, Genuine Man,* ist ein zeitgenössischer Roman von Don Robertson, der im Klappentext als »einer der unbekanntesten und wortgewaltigsten amerikanischen Romanciers« beschrieben wird.

Don Robertson ist eine authentische amerikanische Stimme. Stephen King hat wiederholt bekundet, welch starken Einfluß Robertson – neben Richard Matheson und John D. MacDonald – auf seinen eigenen Schreibstil hat.

Der Roman wurde in einer Buchhandelsausgabe (25 Dollar) und einer limitierten Ausgabe (50 Dollar, vergriffen) herausgebracht. Beide Ausgaben wurden von der Meriden-Stinehour Press in Lunenburg, Vermont, gedruckt und von Michael Alpert entworfen – dasselbe Team, das drei Jahre zuvor auch für *Die Augen des Drachen* verantwortlich zeichnete.

Zur Zeit wird das Werk in seiner dritten Auflage von Putnam vertrieben. Der Verkaufspreis beträgt 25 Dollar.

Ein Blick nach vorn

Philtrum Press hat seit längerem keine neuen Titel angekündigt, doch bei King kann man sich nie ganz sicher sein. Wenn ihm ein Buchprojekt gefällt, kann er es sich leisten, seiner Laune zu frönen – sehr zur Freude seiner Fans.

Wenn Sie an Informationen über erhältliche und geplante Titel interessiert sind, schreiben Sie bitte an Philtrum Press, P. O. Box 1186, Bangor, Maine 04401.

Kleinverlage für Horror und Fantasy

Ihre Namen sind der Stoff, aus dem die Träume – und Alpträume – sind: Phantasia Press, Dark Harvest, Land of Enchantment, Scream Press, Hill House, Edition Phantasia und, der Klassiker von allen, Arkham House. Diese Raritäten- und Kleinverlage sind zumeist Ein-Mann-Betriebe, die sich auf das Verlegen schön gestalteter, für den Sammler gedachter Ausgaben von Belletristik und Sachtexten namhafter Autoren spezialisiert haben. Die Bücher werden vornehmlich über eigene Versandkataloge oder Raritätenhändler verkauft. Nur selten sind sie in den

Buchhandlungen zu finden, außer in solchen, die sich ausschließlich auf derartige Editionen spezialisiert haben.

Wenn man etwas bestellen möchte, wendet man sich am besten direkt an den Verleger oder an einen Raritätenhändler, der schriftliche Bestellungen entgegennimmt. Der folgende Überblick sagt Ihnen alles, was Sie über »die wunderbare, verrückte Welt der Kleinverlage«, wie Scream-Press-Verleger Jeff Conner es nennt, wissen müssen.

Spezialisiert auf limitierte Ausgaben

Der wohl wichtigste Kaufanreiz für limitierte Ausgaben ist, daß sie alle vom Autor – und in manchen Fällen auch vom Illustrator – signiert sind. Da manche Autoren nicht durch Signierstunden für ihre Bücher werben, mag eine limitierte Ausgabe der einzige Weg sein, ein Autogramm von ihnen zu erhaschen. (Stephen King zum Beispiel erscheint nur selten bei Signierstunden oder auf Kongressen. Auch Peter Straub ist in dieser Beziehung recht zurückhaltend. Beide Autoren haben jedoch limitierte Ausgaben ihrer Bücher genehmigt, die sie auch signierten.)

Außerdem ist die limitierte Ausgabe im Vergleich zur normalen, für den Massenmarkt bestimmten Ausgabe zumeist wesentlich ansprechender: Die hohe Qualität von Satz, Illustration und Gestaltung wird durch die Verwendung spezieller Papiersorten, Kolophone, besonderer Einbände und (manchmal) Schuber noch unterstützt.

Vom Umgang mit Kleinverlagen

Da es sich bei Kleinverlagen nicht um Großbetriebe handelt, erfordert der Umgang mit ihnen mitunter einen größeren Aufwand von Ihrer Seite.

1. *Lassen Sie sich regelmäßig Informationen über das Verlagsprogramm schicken.* Viele Bücher werden Monate vor ihrer Veröffentlichung angekündigt und sind daher bei Erscheinen schon vergriffen. In manchen Fällen sind sie nur durch ein besonderes, ungewöhnliches Verfahren erhältlich: Philtrum Press hat zum Beispiel eine Lotterie abgehalten, um 1000 Exemplare von *Die Augen des Drachen* von King zu verkaufen. Die Alternative? Warten Sie ab, bis das Buch auf dem Sammlermarkt angeboten wird, doch dann müssen Sie auch bereit sein, Sammlerpreise zu zahlen.

2. *Abonnieren Sie eine Fachzeitschrift.* Da es bei der Bestellung manchmal auf jeden Tag ankommt, sollten Sie sich darüber auf dem laufenden halten, was von wem und wann herausgebracht wird. Eine gute Quelle für diese Informationen ist *Locus,* eine Fachzeitschrift für alle Bereiche des Horror-, Science-fiction- und Fantasy-Genres. (Wenn Sie an einem Abonnement interessiert sind, schreiben Sie an Locus Publications, P. O. Box 13305, Oakland, California 94661.)

3. *Bestellen Sie so früh wie möglich.* Ein Buch, das sich ganz sicher ei-

ner großen Nachfrage erfreuen wird, kann schon kurz nach seinem Erscheinen vergriffen sein. (Vor einiger Zeit brachte Donald Grant eine Anthologie mit Original-Horror-Geschichten, *Prime Evil,* heraus, signiert von allen dreizehn Autoren, darunter Stephen King und Peter Straub. Mit einem Preis von 200 Dollar pro Exemplar war *Prime Evil* das teuerste Buch, das er je verlegt hat, aber dennoch war es binnen weniger Wochen vergriffen. Nun muß man für ein Exemplar 450 Dollar und mehr anlegen.)

4. *Haben Sie Geduld.* Eine Fachzeitschrift des Genres beschrieb Scream Press' Planung einmal euphemistisch als »elastisch«. Verleger Jeff Conner erklärt in seinem Katalog, daß man die Bücher, wenn man nicht warten kann, doch bei einem Raritätenhändler bestellen solle, sobald sie erschienen sind. In bezug auf die Verzögerungen bei den Erscheinungsterminen verweist er auf Murphys Gesetz: »Und, Mann, man hat schon Pferde kotzen sehen vor Apotheken!«

5. *Legen Sie bei schriftlichen Bestellungen immer einen adressierten und frankierten Rückumschlag bei.* Die meisten Kleinverlage führen ihre Geschäfte ausschließlich auf postalischem Wege. Wenn Sie eine Frage haben, legen Sie eine adressierte Postkarte oder einen frankierten Rückumschlag für die Antwort bei. Es ist eine Form der Höflichkeit, die jeder Kleinverleger zu schätzen weiß.

6. *Kaufen Sie regelmäßig von einem Raritätenhändler.* Raritätenbuchhändler sind *die* Adresse für Bücher des betreffenden Genres und haben ständig mit dem Verkauf von limitierten Ausgaben zu tun. Sie wissen, was auf dem Markt ist, werben dafür in ihren Katalogen und verpacken sie gut, damit sie im bestmöglichen Zustand beim Käufer eintreffen. Viele von ihnen sind selbst Sammler und sind sehr besorgt – manche würden es sogar besessen nennen – um den Zustand eines Buches. *Zögern* Sie nicht mit dem Kauf, wenn es ein besonderes Buch gibt, das Sie haben möchten – dasselbe, das auch alle anderen kaufen wollen. Werden Sie ein regelmäßiger Kunde, und man wird Sie mit mehr Aufmerksamkeit und Zuvorkommenheit behandeln.

7. *Schauen Sie sich das Buch genau an, wenn Sie es erhalten.* Da viele dieser Bücher von Sammlern erstanden werden, wird das Buch gut verpackt verschickt – verdeckte Mängel eingeschlossen. Während des Druckens und Bindens oder während des Versands kommt es schon einmal vor, daß ein Buch unabsichtlich beschädigt wird. (Bei mir selbst sind zweimal Exemplare limitierter Ausgaben beschädigt eingetroffen – das eine war ein Buch für 120 Dollar, das andere für 200 Dollar. Die Verlage sind daran gewöhnt, sie halten für solche Gelegenheiten zusätzliche Exemplare bereit. Schicken Sie Ihr Buch zurück, und man wird Ihnen dann ein Ersatzexemplar zusenden.)

ARKHAM HOUSE (Sauk City, Wisconsin 53585). Kataloge erhältlich. Arkham House ist einer der ältesten und renommiertesten Kleinverlage des Genres. Er war der erste, der sich auf Horrorliteratur spezialisierte. Man kann mit Fug und Recht sagen, daß Arkham House viele der heutigen Kleinverlage inspiriert hat, besonders Donald M. Grant und Whispers Press. Arkham House – gegründet von dem mittlerweile verstorbenen Schriftsteller, Autor und Dichter August Derleth – druckt seine Bücher in wunderschönen, einheitlichen Ausgaben, als Papier wird Winnebago Eggshell verwendet, und die Buchdeckel sind Holliston Black Novelex. Das erste Buch war H. P. Lovecrafts *The Outsider and Others,* 1939 veröffentlicht. (Ich habe im Katalog eines Buchhändlers ein Exemplar zum Preis von 800 Dollar entdeckt.) Arkham House hat einige der erlesensten Vertreter dieses Genres verlegt, unter ihnen Ray Bradbury, dessen erstes Buch, *Dark Carnival,* veröffentlicht 1947, nun 400 Dollar und mehr kostet.

DARK HARVEST (P. O. Box 941, Arlington Heights, Illinois 60006). Kataloge erhältlich. Dark Harvest, 1983 von Paul Mikol und Scott Stadalsky gegründet, ist noch ein relativer Neuling auf diesem Gebiet. Die Liste der Veröffentlichungen zählt zwanzig Titel. Dark Harvest hat Stephen King, Dean Koontz, Rick McCammon, Clive Barker und andere prominente Vertreter des Genres verlegt. Der Verlag bedient sich bei der Ankündigung neuer Titel hauptsächlich einer hauseigenen Versandadressenliste mit etwa fünfzehnhundert bis achtzehnhundert Namen, an die dann die Werbeanzeigen für neue Bücher geschickt werden, sobald diese druckfertig sind und Vorbestellungen entgegengenommen werden.

Dark Harvests *Night Vision*-Reihe, von der mittlerweile der sechste Band erschienen ist, versteht sich als literarische Bühne für neue Talente und etablierte Meister des Genres. Die Anthologien beinhalten meist mehr als nur eine Geschichte eines Autors.

Von besonderem Interesse für King-Fans: *Night Visions 5,* herausgegeben von Douglas E. Winter, in dem drei neue Geschichten von Stephen King, drei Geschichten von Dan Simmons und eine lange Geschichte von George R. R. Martin enthalten sind.

DONALD M. GRANT, PUBLISHER, INC. (P. O. Box 187, Hampton Falls, New Hampshire 03844). Kataloge erhältlich. Dieser von Donald M. Grant gegründete, hochangesehene Kleinverlag hat mehr Bücher von King verlegt als jeder andere Verlag. Mit über einhundert veröffentlichten Titeln (seit der Gründung 1945) hat der Verlag einen Standard aufgestellt, an dem andere Kleinverlage sich messen.

Der Verleger nimmt Vorbestellungen an, sobald das betreffende Buch druckfertig ist. Sollte sich ein Erscheinungstermin einmal verzögern, schickt man Ihnen einen Brief zu, in dem die Ursache der Verzögerung erklärt wird.

Die Liste der veröffentlichten King-Bücher: *Christine, Drei, Schwarz* und *Der Talisman* (eine erlesene, zweibändige Ausgabe im Schuber – der eleganteste King, der je herausgebracht wurde.)

Prime Evil, ein kürzlich von Douglas E. Winter herausgegebener Titel, ist eine Originalanthologie mit dreizehn Geschichten von den unumstrittenen Größen des Genres, darunter Stephen King, Peter Straub, Clive Barker und Dennis Etchison. Die limitierte Ausgabe, signiert von allen dreizehn Autoren und dem Buchgestalter und Illustrator Thomas Canty, war in einen roten, mit Filz ausgelegten Trageschuber eingelegt. Die auf 1000 Exemplare (Stückpreis 200 Dollar) limitierte Auflage war binnen weniger Wochen nach Erscheinen vergriffen und hat nunmehr auf dem Sammlermarkt ihren Preis verdoppelt.

HILL HOUSE PUBLISHERS (P. O. Box 1783, Grand Central Station, New York, New York 10163). Bücher werden mit Hilfe von Werbeflugblättern angekündigt. Hill House ist ein neuer Raritätenverlag und wurde nach Shirley Jacksons Roman [*The Haunting of Hill House*] benannt. Der Verlag hat eine wunderschöne Ausgabe von Peter Straubs *Ghost Story* herausgebracht (400 Exemplare, illustriert von Stephen Gervais, signiert von Autor und Künstler; Preis 50 Dollar).

Der kürzlich erschienene Roman *Faerie Tale* von Raymond E. Feist hat ein von Don Maitz gestaltetes Cover und Illustrationen von Lela Dowling. Die Auflage war auf 500 numerierte Exemplare limitiert, signiert vom Autor und den Künstlern und erschien im März 1988 zu einem Stückpreis von 75 Dollar.

LAND OF ENCHANTMENT (P. O. Box 5360, Plymouth, Michigan 48170). Unregelmäßig erscheinende Titelankündigungen. Der ambitionierte Verleger Chris Zavisa bringt hochklassige, einfallsreiche Bücher heraus. Zu den veröffentlichten Titeln gehören zwei großformatige Kunstbücher (*A Look Back* von Berni Wrightson, dem Horror-Illustrator, und *Satan's Tears* von Alex Nino) und Stephen Kings *Das Jahr des Werwolfs* in einer überformatigen Ausgabe.

Einer der jüngsten Titel des Verlags, *Twilight Eyes* von Dean Koontz, wurde von Phil Parks illustriert und in drei Ausgaben herausgebracht: einer Sammlerausgabe (50 Exemplare) zu 250 Dollar, einer signierten Ausgabe (200 Exemplare) zu 75 Dollar und einer Buchhandelsausgabe.

LORD JOHN PRESS (19073 Los Alimos Street, Northridge, California 91326). Kataloge erhältlich. Die Lord John Press, gegründet 1977, hat kürzlich ihr zehnjähriges Bestehen mit einem ausgesprochen eleganten Buch gefeiert, *Lord John Ten,* das ein erlesenes Beispiel dafür ist, wie überragend gut gemacht Ausgaben von Kleinverlagen sein können. Die Lord John Press, die auch *Dolan's Cadillac* und *Letters from Hell* von King verlegte, zeichnet sich durch exquisite Ausgaben von Werken namhafter amerikanischer Autoren aus. (Siehe auch Abschnitt »Lord John Press«.)

PHANTASIA PRESS, INC. (5536 Crispin Way, West Bloomfield, Michigan 48033). Kataloge erhältlich. Verleger Alex Berman hat sich auf Science-fiction und Fantasy spezialisiert. Die Phantasia Press, seit vierzehn Jahren im Geschäft, genießt einen exzellenten Ruf für ihre schönen Ausgaben und bescheidenen Preise. In ihrem Katalog finden sich Titel von Sprague de Camp, David Brin, C. J. Cherry (mehrere Titel), Alan Dean Foster, Harlan Ellison, Mike Resnick und Philip Jose Farmer.

Für die Phantasia-Ausgabe von *Stalking the Nightmare* von Harlan Ellison, einem Schriftsteller, über den King ausführlich in *Danse Macabre* schreibt, steuerte Stephen King eine beachtliche Einleitung bei. Der Stückpreis in der zweiten Auflage beträgt 16 Dollar. (Wenn Sie an Ellisons Werk interessiert sind, bestellen Sie *Medea: Harlan's World,* die »extravaganteste Publikation von Phantasia«, wie Berman es nennt. Das mit wunderschönen Illustrationen von Frank Kelly Freas versehene Buch ist momentan in der zweiten Auflage erhältlich.)

PHILTRUM PRESS (P. O. Box 1186, Bangor, Maine 04401). Anders als die anderen Verlage in diesem Überblick, verlegt Philtrum Press nur in sehr unregelmäßigen Abständen neue Titel. Dann allerdings sind die Ergebnisse es auch wert. Philtrum hat eine limitierte Ausgabe von Kings *Die Augen des Drachen,* drei Abschnitte seines Fortsetzungswerks *The Plant* und einen neuen Roman von Don Robertson verlegt. Der Verleger? (Siehe Abschnitt »Philtrum Press«.)

SCREAM PRESS (P. O. Box 481146, Los Angeles, California 90048). Kataloge erhältlich. Verleger Jeff Conner, der sich auf Horrorliteratur spezialisiert hat, hat das ambitionierteste Verlagsprogramm, das sich einzig dem Horror-Genre widmet. Der Verlag wurde 1982 mit der Veröffentlichung von Dennis Etchisons erster Kurzgeschichtensammlung, *The Dark Country,* gegründet und hat sich seitdem einen Ruf für innovatives Verlegen geschaffen. Der einfallsreiche Conner selbst kommt aus dem Graphik- und Design-Bereich. Er hat Clive Barkers *Bücher des Blutes,* Ramsey Campbell, Dennis Etchison, Michael McDowell verlegt und Bücher von Anne Rice (*Schule der Vampire* in einer besonderen typographischen Ausgabe), Clive Barker *(Bücher des Blutes IV–VI)* und Richard Matheson (eine Sammlung von achtundsechzig Kurzgeschichten, *Collected Stories of Richard Matheson*) angekündigt. Viele der Bände sind von J. K. Potter illustriert, dem von der Kritik hochgelobten Fotografen und Zeichner.

Conner hat nach Meinung vieler eine der schönsten – und zweifellos einfallsreichsten – limitierten Ausgaben eines Stephen-King-Buches herausgebracht. Seine Ausgabe von *Skeleton Crew* ist ein massiges, übergroßes, optisch überzeugendes Buch mit Illustrationen von J. K. Potter.

Bemerkung: Scream Press hat oft mit Verzögerung bei ihren Erscheinungsterminen zu kämpfen, doch das Warten lohnt sich. (Ihre Bestellungen werden schriftlich bestätigt, und die Besteller werden per Computer über Verzögerungen beim Versand in Kenntnis gesetzt.)

STARMONT HOUSE (P. O. Box 851, Mercer Island, Washington 98040). Kataloge erhältlich. Starmont House hat sich auf wissenschaftliche Bücher über das Fantasy- und Science-fiction-Genre spezialisiert und hat allein acht Bücher über Stephen King herausgebracht. (Siehe Abschnitt »Starmont House«.)

UNDERWOOD-MILLER (708 Westover Drive, Lancaster, Pennsylvania 17601). Kataloge erhältlich. Dieser Verlag hat seit 1975 über einhundertfünfzig gebundene Titel, darunter einige der wichtigsten Bücher des Genres, herausgebracht und erfreut sich innerhalb des Genres eines sehr hohen Ansehens. Unter den veröffentlichten Titeln finden sich *The Collected Stories of Philip K. Dick* (eine fünfbändige Ausgabe, 2100 Seiten, beinahe eine Millionen Worte), *Selected Stories of Robert Bloch* (drei Bände, 100 Kurzgeschichten, 1248 Seiten), eine größere Anzahl von Titeln von Robert Silverberg und natürlich von Jack Vance (U-M ist *der* Vance-Verleger).

U-M ist der Verleger einer der ersten Sammlungen von Sachtexten über Stephen King, *Fear Itself,* dem er noch weitere Bücher über King folgen ließ: *Kingdom of Fear, Reign of Fear, Bare Bones* und *Feast of Fear.* Außerdem zeichnet der Verlag mitverantwortlich für *Stephen King Goes to Hollywood,* geschrieben von Jeff Conner (der Verleger von Scream Press) und veröffentlicht von New American Library.

Der Verlag brachte *Harlan Ellison's Watching* heraus, eine Sammlung von Ellisons Filmkritiken (536 Seiten, gebundene Ausgabe 29,95 Dollar, limitierte Ausgabe 60 Dollar, signiert vom Autor). Für Clive-Barker-Fans gibt es *Shadows in Eden* von Stephen Jones. Dies ist das erste Sachbuch über Barker und wurde in enger Zusammenarbeit mit Barker selbst geschrieben. *Shadows* ist ein ideales Buch für alle, die mehr wissen wollen über den Mann, über den King sagte: »Ich habe die Zukunft des Horrors gesehen, und ihr Name ist Clive Barker.« (*Shadows in Eden* ist in einer gebundenen Ausgabe zu 29,95 Dollar und einer numerierten und signierten Ausgabe von 500 Exemplaren zu einem Preis von 75 Dollar erhältlich.)

WHISPERS PRESS (70 Highland Avenue, Binghamton, New York 13905). Kataloge erscheinen unregelmäßig. Whispers Press ist der Buchverlagszweig von *Whispers,* dem preisgekrönten Literaturmagazin für das phantastische Genre. Veröffentlichungen kommen in sehr unregelmäßigen Abständen auf den Markt, doch sie sind von sehr hoher Qualität. *Whispers* und Whispers Press sind das Werk von Stuart D. Schiff, einem langjährigen Fan, Sammler, Anthologie-Herausgeber und Verleger. Schiff hat Fritz Leiber (*Rime Isle* mit Illustrationen von Tim Kirk),

Basil Smith, Robert Bloch, Isaac Asimov und viele andere verlegt. Für einen Katalog und Abonnementspreise für *Whispers* schreiben Sie bitte direkt an den Verleger.

EDITION PHANTASIA (Postfach 1329, 7515 Linkenheim-Hochstetten 1). Der einzige deutsche Kleinverlag, der sich ganz der phantastischen Literatur verschrieben hat. Veröffentlicht werden in gehobener Ausstattung limitierte, teils handsignierte und illustrierte Vorzugsausgaben. Das (so meinen Verleger, Publikum und nicht zuletzt der Autor selbst) bislang schönste Projekt der Edition war die Veröffentlichung der *Bücher des Blutes* von Clive Barker in sechs einheitlichen roten Seidenbänden mit blutrotem Druck und Fotocollagen von J. K. Potter und Harry O. Morris. Neben Titeln von Ramsey Campbell, Peter Straub, H. P. Lovecraft, Philip K. Dick, J. G. Ballard u. a. erschienen auch drei Titel von Stephen King: *Es* (1986) als Welterstveröffentlichung noch vor der US-Ausgabe, *Nebel* (1987), das für Schlagzeilen sorgte, und *Angst,* ein Band mit Interviews. Alle Bücher werden in Samtschubern ausgeliefert. Prospekte mit lieferbaren Titeln erhält man unter obiger Adresse.

Spezialbuchhändler und Antiquariate

Für alle, die an limitierten Ausgaben, Erstausgaben und anderen Sammlerobjekten von Science-fiction-, Fantasy- oder Horror-Schriftstellern interessiert sind, gibt es nur einen Ort, an den sie sich wenden sollten: den Spezialbuchhändler und Antiquar. Alle nachstehend genannten Händler geben Kataloge heraus.

Amerikanische Händler

L. W. CURRY (Elisabethtown, New York 12932). Ein Spezialist für vergriffene Science-fiction-, Fantasy- und Horror-Bücher. L. W. Curry ist der Autor von *Science Fiction and Fantasy Authors: A Bibliography of First Printings of Their Fiction and Nonfiction.*

DREAMHAVEN BOOKS AND ARTS (1300 Fourth Street, S. E., Minneapolis, Minnesota 55414). Geschäftsführer Greg Ketter handelt nicht nur mit neuen und gebrauchten Fantasy-, Science-fiction- und Horror-Büchern, sondern auch mit Comic-Kunst (Büchern, Portfolios und Sonderveröffentlichungen).

BARRY R. LEVIN SCIENCE FICTION AND LITERATURE (726 Santa Monica Boulevard, Suite 201, Santa Monica, California 90401). Der Ausstellungsraum ist montags bis freitags geöffnet. Nebenbei betreibt Levin einen aufwendigen Versandhandel. Kataloge und Kurzinformationen über Neuerscheinungen sind erhältlich.

Der 1973 gegründete Betrieb hat sich auf die für den Sammler interessantesten Ausgaben spezialisiert. Barry R. Levin gilt allgemein als Experte im Bereich seltener Science-fiction- und Fantasy-Bücher und ist die Quelle für die *crème de la crème* der Sammlerobjekte. Der Katalog für Januar 1989 bietet zum Beispiel unter anderem an: ein handschriftliches Notizbuch von Stephen King (6000 Dollar), *My Pretty Pony* von Stephen King (Whitney Museum, 2300 Dollar), *The Shuttered House* von H. P. Lovecraft (800 Dollar), die geletterte Ausgabe von *The Dark Tower: The Gunslinger [Schwarz]* (2300 Dollar) und Holzschnitte von Dichter Clark Ashton Smith (500–6000 Dollar).

OVERLOOK CONNECTION (P. O. Box 526, Woodstock, Georgia 30188). Overlook Connection, benannt nach dem fiktiven Hotel in Stephen Kings *Shining,* ist noch relativ neu im Geschäft. Die Geschäftsführer David und Laurie Hinchberger verkaufen neue und gebrauchte Bücher des Horror-Genres über ihren unregelmäßig erscheinenden Katalog. Der Betrieb zeichnet sich durch den persönlichen Einsatz von David Hinchberger, selbst Fan und begeisterter Leser, und seine enthusiastischen Kurzkritiken angekündigter Bücher aus (ich würde etwas nüchternere Berichte vorziehen). Wenn Sie einen Vorgeschmack auf das haben wollen, was im Bereich des Horrors auf den Markt kommt, ist Overlooks im Plauderton gehaltener, sehr persönlicher Katalog ein guter Ausgangspunkt.

BUD PLANT, INC. (P. O. Box 1689, Grass Valley, California 95945). Geschäftsführer Bud Plant handelt mit limitierten Ausgaben aus den Bereichen Science-fiction, Fantasy, Horror und Comic. Plant ist ein renommierter Händler, der schon seit zwei Jahrzehnten an Sammler verkauft. Seine Kataloge sind äußerst ausführlich: reich illustriert, informativ und mit speziellen Empfehlungen darüber, was man warum kaufen sollte.

VAGABOND BOOKS (2076 Westwood Boulevard, Los Angeles, California 90025). Eine gute Quelle für amerikanische Erstausgaben, sowohl noch erhältliche als auch vergriffene. (Vagabond hat schon zahllose Signierstunden von Autoren veranstaltet und schickt Ihnen diesbezügliche Ankündigungen. Sie können auch eine Bestellung einsenden und erhalten dann eine signierte, manchmal mit einer persönlichen Bemerkung versehene Erstausgabe.)

ROBERT AND PHYLLIS WEINBERG (15145 Oxford Drive, Oak Forest, Illinois 60452). Ein Abonnement für sechs Ausgaben von Weinbergs Katalog kostet drei Dollar. Die Firma ist eine exzellente Quelle für alles Neue im Genre und betreibt einen einzigartig funktionierenden Versandhandel. Der Katalog offeriert eine große Auswahl an Materialien, aufgelistet nach Kategorien: *Horror* (Belletristik und Sachtexte, Groß- und Spezialverlage, semiprofessionelle Magazine), *Kalender, Fantasy* (Belletristik und Sachtexte, Groß- und Spezialverlage, semiprofessionelle Magazine), *Krimi* (Belletristik, semiprofessionelle Magazine), *Dies und Das* (Cartoon-Sammlungen, Taschenbücher, Belletristik, Fan-Zeitschriften, Portfolios, Heftchen) und Science-fiction (Belletristik und Sachtexte).

Weinberg führt keine Bücher in seinem Katalog auf, die noch nicht erschienen sind. (Ich wünschte, alle würden es so halten.)

Deutsche Buchhändler

ANTIQUARIAT FRANK PFLAUM (Seegasse 7/4, 6902 Sandhausen). Eine der ersten Adressen für phantastische Literatur und Zirkusliteratur in Deutschland. Das Antiquariat führt seltene Erst- und Vorzugsausgaben älterer, teils sehr seltener Bücher, aber auch moderne und zeitgenössische Phantastik. Auch das Programm der Edition Phantasia ist hier fast immer erhältlich. Inhaber Frank Pflaum gibt in unregelmäßigen Abständen Kataloge heraus, die nicht nur deutschsprachige, sondern auch internationale Phantastik enthalten und meist durch sorgfältige und schöne Aufmachung bestechen. Aktuelle Listen erhalten Sie unter oben genannter Adresse.

ANTIQUARIAT ARNFRED NUELLE (Dresdener Str. 10, 3000 Hannover). Verschickt regelmäßig Kataloge und Listen mit phantastischer Literatur, meist deutsche Erstausgaben.

ANTIQUARIAT MARTINA BEYER (Wiener-Neustädter-Str. 39, 4019 Monheim 2). Verschickt in unregelmäßigen Abständen umfangreiche Kataloge mit Horror/Phantastik, Science-fiction, Abenteuer, Kriminalromanen und Heftromanen. Besonders neuere Titel sind häufig antiquarisch und damit preisgünstig zu bekommen.

TRANSGALAXIS (Postfach 1127, 6382 Friedrichsdorf/Ts.). Die größte Versandbuchhandlung für neue phantastische Literatur in Deutschland. Vierfarbige Kataloge erscheinen zwei- bis dreimal jährlich. Lieferbar sind stets alle aktuellen Neuerscheinungen an Science-fiction, Horror, Comics, Rollenspielen, aber auch Zeitschriften und Magazine aus England und Amerika. Die Buchhandlung besorgt jeden lieferbaren Titel. Ab und zu werden auch Antiquariatslisten verschickt. Suchlisten werden gerne bearbeitet.

Bestellhinweise

1. Wenn Sie auf dem Postweg bestellen, sollten Sie Ihren Namen und Ihre Adresse auch *auf den Brief* schreiben, da der Umschlag weggeworfen werden könnte.
2. Geben Sie Ihre Firmen- und Ihre Privattelefonnummer an, für den Fall, daß sich Fragen zu Ihrer Bestellung ergeben.
3. Da viele Händler es vorziehen, ihre Waren mit UPS zu verschicken, sollten Sie Ihre Hausadresse angeben; UPS liefert *nicht* an Postfächer.
4. Schicken Sie nur Schecks oder Geldanweisungen. Schicken Sie niemals Bargeld. (Manche Händler akzeptieren bei telefonischen Bestellungen Kreditkarten, die genauen Modalitäten sind in den betreffenden Katalogen zu finden.)
5. Wenn Sie ein wirklich besonderes Buch haben wollen, sollten Sie Alternativtitel angeben, für den Fall, daß Ihr Erstwunsch vergriffen ist.
6. Wenn Sie ein spezielles Interessengebiet haben, lassen Sie es den

Händler wissen. Er wird sich dann an Sie wenden, wenn er etwas Besonderes hat. Wenn Sie an bestimmten Titeln interessiert sind, lassen Sie es ihn ebenfalls wissen. Wenn er das Betreffende nicht hat, kann er es vielleicht für Sie besorgen.

7. Werden Sie regelmäßiger Kunde. Stellen Sie sicher, daß der Händler Sie kennt und weiß, was Sie sammeln, dann wird er für Sie Ausschau halten.

8. Wenn Sie eine Antwort auf Ihren Brief erwarten, legen Sie einen adressierten, frankierten Briefumschlag bei.

Auf Sekundärliteratur spezialisiert: Starmont House

Ich entdeckte, daß ein Bedarf für Nachschlagewerke im Bereich Fantasy und Science-fiction vorhanden war.

Ted Dikty

Ted Diktys Starmont House ist ein Kleinverlag, der sich auf Bücher im Bereich Fantasy und Science-fiction spezialisiert hat. Der Verlag hat seinen Sitz in Mercer Island, Washington, weit weg vom Verlagszentrum New York, und Dikty möchte es auch gar nicht anders haben.

Der einundsiebzig Jahre alte Ted Dikty ist ein langjähriger Fan und Verleger, der durch Erfahrung gelernt hat, was es braucht, ein Buch erfolgreich auf den Markt zu bringen. Dikty, der sowohl Gründer von Carcosa House als auch Mitinhaber von Shasta House war – letzterer war einer der führenden Kleinverlage des Genres in den Fünfzigern –, ist ein erfahrener Verleger, dessen Katalog Literatur zu nahezu allem aus dem Bereich Fantasy und Science-fiction bietet. Es ist ein ambitioniertes Verlagsprogramm, eins, das Gewinn verspricht, wenn seine Siegesformel uneingeschränkt erfolgreich bleibt: geringe Satzkosten (Verwendung der Autorendiskette für den Satz), kleine Auflagen, basierend auf Vorbestellungen (150–750 Exemplare), kleines Inventar (Nachdruck geringer Mengen, je nach Nachfrage) und kostengünstiger Druck (eine spezielle, von der Xerox-Corporation entwickelte Druck- und Bindetechnik).

Der einzige Kritikpunkt ist, nach Aussage von Dikty, daß manche der Bücher – besonders die früheren – schwer zu lesen sind. Gesetzt als Schreibmaschinentext, sind sie nicht so gut lesbar wie ein gedruckter Text.

Da achtzig Prozent der Verkäufe von Starmont House an Bibliotheken gehen und da Starmont-Bücher nicht in Buchläden erhältlich sind, ist die beste Art, an sie heranzukommen, sich den Katalog zu besorgen und sie direkt beim Verleger zu bestellen. Da immer nur kleine Auflagen gedruckt werden, empfiehlt Dikty, so früh wie möglich zu bestellen.

»Unser Publikationssystem erlaubt uns nicht, größere Mengen eines Titels am Lager zu behalten, und so sind die meisten Titel schon schnell vergriffen. Auch wenn wir gewöhnlich Titel nachdrucken, für die eine Nachfrage besteht, kann es durchaus zu längeren Verzögerungen kommen, bis der Titel wieder verfügbar ist.«

Der Verkaufsrenner? Douglas E. Winters Buch über Stephen King, das sechzehnte Buch der »Starmont Reader's Guide«-Reihe. Das Buch, das 1982 erstmalig als Paperback zu einem Preis von 5,95 Dollar aufgelegt wurde, hat sich mittlerweile in über 3200 Exemplaren verkauft. Dikty erklärt, er hätte noch mehr Exemplare verkaufen können, doch als Winter eine überarbeitete und erweiterte Fassung an New American Library verkaufte, wurde die Starmont-House-Ausgabe nicht wieder aufgelegt. (NALs Ausgabe, *Stephen King: The Art of Darkness,* ist zur Zeit als Taschenbuch zum Preis von 4,95 Dollar erhältlich.)

Als Starmont House auf das immer größer werdende Interesse, das King auch aus akademischen Kreisen zuteil wurde, und dessen wachsende Popularität in der Science-fiction- und Fantasy-Gemeinde aufmerksam wurde, begann der Verlag das ambitionierte Projekt, Bücher über King zu veröffentlichen. Bis heute sind elf Titel herausgebracht worden, von denen zehn noch erhältlich sind.

Titel von Michael R. Collings

The Annotated Guide to Stephen King ist eine Bibliographie aller Primär- und Sekundärtexte. Das 176 Seiten umfassende Buch (Taschenbuchausgabe 9,95 Dollar; gebundene Ausgabe 19,95 Dollar) erschien erstmalig 1986 und ist ein unverzichtbares Nachschlagewerk für alle Philologen, Literaturforscher, ernsthaften Fans, Schüler und Studenten.

The Films of Stephen King ist eine kritische Untersuchung der Verfilmungen Kingscher Bücher, wobei die Betonung auf »dem unausweichlichen Hin und Her zwischen Autor und Filmmacher« liegt.

The Many Facets of Stephen King unterscheidet Kings Bücher nach thematischen Gesichtspunkten. Dieses 190 Seiten umfassende Buch (Taschenbuchausgabe 9,95 Dollar; gebundene Ausgabe 17,95 Dollar) unterteilt den Kingschen Kanon in verschiedene schriftstellerische Phasen.

The Shorter Works of Stephen King (in Zusammenarbeit mit David Engebretson). Dieses 202 Seiten starke Buch aus dem Jahr 1985 (Taschenbuchausgabe 9,95 Dollar; gebundene Ausgabe 17,95 Dollar) ist »eine umfassende Studie über Kings Kurzprosa ... [und] bietet neben Inhaltsangaben kritische Einschätzungen zu jeder Geschichte und eine Untersuchung der Themen, der Symbole sowie des Verhältnisses der betreffenden Geschichte zu den anderen Werken von King«.

Stephen King as Richard Bachman ist die erste ausführliche Studie über die fünf Bücher, die unter Kings Pseudonym Bachman veröffentlicht wurden. Das 1985 erschienene, 168 Seiten umfassende Buch (Taschenbuchausgabe 9,95 Dollar; gebundene Ausgabe 17,95 Dollar) gibt einen informativen Überblick.

The Stephen King Phenomenon betrachtet King als ein Phänomen der Verlagswelt. Im Gegensatz zu Collings' anderen Studien über King konzentriert sich dieses 1987 erschienene, 144 Seiten umfassende Buch (Taschenbuchausgabe 9,95 Dollar; gebundene Ausgabe 17,95 Dollar) nicht auf einen speziellen Bereich. Statt dessen gibt es einen breitgefächerten Überblick mit Essays über *Es* (mit Kommentaren von King), King über Bestsellerlisten, King und die Kritiker und über das Sammeln von King-Ausgaben, eine Inhaltsangabe von Kings College-Zeitungskolumne (»The Garbage Truck«) und Kommentare über Zeichner, die King illustriert haben.

Weitere Titel

Discovering Stephen King, herausgegeben von Darrell Schweitzer. Dieses 219 Seiten umfassende Buch aus dem Jahr 1985 (Taschenbuchausgabe 9,95 Dollar; gebundene Ausgabe 17,95 Dollar) ist eine Mischung aus literaturwissenschaftlichen Essays und allgemeinen Artikeln über King, ähnlich den drei Sammlungen kritischer Aufsätze über King, die Underwood-Miller herausgebracht hat. (Der vom Herausgeber geschriebene Beitrag »Collecting Stephen King« ist zu allgemein gehalten und an manchen Stellen irreführend oder sogar falsch.)

The Unseen King von Tyson Blue. Dieser im März 1989 erschienene Band (Taschenbuchausgabe 9,95 Dollar; gebundene Ausgabe 19,95 Dollar) gibt einen Überblick über kaum oder gar nicht mehr erhältliche Texte von King. Behandelt werden Stücke, die King als Jugendlicher verfaßt hat, Material aus seinen College-Tagen, nur in Zeitschriften erschienene Kurzgeschichten, Drehbücher, Sachtexte und das, was King die »wahrlich« limitierten Ausgaben nennt.

Der größte Anreiz des Buches ist ein informatives Kapitel über *The Plant,* die in unregelmäßigen Abständen veröffentlichten Hefte, die tatsächlich Fortsetzungen eines noch nicht abgeschlossenen Romans darstellen.

The Moral Voyages of Stephen King von Anthony Magistrale (Taschenbuchausgabe 9,95 Dollar; Hardcover 19,95 Dollar). Das in zwei Abschnitte unterteilte Buch ist eine Untersuchung der hauptsächlich bei King zu findenden literarischen Themen und philosophischen Anspielungen. Nach Aussage des Starmont-Katalogs behandelt der erste Abschnitt die verschiedenen Formen, in denen das Böse in Kings Werken auftaucht. Der zweite Abschnitt analysiert die Entwicklung der ungewöhnlichen Familiengefüge, Mutterschaft als Quelle der Liebe und Rettung und die Rolle des Schriftstellers in Kings Werken. (Magistrale ist ebenfalls Autor des in der Bowling Green University Popular Press erschienenen Buchs *Landscape of Fear: Stephen King's American Gothic.*)

»The Shining« Reader, herausgegeben von Anthony Magistrale (Taschenbuchausgabe 9,95 Dollar; Hardcover 19,95 Dollar). Eine umfassende Sammlung von fünfzehn Essays zu Kings Roman und Stanley Kubricks Verfilmung.

Zum Zeitpunkt, als dieses Buch verfaßt wurde, waren folgende weitere angekündigt:

Ein siebtes Buch von Michael R. Collings, *Infinite Explorations: Art and Artifice in Stephen King's It, Misery and The Tommyknockers,* und *In the Darkest Night: A Student's Guide to Stephen King* von Tim Murphy.

Audioveröffentlichungen – Bücher zum Hören

Recorded Books – ungekürzte Stephen-King-Tonkassetten

Haben Sie in letzter Zeit ein gutes Buch gehört?

Werbeslogan

In einem Land, in dem es zweiundvierzig Millionen Autokassettenrecorder und achtzig Millionen tragbare Kassettendecks gibt, hat Sandy Spencer von Recorded Books – »Chefkoch und Flaschenwäscher«, wie er selbst seine Position bezeichnet – einen Lebensraum für seine Reihe von Hörkassetten mit ungekürzten Lesungen von literarischen und Sachtexten geschaffen.

Jeden Monat erhalten vierzigtausend Abonnenten den neuen Recorded-Books-Katalog. In jedem Katalog werden acht bis zehn neue Titel zum Kauf oder Entleihen angeboten. Es ist wie ein Buchclub, sagt Spencer, nur daß es keine Zwangskäufe gibt – Titel, die einem automatisch zugeschickt werden, wenn man nicht antwortet. Außerdem bietet Recorded Books, anders als ein Buchclub, seine Auswahl auch zum Entleihen an. Die Hälfte der Verkäufe geht an Bibliotheken, die andere an Privatpersonen. Die letztgenannten kaufen die Kassetten entweder oder, was häufiger der Fall ist, leihen sie für dreißig Tage und schicken sie dann im beigelegten Rückumschlag zurück. Das System funktioniert wie von Zauberhand: Man ruft zum Bestellen die gebührenfreie Nummer an, benutzt zum Bezahlen der Leihgebühr seine Kreditkarte, und Recorded Books schickt einem umgehend die bestellten Kassetten zu. Und wenn die Leihfrist abgelaufen ist, schickt man die Kassetten einfach wieder zurück.

Stephen King war des öfteren in der Situation, längere Strecken mit dem Wagen unterwegs zu sein. Er zog es vor, mit dem Auto zu seinen Verlegern nach New York zu fahren, anstatt zu fliegen, und so hat er während der langen Fahrt von Bangor Recorded Books' ungekürzte Lesungen von Büchern auf Cassette gehört.

Später, als King Lesungen seiner eigenen Werke aufgenommen haben wollte, war es nur selbstverständlich, daß er sich mit diesem Wunsch an Recorded Books wandte. Recorded Books bietet mittlerweile eine eindrucksvolle Auswahl an Kingschen Texten an: dreißig Kassetten mit einer Gesamtspieldauer von fünundvierzig Stunden, professionell gelesen von Frank Muller.

Als es einen Streit um die Aufnahme von *Sie* gab, erklärte King in einem Recorded-Books-Interview: »Ich habe ein Buch geschrieben, und ich hoffe, Frank Muller wird es lesen. Er wird es so phantastisch machen, daß die Blinden wieder sehen, die Lahmen wieder gehen und die Tauben wieder hören können werden.«

»The Author Talks: Stephen King«

»The Author Talks: Stephen King«: Eine Recorded-Books-Tonkassette, 60 Minuten. Ein Kurzportrait von und ein Interview mit Stephen King, gesprochen von Frank Muller. 5,50 Dollar.

Die als Werbung gedachte Kassette beginnt mit King, der nervös auf die Aufzeichnung seiner Lesung der Kurzgeschichte »Mrs. Todds Abkürzung« aus *Skeleton Crew* wartet. Frank Muller, ein erfahrener Sprecher, der alle King-Texte für Recorded Books gelesen hat, sitzt neben King im Studio. King gesteht:

> Ich fühle mich ganz klein, wenn ich hier so neben dem Meister sitze. Es ist ganz schön hart. Man kommt sich vor wie eine Zweitbesetzung: Geh da raus und tanz, bis dir die Eier abfallen, Junge. Bist du bereit? Bring's hinter dich.

King liest die Geschichte, darauf folgt dann Mullers Lesung. Der übrige Teil der Kassette besteht aus einer interessanten Mischung aus Kommentaren von King, Lesungen von Muller und Rückblicken, gesprochen von Muller, auf Kings Leben und Karriere als Schriftsteller, gelegentlich unterbrochen von dem Geräusch, wie jemand angestrengt auf eine Schreibmaschine eintippt, oder dem lauten Knattern eines Nadeldruckers.

Unter den erhältlichen King-Stücke finden sich alle vier Novellen aus *Frühling, Sommer, Herbst und Tod* und alle Texte aus *Skeleton Crew,* von denen einige zu den besten Kurzgeschichten von King gehören, unter anderem »Der Nebel« und »Der Gesang der Toten«.

Wer hört sich die Kassetten an? Wie Spencer erklärt, ist der Durchschnittskunde zwischen fünfunddreißig und fünfundvierzig Jahre alt, wohlhabend (er verdient 30 000 Dollar pro Jahr und mehr) und ist täglich etwa eine Stunde zwischen seinem Zuhause und seiner Arbeitsstelle unterwegs.

Spencer beklagt, daß Hörkassetten mit Bücherlesungen selbst noch in den Achtzigern, wo Buchläden sowohl die gedruckten wie die Tonfassungen wichtiger Titel führen, mit einem gewissen Vorurteil betrachtet werden: »Die sind für Blinde, oder nicht?«

Kurz gesagt, nein. Leute haben ein frei verfügbares Einkommen, aber keine frei verfügbare Zeit. Die konstruktive Nutzung von toter Zeit (Pendler auf dem Weg zur Arbeit oder auf einem Geschäftsflug) und das Aufkommen von Walkmen mit ihrer hohen Wiedergabequalität sind die hauptsächlichen Faktoren, die Tonkassetten zu einer alternativen Quelle für Weiterbildung und Unterhaltung gemacht haben.

Recorded Books, gegründet 1979, führt mittlerweile über vierhundert Titel, alle *ungekürzt.* (King scherzte einmal, daß die Firma, sollte sie sich irgendwann entscheiden, *Es* herauszubringen, die Kassetten wohl in einer großen Kiste verschicken müßte. Davon ausgehend, daß fünfund-

Der Autor spricht: Stephen King über das Vorlesen von Büchern

Es ist ein totales Erlebnis, ein Buch laut vorzulesen. Das Erlebnis, einen Roman laut gelesen zu hören, ist viel eindringlicher. Ich glaube, die meisten, die sich laut gelesene Romane anhören, sind Roman- oder Büchersüchtige, die Steichholzbriefchen lesen würden, wenn sie nichts anderes hätten. Wenn man ein Buch liest, rutscht das Auge manchmal einfach weiter. Die Seite hat ein Layout, eine eigene Form, und manchmal liest man Dialoge, die einen echt interessieren, und dann kommt ein kleiner Abschnitt – vielleicht nur sechs Zeilen Beschreibung oder Schilderung –, und das Auge nimmt den Abschnitt und ein paar Worte darin zur Kenntnis, rutscht aber sofort wieder zu den nächsten Dialogen. Wenn man zuhört, kann man das nicht, so daß man manchmal vollkommen in der Geschichte aufgehen kann ... beinahe beängstigend, wie das geschehen kann.

Was ich schreibe, würde sich ändern, würde ich ausschließlich für die Leinwand schreiben. Ich habe selbst schon bei einem Film Regie geführt, und wenn ich je wieder ein Drehbuch für einen Film schreiben müßte, bei dem ich vorher weiß, ich muß Regie führen, hätte das ganz bestimmt Auswirkungen darauf, wie ich das Drehbuch schreiben würde. Aber wenn ich ein Drehbuch für jemand anderen oder nur für ein theoretisches Publikum schreiben müßte – einerlei, wer der Regisseur sein würde –, würde ich nicht das geringste ändern. Ich denke mir, Produktionsprobleme oder Spezialeffekte oder schwierige Einstellungen sind das Problem des Regisseurs. Ich würde meinen Stil nur ändern, wenn ich selbst der Regisseur wäre. Und was die Romane betrifft, mache ich mir diesbezüglich überhaupt keine Gedanken.

zwanzig Seiten gedruckter Text einer Stunde Lesung entsprechen, würde man *sechsundvierzig* Kassetten brauchen, um das Werk aufzunehmen.

Recorded Books hat einige Experimente mit Sound-Effekten angestellt, doch Spencer hat die Idee recht schnell wieder zu den Akten gelegt. Wie er erklärt, lenken die Sound-Effekte zu sehr vom Text ab. »Bei einem guten Autor und einem guten Text braucht man einfach nichts weiter«, sagt Spencer.

Stephen King würde ihm zustimmen. Obgleich er kein besonderer Freund von gekürzten Lesungen ist, hat King einer gekürzten Zwei-Kassetten-Aufnahme von *Der Fluch* zugestimmt, veröffentlicht von »Listen for Pleasure«. Wie Sandy Spencer erklärt, kann eine gekürzte Fassung immer nur eine »Kostprobe« des betreffenden Buches sein, da weniger als zwanzig Prozent des Buches aufgenommen werden können. Laut einem Bericht in *Publishers Weekly* sagte King einmal, daß »diese Leute phantastische Sachen anstellen, um die Bücher auf nur zwei Kassetten zu bringen«. Dennoch zieht King ungekürzte Lesungen vor. (Seine eigene Lesung der *Saga vom Dunklen Turm* wurde auf vier Kassetten für den ersten Band und acht Kassetten für den zweiten Band aufgenommen.)

Nach Aussage von Spencer gibt es zur Zeit keine Pläne, weitere Lesungen von King herauszubringen, was sehr schade ist. Frank Muller, der alle Texte von King für Recorded Books gelesen hat, hat ein Gefühl für das Material. Doch King-Fans werden andere angebotene Tonkassetten finden, um ihre Enttäuschung in Grenzen zu halten.

Von Don Robertson, einem der drei Autoren, die King maßgeblich beeinflußten, finden sich ebenfalls zwei Bücher in gelesener Form auf Tonkassette: *The Greatest Thing Since Sliced Bread* (sechs Kassetten mit einer Gesamtspieldauer von acht Stunden) und die Fortsetzung *The Sum & Total of Now* (sechs Kassetten mit einer Gesamtspieldauer von neun Stunden).

Ray Bradburys Klassiker *Fahrenheit 451,* aus dem King sein Epigramm zu *Feuerkind* genommen hat, ist auf vier Kassetten mit einer Spieldauer von fünf Stunden erhältlich.

Und *Dracula,* gelesen vom Originaltext, ist auf zwölf Kassetten mit einer Gesamtspieldauer von achtzehn Stunden erhältlich.

Und für all jene von Ihnen, die den Meister der Geister selbst hören wollen, gibt es ein Exklusivinterview mit King als Teil der »The Author Talks«-Reihe (5,50 Dollar). Auf dieser einstündigen Kassette (zum Teil Interview, zum Teil andere Hörproben) spricht King über sein Werk, Sprecher Frank Muller gibt einen Überblick über Kings Karriere, und es gibt Lesungen (Hörproben) Kingscher Werke von anderen Autoren und von Muller.

Wenn Sie an einem Katalog interessiert sind, schreiben Sie an Recorded Books (P.O. Box 409, Charlotte Hall, Maryland 20622).

»The Mist« auf Kassette – eine Idee, die sich hören lassen kann

»The Mist«: Eine ZBS-Foundation-Tonkassette. 1984. Neunzig Minuten auf Chromkassette. Regie: Bill Raymond. Adaption: M. Fulton. In Zusammenarbeit mit Dennis Etchison. Musik von Tim Clark. 12,50 Dollar.

Als Kirby McCauley sich entschied, einen zweiten Band mit Horrorgeschichten herauszugeben, bat er natürlich auch seinen Freund Stephen King um einen Beitrag. Wie McCauley in der Einleitung zu *Dark Forces* erzählt, wuchs Kings Geschichte von ihrem ursprünglichen Umfang von zwanzigtausend auf vierzigtausend Wörter, also auf den Umfang eines Kurzromans.

»The Mist«, als deutsches Buch unter dem Titel »Der Nebel« veröffentlicht, ist ein beeindruckendes Werk und eine von Kings visuellsten Geschichten, reich an phantastischen Bildern, die man sich am besten vor dem eigenen geistigen Auge vorstellt: das Kino im Kopf. Über Kopfhörer wird die Geschichte lebendig, und man wird Stück für Stück hineingezogen in eine Welt, in der das Unglaubliche glaubhaft wird. (Für jeden, der die zweit- und drittklassigen Monsterstreifen in den Fünfzigern gesehen hat, ist diese Umsetzung wie ein Sturmwind aus der Vergangenheit.)

Falls Sie die Geschichte noch nicht gelesen haben, will ich keine der überraschenden Geschehnisse und Wendungen verraten. Nur soviel sei gesagt: Es ist eine wunderbare Geschichte und ein durch und durch befriedigendes Leseerlebnis und wie geschaffen für die Umsetzung in ein Hörspiel.

Die Handlung ist einfach: Nach einem Sommergewitter zieht ein seltsamer Nebel über einer Kleinstadt in Maine auf. Die Bürger verbarrikadieren sich in einem Supermarkt, doch schon bald erkennen sie, daß mit dem Nebel auch Monster gekommen sind. Dann beginnt der Alptraum.

Es sind viele Tonkassetten von Kings Werken aufgenommen worden, sowohl Kings eigene ungekürzte Lesung der ersten beiden Bände der *Saga vom Dunklen Turm* als auch ungekürzte und gekürzte Aufnahmen mit anderen Sprechern. Doch »The Mist« ist einzigartig – die erste Hörspielfassung, die einzige Aufnahme in 3-D-Ton und die einzige, die in Realzeit aufgenommen wurde. *Publishers Weekly* nannte es eine

> *beängstigend reale und irreale 3-D-Produktion, die es den Unterhaltungen zwischen den Charakteren, den Spezialeffekten und der unheimlichen Musik – statt dem endlosen gesprochenen Text – überläßt, uns einen Schauder über den Rücken zu jagen. Mit einer Vielzahl von Geräuschen, von denen man gar nicht wissen möchte, woher sie stammen, ist dies wahrscheinlich die gelungenste 3-D-Ton-Produktion, die an dieser Stelle je vorgestellt wurde [in einer allgemeinen Kritik über Horror-Hörspiele].*

»The Mist« ist eine Adventure-Kassette der ZBS Foundation (einer gemeinnützigen Kulturorganisation) und wurde mit einem hochent-

Der Autor spricht: Stephen King über Werktreue

FRANK MÜLLER Verzerren diese vielen verschiedenen Versionen von »Der Nebel« nicht allmählich das ursprüngliche Werk?

STEPHEN KING: Nein. Keine Tonaufnahme, kein Videospiel, kein Film. Ich glaube, eine schlechte Aufnahme hätte mir mehr als alles andere geschadet, weil die Aufzeichnung dem Denken des Autors viel verwandter zu sein scheint. Ein Student hat einmal James Cain interviewt, der *Wenn der Postmann zweimal klingelt* und *Double Indemnity* und *Mildred Pierce* geschrieben hat, und er beklagte sich bei Cain darüber, was die Filme seinen Büchern angetan hätten, worauf sich Cain auf der Stelle umdrehte, auf ein Regal hinter sich im Arbeitszimmer deutete und sagte: »Überhaupt nichts. Soweit ich sehen kann, stehen sie noch unversehrt da oben.«

Kevin Brockways Titelillustration für die ZBS-Ausgabe von »Der Nebel«

wickelten digitalen Aufnahmesystem und unter Verwendung des sogenannten »Kunstkopf-binaural-Sounds« aufgezeichnet – einer Aufnahmetechnik, bei der ein spezielles Mikrofon benutzt wird, das einem die Illusion einer dreidimensionalen Geräuschkulisse vermittelt, und deren

Ergebnis man am besten über Kopfhörer anhören sollte, um die volle Wirkung zu erzielen. (Ich habe mir die Aufnahme sowohl über Lautsprecher als auch über Kopfhörer angehört, das Hörerlebnis über Kopfhörer war unvergleichlich größer.)

Thinner auf Kassette

Thinner *von Stephen King, geschrieben unter dem Pseudonym Richard Bachman. Eine Listen-for-Pleasure-Tonkassette. 1985. 2½ Stunden. Zwei Kassetten, Dolby-Sound. Für die Aufnahme gekürzt und bearbeitet von Sue Dawson. Produziert von Graham Goodwin. 14,95 Dollar.*

Photo courtesy of Durkin • Hayes Publishing Ltd.

Die Tonkassette von Der Fluch *und weitere Titel von Durkin Hayes*

Der Kurzroman *Thinner* (deutscher Titel: *Der Fluch*) wurde für die Aufnahme von dem Schauspieler Paul Sorvino gelesen, der gleich am Anfang den Namen »Bachman« falsch ausspricht und zu »Baychman« macht. Davon einmal abgesehen, liest Sorvino die Geschichte gekonnt.

Eine Lesung sollte transparent sein, die Stimme sollte dem Werk weder etwas hinzufügen noch davon ablenken. Glücklicherweise paßt sich Sorvinos Stimme dem Buch an, so daß die Geschichte lebendig wird.

Der Fluch ist das einzige Bachman-Buch, das auf Tonkassette erhältlich ist, und zugleich das erste Buch von King, das überhaupt für dieses Medium adaptiert wurde. (NAL brachte später die ersten beiden Bände der *Saga vom Dunklen Turm* in einer ungekürzten, von King gelesenen Fassung heraus.)

Das Verlagshaus Durkin Hayes Publishing Ltd. gibt einen farbigen Prospekt heraus, in dem eine ansprechende Auswahl von Belletristik (Detektivromane, Thriller, Science-fiction, Horror, Klassiker, zeitgenössische Titel, Kinderbücher) und Sachbüchern (Autobiographien, Biographien und Allgemeines) angeboten wird.

Von besonderem Interesse für King-Fans wird das Angebot an Horror-Kassetten sein. Unter den Titeln finden sich z. B. *Das Phantom der Oper* von Gaston Leroux (zwei Kassetten), *Dracula* und *Dr. Jekyll und Mr. Hyde* (zwei Kassetten), Stücke von Edgar Allan Poe, *Psycho* und zwei Romane von Peter Straub (mit dem zusammen King den *Talisman* geschrieben hat): *If You Could See Me Now* und *Floating Dragon.*

Wenn Sie an einem kostenlosen, farbigen Katalog interessiert sind, schreiben Sie an Durkin Hayes Publishing Ltd., One Columbia Drive, Niagara Falls, New York 14305.

Die einzige deutschsprachige Audiokassette: *Schwarz*

Schwarz, *von Stephen King. Deutsch von Joachim Körber. Eine Heyne Audio Tonkassette. 1989. 6 ½ Stunden. 5 Kassetten. DM 68,–*

Der Episodenroman *Schwarz,* erster Band der *Saga vom Dunklen Turm,* wird von dem Bühnen- und Filmschauspieler Klaus Guth gelesen, der auch als Synchronsprecher für verschiedene amerikanische Filmstars tätig ist. Neben dem vollständigen, ungekürzten Text der deutschen Übersetzung sind Auszüge aus der Originalversion enthalten, die Autor Stephen King selbst liest. Dies ist bislang die einzige Audiokassette von Stephen King geblieben und die einzige, die der Wilhelm Heyne Verlag je produziert hat. Andere Verlage haben ebenfalls versucht, eine Tonkassettenreihe aufzubauen, darunter mit Aufnahmen von Douglas Adams und Roald Dahl, doch fand diese Art von gesprochener Literatur hierzulande im Gegensatz zu Amerika so wenig Resonanz, daß Versuche in dieser Richtung wieder aufgegeben wurden.

Die Kritiker

Ein Interview mit Michael R. Collings

Wenn Ihr Interesse an King sich nicht allein auf das Lesen der Bücher und das Anschauen der Filme beschränkt, so werden Sie irgendwann unausweichlich auf Michael R. Collings' sechs Bücher über Stephen King stoßen: *The Annotated Guide to Stephen King* (eine Bibliographie), *The Many Facets of Stephen King, The Films of Stephen King, The Shorter Works of Stephen King, Stephen King as Richard Bachman* und *The Stephen King Phenomenon.* Ich darf Ihnen versprechen, daß dieses Zusammentreffen äußerst erquicklich sein wird.

FRAGE: Was machen Sie beruflich?
COLLINGS: Ich bin Dozent am Englischen Seminar an der Pepperdine University. Ich hoffe jedoch, zum Professor berufen worden zu sein, wenn Sie Ihr Buch fertiggestellt haben. Außerdem bin ich Leiter des Creative-Writing-Programms am Seminar für Medien und Kommunikation. Meinen Doktortitel über Milton und die Renaissance habe ich 1977 von der University of California in Riverside erhalten.

FRAGE: Wie viele Bücher haben Sie veröffentlicht?
COLLINGS: Ich habe sechsundzwanzig Bücher veröffentlicht, darunter sechs Bücher über Stephen King, *Brian W. Aldiss, Card Catalog: The Science Fiction and Fantasy of Orson Scott Card* (eine Bibliographie), *Piers Anthony* und *Reflections on the Fantastic* (als Herausgeber einer Sammlung von Essays).

Außerdem habe ich vierzehn Bücher mit und über Gedichte und über fünfzig Artikel in Büchern, Journalen etc. veröffentlicht, dazu noch über hundert Rezensionen, vornehmlich über Science-fiction und Fantasy, darunter viele Rezensionen über Werke von King. Hinzu kommen noch über einhundert selbstgeschriebene Gedichte.

FRAGE: Woran arbeiten Sie momentan?
COLLINGS: Zur Zeit arbeite ich an Büchern über Orson Scott Card, C. S. Lewis und an vier Science-fiction- und Horror-Romanen, die momentan bei einem Agenten liegen.

FRAGE: Was verbindet Sie mit dem Bereich Science-fiction?
COLLINGS: Ich war Mitglied der Science Fiction Research Association, der Science Fiction Poetry Association und der International Association for the Fantastic in the Arts. Daneben habe ich an unzähligen Konferenzen teilgenommen und/oder war an ihrer Leitung beteiligt. Ich habe Rezensionen für *SFRA Book Review, Fantasy Review, Extrapolation* und *Annual Review of Science Fiction and Fantasy* verfaßt.

FRAGE: Bieten Sie Lehrveranstaltungen zu diesem Bereich an?
COLLINGS: Ich lehre seit 1981 über Science-fiction und Fantasy, meistens in Form eines Überblicksseminars unter dem Titel »Mythen, Fantasy und Science-fiction«.

FRAGE: Wann haben Sie Ihr erstes Buch von King gelesen?
COLLINGS: Einer meiner Studenten, David Engebretson, drängte mich nach einer Diskussion in einem Creative-Writing-Seminar, *Dead Zone* zu lesen. Ich las es – und danach alles andere, was ich in die Finger bekommen konnte. (David hat später mit mir zusammen *The Shorter Works of Stephen King* verfaßt, während er noch Student an der Pepperdine University war.)

FRAGE: Wie kam es dazu, daß Sie sechs Bücher über King bei Starmont House veröffentlichten?
COLLINGS: Im Frühjahr 1985 – kurz nachdem ich Ted Dikty und Roger Schlobin das Manuskript zu meinem zweiten Starmont-Buch *(Brian W. Aldiss)* geschickt hatte – rief Ted mich an, um mir zu sagen, daß King gerade zugegeben hätte, Richard Bachman zu sein. Da Douglas Winters Buch über King für die »Starmont Reader's Guide«-Reihe als *Art of Darkness* an die New American Library verkauft worden war, hatte Ted keinen Titel über King mehr im Programm. Er bat mich, einen Band über die Bachman-Bücher zu schreiben – und ihn binnen zwei Monaten druckfertig zu haben. Ich sagte ja.

Eine Woche später rief er abermals an und fragte mich, ob ich wohl interessiert wäre, einen Ersatz für das Winter-Buch zu schreiben – einen Überblick über Kings wichtigste Werke. Ich sagte ja.

Ein paar Tage danach rief er wieder an und unterbreitete mir den Vorschlag zu einer siebenbändigen Reihe, bestehend aus einer Sammlung von Essays, herausgegeben von Darrell Schweitzer, und Büchern von mir über die Bachman-Romane, Kings Romane *(The Many Facets),* Kings Kurzprosa *(The Shorter Works),* Kings Filme *(The Films of Stephen King),* aus einer Bibliographie *(The Annotated Guide to Stephen King),* einer Studie über Kings Stellung in der zeitgenössischen amerikanischen Gesellschaft *(The Stephen King Phenomenon)* und einer Konkordanz. Ich übergab den letztgenannten Band an Engebretson, und als er ihn nicht fertigstellen konnte, habe ich das Projekt mit Ted überarbeitet. Da meine Vorarbeiten an einer Konkordanz zu *Carrie* – die nur Eigennamen, Ortsbezeichnungen und wichtige Themen etc. beinhaltete – zeigten, daß ein vergleichbares Werk zu allen Büchern Kings Jahre bis zu seiner Fertigstellung brauchen und mindestens tausend Seiten umfassen würde, entschied sich Dikty, diesen Teil des Projekts nicht weiter zu verfolgen.

FRAGE: Der Starmont-Katalog führt eine Reihe von Einzelwerkanaly-

sen auf. Was ist das Ziel dieses Projekts, und wie weit ist es momentan gediehen?
COLLINGS: Ted und ich haben über eine Reihe mit Werkanalysen gesprochen, in der jedem Roman Kings ein Band kritischer Essays gewidmet sein sollte. Ursprünglich hatte ich zugestimmt, als Herausgeber der Reihe zu fungieren, doch ich mußte einen Rückzieher machen, als mich meine Verpflichtungen an der Universität im darauffolgenden Semester zu sehr in Anspruch nahmen. Ich bin mir nicht sicher, ob er noch immer an diesem Projekt arbeitet oder nicht.

FRAGE: Wie gestalteten sich Ihre Kontakte zu King selbst?
COLLINGS: King war in jeder Beziehung sehr zuvorkommend und offen. Zu Beginn schickte ich ihm einen Brief, in dem ich Ziel und Umfang der Reihe beschrieb und ihm versicherte, daß, so kritisch einzelne Sätze auch sein mochten, die allgemeine Stoßrichtung der Bücher doch positiv sein würde – ich halte nichts davon, meine wertvolle Zeit damit zu verschwenden, Studien über Leute zu schreiben, deren Werke ich für wertlos halte.

Über die drei Jahre, die das Projekt dauerte, antwortete er wiederholt mit langen, informativen Briefen auf meine Fragen. Seine Sekretärin hat uns ebenfalls sehr geholfen und versorgte mich mit Kopien mehrerer Schlüsselgeschichten, Rezensionen etc. Ich hätte mir keine bessere Zusammenarbeit wünschen können.

Einige persönliche Bemerkungen – *von Michael R. Collings*

Ich bin weniger Philologe oder Kritiker als Förderer.

Michael R. Collings

Die meisten meiner Ansichten über Kritiken, wissenschaftliche Studien, Fans und King lassen sich in meinem Artikel in *The Stephen King Phenomenon* und in der Einleitung zu *The Many Facets of Stephen King* nachlesen. Ich bin der festen Überzeugung, daß King für unsere Zeit spricht. Er berührt Elemente der amerikanischen Kultur, die die Eckpfeiler zu unserem eigenen Selbstverständnis sind. Er ist über alle Maßen populär – und die Philologen hassen das. Er schreibt für ein Massenpublikum – und die Akademiker hassen das. Er erzählt Geschichten einzig um der Geschichten willen – und die Theoretiker hassen das. Er sieht und gibt sich als ein naiver Geschichtenerzähler – und die Herren Doktoren hassen das. Andererseits wird er in zunehmendem Maße von den Akademikern seziert, von denen viele wohl mehr von dem »Schreib oder stirb«-Syndrom angespornt werden als von dem wirklichen Wunsch, die Eigenarten des Horrors zu verstehen – und die Fans hassen das. Doch – Kinder lesen es mit Vergnügen.

Vor einiger Zeit saß ich einer Gesprächsrunde vor, an der auch Ray Bradbury teilnahm. Bradbury sagte, daß der ultimative Wert seiner Bücher darin liege, daß sie Kinder zum Lesen brächten. Die Kinder fangen damit an und gehen dann zu anderen, (vielleicht) besseren Dingen über. Dies trifft auf jeden Fall auch auf King zu. Ich habe eine große Anzahl von Diskussionsgruppen über bestimmte Bücher für Jugendliche in der Stadtbibliothek geleitet. Üblicherweise treffen sich bei diesen Gelegenheiten um die zwanzig Schüler, um über ein vorher bestimmtes Buch zu diskutieren. Als ich jedoch dorthin kam, um über Bücher wie *Feuerkind* oder *Christine* zu sprechen, waren es mehr als sechzig. Und im letzten Herbst, als ich bei einem speziellen Treffen sprach, zu dem auch Eltern und Lehrer geladen waren (ich wollte darlegen, weshalb ich King für wichtig hielt, und die Eltern und Lehrer waren aufgerufen darzulegen, weshalb sie *nicht* wollten, daß ihre Kinder King lasen), waren über achtzig Leute anwesend. Keiner der Eltern oder Lehrer meldete Kritik an. King ist natürlich nicht etwas für alle Kinder, doch er kann ihnen mitunter helfen, in die Welt der Phantasie einzutreten.

Andererseits hat meine Arbeit mit King meine eigene Karriere und die Karriere anderer beeinträchtigt, die versuchten, sich ernsthaft und wissenschaftlich mit dem Thema King zu beschäftigen. Manche Universitäten zählen Schriften über Science-fiction, Fantasy oder Horror einfach nicht als legitime Publikationen, wenn es um die Bewerbung um einen Professorenstuhl geht. In meinem eigenen Fall wurde meine Beförderung (ungeachtet der Tatsache, daß ich in den letzten zehn Jahren über dreihundert Schriften verfaßt habe) aus zwei Gründen abgelehnt: Zum einen wiesen die Starmont-Bücher eine schlechte Druckqualität auf und waren so offenkundig billigste Lohnschreiberei, die keine weitere Beachtung verdiente (ich habe nie irgendeine substantielle Kritik über die Qualität meiner Arbeiten erhalten), und zweitens hatte man das Gefühl, ich würde in diesem Bereich allgemein meine Zeit verschwenden – ich sollte doch lieber an der soundsovielten wissenschaftlichen Reinterpretation von Milton oder etwas Ähnlichem arbeiten. Ich hatte Kollegen, die bei der Vorstellung ihrer Literaturseminare darauf hinwiesen, daß die Studenten in diesem Kurs angehalten wären, Literatur zu lesen »und nicht dieses Stephen-King-Zeug«. Ich hatte Kollegen, die meinen Studenten sagten, sie sollten nie mit einem Roman von Stephen King unter dem Arm das Sprechzimmer eines Universitätsprofessors betreten. Ich hatte Kollegen, die meine Arbeiten schmähten, ohne je meine kritischen Aufsätze oder Kings Romane gelesen zu haben.

Dennoch mag sich das Klima verändern. Meine geschäftsführenden Direktoren am Englischen Seminar und am Seminar für Medien und Kommunikation haben mich beide sehr unterstützt. Beide Seminare haben Kurse über Science-fiction und Fantasy ausgerichtet, darunter Kurse, die Bücher von King zugrunde legten. Beide Direktoren haben mich immer wieder ermutigt, mit meinen Arbeiten fortzufahren. Das Seaver College Reassigned Time Committee hat mir ein mit der Freistellung von meinen Lehrverpflichtungen gekoppeltes Stipendium zugesprochen, um an den King-Büchern, einem Science-fiction-Roman und an Projekten über Orson Scott Card und C. S. Lewis zu arbeiten.

Man kann also sagen, daß meine eigenen Erfahrungen die ganze Ambivalenz widerspiegeln, die King umgibt. Angenommen und abgewiesen – oft fanatisch und mit wenigen ernst zu nehmenden Argumenten.

Meine eigene Überzeugung ist jedoch unerschüttert. Ich versuche, ein Mittler zu sein zwischen den Akademikern in ihren verstaubten Elfenbeintürmen, die nur an Literatur als Kunstwerk [New Criticism] interessiert zu sein scheinen statt an Literatur als Spiegel lebendiger Erfahrungen, und den gedankenlosen, bedingungslosen Fans, die wissen, daß sie Kings Bücher mögen, aber nicht die geringste Ahnung haben, warum sie sie mögen. Ich versuche zu zeigen, daß zeitgenössische Literatur durchaus den Standards der Akademia genügen kann, und gleichzeitig können jene Standards der Akademia dem Leser und Fan helfen, die Bücher besser zu verstehen. Ich versuche Dinge aufzuzeigen, die sich bei King – und allen anderen, über die ich arbeite – finden lassen und die ich als erregend und stimulierend empfunden habe, um dann meine Leser anzuhalten, sich selbst abermals dem Werk zuzuwenden und für sich selbst meine Aussage zu hinterfragen. Ich bin weniger Philologe oder Kritiker als Förderer. Trotzdem ist mir die wissenschaftliche Arbeit und eine klare Vorgehensweise sehr wichtig.

Stephen King macht sich gegen das Zensur-Referendum stark
von Christopher Spruce

Das Problem mit der Zensur läßt sich in einfache Worte kleiden: Wo soll man die Grenze ziehen? Für King, der den erschreckenden Effekt von Zensur aus erster Hand kennenlernen konnte, als er mit den Dreharbeiten zu Rhea M. – Es begann ohne Warnung *in Wilmington, North Carolina, beschäftigt war, ist Zensur kein Fremdwort. Seine Bücher gehören zu den am häufigsten zensierten Büchern an amerikanischen Schulen.*

In einem Interview mit der Bangor Daily News *aus dem Jahr 1977 sprach sich King deutlich gegen Zensur aus. »Sie steht in klarem Widerspruch zur Idee der Erziehung«, sagte er als Kommentar zu der durch geheime Abstimmung beschlossenen Indizierung von Solschenizyns Kurzroman* Ein Tag im Leben des Iwan Denissowitsch *durch die Englischabteilung der Lisbon High School. »Ich kann gar nicht glauben, welcher Schande die Schule damit durch die Englischabteilung ausgesetzt wird. Und ich denke mir, daß Solschenizyn sehr verwirrt und verärgert darüber sein muß, daß sein Buch in den Vereinigten Staaten von Amerika verboten wurde.«*

Das Problem mit der Zensur ist wie eine Hydra – man kann es nur auf Zeit besiegen.

Mit der Behauptung, daß die Rechte von einer Million Bewohnern von Maine bedroht seien, wandte King sich im Mai und Juni über die Radiosender und Zeitungen seines Heimatstaates an die Öffentlichkeit, um ein Zensur-Referendum abzuwenden.

Das Referendum wurde in einer Vorwahl am 10. Juni mit einem klaren Ergebnis von 72 zu 28 Prozent abgewiesen.

»Ich bin dagegen [gegen die Referendum-Initiative]«, erklärte King den Radiohörern am 6. Juni, »denn ich weiß nicht, wozu es führen wird.«

Das Referendum war von der Maine Christian League beantragt worden, die damit versuchte, die Werbung für und den Verkauf von pornographischem Material in Maine zu verbieten. Reverend Jasper (Jack) Wyman, Vorsitzender der Civic League, sagte, das Referendum sei nötig, um eine gesetzliche Grundlage zu schaffen, die Kinder vor dem schädlichen Einfluß von Pornographie zu schützen und die Anzahl der Fälle von Kindesmißbrauch und Vergewaltigung zu reduzieren. Wyman, der sich zusammen mit King vor der Abstimmung über das Referendum am 10. Juni einer Radiodebatte stellte, erklärte, daß Wissenschaftler eine eindeutige Verbindung zwischen dem Konsum von Pornographie und dem Begehen von Sexualdelikten, besonders gegen Kinder, gefunden hätten.

Das zentrale Thema der Debatte war, ob die Regierung das Recht haben sollte zu entscheiden, welche Materialien Erwachsene lesen oder ansehen dürfen. Wyman argumentierte, daß Obszönität nach der Interpretation des Ersten Zusatzes zur Verfassung durch den Obersten Gerichtshof keine geschützte Form der Rede- und Meinungsfreiheit sei. Der Gerichtshof habe »Obszönität« über die Jahre in vielen Entscheidungen zu diesem Thema definiert. Gegner der Initiative hingegen, King eingeschlossen, argumentierten, daß es keine allgemein akzeptierte Definition von »Obszönität« gäbe, die man auf die verschiedenen gedruckten und filmischen Materialien anwenden könne; daß etwas, das für Wyman pornographisch sei, vielleicht von Tausenden anderer Staatsbürger in keiner Weise für pornographisch gehalten würde. Außerdem erklärten die Gegner, daß ähnliche Gesetze in anderen Staaten benutzt worden seien, um Bücher aus Schulen und öffentlichen Bibliotheken zu entfernen, die von den meisten als hohe Literatur erachtet, von wenigen jedoch für obszön gehalten wurden.

King, dessen Bücher schon aus einigen Schulbibliotheken verbannt worden sind, sagte, daß er sich nicht sicher sei, wozu ein solches Gesetz führen könne. »Jack«, erklärte er Wyman während der Radiodebatte, »Sie können dasitzen und sagen, Sie wüßten, was es [das Gesetz] tun wird, aber Sie wissen es nicht wirklich. Niemand weiß das. Und deshalb bin ich dagegen. Ich bin gegen alles, von dem ich nicht genau weiß, was es ist.«

Auch wenn er sich von einem der von den Gegnern des Referendums gesponserten Fernsehspots distanzierte [der Spot zeigt einen Mann in einer schwarzen Lederjacke, der verschiedene Taschenbücher, darunter *Früchte des Zorns* und *Valley of the Horses,* anzündete und indirekt zu verstehen gibt, daß dies unter Wymans sogenanntem Anti-Porno-Gesetz geschehen könnte], gestand Stephen jedoch zu, daß eine solche Übertreibung eines Tages durchaus Wahrheit werden könne, sollte das Referendum zu einem Gesetz führen. »Ich hasse diesen Spot«, erklärte er Wyman. »Ich meine, der Typ darin sieht aus wie ein Nazi. Aber, wissen Sie, wenn Sie erst einmal diesen Weg [die Zensur] einschlagen, mag es in gar nicht so weiter Ferne liegen ...«

Wyman versuchte sogar, mit seiner Kampagne die Bürger einzuschüchtern. Die Befürworter des Referendums sponserten Fernsehspots, in denen angebliche Beweise zitiert wurden, die eine Verbindung zwischen Kindesmißbrauch und dem Konsum von Pornographie durch Kriminelle bestätigten. Mit ihrem Slogan heizte die Civic League die Atmosphäre noch zusätzlich an: »Tun Sie's der Kinder wegen.«

Wyman beharrte darauf, daß eine positive Entscheidung für das Referendum nicht in dem Verbot irgendeines Werkes von literarischem Wert resultieren würde. Er sagte, Behauptungen von Referendumsgegnern, daß ein ähnliches Gesetz in North Carolina zum Verbot solcher Bücher wie *Rotkäppchen, Huckleberry Finn* und des Bandes »R« der *Encyclopedia Britannica* (er beinhaltet einen Abschnitt über »Reproduction« [Fortpflanzung]) geführt hätte, seien völlig aus der Luft gegriffen. King, der den Sommer des Jahres 1985 in North Carolina verbracht hatte, wo er den Dreharbeiten zu *Rhea M. – Es begann ohne Warnung* beiwohnte, sagte, er habe mit eigenen Augen den erschreckenden Effekt von North Carolinas Obszönitätsgesetzen auf Buchhandlungen und Zeitschriftenhändler sehen können:

> Als das Anti-Porno-Gesetz letzten Juli in Kraft trat ... verschwanden zwischen Dienstag abend und Mittwoch morgen sämtliche Ausgaben von *Playboy* und *Penthouse* vom Regal des kleinen Kurzwarenladens, wo ich morgens die Zeitung und abends mein Sixpack kaufte. Sie waren so schnell verschwunden, man hätte meinen können, die Pornofee wäre um Mitternacht erschienen und hätte sie mitgenommen.

In einem anderen Geschäft in Wilmington verschwand über Nacht die Abteilung mit den nicht jugendfreien Leihvideos. In einigen Fällen wurden selbst ab 16 oder 18 Jahren freigegebene Videos wie Brian De Palmas *Der Tod kommt zweimal* aus den Regalen genommen. »Ich gehe kein Risiko ein«, zitiert King die Bemerkung eines Ladenbesitzers. »Es würde denen gefallen, uns den Laden dichtzumachen.«

»Wenn Sie ein Gesetz wie dieses einführen, wo soll es dann aufhören?« fragte King in einer Kolumne, die in der Ausgabe des *Maine Sunday Telegram* vom 1. Juni abgedruckt wurde. King schrieb:

> Ich finde den Einfall, den Verkauf pornographischen Materials zum Verbrechen zu machen, ziemlich schlecht, weil damit die Verantwortung, »nein« zu sagen, aus den Händen der Bürger genommen und in die von Polizei und Gerichten gelegt wird. Das finde ich deshalb schlecht, weil es undemokratisch, willkürlich und in höchstem Grade diffus ist.

Als Randbemerkung sei hier angeführt, daß nur ein paar Monate zuvor der Schulvorstand einer Stadt in der Nähe von Vancouver, Washington, per Abstimmung beschlossen hatte, Kings *Shining* aus den Regalen der Unterstufenbibliothek zu entfernen. Der Schulvorstand schloß sich den Argumenten der Verbotsbefürworter an und pflichtete ihnen bei, daß das Buch zuviel Vulgärsprache enthalte. Eine Frau behauptete sogar, sie habe sich die Zeit genommen, die auftauchenden Kraftausdrücke zu zählen. Ihr Ergebnis: 156. Das Verbot des Buches sorgte für großen Wirbel in der Gemeinde und rief Kommentare von Verbotsgegnern hervor, die im Tenor jenen sehr ähnlich waren, die King während der Zensurdebatte in Maine äußerte.

King gibt offen zu, daß Zensur ihm angst mache, weil sie seinen Lebensunterhalt bedrohe – »meinen Lebenszweck«, wie er es Jack Wyman gegenüber nannte. Doch er glaubt fest an die Freiheiten, die die amerikanische Verfassung garantiert, und an die Idee, daß Menschen, die in einem freien Land leben, auch frei sein sollten.

Das Schreiben

Clive Barker über Stephen King, Horror und E.-C.-Comics

Es war eine großartige Unterstützung, wie sie eine schriftstellerische Laufbahn in Gang bringen kann. In diesem Fall ist die Rede von Stephen Kings Enthusiasmus und aufrichtiger Wertschätzung für Clive Barker, einen britischen Schriftsteller, dessen unverblümte Art des Horrors Fans auf beiden Seiten des Atlantiks gefunden hat.

Kings Abwandlung von Jon Landaus Zitat über Bruce Springsteen, »Ich habe die Zukunft des Horrors gesehen, sein Name ist Clive Barker«, wurde auf den Umschlägen von Barkers Büchern abgedruckt. »Er ist so gut, daß mir buchstäblich die Spucke wegbleibt. Wir anderen sehen neben ihm aus, als hätten wir die letzten zehn Jahre verschlafen.«

In zwei Interviews in der »Larry King Show« (6. Mai 1987 und 11. Oktober 1988) bestätigte Barker Kings positiven Einfluß auf seine eigene Laufbahn und auf das Horror-Genre an sich und sprach über die Moral der klassischen Horror-Comics von E. C.

Über Stephen King

Jeder, der sich für das Horror-Genre interessiert, muß sich auch für das Werk von Stephen King interessieren. Steve hat das Genre in dem Sinne neu geformt, daß er es Lesern erschlossen hat, die sonst nie ein Horror-Buch gekauft hätten. Damit hat er für uns alle einen riesigen neuen Markt aufgetan. Und er ist ein glänzender und zugänglicher Geschichtenerzähler.

Über die Unterstützung, die King Clive Barker zuteil werden ließ

Steves Empfehlungen haben mir unglaublich geholfen. Schlußendlich hatte ich – glaube ich – ein viel größeres Publikum, als ich für möglich gehalten hätte. Steve ist außergewöhnlich, und ich glaube, er hat mitgeholfen, das Eis zu brechen. Seinem Zutun ist es zu verdanken, daß die Leute zunächst das Risiko eingegangen sind, meine Bücher zu kaufen.

Über das Schreiben von Horror

Eigentlich möchte das Publikum etwas Neues, eine neue Vorstellung, einen neuen Blickwinkel. Aber nur allzu häufig bekommt es halb verdaute Einfälle, es bekommt immer wieder denselben alten kalten Kaffee.

Über Moral und E.-C.-Comics

Ich bin ein großer Bewunderer der E.-C.-Comics. Die E.-C.-Comics sind sehr moralisch. Jede Menge Horror-Literatur ist moralisch. Das entgeht den Fundamentalisten häufig, die daherkommen und in Rundfunksen-

Photograph courtesy of photographer Greg Preston, coordinated by Michael Autrey

Clive Barker

dungen über mich lästern, und den Leuten, die mir Ausgaben der Bibel schicken, in denen Abschnitte im fünften Buch Mose unterstrichen sind, damit ich sie lesen soll. Ich finde es interessant, daß wir andauernd mit Leuten zu tun haben, die uns sagen wollen, was gut und was schlecht ist; aber wenn es Spitz auf Knopf kommt, haben sie selber nicht die geringste Ahnung.

Ein Interview mit Harlan Ellison

Wenn jemand schreibt, dann ist er ein Egoist. Es ist ein immenser Akt der Egozentrik zu schreiben, denn dieser Akt bedeutet, daß man sagt: Was ich zu sagen habe, ist wichtig genug, daß der Rest der Welt es hören sollte.

Harlan Ellison

Wenn Sie wissen wollen, was Stephen King über Harlan Ellison als Mensch denkt, sollten Sie die Einleitung zu *Stalking the Nightmare,* einer Sammlung mit Kurzgeschichten von Ellison, lesen. Wenn Sie wissen wollen, was King von Ellison als Schriftsteller hält, sollten Sie einen Blick in Kings ausführliche Abhandlung über das Horror-Genre, *Danse Macabre,* werfen.

Ellison wurde im Jahr 1934 in Cleveland geboren und besuchte die Ohio State University. Dort erklärte ihm ein Professor, daß er keinerlei schriftstellerisches Talent besäße, woraufhin Ellison ihm die Meinung sagte und das College verließ, um Schriftsteller zu werden. (Man sagt, daß Ellison jenem Professor über Jahre hinweg eine Ausgabe von allem schickte, was er veröffentlichte.)

Ellisons erste Kurzgeschichte, »Glowworm«, wurde 1954 in einem Science-fiction-Magazin veröffentlicht. 1958 veröffentlichte Ellison seine ersten beiden Romane, *Web of the City* und *Deadly Streets.*

Ellisons endgültiger Durchbruch kam, als Dorothy Parker 1962 im *Esquire* sein sechstes veröffentlichtes Buch, *Gentleman Junkie* (eine Kurzgeschichtensammlung), besprach. Es war das erste große Lob für ihn, die lang ersehnte Anerkennung durch die Kritiker auch außerhalb des Genres.

Mittlerweile ist Ellisons vierundvierzigstes Buch, *Harlan Ellison's Watching,* erschienen, eine Sammlung von Filmkritiken, die Underwood-Miller im Juli 1989 herausbrachte. Auch wenn es sich bei den meisten seiner Bücher um Kurzgeschichtensammlungen handelt, so hat er doch ebenfalls zahlreiche Essaysammlungen und Graphic Novels veröffentlicht und die bahnbrechende Anthologieserie von Originalgeschichten *Dangerous Visions, Again Dangerous Visions* und – in Planung – *The Last Dangerous Visions* herausgegeben.

Harlan Ellison, am besten bekannt für seine Kurzgeschichten und Essays, wurde mit dem Edgar Award (von den Mystery Writers of America), dem Nebula Award (von den Science Fiction Writers of America), dem Writers Guild of America Award (für das herausragendste Drehbuch) und dem von der internationalen Schriftstellervereinigung PEN vergebenen Silver Pen Award ausgezeichnet.

1987 veröffentlichte Nemo Press eine hervorragende retrospektive

Sammlung seines Werkes: *The Essential Ellison.* (Wenn Sie noch nichts von Ellison gelesen haben, bietet dieses Buch Ihnen einen guten Einstieg. Es wird Sie zu weiteren Werken von ihm führen.)

Ellison, der im Mai 1992 achtundfünfzig geworden ist, lebt mit seiner Frau Susan in Sherman Oaks, Kalifornien. Seine jüngste Kurzgeschichtensammlung ist *Angry Candy,* 1988 als gebundene Ausgabe von der Houghton Mifflin Company herausgebracht und später von der New American Library als Taschenbuch. Sein jüngstes Buch mit Sachtexten ist *Harlan Ellison's Watching,* eine Sammlung von Filmkritiken, herausgegeben von Underwood-Miller.

Das folgende Interview wurde an einem frühen Sonntagnachmittag im März 1989 am Telefon geführt, eine Störung an einem ansonsten geruhsamen Tag im Heim der Ellisons. George Beahm und Howard Wornom führten das Interview, das dann später von Beahm niedergeschrieben und bearbeitet wurde.

FRAGE: Was sind Kings Stärken als Schriftsteller?
ELLISON: Meiner Meinung nach gibt es gewöhnlich einen guten Grund dafür, weshalb ein bestimmter Autor sich bei einem breiten Publikum großer Beliebtheit erfreut. Es ist ein Gefühl der Identifikation mit den allgemeinen Problemen und Überzeugungen jenes Massenpublikums, was zum Beispiel auch der Grund dafür war, weshalb Alfred Hitchcock einen solch einzigartigen Erfolg in seiner Karriere hatte. Er war in der Lage, sich in die universalen Ängste, die die Menschen plagten, hineinzuversetzen. Stephen macht genau dasselbe, und das ist natürlich für mich eine seiner Stärken.

Stephen King ist weder Marcel Proust noch Salman Rushdie[1], um einmal einen Namen zu nehmen, der gerade in aller Munde ist. King ist einer der herausragendsten Schriftsteller, die das zwanzigste Jahrhundert hervorgebracht hat. Seine Stärken liegen im Bereich des Geschichtenerzählens, und seine Schwächen verteilen sich auf kleinere Bereiche. Zum Beispiel fällt mir kein King-Roman ein, vielleicht mit Ausnahme von *Es* oder den beiden Bänden der *Saga vom Dunklen Turm,* der nicht ebensogut als Novelle hätte erzählt werden können.[2] Das ist für mich die größte Schwäche an Stephens Werk. Seine Ideen sind nicht sehr komplex. Es sind alles Ideen, die schon ad infinitum im Fantasy- und Horror-Genre verarbeitet worden sind.

---

[1] Autor des kontroversen Romans *Die Satanischen Verse*, der nach Aussage des verstorbenen Ayatollah Khomeini die islamische Religion beleidigte und ein »Verbrechen« ist, für das der Ayatollah das Todesurteil über Rushdie verhängte. Trotz einer öffentlichen Entschuldigung beharrte der Ayatollah auf seinem Standpunkt, und der Autor hält sich seither versteckt.

[2] Ein fiktionales Prosawerk mit einem Umfang von zwanzigtausend bis vierzigtausend Wörtern.

Doch das ist eigentlich egal, denn er ist ein Synthesizer, der sich der frei umherschwebenden Symbole bedient, zu dem jede dieser Ideen, gesellschaftlich gesprochen, geworden ist; die Art von Dingen, die aus sich selbst heraus bereits eine mythische Qualität besitzen, wie der Tod von Marilyn Monroe, das Attentat auf John F. Kennedy, der Flug der Hindenburg, der Untergang der Titanic, James Dean oder Jack the Ripper. Dies alles sind Dinge, die sich über ihre Wirklichkeit erhoben haben und nun ein Gewicht und die vielfältigsten Verflechtungen besitzen, die weit über das Geschehnis oder die Person hinausragen.

Stephen bedient sich beinahe ausschließlich dieser Dinge. Er benutzt die Idee eines Vampirs in *Brennen muß Salem*, er nimmt die Idee eines tollwütigen Hundes für *Cujo,* er benutzt die Idee eines besessenen Wagens in *Christine.* Und er schafft es, wenn auch vielleicht nicht, ihnen neues Leben einzuhauchen, so doch zumindest, sie aus dem Blickwinkel gerade aktueller kultureller Strömungen zu betrachten, wie es kaum ein anderer Autor vermag.

Ich habe mich darüber recht ausführlich in meinen Schriften über Stephen ausgelassen – wie und warum er so berühmt wurde. Er ist durch einen Zufall berühmt geworden, auf dieselbe Weise wie Ian Fleming berühmt wurde.[3] Es ist nur ein Zufall, daß John Kennedy sagte, daß er am liebsten diese Spionagethriller über James Bond lese, und, bumm, jeder liest sie. Dieselbe Art der Verehrung findet sich bei Theodore Roosevelt, der sagte, daß er am liebsten Western lese – und für dreißig Jahre erlebten Western in diesem Land eine Blütezeit.

Stephens Augenblick kam mit jenem Augenblick in *Carrie,* als Carrie unter der Dusche ihre Periode bekommt und von den Mädchen gehänselt wird. Das war ein solches Anzapfen der grundlegendsten kulturellen Mythologie. Plötzlich war dieser brillante neue Schriftsteller in aller Munde. Genau gesagt, sprachen sie alle von diesem Gefühl. Stephen ist über alle Maßen gesegnet, daß er den Motor dieses Fahrzeugs am Laufen halten konnte.

FRAGE: Geht ihm langsam die Luft aus?

ELLISON: Ich halte es für töricht, zu denken, daß irgend jemand in alle Ewigkeit in der Lage wäre, eine literarische Karriere von solchem Niveau aufrechtzuerhalten, wie Stephen es schon so erstaunlich lange geschafft hat. Es geht einfach nicht. Wenn Sie zum Beispiel zurück zu den Vierzigern gehen und einen Blick auf die populären Zeitschriften jener Zeit werfen oder auf die Bücher, dann werden Sie die Namen von Leuten finden, die heutzutage niemand mehr kennt. Sie sind vollkommen vergessen, weil sie so durch und durch bodenständig waren und sich ihr

---

[3] An anderer Stelle in diesem Buch, im Abschnitt »Harlan Ellisons's Watching«, wird die ganze Geschichte erzählt.

Werk nie ausreichend über jenen populären Reiz hinaus steigern konnte. Das hat nicht einmal ein Sinclair Lewis geschafft, der heutzutage so gut wie überhaupt nicht mehr gelesen wird. F. Scott Fitzgerald würde heutzutage ebenfalls nicht mehr gelesen werden, erlebte er nicht immer wieder von Zeit zu Zeit eine Wiederauferstehung durch unerschütterliche Liebhaber des Genres.

FRAGE: Zu sehr ihrer Zeit verhaftet?
ELLISON: Genau. Wenn ein Autor so eng mit einer Zeit identifiziert wird, veraltet sein Werk. Ich schreibe nun selbst seit fünfunddreißig Jahren, und wenn ich auf dieses ganze Zeug, das ich geschrieben habe, zurückblicke, dann sehe ich, daß vieles davon vom Tenor der Zeit beeinflußt war. Und jenes Zeug ist weniger wichtig und hat weniger Chancen, die Zeit zu überdauern, als das Zeug, dem eine gewisse Universalität anhaftet, wie »›Repent Harlequin!‹ Said the Ticktockman«, »I Have No Mouth and I Must Scream« oder »Jeffty Is Five«.

FRAGE: Seine Stärken?
ELLISON: Seine Stärken liegen meiner Meinung nach darin, wie er es schafft, auf eine Art über Menschen zu schreiben, daß wir alle uns darin wiederfinden können. Aber das beschreibt es nicht wirklich. Ich meine nicht, daß wir uns mit den Charakteren identifizieren. Es sind die Einzelheiten, die kleinen Dinge, die er so lebendig werden läßt. Es verleiht seinen Büchern ein Gefühl der Wahrhaftigkeit, das bei anderen Autoren desselben Genres fehlt. Stephens Bücher stellen nur selten unsere Bereitschaft zu glauben auf die Probe. Du schlägst ein Stephen-King-Buch auf, und er zieht dich mitten hinein, und du sagst: Ja, dem kann ich folgen, und er führt dich sehr schnell wie durch eine Membran in die Welt des Unglaublichen, schlicht und einfach, weil er diese starken Charaktere beschreibt, die das Herz jedes guten Buches sind.

William Faulkner sagte einmal, daß es nur eins gibt, über das es sich zu schreiben lohnt, und das ist die Studie eines Herzens, das einen inneren Kampf austrägt.[4] Stephen gelingt das wirklich sehr gut, und ich denke, das ist seine größte Stärke.

FRAGE: Wie ist er als Stilist – seine Technik und Grammatik?
ELLISON: Es ist sehr schwer, etwas über Stephens »Technik« zu sagen, da sie manchmal so schlicht und geschmeidig wie eine Tanznummer von Fred Astaire ist, ein Vergleich, den ich schon früher für Steves Technik gebraucht habe, die so wortgewandt und außergewöhnlich ist, daß sie schon beinahe nicht mehr als Technik zu bezeichnen ist.

---

[4] William Faulkners Einschätzung über den Zweck literarischen Schreibens, die er in seiner Nobelpreisrede kundtat.

FRAGE: Aufgrund ihrer Schlichtheit?
ELLISON: Aufgrund ihrer Unsichtbarkeit. Es ist eine unsichtbare Technik, und das, glaube ich, ist seine große Stärke. Ich denke, daß er manchmal von ihr abweicht, weil er von einer Menge Kritikern dafür niedergemacht wird, daß er so leicht zugänglich ist. Sie sagen: Er ist ein guter Geschichtenerzähler, doch er ist kein großer Schriftsteller. Das geht Stephen nicht allein so, wir alle leiden darunter. Wir alle beginnen irgendwann anzunehmen, daß wir einen ernsthafteren Ton anschlagen müßten, um ernst genommen zu werden. Wir beginnen alle, uns nach der Art von Ruhm zu sehnen, der die Nachwelt überdauert, und wir denken, wenn wir wie Washington Irving schreiben, dann haben wir vielleicht eine bessere Chance dazu. Dies fällt in die Hände der Dichterlinge, dieser Möchtegern-Schöngeister, die für die *New York Review of Books* schreiben und die es am liebsten sähen, wenn du absolut unverständliches Zeug schreiben würdest, weil sie denken, daß dieses Zeug literarisch wertvoll sei. Wir können nicht alle wie Henry James schreiben, und das wäre auch gar nicht gut. Und ich denke, daß Stephen King manchmal von seiner eigenen Klarheit des Stils abweicht, um – wie unterbewußt auch immer – die hochgesteckten Ansprüche jener Leute zufriedenzustellen. Man kann ihn dafür nicht verdammen, denn keiner von uns steht über diesen Dingen.

FRAGE: Was sind Ihre persönlichen Lieblinge in seinem Werk?
ELLISON: Ich denke, mein Liebling ist *Carrie,* was nicht heißen soll, daß er später nicht besser geworden ist, denn ich halte zum Beispiel *Shining* für ein weit besseres Buch. Doch *Carrie* ist Stephen King pur. Es ist Stephen King, bevor er seine schriftstellerische Unschuld verlor, bevor er im Rampenlicht der Öffentlichkeit stand. Es ist Stephen King, der einzig für sich selbst schreibt.

FRAGE: Denken Sie, daß seine Werke gut lektoriert werden?
ELLISON: Ich denke nicht, daß die Lektoren Stephen die Art von Lektorieren und Redigieren zukommen lassen, die er braucht und verdient, denn er ist Stephen King – und Stephen King wird nun einmal mit Samthandschuhen angefaßt. Ich meine, wenn Stephen King falsche Grammatik benutzen oder einen Fehler machen will, ist es immer noch Stephen King.

Die Lektoren, mit denen ich zu tun habe, gehören nicht zu der Art von intellektuellem Spielbrett, gegen das man den Ball seiner eigenen Arbeit springen lassen möchte.

FRAGE: Glauben Sie, daß Sturgeons Gesetz, daß 90 Prozent von allem Mist ist, daß es im Höchstfall Durchschnitt ist, auf das zeitgenössische Horror-Genre zutrifft?

ELLISON: Ich denke, es trifft in einem weit größeren Maße zu, ungefähr 98 Prozent. Wenn Sie sich den Horrormarkt anschauen – ich hasse das Wort Horror, weil es ein so einschränkender Begriff ist...

FRAGE: Den man sich automatisch einverleibt, weil man Mitglied einer Schriftstellerorganisation ist, die sich Horror Writers of America nennt?
ELLISON: Genau. In der Tat sind die Horror Writers of America eine wunderbare Organisation, weil Dean Koontz, Joe Lansdale, Rick McCammon und ein paar andere Jungs hart daran gearbeitet haben, sie so gut zu machen, wie sie ist. Ich denke, eines der größten Hindernisse, als Organisation ernst genommen zu werden, ist ihr Name: Man braucht nur Horror Writers of America sagen, und schon wird man ausgelacht.

Das Tragische am Horror ist, daß er über kurz oder lang in den Untergrund verdrängt werden wird von Verlegern, die dieses Genre verabscheuen, die kein Interesse daran haben, die nicht über die Kante ihres Schreibtischs hinwegschauen können. Genau so, wie es war, als sie Romanserien über Abenteuerhelden gemacht haben, bis die Leute sie über hatten. Da sagten sie einfach scheiß drauf und ließen das Genre fallen. Dann haben sie historische Romane gemacht, bis sie auch das Pferd zu Tode geritten hatten.

Jetzt haben sie sich diese Horrorsache gegriffen, weil Stephen King heiß ist. Nun, wenn ein Stephen King gut ist, dann müssen fünfhundert Stephen Kings noch besser sein, denken sie sich.

FRAGE: Wie Greshams Gesetz.[5]
ELLISON: Genau. Nehmen Sie sich einen kleinen Verleger, der sich von den Krümeln ernährt, die vom großen Kuchen übrigbleiben, der sagt: Nun, okay, wir werden keine fünf Millionen Dollar damit machen, wir werden hunderttausend machen. Selbst wenn es schlechtes Material ist, das den Brunnen verseuchen wird. Aber wie sollte man es ihm übelnehmen? Und Stephen King hat ein ganzes Genre populär gemacht, mag es nun gut oder schlecht sein. Als er zu einem Verkaufsrenner wurde, sagte der Rest der Hyänen: Hier kommt Frischfleisch, laßt uns fressen. Das ist es, was heute geschieht. Wenn Sie also fragen, ob Stephen Kings Blütezeit im Abklingen ist, dann denke ich ja, denn nun gibt es dort draußen neun Millionen Stephen-King-Imitatoren verschiedenster Coleur. Imitatoren nur in dem Sinne, daß sie im selben Bereich tätig sind, Leute, die im selben Genre schreiben, wie Dean Koontz, Clive Barker oder Joe Lansdale. Ihr Name ist Legion. Einige von ihnen sind sehr gut, und andere sind nicht sehr gut, aber sie sind alle dort draußen. Als es nur Stephen gab, als er einzig und allein auf dem Markt war, konnte er machen, was er wollte. Nun, zehn Jahre später, nach der Schwemme, fangen die

[5] Schlechtes Geld treibt gutes Geld fort.

Leute an, ein wenig gelangweilt zu reagieren. Nun geschieht es selbst einem so guten Buch wie Dan Simmons' *The Song of Kali,* das meiner Meinung nach einer der besten Dark-Fantasy-Romane ist, der im letzten Vierteljahrhundert herausgekommen ist, zum Teufel noch mal – selbst ein solches Buch geht ziemlich schnell wieder unter.

FRAGE: Ist es schon als Taschenbuch erschienen?
ELLISON: Da haben wir es wieder. Es ist vor vier Jahren als Taschenbuch herausgekommen. Es ist nie wieder neu aufgelegt worden. Es ist vergriffen. Und da ist Dan Simmons, der nun *Carrion Comfort* geschrieben hat und auf dem Weg ist, ein sehr wichtiger Autor zu werden, und niemand kann an sein Haupt- und Meisterwerk kommen.

Die gesamte Struktur des Verlagswesens hat sich in den letzten fünfundzwanzig Jahren so vollständig verändert, daß selbst die besten Schriftsteller zur Vergessenheit verdammt sind. Man kann nur noch hoffen, daß man reich und berühmt wird, und Stephen King hat das erreicht. In diesem Sinne ist es ihm vielleicht gelungen, etwas von diesem die Nachwelt überdauernden Ruhm zu erlangen. Andererseits sind in der Vergangenheit Leute, die ebenso populär wie Stephen waren, untergegangen und werden nicht mehr gelesen.

FRAGE: In bezug auf literarische Nachahmungen, das Arbeiten im selben Bereich und Stil, haben Sie da das Gefühl, daß Koontz mit seiner eigenen Art von Büchern den Durchbruch schafft – eine Ansicht, die Bernie Wrightson mit einigen anderen teilt – nun da er Zugang zu diesem Markt hat? Koontz' Verkaufszahlen liegen um vierzig Millionen Bücher, weltweit; Kings liegen bei sechzig Millionen.
ELLISON: Ich weiß nicht, ob Dean mit seiner eigenen Art von Büchern den Durchbruch schafft oder nicht. Ich habe Deans Bücher gelesen, und ich habe Stephens Bücher gelesen, und man kann sagen: Nun, ich habe Spaß beim Lesen gehabt. Doch mit Ausnahme von *Sie* habe ich nicht ein gutes Stephen-King-Buch gelesen, das mir so unauslöschlich in Erinnerung bleiben wird wie *Carrie.* Was Deans Schreiben betrifft, so denke ich, daß Dean nach all diesen Jahren endlich sich selbst findet.

Dean hatte schon lange seine eigene Sprache, doch es war eine sehr kommerzielle Sprache. Nun ist Dean an einem Scheidepunkt angekommen, und wenn er diesen überschreitet, wird er auf ganz andere Weise schreiben. Und wenn das eine »Nachahmung« von King geben sollte, dann liegt sie einzig darin, daß er in einem Genre tätig ist, das nun durch die Gegenwart von Stephen King in den Mainstream aufgenommen worden ist. Stephens Werk ist wichtig, weil es das erste war. Doch es gibt eine ganze Menge Leute, die vor ihm da waren. Stephen King würde überhaupt nicht existieren, wenn es nicht H. P. Lovecraft, Fritz Leiber, Algernon Blackwood und Richard Matheson gegeben hätte.

Doch an einem bestimmten Punkt laufen die literarischen Stränge zusammen, und an diesen Punkten sitzen Leute, die alles, was vor ihnen war, vollständig in sich aufgesogen und ihr eigenes kleines Element hinzugefügt haben, und *bumm,* plötzlich charakterisiert es die Gesamtheit jener speziellen literarischen Richtung, das Genre in jenem Augenblick. Das ist es, was Stephen King getan hat. Und so werden alle Leute, die nach ihm kommen – bis eine völlig neue, völlig eigenständige Person den Durchbruch schafft – als Epigonen beschimpft werden. Ich halte das für abscheulich unfair.

FRAGE: Ist Clive Barker diese völlig neue, völlig eigene Person?
ELLISON: Nein.

FRAGE: Wer ist es dann?
ELLISON: Ich habe nur ein paar Kandidaten. Einer von ihnen ist Steve Rasnic Tem. Einer von ihnen ist Dan Simmons. Ein anderer ist Patrick McGrath. Außerdem denke ich, daß es in diesem Genre Leute gibt, die gnadenlos unterbewertet werden, wie Fritz Leiber, der immer neu und erfrischend ist, obgleich er nicht sonderlich viel moderne Fantasy schreibt.

FRAGE: Was ist das Geheimnis des Schreibens?
ELLISON: Das große Geheimnis des Schreibens ist nicht, Schriftsteller zu werden, es ist, Schriftsteller zu bleiben, Jahr für Jahr für Jahr, Buch für Buch für Buch, bis man schließlich, nach langer, langer Zeit, auf das Gesamtwerk eines Menschen schaut und es einem gewaltig erscheint. An manchen Stellen erreicht es einen Gipfel, wie bei *Carrie* oder *Sie,* und an anderen Stellen taucht es in ein Tal hinunter, und da hat man dann *Christine.* Doch es gehört alles zueinander.

FRAGE: Ich habe mir Ihr Buch gemeinschaftlich geschriebener Kurzgeschichten, *Partners in Wonder*[6], angeschaut, und da habe ich mich gefragt: Was halten Sie von der King/Straub-Zusammenarbeit, *Der Talisman?* Glauben Sie, daß die dritte Stimme, die King in seinen Interviews erwähnte, tatsächlich besser ist als die beiden einzelnen Stimmen, daß es eine erfolgreiche Zusammenarbeit war?
ELLISON: Was halten Sie vom *Talisman?*

FRAGE: Ich halte es für trostlos und sehr kalt. Ich denke, es ist mehr Straub als King.
ELLISON: Wie steht's mit Ihnen, George?

---

[6] Dieses leider längst vergriffene Buch, erstmalig erschienen 1971 bei Walker and Company, ist eine Sammlung von Kurzgeschichten, die Ellison in Zusammenarbeit mit anderen Schriftstellern geschrieben hat.

FRAGE: Ich muß gestehen, es ist das einzige Buch von King, das ich mehrere Male angefangen habe, aber einfach nicht zu Ende lesen konnte.
ELLISON: Das ist auch meine Meinung. Ich habe ein halbes Dutzend Mal versucht, das verdammte Ding zu lesen.

FRAGE: Was geschehen ist, ist folgendes: Man nimmt Kings umgangssprachliche Ausdrucksweise und sein Talent, eine Geschichte zu erzählen, und dann kombiniert man es mit Straubs Prosa, und statt einer einzigartigen literarischen Zusammenarbeit erhält man eine kühle, beinahe tonlose dritte Stimme. In *Partners in Wonder* – in Geschichten wie der aus Ihrer Zusammenarbeit mit Roger Zelasny – liegt dem ganzen eine lyrische Qualität inne, an der man erkennen kann, wie gut der Prozeß der Zusammenarbeit funktionierte. Doch das fehlt dem *Talisman* völlig.

ELLISON: Außerdem halte ich die ganze Sache mit den Computern – und das Schreiben von Büchern über weite Entfernungen mit Hilfe von Computern – für großen Mist. Ich denke, ein Computer entfernt einen automatisch vom Schreiben. Jeder Schriftsteller sollte zu einer manuellen Schreibmaschine oder einer Feder zurückkehren. Ich möchte nicht wie ein Bilderstürmer klingen, doch ich sehe eine Leidenschaftslosigkeit die Oberhand gewinnen, die der Natur der gesamten Industrie gleichkommt. Ich sehe Schriftsteller, die nachlässig schreiben – mehr und schneller – mit weit weniger Aufmerksamkeit.

FRAGE: Was halten Sie von Kings Kurzgeschichten?
ELLISON: Einige davon halte ich für sehr gut. »Der Affe«[7] hat mir gefallen. Und ich liebe *The Plant,* eine sensationelle Geschichte, die noch nicht beendet ist.[8] ... Stephen hat mir eine Geschichte für *Last Dangerous Visions* geschickt, die noch einmal überarbeitet werden muß. Das Problem ist, wenn man sagt, ich werde mit Stephen über eine Überarbeitung reden, ich werde Änderungsvorschläge machen, dann hört es sich an, als wolle man sich nur auf die eigene Schulter klopfen: Hier bin ich, der brillante, kluge Typ, der Stephen King mal zeigen wird, wie man schreibt. Nun, den Eindruck will ich nicht im geringsten erwecken. Was ich meine, ist, daß man mir eine Kurzgeschichte eingeschickt hat, und ich denke, es ist viel mehr darin, als Stephen die Zeit hatte, herauszuholen. Die Geschichte verdient etwas Besseres, die Arbeit verdient etwas Besseres, und Stephens Ruf verdient etwas Besseres.

---

[7] Aus *Skeleton Crew*. Deutsche Ausgabe in der Sammlung *Der Fornit.*

[8] Bis heute sind drei Abschnitte der Geschichte von Kings eigenem Verlag, Philtrum Press, herausgebracht und als Weihnachtsgruß an Freunde und Geschäftspartner verschickt worden.

FRAGE: Da Sie *Sie* als besten Roman aus Stephens jüngerem Werk erwähnt haben, würde ich gern Ihre Ansichten über die Mentalität und die obsessive Natur von Fans erfahren, die Sie ja ebenfalls aus erster Hand kennen.
ELLISON: Es gibt keine Worte dafür, jemandem, der es nicht so hautnah wie Stephen oder ich oder ein paar andere erlebt hat, zu erklären, wie es ist.

FRAGE: So viele King-Filme haben schlechte Kritiken bekommen, doch *Stand By Me – Das Geheimnis eines Sommers* war eine Ausnahme. Was hat man dort draußen in Hollywood von diesem Film gehalten?
ELLISON: Mein Eindruck hier draußen war, daß die Leute noch nicht einmal gemerkt haben, daß es eine Stephen-King-Geschichte war. Wie könnte es eine King-Geschichte sein? Da war nichts mit Zähnen oder Fängen darin, es ist nur eine stille Geschichte über ein paar Kinder. Aber schauen Sie sich die Stephen-King-Filme an, die seitdem gemacht worden sind, wie *Friedhof der Kuscheltiere.* Die Vorabberichte, die ich gehört habe, sagen, daß er abscheulich ist, ein schlechter Film. Ich habe ihn nicht gesehen, und ich will hier keine Gerüchte verbreiten, aber das hört man überall in der Filmbranche.

FRAGE: Was halten Sie von Tabitha Kings Werk?
ELLISON: Es liegt eine gewisse Liebenswürdigkeit in ihren Büchern, die in Stephens Werk fehlt. Es gibt eine Reihe von Schriftstellerinnen, die ich gerade deshalb lese, weil da eine gewisse Menschlichkeit, Liebenswürdigkeit in ihren Werken ist. Tabbys Sachen sind ganz anders als die von Stephen, und auf eine gewisse Art sind sie viel reifer.

Terror in Toonstadt – *von Howard Wornom*

Die Grenze zwischen Horror und Humor ist sehr fein, eine Unterscheidung, die Howard Wornom – Disney-Fan, King-Leser und Student der Geschichte der Animation – sehr deutlich macht. Woher also bekommt ein Schreiber solch düsterer Geschichten seine Ideen? Nun, es gibt da ein düsteres Viertel in einer Stadt namens Toontown.

Woher bekommen Sie Ihre Ideen?

Es ist »der Fluch des Schriftstellerdaseins«, wie Stephen King einmal sagte. Nur Nicht-Schriftsteller stellen eine solche Frage, nur lahme Reporter und gehirntote Fans, deren Phantasie schon längst durch die ständige Berieselung durch das Fernsehen und die Lektüre des *National Enquirer* ausgedörrt ist.

Harlan Ellison, ein Schriftsteller, der keine Geduld mit Dummköpfen hat, hält eine Standardantwort parat: Poughkeepsie. Jede Woche schickt er einen Scheck an einen Dienst in Poughkeepsie, und jede Woche erhält er dafür eine Liste von Ideen.

Und die Dummen, wie einige Reporter, glauben ihm.

Schriftsteller des Phantastischen haben von jeher unter dieser Frage zu leiden gehabt, da es schlichtweg keine Antwort gibt, die jemand, dem das nötige kreative Instrumentarium fehlt, verstehen könnte. Ideen kommen vom Fragen: *Was wäre wenn* ... Sie kommen daher, daß man eine Phantasie besitzt, die viel zu viele Menschen nicht haben. Es ist, für manche, ein magisches Geheimnis.

Stephen King hat gelegentlich Ellisons Erwiderung benutzt, wenn ihm die gefürchtete Frage gestellt wurde. Bei anderen Gelegenheiten hat er vorgegeben, er wisse nicht, woher seine Ideen kämen. Sie kommen einfach.

Glauben Sie ihm nicht. Blättern Sie einfach mal den Berg von Kings Prosa durch, und vielleicht werden Sie dann gewisse Ähnlichkeiten entdecken, die Ihnen die Quelle eines großen Teils seiner kreativen Inspiration enthüllen. Bisher geheimgehalten, kann es nun endlich glaubhaft bewiesen werden, daß eine Schatztruhe von Ideen – insbesondere Ideen und bizarre Geschehnisse, die zum Ableben von vielen von Kings Charakteren führen – Mr. King von einer kaum bekannten Ideenfabrik, versteckt im Herzen von Toonstadt, geliefert wurde.

Toonstadt ist nicht einfach nur ein Ort, an dem Zeichentrick-Mäuse mit putzigen kleinen Häschen umhertollen und wo Tinkerbell mit Geistern und Frostfeen herumflattert. Es gibt finstere Winkel in Toonstadt, an die sich selbst nur wenige Toons trauen; und dies, wage ich zu behaupten, ist der Ort, an dem Stephen King seine Ideen findet.

Seinen Geschichten wohnt eine unheimliche Qualität inne, die manchmal Cartoon-gleich scheint. Eine Qualität, die an die wilden Verfolgungsgags der Roadrunner-und-Coyote-Trickfilme von den Warner Brothers erinnern, die die Wirklichkeit mit Einblicken in das Unwirkliche verfremdeten.

Das entscheidende Wort hierbei ist *Gag* – eine komische Situation in einer Geschichte –, denn Kings Erzählungen quellen über von Gags, die von der Unwirklichkeit zurückprallen wie Felsbrocken von Wile E. Coyote. Und die Gründe, weshalb die surrealen Geschehnisse in Kings Geschichten funktionieren, sind dieselben Gründe, aus denen heraus die alten Warner-Zeichentrickfilme sich auch heutzutage noch solch großer Beliebtheit erfreuen; nach Aussage von Steve Schneider in *That's All, Folks!:* »In den Warner-Trickfilmen, verband sich geistige Reife mit einem jugendlichem Ungestüm, daß alles, komme was wolle, erlaubt sein mußte.«

Und auch in der Welt des Stephen King ist alles erlaubt.

Shining quillt über von düsteren kleinen Einzelheiten, die nur aus dem Reich der Cartoons entsprungen sein können. Nehmen Sie nur die Heckentiere: bedrohlich, reglos, und dennoch weiß der Leser ohne darüber nachzudenken, daß die Dinger, sobald Jack ihnen den Rücken zukehrt, zum Leben erwachen, wie Audrey II »Feed Me« singen und sich das Chlorophyll von den Lefzen lecken, bereit, sich auf ihn zu stürzen ...

Es ist kein Wunder, daß Jack glaubt, er könne aus dem Augenwinkel Dinge sehen. Er tut es. Das Overlook liegt an der Grenze eines rückwärtsgerichteten Universums, in dem die Realität verdreht ist und MORD DROM buchstabiert wird. Das Leben wird zu einem tödlichen Zeichentrickfilm.

Einem Zeichentrickfilm noch ähnlicher sind die Gags aus dem in der gedruckten Fassung nicht mehr erscheinenden Prolog zu *Shining,* »Before the Play«. In Szene I erstickt ein Kongreßabgeordneter beim Abendessen und wälzt sich umher wie eine Stahlkugel, die in einem teuflischen Flipper umherschießt:

> Der Kongreßabgeordnete hatte sich an den Hals gegriffen und ihn mit seinen Händen fest umkrallt, er war erst rot, dann purpurn angelaufen, taumelte regelrecht im Todeskrampf zwischen den Versammelten herum, prallte von Tisch zu Tisch und stieß mit den wild rudernden Armen Weingläser und Vasen voll frischer Schnittblumen um, und seine wüst aufgequollenen Augen starrten die versammelten Gäste an.

Cartoons und Tod. In Zeichentrickfilmen stirbt niemand wirklich. Schießgewehre werden mitten ins Gesicht abgefeuert, und Daffy Duck geht davon, mit der Nase am Hinterkopf. Worüber sollte man sich Sorgen machen? Kein Blut, keine graue Masse über die Tapeten verspritzt. Nein, hier ist alles in Ordnung.

Ganz anders als in *Brennen muß Salem,* als Kings Roman zum ersten Mal die Zeichentrickwelt und die reale Welt zusammenbringt. Eva Millers Ehemann Ralph (ein Cartoon-Name) findet sein Ende in einem Häcksler, er stirbt und er bleibt tot – einer der wenigen, die in Lot tot bleiben.

> ... in gewisser Weise war es komisch, wenn man so einen gräßlichen Unfall überhaupt komisch nennen konnte. (...) Sein Fuß glitt in einer Wasserpfütze aus, und schockschwerenot direkt vor ihren Augen in den Häcksler. Es erübrigt sich zu sagen, daß der mögliche Vertragsabschluß zusammen mit Ralph Miller den Bach runterging.

Werfen Sie einen Blick in andere Romane von King: *Es* handelt von einem Killer-Clown, *Der Fluch* handelt von einer tödlichen Diät (Maria Ouspenskaya trifft Karen Carpenter), und in *Das Monstrum* werden

Strahlengewehre von Duracell-Batterien betrieben – eine Mischung aus schlechter Science-fiction der Fünfziger, Klischees und stereotypen Rube-Goldberg-Erfindungen. Doch Kings Cartoon-ähnlichster Roman mögen seine »durchgedrehten ›Happy Days‹« sein: *Christine* ist eine Trickfilm-Autofahrt durch die gepeinigten Landschaften von Teenager-Lust und hormoneller Angst. Arnie ist ein stereotyper Verlierer hinter dem Steuer wie aus dem Zeichentrickfilm, und Christine ist ein bösartiger Zwilling von Roger Rabbits Benny The Cab – nur, daß jemand ihren Tank mit Freudensaft aus der Hölle statt mit Normalbenzin füllt, und Junge, sie ist ganz schön sauer!

Christine selbst ist ein Cartoon: sie braust die Straßen entlang wie ein Tiger auf der Jagd, ihre Reifen klammern sich wie mit chrombewehrten Krallen an den Asphalt. Ihre Opfer, wie der Erziehungsheimzögling mit dem Comic-Namen Moochie, schauen erstarrt zu, während ihre wie Höllenfeuer strahlenden Augen sie in ihrem Lichtkegel gefangen halten und ihre zwei Tonnen geballtes Grauen mit Zähnen aus Chrom und Stahl über sie hinwegpflügen.

Der '57 Fury war der coolste der heckflossenbewehrten heißen Schlitten der Fünfziger, und King hat ihm mit seinem Rock-and-Roll-»Cartune« eines zu teuflischem Leben erwachten Fury ein ewiges Denkmal gesetzt. Es beweist, was er einmal in einem Vortrag sagte: »Rock and Roll schenkt dir ewige Jugend.«

Einmal abgesehen von den Romanen, sind es wohl Kings Kurzge-

King und »Situations-Horror«

Wenn ich Horror-Stories schreibe, dann schreibe ich häufig nicht unbedingt Romane, es sind mehr Situations-Komödien, nur funktioniert der Dreh in die andere Richtung. Ich erzähle den Leuten gerne, der Unterschied zwischen Komik und Horror ist der, daß die Komik aufhört, wenn es einen selbst betrifft. Man lacht sich schief, wenn jemand auf einer Bananenschale ausrutscht, aber nicht, wenn man selber derjenige ist; man beißt sich die Zunge ab, die Zungenspitze fällt einem auf den Schoß, und man sagt: »Herrgott, das ist überhaupt nicht komisch.« Und wenn jemand über einen selber lacht, möchte man hingehen und dem Arschloch eine kleben, richtig?

Vieles, was ich geschrieben habe, könnte man als »Situations-Horror« bezeichnen, so sehe ich das. Nehmen wir zum Beispiel ein Buch wie *Shining:* Ich könnte mir gut vorstellen, daß man die Rollen von Jack und Wendy Torrance mit Lucy und Desi Arnez besetzt: mit melodramatischer Stimme und kubanischem Akzent »Lucy, ich bin wieder da!« Ich meine, stellen Sie sich die beiden vor. Man weiß, daß er sie irgendwie haßt wie die Pest, und in der richtigen Situation, von der Welt abgeschnitten und so weiter, könnte so etwas geschehen. Es wäre möglich ...

Aus: »Verbotene Bücher und andere Sorgen: Der Vortrag in Virginia Beach«, Stephen Kings Vortrag zur »Woche verbotener Bücher« in Virginia Beach am 22. September 1986

schichten, die die größte Ähnlichkeit zu Zeichentrickfilmen aufweisen. In ihnen grenzt Kings amerikanischer Realismus an ein Entenhausen des surrealen Grauens.

Schauen Sie sich nur einmal »Überlebenstyp« an, die Vom-Millionär-zum-Tellerwäscher-Geschichte eines ehemaligen Chirurgen, der zum Dealer wurde. Gestrandet auf einem öden, felsigen Eiland, verlegt er sich auf Selbst-Kannibalismus als Antwort auf die Frage: »Wie stark ist der Überlebenswille des Patienten?«

Sehr stark. Auf dem Höhepunkt befindet sich der Patient, Dr. Pine, auf einem Trip zum Wahnsinn, während er sich seine eigenen fleischigen Teile abschneidet, um zu überleben. Und die ganze Zeit singt er dabei: »Heute ... hast du ... eine Pause verdient... also steh auf und geh los ...«

Schließlich ist nicht mehr viel von ihm übrig, also hat er die Wahl:

Hahaha.
linke Hand rechte Hand was macht's weiß die linke Hand was die rechte tut.

Dann die Pointe: »Löffelbiskuits sie schmecken genau wie Löffelbiskuits.«

Mmmm. Das schmeckt.

Und dann ist da noch Onkel Ottos Cresswell – ein entfernter Verwandter von Christine und ein Laster, der sich mit Vorliebe an Otto heranschlich, wenn dieser gerade nicht hinguckte. Die Sache war, der Motor war damals '53 explodiert, und der Laster stand dreißig Jahre auf einem Feld – auf der Stelle, an der Onkel Ottos Partner wie ein Kürbis unter der Schnauze des Cresswell zerquetscht worden war. Es war ein Unfall, sagte Onkel Otto ...

Vielleicht waren es in Wirklichkeit die Jahre der Schuld, die Onkel Otto den Garaus machten. Aber andererseits, vielleicht waren sie es auch nicht, denn sein Neffe fand Onkel Ottos Leiche in einem Schuppen auf der gegenüberliegenden Seite des Feldes vom Laster, Diamond-Gem-Öl strömte aus Ottos Mund, und dann streckte Quentin seine Hand aus »und öffnete Onkel Ottos Mund«.

»Das, was herausfiel war ein Kolben – glatt und ölig und sehr, sehr alt.«

Richter Dooms Urteil: Tod durch Texas-Tee.

Sie wissen, King hat so eine Schwäche für fette Frauen. Annie Wilkes. Omi. Und ich meine nicht einfach fett, ich meine *monströs.*

Diese Frau ist so verdammt groß und sie sieht aus wie o Jesus Christus dieses bedruckte Kleid sie muß einsfünfundneunzig groß sein und *fett* mein Gott sie ist fett wie ein Schwein kann ihr langes weißes Haar nicht riechen ihre Beine wie diese Rotholzbäume in dem Film ein Panzer sie könnte ein Panzer sein sie könnte mich umbringen ihre Stimme ist aus dem Zusammenhang gerissen wie eine Kazoo Herrgott wenn ich lache ich darf nicht lachen kann sie siebzig sein großer Gott wie geht sie nur und die Krücken in ihren Händen sind größer als meine Füße wie ein verdammter Panzer sie könnte durch Eichenholz o um Himmels willen.

»The Blue Air Compressor« ist zweifellos eine der seltsamsten Geschichten von King. Die obszön fette Mrs. Leighton ist ein Comicsymbol aller männlichen sexuellen Ängste (ich denke mir das nicht aus – lesen Sie Kings freudianische Interpretationen in der Geschichte), und ihr Dahinscheiden ist geradewegs den Warner-Brothers-Kurzfilmen entsprungen, in denen die Figuren wie riesige Ballons aufgeblasen werden und dann unschuldig davonfliegen. Doch dies ist Kings Reich, und die Dinge sind ein wenig ... blutrünstiger.

Der Kompressor sprang mit einem *Wusch* und einem Poltern an. Der Schlauch flog aus Mrs. Leightons Mund. Kichernd und stammelnd steckte Gerald ihn wieder rein. Ihre Füße trommelten und polterten auf dem Boden. Die Haut über ihren Wangen und dem Zwerchfell fing rhythmisch an zu pulsieren. Ihre Augen quollen auf und wurden zu Glasmurmeln. Ihr Oberkörper dehnte sich ... Der Kompressor heulte und schnaufte. Mrs. Leighton schwoll an wie ein Wasserball. Ihre Lungen wurden zu erstickenden Kugelfischen ... Sie schien auf einmal zu explodieren.

Die »Figur« von King, die einem Comic am nächsten kommt, ist sicherlich das Ding in »Die Kiste« – selbst King gesteht ein, daß es »ein Monster von solcher Bösartigkeit ist, daß es eigentlich ein Cartoon ist«.

Beim Fressen macht es ein Geräusch, und das »hatte große Ähnlichkeit mit dem, das ein Teekessel von sich gibt, wenn das Wasser sprudelnd zum Kochen kommt. (...) Aber das hier war kein fröhliches Pfeifen, sondern etwas, das in etwa dem scheußlichen hysterischen Kreischen eines Kindes« gleichkommt, und »verstärkte sich zu einem tiefen, heiseren Knurren.«

Nach 134 Jahren ist das Monster in der Kiste noch immer lebendig, und es schluckt den Hausmeister erstaunlicherweise, ohne aus den Nähten zu platzen. Dann macht Charlie Gereson einen Witz über seine wahre Identität:

»Die werden denken, daß Sie gerade von 'ner Riesenzecherei zurück sind und tasmanische Teufel statt rosa Elefanten sehen.«

Vielleicht wurde gerade darum »Charlie Geresons Körper (...) mit grotesker, trickfilmartiger Geschwindigkeit unter die Treppe gerissen.«

Tasmanische Teufel verstehen keinen Spaß.

Nachtschicht enthält wahrscheinlich die cartooneskesten aller King-Geschichten – und diese handeln zumeist von Dingen, die zum Leben erwachen.

(»Graue Masse« ist eine Ausnahme: es ist der Alptraum eines Biertrinkers, eine Umsetzung des Klischees »Du wirst noch deinen Grips versaufen«. Und genau das geschieht auch.)

King liebt lebendige Wagen. Seine »Lastwagen«, in der Form des antiklassischen *Rhea M. – Es begann ohne Warnung* auf die Leinwand gebracht, sind äußerst bösartige Maschinen. Wir haben es hier mit vom Teufel besessenen Dreißigtonnern, Transportern, Traktoren zu tun, denen der Hunger nach Blut im Dieselöl liegt ... und sie sind sehr hungrig ...

Es besteht überhaupt kein Grund für das alles, doch wir brauchen eigentlich auch keinen Grund. Wir müssen nur wissen, daß jemand die Hintertür der Toontown-Garage hat offenstehen lassen und daß diese Zugmaschinen in die reale Welt hinausschlüpften, als gerade niemand hinsah.

»Schlachtfeld« erinnert an die Weihnachtscartoons der dreißiger Jahre, in denen die Kinder (oder der Spielzeugmacher) ins Bett gehen und ihre Spielsachen zum Leben erwachen, um sich in ihren eigenen Festtagsfreuden zu ergehen. Doch hier erstarren die Zinnsoldaten nicht auf der Stelle, sobald sie der Blick eines Menschen trifft:

> Die Soldaten trugen Uniformen, Helme und Tornister in Miniaturausgabe. An ihren Schultern hingen streichholzdünne Maschinengewehre. Zwei von ihnen hatten Renshaw sofort gesehen und spähten zu ihm herüber. Ihre winzigen, stecknadelkopfgroßen schwarzen Augen funkelten böse.
>
> Erst zählte er fünf, dann zehn, dann zwölf, schließlich alle zwanzig. Einer von ihnen gestikulierte wild, anscheinend, um den anderen Befehle zu erteilen. ... Sogleich fuhren auch die anderen herum, die Maschinengewehre im Anschlag. Renshaw hörte leise, beinahe lustig hell klingende Geräusche, so, als fielen einen Handvoll Murmeln auf einen gepflasterten Gehsteig. Dann hatte er das Gefühl, als fiele ein Schwarm Wespen über ihn her.

Für den dem Tode geweihten Renshaw ist es kein Spielzeugwunderland: Diese Spielsachen sind gekommen, um sich einen Festtagsbraten zu erlegen.

Wenn es eine einzelne Gestalt in Kings frühen Geschichten gibt, mit der wir unsere Rundfahrt durch Toonstadts Ideenschrottplatz erfolgreich zum Abschluß bringen können, so ist es vermutlich »Der Wäschemangler«. Hier haben wir unseren gewöhnlichen Hadley-Watson Model-6 Gang Bügel- und Faltautomat, ein Fließbandmonster, der versucht, die arme Mrs. Frawley wie ein Flanellaken zusammenzufalten (»Sie trugen sie in einem Korb hinaus«), und Dampfwolken ausstößt »wie ein Drache«. Stellen Sie sich Jack Nicholson in der Rolle von Thomas Dischs *Der tapfere kleine Toaster* vor, und Sie werden eine Ahnung davon bekommen, was vor sich geht. Als er sich schließlich aus seinen Verankerungen losreißt, ist er ein moderner Unheilbringer, der sich in ein lebendes Höllenmonstrum verwandelt:

> Er versuchte, sich irgendwie aus dem Beton zu befreien, wie ein Dinosaurier, der versucht, einer Teergrube zu entrinnen. Es war kein Bügelautomat mehr, ständig veränderte und verwandelte er sich. Das 550 Volt Kabel fiel, blaues Feuer speiend ... Zwei Feuerbälle starrten sie einen Moment lang wie flammende Augen an, Augen, die kalt und hungrig waren.

Das letzte, was der Leser vom Wäschemangler sieht, als er seinen schrecklichen Amoklauf beginnt, ist »... etwas Schwarzes, Verschwommenes, das sich riesengroß vor ihnen aufbaute, ein offenes Maul mit einer Zunge aus Segeltuch, und elektrische Augen, groß wie Fußbälle, die sie böse anfunkelten«.

Doch wie der größte Teil von Kings Werk, ist dies kein Disneyfilm. Es gibt kein nettes, schmalziges Happy-End, und das letzte, was wir vom Wäschemangler hören, ist ein brüllendes Auf Wiedersehen, »etwas Heißes und Dampfendes«, während er auf der Suche nach weiterer Beute die Straße entlangpflügt, genauso wie Kings nächster Roman durch die Bestsellerlisten hindurchpflügen wird.

Nun, es hat viel Spaß gemacht, Leute, aber es sieht so aus, als wäre es an der Zeit, daß sich unser Zug von Zeichentrickhelden nun von uns verabschiedet.

Das Applaus-Schild muß schon blinken: Die Musik beginnt, und ich höre, wie das Gelächter vom Tonband anschwillt: Kommt schon, Kinder – singt mit!

> S–T–E ...
> P–H–E–N...
> K–I–N–G ...
> Heute ist nicht aller Tage,
> ich komm' wieder – keine Frage.

Ein kleines Quiz: Woher hat er nur diese Einfälle?

Diese Frage offenbart mehr über die Wissenslücken des Fragestellers als über das Wissen des Schriftstellers. Es ist die Frage, die jeden Schriftsteller auf die Palme treibt. Es ist die Frage, die von Unschuldslämmern gestellt wird, denen die Phantasie fehlt, es sich selbst zu beantworten.

Es ist die Frage, die man Stephen King unzählige Male gestellt hat. Er hat seine Standardantworten. »Ich bekomme meine in Utica«, schrieb er in *Letters from Hell,* einem broschierten Heft, das die Lord John Press veröffentlichte. In einem Interview mit Keith Bellows in *Sourcebook* erwiderte er: »Nun, es gibt da diesen tollen kleinen Buchladen an der 42. Straße in New York, der den Namen ›Gebrauchte Ideen‹ trägt. Dorthin gehe ich, wenn mir nichts einfällt.« Und in »On *The Shining* And Other Perpetrations«, einem Essay aus dem Magazin *Whispers,* gab er zur Antwort: »Ich bekomme sie in der Center Street Nummer 239 in Bangor, direkt um die Ecke des Frati-Brothers-Pfandleihers.«

Die Wahrheit – die sich nicht auf eine schnippische Antwort reduzieren läßt – ist, daß die Frage in vielen Fällen gar nicht zu beantworten ist. Sie ist zu allgemein und setzt voraus, daß Ideen wie ein Sechserpack Coladosen sind, verpackt und zum Verzehr bereit, erhältlich bei Ihrem örtlichen Gemischtwarenhändler, wenn Sie durstig sind. Jede schließlich zu Papier gebrachte Geschichte beginnt mit einer einzelnen Idee, die, genährt von der Kreativität, wächst, bis die Geschichte erzählt ist. In Kings Fall ist es die Frage »was wäre wenn?« über die Dinge, die er in der realen Welt gesehen hat, die seine Phantasie in Bewegung setzt.

Wenn Sie die Grundidee lesen – die Idee, die Kings Phantasie anspornte –, können Sie dann das fertige Werk erraten?

1. King, gerade mit dem College fertig, kann keine Stelle als Lehrer finden und nimmt für 60 Dollar die Woche einen Job in einer Wäscherei in Bangor an. Einer seiner Kollegen ist eine Frau, die aus der Bibel zitiert und in King die Frage erweckt: Was für Kinder würde sie wohl haben?

2. In einer Unterhaltung mit seiner Frau und einem Freund kam man auf das Thema Vampire. Was würde passieren, wenn Vampire in die amerikanische Provinz einzögen?

3. Nach dem Lesen von »The Veldt« – Ray Bradburys berühmter Kurzgeschichte über ein futuristisches Spielzimmer in einem Haus, in dem Kinder träumen können und das Spielzimmer die Träume wahr werden läßt – spielt King mit der Grundsituation herum und kommt so auf die Idee zu einem Roman, der in einem Vergnügungspark spielt und von einem Jungen mit übersinnlichen Fähigkeiten handelt.

4. King ist in Boulder, Colorado, wo sein Wagen liegengeblieben ist. Während er in der Abenddämmerung über eine Brücke geht, hat er einen beunruhigenden Gedanken: Was, wenn ein Troll das Geräusch seiner Schritte auf der Brücke hört und über ihn herfällt?

5. King beginnt die Arbeit an einem Schlüsselroman, einem Roman über Patty Hearst mit dem Titel »The House on Value Street«, kann aber nicht schreiben, weil er seinen Kopf nicht freibekommt von den Meldungen über einen Unfall in einem biologischen Institut, der Salt Lake City bedroht.

6. Bill Thompson – Kings erster Lektor – ruft eines Abends an und schlägt vor, er solle ein Buch über »das gesamte Phänomen des Horrors« schreiben.

7. King, ein Student an der University of Maine in Orono, kommt ein Ries seltsam geschnittenes, leuchtend grünes Papier in die Hände. In seinem zweiten Jahr auf dem College liest er Robert Brownings Gedicht »Childe Roland«. Zwei Jahre später spielte er mit der Idee, sich an »einem langen, romantischen Roman zu versuchen, der die Atmosphäre ... des Browning Gedichts nachempfindet«.

8. King spielt mit der Idee, eine Geschichte über ein Auto zu schreiben, dessen Kilometerzähler rückwärts läuft. Und wenn die Null erreicht ist, wird es auseinanderfallen.

9. King nimmt einen Auftrag für eine Geschichte in Kalenderform an, zwölf Vignetten, die in zwölf Tagen geschrieben werden. Doch die Geschichte wächst.

10. Die King-Familie lebt am Long Lake in Bridgton, Maine. Am Tag nach einem plötzlichen Sommergewitter geht King in den örtlichen Lebensmittelladen und hat dort eine Idee: »Ich hielt es für brüllend komisch – wie wäre wohl *Alamo* geworden, wenn Bert I. Gordon Regie geführt hätte?«

11. King ist auf dem College und beginnt mit einer Geschichte, die er vorerst »Verona Beach« betitelt, »eine Geschichte über eine verkrachte Schauspielerin und ihren Sohn, die in einem trostlosen Badeort an der Atlantikküste leben, wo sie auf den Tod wartet, und darüber, wie das wohl sein würde.«

12. King beginnt die Arbeit an zwei Romanen, die sich nicht richtig entwickeln – »Welcome to Clearwater« und »The Corner« – und beginnt

GB

Woher King seine Einfälle bekommt: »Ich bekomme sie in der Center Street Nummer 239 in Bangor, direkt um die Ecke des Frati-Brothers-Pfandleihers.«

dann einen dritten, »eine Kleinstadtgeschichte über einen Kindesmörder«. Das Bild vor Kings geistigem Auge: Ein Lehrer gibt seinen Schülern eine Klassenarbeit. Ein Mädchen gibt den Test ab, berührt kurz seine Hand, und der Lehrer sagt ihr, sie solle auf der Stelle nach Hause gehen, da ihr Haus brennt.«

13. King bringt sein kaputtes Motorrad zu einem Mechaniker in Bridgton, Maine. Ein Hund kommt aus der Scheune und knurrt King an. Der Mechaniker erklärt, daß dem Hund wahrscheinlich Kings Gesicht nicht gefalle und fügt hinzu, daß so etwas das erste Mal passiert sei.

14. King ist »Writer in Residence« an der University of Maine in Orono. Er lebt in einem Haus, an dem eine vielbefahrene Straße entlangführt. Eines Tages wird Smucky, die Katze seiner Tochter Naomi,

von einem Auto überfahren. Was wäre, wenn er die Katze ohne Noamis Wissen begraben würde – und was wäre, wenn sie wieder auferstehen würde?

15. King möchte eine Geschichte für seine Tochter Naomi schreiben und schreibt eine phantastische Kindererzählung »mit Zähnen«. Der ursprüngliche Titel lautet *The Napkins* und wird in limitierter Auflage in seinem eigenen Verlag herausgebracht.

16. Es begann mit einem traditionellen Kinderreim und zeigte Kings Vorstellung von Technologie, die plötzlich außer Rand und Band gerät.

Die Antworten finden Sie auf Seite 185

Die Welt des Stephen King – die Bücher

Dieser Abschnitt bietet, jeweils in alphabetisch geordneten Einzelkapiteln, einen etwas ausführlicheren Einblick in Kings veröffentlichte und unveröffentlichte Werke. Dabei richtet sich dieser Abschnitt vornehmlich an den interessierten Leser und ist nicht als literaturwissenschaftliche oder kritische Analyse zu verstehen.

Sowohl Douglas E. Winters *Stephen King: The Art of Darkness* als auch die Werke von Michael R. Collings bieten eingehendere Interpretationen und Untersuchungen. Auch die King-Verfilmungen werden in

Photo courtesy of the Bangor Daily News

Stephen King beim Tippen auf seiner IBM Selectric in seinem Arbeitszimmer in seinem Haus in Bangor

diesem Abschnitt nicht behandelt. Collings, Conner und Horsting haben Bücher geschrieben, die sich viel ausführlicher und fundierter mit dem Thema auseinandersetzen.

Vom Buch ausgehend, finden Sie in diesem Abschnitt zumeist eine kurze Inhaltszusammenfassung, die Geschichte hinter der Geschichte, weitergehende Informationen, ein Interview oder einen Artikel.

Der Abschnitt endet mit einem Exklusivinterview mit Douglas E. Winter, dem Autor von *Stephen King: The Art of Darkness,* der umfassendsten Bibliographie und kritischen Studie zu King. Winters Einschätzungen und Einblicke werfen ein neues Licht auf King, der, nach Meinung Winters, »wie kein anderer den Titel des amerikanischen Geschichtenerzählers verdient«.

Die Augen des Drachen

Es war einmal ... Das sind die magischen Worte, die eine Reise zu einem Ort, den es nur in der Phantasie gibt, verheißen.

Auch Stephen King beginnt *Die Augen des Drachen* auf ähnliche Weise mit einer Märchenformel: »In einem Königreich namens Delain lebte einst ein König, der hatte zwei Söhne.«

Die Augen des Drachen, das King zuallererst für seine Tochter Naomi geschrieben hat, (der, neben Peter Straubs Sohn Ben, das Buch gewidmet ist), ist sowohl eine Kindergeschichte als auch ein Erwachsenenroman, tatsächlich ist es ein Märchen für Erwachsene.

Wie *Pu der Bär, Der Hobbit, Der Wind in den Weiden* und andere Klassiker, die für ein Ein-Personen-Publikum (den Sohn oder die Tochter des Autors) geschrieben wurden, greift Stephen King in *Die Augen des Drachen* aus dem Text heraus, um seiner Tochter zu gefallen. In einem Artikel in der Februar-Ausgabe von 1987 von *Castle Rock* erklärte King, daß seine Tochter Naomi ihm das ultimative Kompliment machte, das ein Schriftsteller erhalten kann: »Das einzige, was ihr daran nicht gefiel, war, daß sie nicht wollte, daß es aufhörte. Das, meine Freunde, ist das Lieblingslied eines Schriftstellers ...«

Die Augen des Drachen ist aus dem Herzen heraus geschrieben, und King zeigt uns das Herz guter Literatur: eine bezaubernde Erzählung, die sowohl von einem Kind mit den Empfindungen eines Erwachsenen gelesen werden kann, als auch von einem Erwachsenen, der das Kind in sich nicht verleugnet und die Welt mit staunenden Augen betrachten kann, mit einem sechsten Sinn der Phantasie, der ihn im Herzen jung hält.

<u>*Philtrum Press*</u>

In einem langen Essay, »The Politics of Limiteds«, erklärt King seine Gründe dafür, daß er *Die Augen des Drachen* im Selbstverlag herausbrachte. Als das Buch fertig war, bestand keine Möglichkeit, es auf die übliche Weise herauszubringen, da Kings Veröffentlichungsplan für das gesamte Jahr 1988 schon aus allen Nähten platzte. Und anders als die anderen Romane von King war *Die Augen des Drachen* »eine Geschichte, die mir vornehmlich eine Kindererzählung zu sein schien«.

Das Veröffentlichen im eigenen Verlag gab King außerdem die Möglichkeit, eine Vielzahl von Verpflichtungen zu erfüllen: sich selbst als Schriftsteller gegenüber, für den die Veröffentlichung der letzte Schritt des Schreibens ist, seiner Tochter Naomi gegenüber, die dadurch ein Buch erhielt, das (zumindest zum Teil) ihr gewidmet ist und das sie nun in ihr Bücherregal stellen kann, den zweihundertfünfzig Freunden auf Kings Weihnachtsliste gegenüber, die in jenem Jahr statt *The Plant* dieses Buch bekommen würden, und seinen Fans in der Fantasy-Gemeinde gegenüber, jenen, die begierig jedes King-Buch einer limitierten Ausgabe vorbestellen, so daß die Auflage schon vergriffen ist, bevor sie überhaupt auf den Markt kommt.

Da *Die Augen des Drachen* in Kings eigener Philtrum Press herausgebracht wurde, verdeutlicht es mehr als jedes andere King-Buch auf jeder Entstehungsstufe den Autor selbst. Als Verleger bediente sich King hauptsächlich der Hilfe zweier Leute, um das Projekt durchzuführen: eines langjährigen Freundes, Michael Alperts, der auch schon *The Plant* entworfen hatte, und Kenneth Linkous', den er über Alpert kennengelernt hatte, ein bis dahin unbekannter Künstler, der in Alperts Bilderrahmenhandlung kam, um sich dort eine Fantasy-Graphik aufziehen und rahmen zu lassen, die er eigentlich King überreichen wollte, in der Hoffnung, von ihm vielleicht an einem künftigen Buch-Projekt beteiligt zu werden.

Gedruckt wurde bei Stinehour Press (Lunenburg, Vermont), die auch schon *The Plant* gedruckt hatten und später auch das zweite Buch der Philtrum Press, Don Robertsons *The Ideal, Genuine Man* (1978).

Kings Schwägerin, Stephanie Leonard (zu jener Zeit auch Kings

<u>*Die Antworten*</u>

1. *Carrie*
2. *Brennen muß Salem*
3. *Shining*
4. *Es*
5. *Das letzte Gefecht*
6. *Danse Macabre*
7. *Schwarz*
8. *Christine*
9. *Das Jahr des Werwolfs*
10. *»Der Nebel«*
11. *Der Talisman*
12. *Dead Zone*
13. *Cujo*
14. *Friedhof der Kuscheltiere*
15. *Die Augen des Drachen*
16. *Das Monstrum*

Sekretärin und Redakteurin und Herausgeberin von *Castle Rock*), war zugleich die leitende Sekretärin der Philtrum Press. Zusätzlich zum Texten der Werbeanzeige, die in kleinen Magazinen veröffentlicht wurde, unterstützte sie das Projekt zweifellos noch in manch anderer Hinsicht.

Michael Alpert: Buchgestalter

In einem langen Artikel in der August-Ausgabe von 1985 von *Castle Rock* erklärte Alpert, wie er in enger Zusammenarbeit mit King den grundlegenden Entwurf für das Buch entwickelte:

> Wir entschieden, daß das fertige Buch recht großformatig sein würde, gedruckt mit Metalltypen auf erstklassigem säurefreiem Papier, illustriert mit Schwarzweißzeichnungen, ansprechend gebunden in einem festen Einband und mit einem schützenden Schuber versehen. Das war das grundlegende Konzept, von dem aus ich dann die Einzelheiten meines Entwurfes erarbeitete.

Alpert ist mehr als nur Buchgestalter. Er besitzt umfassende Kenntnisse der Druckkunst und ist außerdem Dichter. Seine poetische Einfühlsamkeit half, das Buch zu gestalten:

> Für mich ist ein Buch ganz deutlich ein *privates Theater,* und die Präsentation des Buchinhalts ist der Präsentation eines Dramas durch ein kreatives Bühnenbild sehr ähnlich. Ebenso wie das Verlöschen der Lichter in einem Theater dem Publikum zeigt, daß es nun gleich in eine Welt der Phantasie eingeladen wird, so kann die Gestaltung eines Buches den visuellen und psychologischen Raum zwischen dem Inhalt des Buches und dem Rest des Universums geben. Die Hauptarbeit eines Buchgestalters besteht darin, sicherzustellen, daß sich nichts dem Eintauchen des Lesers in den Text in den Weg stellt.

Lesen ist ein ausgesprochen intimes Erlebnis – es entsteht eine persönliche Beziehung zwischen dem Buch und dem Leser, bei dem der Autor die Brücke zwischen beiden darstellt. Wenn der Schriftsteller seine Aufgabe erfüllt, gibt der Leser willentlich jeden Zweifel auf und »taucht in den Text ein«, wie Alpert es nennt. Der Leser wird aus der realen Welt herausgehoben und »fällt« in das Buch.

Kenneth Linkous: Illustrator

Linkous, der die Federzeichnungen für *Die Augen des Drachen* fertigte, ist ein Künstler mit einer großen Liebe für Kings Werk. Die Zeichnungen, in der Tradition illustrierter Bücher (einer heutzutage beinahe vergessenen Kunst), waren ein integraler Teil der Buchgestaltung. Die Arbeiten umfaßten Illustrationen für die Titelseite und die Kapitel-

GB

Die Augen des Drachen: *Die NAL-Taschenbuchausgabe (im Vordergrund) und die Titelseite der Philtrum-Press-Ausgabe (im Hintergrund). Rechts steht der Schuber*

überschriften. Außerdem finden sich verteilt im gesamten Buch Viertelseiten und ganze Seiten einnehmende Illustrationen.

Die Zeichnungen sehen auf dem schweren Papier, das Alpert für das Buch aussuchte, wie Radierungen aus. Bewußt wurde ein Papier ausgewählt, das die Struktur und Qualität von Leinenservietten hat (*The Napkins [Die Servietten]* war der ursprüngliche Titel des Buches).

Die Illustrationen sind wunderbar und treffen meiner Meinung nach, das Wesentliche des Buches weit besser als die David-Palladini-Illustrationen, die für die Viking-Ausgabe und das NAL-Taschenbuch verwendet wurden.

<u>*Die Lotterie*</u>

Kings Popularität garantierte, daß das Buch in seiner ersten und einzigen Philtrum-Press-Ausgabe schnell vergriffen sein würde. Die einzige drängende Frage war, wie man die Ausgabe gerecht verteilen sollte. Am Ende wurde eine Lotterie abgehalten, bei der man eintausend Namen zog. Stephanie Leonard übernahm dann den Versand (120 Dollar pro Buch).

Jene, die das Glück hatten, ein Buch zu bekommen, erhielten etwas wahrlich Einzigartiges. Das fertige Buch, das von der Konzeption bis zum Versand Kings Vorstellungen widerspiegelt, ist ein reines Kunstwerk: eine erquickliche Geschichte, wunderschöne Illustrationen, eine einmalig gelungene Gestaltung.

Die limitierte Ausgabe wiegt über zwei Kilo und mißt 21 auf 33,6 cm und hat einen passenden, schützenden Schuber. Sie ist ein Beispiel für kompromißlos durchgesetzte herstellerische Qualität bei Satz, Gestaltung, Illustration, Druck und Bindung.

Seit ihrer Publikation im Jahr 1984 ist die limitierte Ausgabe, wie vorherzusehen war, zu einem äußerst kostspieligen Sammlerobjekt geworden, noch unterstützt davon, daß sie in Kings eigenem Verlag erschienen ist. Wenn Sie tatsächlich ein Exemplar finden können, so wird der Preis dafür gut und gern 750 Dollar betragen. Doch für die Mehrheit der Besitzer ist das Buch ein wahrlich königlicher Schatz, den sie um keinen Preis der Welt aus den Händen geben würden.

Die Viking-Press-Ausgabe

1987 erschien *Die Augen des Drachen* als Hardcover bei Viking. Einmal abgesehen von kleineren Änderungen und Zusätzen – so einer Szene, die die Art der Freundschaft zwischen Peter (dem erstgeborenen Sohn des Königs) und seinem besten Freund Ben unterstrich –, blieb der Text in seiner ursprünglichen Form.

Der eigentliche Unterschied besteht in den Illustrationen. Ein neuer Künstler wurde beauftragt, neue Illustrationen zu fertigen. Es ist sicher eine Frage des persönlichen Geschmacks, doch ich ziehe Kings ursprüngliche Wahl des Illustrators Kenneth Linkous vor. David Palladini, ein professioneller Künstler, scheint nicht den Nerv von Fantasy-Illustrationen zu treffen. (Man stelle sich nur einmal vor, wie das Buch ausgesehen hätte, wenn Künstler wie Alicia Austin oder Tim Kirk, beide im Bereich der Science-fiction und Fantasy wohl bekannt für ihre herausragenden Arbeiten, die Illustrationen gestellt hätten.)

Ich möchte an dieser Stelle anmerken, daß der Schutzumschlag durchaus einfallsreich entworfen war. Neben den leuchtenden Farben empfand der Reliefdruck die Struktur einer Drachenschuppe nach – eine nette Idee.

Aus einem nicht ersichtlichen Grund war in der ersten Auflage von Viking nicht angegeben, daß zuvor bei Philtrum Press bereits eine limitierte Ausgabe erschienen war, eine Nachlässigkeit, die in späteren Auflagen auf Kings Bitte hin korrigiert wurde.

Kommentar

Auf der Titelseite wird das Buch als »eine Geschichte von Stephen King« bezeichnet und somit angedeutet, daß es sich vor allem anderen um eine Fabel handelt. Die Geschichte mit einer Länge von ungefähr einhunderttausend Worten stellt sicher eine Überraschung für diejenigen King-Fans dar, die glauben, er könne nur Horror schreiben, ein häufig anzutreffendes Vorurteil, das sich auch unter den Rezensenten hält, die King nicht sorgfältig lesen oder lesen wollen. In einer Einleitung zu Kings *Nachtschicht* bemerkte der mittlerweile verstorbene John D. MacDonald, daß King, nachdem er sein Talent beim Schreiben von Horror und humoristischen Stücken unter Beweis gestellt hat, nun »in jedem Genre schreiben kann«. Das heißt: King ist zuallererst ein Schriftsteller, und er ist fähig, über alles, das ihn interessiert, zu schreiben. Also tappen Sie nicht in die Falle und stecken ihn in die Schublade des Horrorschriftstellers, denn damit sperren Sie sich nur selbst ein.

<u>Der Inhalt</u>

Lieber Leser, Sie denken sicher, ich würde Ihnen nun eine detaillierte Inhaltsangabe geben, doch das tue ich nicht. Schließlich würde das ja die Geschichte verraten, oder?

Doch soviel will ich Ihnen erzählen. Sie handelt von einem Drachen und dem König, der ihn tötete, von einer jungen und schönen Königin, die zwei Söhne hat, Peter und Thomas, von denen einer der Mann wird, der König sein wollte und von einem bösen Zauberer – so alt wie die Berge – namens Flagg, der schreckliche Geheimnisse in sich birgt.

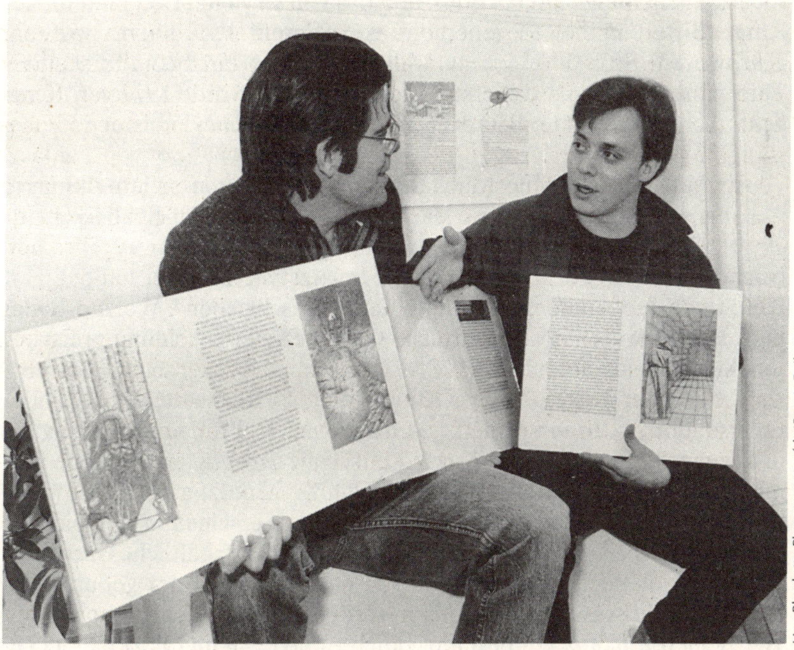

Stephen King und Kenny Ray Linkous zeigen Illustrationen aus Die Augen des Drachen

Mein Rat an Sie: Kaufen Sie das Buch und begeben Sie sich auf eine Reise nach Delain. Wenn Sie am Ende angekommen sind, werden Sie mir sicher beipflichten, daß das Buch förmlich nach einer Fortsetzung schreit.

Die Bachman-Bücher

Aber die Tatsache, daß Der Fluch *mit 28 000 Exemplaren verkauft wurde, solange Richard Bachman der Autor war, jedoch* 280 000 *Exemplare über den Ladentisch gingen, nachdem* Stephen King *als Autor bekannt wurde, spricht ja auch für sich, nicht?*

Stephen King, Einleitung zu *The Bachman Books*

Wie ein Puzzle, bei dem ein Steinchen fehlt, trat das gesamte Bild erst deutlich zutage, als das letzte Teilchen an seinem Platz lag. *Der Fluch,* das fünfte Bachman-Buch und von New American Library als einer der Haupttitel des damaligen Programms veröffentlicht, ließ 1984 Kings Tarnung auffliegen. Richard Bachman war ein Pseudonym für King.

Doch am meisten mag die Tatsache überraschen, daß das Geheimnis so lange geheim gehalten wurde, und das von so vielen Beteiligten. Auf Kings Bitte hin hatten jene, die von diesem Pseudonym wußten, geschworen, Stillschweigen zu wahren. Es war ein beeindruckendes Tarnmanöver. *Amok,* das erste Bachman-Buch, wurde 1977 veröffentlicht. Acht Jahre später bemerkte King in einer *Time*-Titelstory:

> »Es hätte in den Milestones der TIME erscheinen sollen«, knurrte King. »Gestorben. Richard Bachman, an Pseudonym-Krebs.«

Nachdem die Bombe in den Medien geplatzt war, kam der Fallout. Hat King noch unter anderen Pseudonymen geschrieben? Welche Bachman-Bücher waren noch erhältlich? Gab es Pläne, sie in einer preiswerten Ausgabe neu aufzulegen?

Wie sich herausstellte, hatte King tatsächlich noch unter einem anderen Pseudonym, John Swithen, geschrieben, den er für eine ursprünglich in der Aprilausgabe von 1972 der Zeitschrift *Cavalier* erschienene Krimigeschichte mit dem Titel *The Fifth Quarter* benutzt hatte. Doch *keine* weiteren Werke waren unter einem Pseudonym erschienen, obgleich die Gerüchteküche auf vollen Touren arbeitete. Noch erhältliche Bachman-Bücher? Nur noch *Der Fluch* war zu bekommen, in der gebundenen Ausgabe. Doch als es offensichtlich wurde, daß eine Nachfrage nach den vier früheren Romanen bestand, brachte NAL sie im Oktober 1985 in einer Gesamtausgabe – bestehend aus *Amok, Todesmarsch, Sprengstoff* und *Menschenjagd* – heraus.

Da die Bachman-Geschichte schon in erschöpfenden Einzelheiten erzählt worden ist, werde ich mir hier nicht die Mühe machen, das Gesagte zu wiederholen – es findet sich in Kings eigener Einleitung zur Komplettausgabe, *The Bachman Books,* in Winters *Stephen King: The Art of Darkness* und in einem Essay von Stephen Brown (einer der ersten, die die Bachman-Enthüllung aufdeckten und publik machten), der in *Kingdom of Fear* erschienen ist. Wenn Sie die ganze Geschichte nachlesen wollen, möchte ich Ihnen diese Werke ans Herz legen.

Meiner Meinung nach gibt es zwei wichtige Dinge, wenn es um die Benutzung eines Pseudonyms geht.

Erstens besitzen die Bachman-Bücher einen Erzähler, der sich von den anderen in den Büchern Kings unterscheidet: die dunkleren, pessimistischen Töne, die mit dem traditionellen Drum und Dran des Horrors einhergehen – die Art, auf der sich Kings Ruf begründet –, sind im allgemeinen nicht zu finden. *Todesmarsch, Sprengstoff* und *Menschenjagd* sind Science-fiction. *Sie,* ursprünglich als Bachman-Buch geplant, ist ein psychologischer Horrorthriller. *Amok* ist ein Psychothriller. *Der Fluch,* das jüngste der Bachman-Bücher, ist Kings »typischem« Horrorstil am nächsten – ein Verschmelzen der Stimmen von Bachman und King. Und *Stark* ist beinahe so etwas wie eine Zusammenarbeit von Bachman und King.

Zweitens zeigt der Hauptgrund dafür, weshalb diese Bücher (mit Ausnahme von *Sie*) nicht unter Kings Namen veröffentlicht wurden, viel über die internen Beweggründe in der Verlagswelt. Was früher ein Gentleman-Hobby war, hat sich in der Zwischenzeit zu einer von Großkonzernen dominierten Industrie entwickelt. Die hauptsächliche Sorge von Kings Verlegern war, daß der Markt übersättigt werden würde, wenn die Bachman-Bücher nicht unter einem Pseudonym erschienen.

Wie seine Verleger – zu ihrer Überraschung und Freude – feststellten, konnte die bücherlesende Öffentlichkeit gar nicht genug von King bekommen. *The Bachman Books* und *Der Fluch* verkauften sich erwartungsgemäß gut. Dies wiederum gab den Verlegern das nötige Zutrauen, im Zeitraum 1986–87 vier Romane von King zu veröffentlichen.

Die Geschichte wiederholt sich immer. Jeder der Romane verkaufte sich phänomenal gut, ein unumstößlicher Beweis für die Ausstrahlung des Namens King und den unermeßlichen Appetit seiner Fans.

Legendenbildung

New Yorker Verleger handeln nach unantastbaren Regeln. Doch King brach die Regeln und bewies, daß sich am Ende ein Buch doch von selbst verkauft, eine Tatsache, die alle Marketing-Leute frustriert, die vom Gegenteil überzeugt sind. (Wenn ein Buch schlecht ist, kann absolut nichts seinen Verkaufszahlen auf die Sprünge helfen, doch wenn es gut ist, spricht sich das irgend wann herum.)

Hier nun rückblickend, was Kings Verleger über ihn und den Markt, seine Mythen und Realitäten, herausfanden:

Regel Nr. 1: Ein Bestsellerautor soll nur einen Roman pro Jahr veröffentlichen.

Wenn man einen Lieblingsautor hat – King oder irgendeinen anderen –, dann kauft man alle seine Bücher, egal, wann sie veröffentlicht werden. Man würde sich nicht zwischen zwei Titeln desselben Autors entscheiden, man kauft einfach beide und sieht davon ab, ein Buch von einem anderen Autoren zu kaufen, das man vielleicht gekauft hätte, hätte der Lieblingsautor gerade kein neues Buch auf den Markt gebracht. (Nach der Veröffentlichung von *Es* waren drei weitere Romane für die Publikation innerhalb einer Zeitspanne von vierzehn Monaten vorgesehen: *Die Augen des Drachen, Das Monstrum* und *Sie.* Es ist wohl keine große Überraschung, daß alle sich blendend verkauften. King-Fans sind einfach richtiggehend süchtig.)

King faßte die Situation in »Warum ich ›Richard Bachman‹ war«, seiner Einleitung zu *The Bachman Books,* folgendermaßen zusammen: »Ich glaubte es nicht [daß ich den Markt überschwemmt hätte] ..., aber meine Verleger glaubten es.«

Regel Nr. 2: Kurzgeschichtensammlungen verkaufen sich nicht.

Als allgemeine Regel entspricht das sicher der Wahrheit, es sei denn, es handelt sich um einen Autor wie King, mit einer Leserschaft, die nach seinen Werken süchtig ist, egal in welcher Form. Entsprechend wurden vier Sammlungen mit kürzeren Arbeiten von King veröffentlicht, alle drei mit beeindruckenden Verkaufszahlen: *Nachtschicht, Skeleton Crew [Der Fornit/Im Morgengrauen/Der Gesang der Toten], Frühling, Sommer, Herbst und Tod* und *Four Past Midnight [Langoliers/Nachts].*

Regel Nr. 3: Damit sich ein Buch verkauft, muß der Autor dafür werben.

Werbegeschenke werden häufig benutzt, um die Verkaufszahlen eines Buches künstlich in die Höhe zu treiben. Doch King hat das nicht nötig. Gewöhnlich veranstaltet er keine Signierstunden, geht nicht auf Promotiontouren und nimmt nicht an Kongressen teil. Das Erscheinen seiner Bücher, werbewirksam ausgestellt, genügt.

Selbst bei Büchern, die nur von geringem Interesse für King-Fans sind – wie *Nachtgesichter,* das hauptsächlich aus Fotos besteht und nur einen Essay von King enthält –, reicht der Name allein aus, um den Verkauf anzuheizen. Wie David Streitfield im Februar 1989 in einem Artikel in der *Washington Post Book World* schrieb, druckte Viking das Buch in einer Auflage von einer Viertelmillion und verkaufte lediglich einhunderttausend Ausgaben. Dies sah Streitfield als einen Beweis dafür, daß selbst Kings Name keine Wunder wirken kann.

Die Wahrheit ist jedoch, daß die Tatsache, daß man einhunderttausend Ausgaben eines Buches wie *Nachtgesichter* verkaufen konnte, genau das Gegenteil beweist: Kings Name wirkt Wunder. Von einem neuen Roman von King werden eine Million Exemplare als Hardcover und drei Millionen Exemplare als Taschenbuch verkauft, und all diese Zahlen deuten auf einen kleinen Prozentsatz von Fans hin, die alles kaufen würden, solange nur Kings Name darauf steht. Der Verkauf von einhunderttausend gebundenen Ausgaben eines Buches wie *Nachtgesichter* ist, gemessen an den üblichen Buchverkaufszahlen, beeindruckend. (Wieviele Ausgaben des Buches wären wohl verkauft worden, wenn es nicht Kings einleitenden Essay enthalten hätte? Hätte sich das Buch überhaupt verkauft?)

Dann gibt es da noch über zwei Dutzend Bücher über King. Eins davon, eine Sammlung von Interviews mit King, verkaufte sich mit über einhunderttausend Exemplaren als Hardcover zu einem Preis von fast 30,– DM!

Es besteht kein Zweifel: Die Anzahl der King-Fans ist riesig, und sie kaufen buchstäblich alles, auf dessen Umschlag sein Name prangt.

Regel Nr. 4: Ein bekannter Autor sollte bei einem speziellen Genre bleiben, um die Leser nicht zu verwirren.

Da King sich hauptsächlich als Horrorschriftsteller profiliert hat, würde jedes Buch, das nicht in diese Kategorie paßt, Identitätsprobleme heraufbeschwören, oder zumindest glaubte man das. Wie sich herausstellte, waren die King-Leser, die ihn wegen seiner Art des Geschichtenerzählens schätzen, glücklich darüber, mit den Bachman-Büchern vier neue King-Romane zu bekommen. Daß sich diese Bücher deutlich von Kings Horrorstücken unterschieden, hielt die Fans nicht davon ab, *Der Fluch* und *The Bachman Books* auf die Bestsellerlisten zu heben.

Am Ende zählen eben doch nur zwei Faktoren: das Buch, und was der Käufer davon hält. Wenn der Schriftsteller seine Arbeit gut gemacht hat – wenn er ein ehrliches Buch geschrieben hat, wenn das Schreiben zu allererst ihm selbst Freude bereit hat und er außerdem noch hofft, daß es auch anderen gefallen wird –, dann ist alles andere egal.

Der Fluch

Der Roman *Der Fluch*, der wohl am deutlichsten Kings Stil entsprach, war schließlich das Buch, das die Tarnung auffliegen ließ. Aus mehreren Gründen war es jedoch nur eine Frage der Zeit, daß es geschah. Die Bachman-Bücher waren alle bei New American Library erschienen. Sie waren Leuten gewidmet, die King kannte. »Bachman« gab niemals irgendwelche Interviews oder trat auf, um für seine Bücher zu werben. Und die Rechte an den Büchern, mit Ausnahme der Rechte für die erste Ausgabe, waren alle auf Kings Literaturagenten eingetragen.

Anders als die anderen Bachman-Bücher wurde *Der Fluch* mit großem Aufwand bei der American Booksellers Convention 1984, der amerikanischen Buchmesse, in Washington, D.C., beworben, wo kostenlose Vorabexemplare an die Buchhändler verteilt wurden. Anders als bei den ersten vier Bachman-Büchern, die alle in kleinen Auflagen als Taschenbuch herausgebracht worden waren, wurde *Der Fluch* als Hardcover und als einer der Haupttitel des Programms veröffentlicht.

Bachmans Rückkehr?

Ist Richard Bachman wirklich an Pseudonym-Krebs gestorben, wie King es formulierte, oder lebt Bachman noch? Douglas E. Winter bemerkte in seinem an späterer Stelle in diesem Buch abgedruckten Interview, daß Kings zu diesem Zeitpunkt gerade in Vorbereitung befindlicher Roman *Stark,* den er schon als Manuskrpt gelesen hatte, von Stephen King und Richard Bachman sei, was auch von Redakteur und Herausgeber Christopher Spruce in *Castle Rock* bestätigt wurde. Wir haben es hier mit einer einzigartigen Zusammenarbeit zu tun – den deutlich erkennbaren, doch getrennten Stimmen von King und Bachman.

Brennen muß Salem

Dracula.

Wie die Hauptperson ist auch der Roman zeitlos. Die Geschichte ist heute, beinahe ein Jahrhundert nach ihrer Erstveröffentlichung, noch immer unwiderstehlich faszinierend.

Dracula, in unzähligen Ausgaben noch immer im Handel, bleibt auf ewig die klassische Vampirerzählung, deren Kraft und Eindringlichkeit durch nichts geschmälert wird – ein deutlicher Unterschied zu all den anderen seltsamen Darstellungen von Vampiren in Literatur und Film.

Schnitt zu Richard Mathesons Ich bin Legende.

In einem Interview mit Douglas E. Winter in *The Art of Darkness* erklärt King, daß er nach der Lektüre von *Ich bin Legende* (einem Roman über Vampire, die die Vororte von Los Angeles unsicher machen) erkannte, daß er auf seine ganz eigene Art und Weise über den Schrecken und das Grauen schreiben könnte:

> »Ich hatte Poe gelesen, und ich hatte eine Menge dieser unheimlichen Autoren gelesen, und selbst bei Lovecraft war mir zumute, als wäre ich irgendwo in Europa. Ich wußte instinktiv, daß ich einen Weg finden mußte, nach Hause zurückzukehren, wo ich hingehörte.«

King kehrt heim

King verpflanzte die Vampirlegende von Europa nach Maine und erweckte sie zu neuem Leben, indem er sie ernst nahm. Als Gegengewicht für die Unwirklichkeit des Vampir-Mythos setzte er die alltägliche Wirklichkeit einer Kleinstadt in Maine ein. Denn eigentlich geht es hier vielmehr um die Reaktionen der Menschen.

In *Brennen muß Salem* wußte King genau, was er tat, und das merkt man. Der Roman ist brillant. Andere Schriftsteller dieses Genres wünschen sich wahrscheinlich, sie hätten ihn geschrieben.

Nach Aussage von Douglas E. Winter in *The Art of Darkness* ist *Brennen muß Salem* »über die Jahre Kings persönliches Lieblingsbuch geblieben, und ... das Buch von ihm, daß den größten Einfluß auf andere Horrorschriftsteller hat«.

Es ist leicht zu sehen, warum. In *Brennen muß Salem,* seinem zweiten veröffentlichten Buch, erschafft King eine facettenreiche, einfallsreiche fiktionale Welt von einer Dichte, die keiner seiner späteren Romane, mit Ausnahme von *Shining,* seinem dritten Buch, erreicht. Der Text knistert förmlich vor quicklebendiger Energie, wie sie sich nur noch in *Carrie, Shining* und, auf etwas andere Weise, in *Das letzte Gefecht* finden läßt. Dann ist da die lyrische Prosa, die verführerische Qualität guten Schreibens, und das von jemandem, der sagte, sein Stil sei das literarische Gegenstück zu einem Big Mac mit Fritten. Der Text besitzt eine hypnotische, traumgleiche Qualität, die an die Stimmung von Shirley Jacksons *The Haunting of Hill House* erinnert.

Der Inhalt

Bevor wir zur Inhaltsangabe kommen, ist speziell für das deutsche Publikum eine kurze Vorbemerkung erforderlich. Der Roman ist hierzulande leider nach wie vor nur in der gekürzten Fassung zugänglich, die 1979 im Zsolnay Verlag erschien und seitdem auch in allen Taschenbuchausgaben nachgedruckt wurde. Die nachfolgend angeführten Zitate sind fast ausnahmslos dem Rotstift zum Opfer gefallen, sie werden daher nicht nach dem Buch zitiert, sondern eigens für das Kapitel hier übersetzt. Eine ungekürzte, werkgetreue Neuübersetzung ist seit einigen Jahren im Gespräch, aber konkretisiert haben sich die Pläne bis heute leider nicht.

Nach einem Vierteljahrhundert kehrt der Schriftsteller Ben Mears nach Salem's Lot zurück, wo er als siebenjähriger Junge glückliche Tage verbracht hat. Als er die Stadtgrenze von Falmouth überquert, sieht Ben »zwei Jungs, die mit Angelruten gleich Karabinern über den Schultern parallel zur Schnellstraße gehen«.

Eine idyllische Szene aus einer amerikanischen Kleinstadt, der Norman Rockwell mit wenigen Pinselstrichen ein Denkmal gesetzt hätte.

Mears fährt in die Stadt und wird vom Marstenhaus angezogen, einem alten Haus, in dem das Böse lebt. »Es hatte auf ihn gewartet«, schreibt King, und wir wissen, daß es auch andere anziehen wird, denn das Marstenhaus zieht das Böse an.

Langsam erwacht die Kleinstadt zum Leben, und wir lernen ihre Bewohner kennen: Jack und Hal Griffen, zwei kleine Jungen, deren Vater eine Milchfarm gehört, Irwin Purinton, den Milchmann, Eva Miller, die die einzige Pension am Ort betreibt, in der auch Mears sich ein Zimmer nimmt und in der Evas Liebhaber, Weasel Craig, von vergangenen Tagen träumt, Sandy McDougall, eine Siebzehnjährige, die in einem Wohnwagen mitten im Nirgendwo festsitzt, mit einem Mechaniker verheiratet ist und ein neugeborenes Baby aufzieht, statt ihre Träume von einem Leben als Fotomodell zu verwirklichen, Bonnie Sawyer (Miss Cumberland-County 1973), eine kesse Sexbombe, deren außereheliche Affaire mit Corey Bryant die einzige Aufregung im ansonsten öden Leben der beiden darstellt, Dud Rogers, den buckligen Wart der örtlichen Müllkippe, durch dessen Phantasien Ruthie Crockett spukt, ein junges Mädchen, das ihn anmacht und verhöhnt, Mabel Werts, die Klatschbase des Ortes, eine widerwärtig fette Frau, deren Handwerkszeug ein besonders starker japanischer Feldstecher und ein nie stillstehendes Telefon ist, und andere Leute, jeder mit seinem eigenen Geheimnis, in einer Stadt, die ein dunkles Geheimnis birgt.

Die Stadt ist nun bereit, reif für die Ankunft von Richard Throckett Straker, einem hochgewachsenen, kahlköpfigen Fremden und dem Gesandten von Barlow, einem Vampir. Straker kauft das Marstenhaus und ein Geschäft und wartet auf die Ankunft Barlows.

Bernie Wrightson über Vampire

Für die sind wir nur ein Abendessen

Bernie Wrightson

Das Komische an Vampiren: Ich mag sie nicht sonderlich. Sie sind zu kalt, zu unmenschlich. Ich habe immer Monster vorgezogen, die keine Monster sein wollten. Frankensteins Monster, Werwölfe – ich habe mit diesen Typen gelitten –, aber Vampire ... Pfui! Für die sind wir nur ein Abendessen. Und trotzdem, jedesmal wenn ich mich hinsetze, um einen zu zeichnen, gehe ich zuerst mal auf Abstand und zeige sie so, wie sie sind: dreckige, blutsaugende Teufel. Doch langsam, Schritt für Schritt, merke ich, wie ich anfange, etwas für sie zu empfinden. Mein Gott, wie muß das sein, zur Ruhe gebettet zu werden und doch nie zu ruhen, jeglichen Appetit auf Eiscreme und Hamburger und alles andere zu verlieren, um stattdessen nur noch nach Blut zu verlangen. Jede Nacht durch den kalten, feuchten Schlamm hinaufkriechen, jagen und vor Sonnenaufgang wieder hinunterkriechen in eine schimmelige, vergammelte Kiste. Gott, das ist schrecklich. Niemand möchte *freiwillig* ein Vampir sein!

Kommentar

In einer 1969er Ausgabe von »The Garbage Truck«, einer Kolumne, die King für die Campuszeitung der University of Maine in Orono schrieb, bemerkte King: »Es gibt seltsame Dinge in der Welt.« Im Anschluß beschrieb er bestimmte Ereignisse, die seine These unterstützten, darunter eins, das schon auf *Brennen muß Salem* verwies:

> Anfang des neunzehnten Jahrhunderts verschwand eine ganze Sekte der Shaker, die man bestenfalls als eher seltsame religiöse Eiferer beschreiben könnte, aus ihrem Dorf (Jeremiah's Lot) in Vermont. Die Stadt ist bis auf den heutigen Tag unbewohnt geblieben.

Später in *Nachtschicht* benutzt King in »Briefe aus Jerusalem« die Briefform, um eine Geschichte über »eine kleine, verlassene Stadt« gleichen Namens zu erzählen. Der Stoff macht Appetit, doch er befriedigt nicht.

Ganz anders steht es da mit *Brennen muß Salem*. Hier erzählt King eine vollständige Geschichte, deren Kraft über die Jahre nicht nachgelassen hat. *Brennen muß Salem* ist eine selten gelungene Verschmelzung des Wirklichen und des Unwirklichen, mit einer solchen Fülle an Details, daß es förmlich nach einer Fortsetzung schreit – einer der wenigen Romane von King, die solche Überlegungen nahelegen. Unglücklicherweise ist nach Aussage von King keine Fortsetzung geplant, eine wahre Schande, denn in *Brennen muß Salem* ist King in Höchstform. Wie andere große Horrorromane ist Salem's Lot eine fiktive Welt, die einen zweiten Besuch verdient ... nur nicht nachts.

Carrie

Mr. King ist Lehrer und lebt mit seiner Frau
und seinen zwei Kindern in Maine.

Aus dem Klappentext der Doubleday-Ausgabe, 1984

Ein Blick zurück

Es ist 1972, zwei Jahre nachdem Stephen King seinen Abschluß in Englisch an der University of Maine in Orono machte. King ist Englischlehrer an der Hampden Academy in Hampden, Maine.

Das Jahresgehalt beträgt 6400 Dollar, und das Geld reicht hinten und vorne nicht. Die Kings leben in einem Wohnwagen in Hermon, Maine, einer Kleinstadt westlich von Bangor. King muß feststellen, daß sein Beruf ihm zuviel von seiner eigentlich zum Schreiben benötigten Zeit stiehlt. Jeden Tag unterrichtet er sechs Stunden und am Abend und an den Wochenenden korrigiert er Hausarbeiten, wie die meisten Lehrer.

Die geistige Energie und die Zeit, die dies verschlingt, machen ihm das Schreiben schwer, doch King gibt nicht auf. Ein Schriftsteller, der schreiben will, wird unter allen Umständen schreiben.

King hatte zwei Seiten einer Kurzgeschichte fertig. Er warf sie weg. Seine Frau Tabitha holte sie prompt wieder aus dem Papierkorb. King schrieb weiter, in der Hoffnung, er könne die Geschichte an Nye Willden vom *Cavalier* verkaufen, einem Magazin, das schon zuvor Kurzgeschichten von ihm gedruckt hatte. Doch aus der Kurzgeschichte wurde eine Novelle – eine Story mit einem Umfang von gut fünfundzwanzigtausend Worten –, und es war offensichtlich, daß *Cavalier* sie nicht kaufen würde, ebensowenig wie irgendeine andere Zeitschrift. Daraufhin erweiterte King die Story auf Romanlänge und schickte sie an Bill Thompson, einen Lektor bei Doubleday. Der Rest ist, wie man so schön sagt, Geschichte. Doubleday zahlte dem Autor einen auf die Tantiemen anzurechnenden Vorschuß von 2500 Dollar und veröffentlichte das Buch 1974 als Hardcover zum Preis von 5,95 Dollar. New American Library erstand die Taschenbuchrechte, wofür sie 400 000 Dollar zahlten, die fifty-fifty zwischen Doubleday und King aufgeteilt wurden. Und die Verfilmung, die 1976 in die Kinos kam, war sowohl bei den Kritikern als auch in finanzieller Hinsicht ein Erfolg.

Vor Carrie

Auch wenn es manchen so scheint, so kam Kings Erfolg doch nicht über Nacht. Obgleich *Carrie* Kings *erster* veröffentlichter Roman bei Doubleday war, hatte King zuvor schon *Getting It On* (später unter dem Titel *Amok* erschienen) an Doubleday-Lektor Bill Thompson geschickt, der King nahelegte, es zu überarbeiten. Das Buch wurde schließlich doch abgelehnt, und in einem Artikel, der Jahre später in *Kingdom of Fear* abgedruckt wurde, erinnerte Thompson sich: »... es war nicht sensationell. Die Manuskripte waren nicht stark genug für ein Erstlingswerk, und so gingen sie zurück ...«

Vor *Carrie* kam das Schreiben von »The Aftermath« (einem unveröffentlichten Manuskript von Romanlänge, einer Science-fiction-Story, die King mit sechzehn geschrieben hatte), *Todesmarsch* (später als Richard Bachman-Buch veröffentlicht), »Sword in the Darkness« (ein unveröffentlichter Roman), *Menschenjagd* (später als Bachman-Buch veröffentlicht) und zahlreicher Kurzgeschichten, die in *Cavalier, Startling Mystery Stories* und anderen Publikationen abgedruckt wurden.

Telekinese, f, das Eintreten einer physikalisch unerklärbaren Bewegung und Ortsveränderung von Gegenständen in Abhängigkeit von einem Medium.[1]

---

[1] Brockhaus Enzyklopädie, Ausgabe 1989.

Schule ist die Hölle

Der zeitgenössische Cartoonist Matt Groenig hat seinen Ruf auf einer Reihe von Büchern begründet, in denen die Hölle als wiederkehrendes Thema auftaucht: *Love is Hell, Work is Hell* und *Childhood is Hell.* Und wie King in *Carrie* verdeutlicht, ist auch Schule die Hölle.

Besonders die Highschool. King, der an Highschools und Colleges unterrichtet hat, kennt diese Welt genau. Die Highschool ist ein Mikrokosmos der realen Welt, die die gesellschaftlichen Schichten widerspiegelt. Entweder man gehört zur großen »Clique« oder man bleibt draußen vor.

So wie Holden Caulfield in *Fänger im Roggen* verzweifelt versucht, ein Teil der Welt um ihn herum zu werden und sie ihn ablehnt, so sehnt Carietta White sich danach, ein Teil der Clique zu werden, doch sie schafft es nicht. Daheim abgewiesen von ihrer Mutter, Margaret White, einer fanatischen Christin, und in der Schule abgewiesen von ihren Klassenkameraden, freundet Carrie sich schließlich mit Susan Snell an, die Mitleid für sie empfindet. Susan bittet ihren Freund Tommy, in den Carrie verschossen ist, Carrie zum Abschlußball einzuladen. Er stimmt zu ... und auf dem Abschlußball geschieht etwas Schreckliches. Carrie läßt ihren telekinetischen Kräften freien Lauf, und die Hölle bricht aus.

Kommentar

Achtzehn Jahre nach seiner Erstveröffentlichung bei Doubleday ist *Carrie* noch immer ein Lesegenuß, eine gut erzählte Geschichte. *Carrie*

GB

Hampden Academy in Hampden, Maine, in der King als Highschoollehrer tätig war

ist eine zeitlose Geschichte über Entfremdung und Vereinsamung, ein eindringliches Portrait der Highschool-Gesellschaft. Es enthält viele der stilistischen Merkmale, die auch spätere King-Romane auszeichnen: einen Protagonisten mit einem »wild talent« (ein Ausdruck, der vom Science-fiction/Fantasy-Autor Jack Vance geprägt wurde), eine Aufrichtigkeit im Schreibstil, die einen dem Schriftsteller vertrauen läßt, eine umgangssprachliche Sprache, die widerspiegelt, wie wirkliche Menschen miteinander reden, eine reale Welt, in die plötzlich ein unreales Element eindringt (in diesem Fall Telekinese), Entwicklung (Carrie, die vom pubertierenden Teenager zum Erwachsenen wird), und ein düsteres Ende (typisch für die amerikanischen Naturalisten, die King so verehrt).

Die Bauchlandung des Stephen-King-Musicals am Broadway
von Dan R. Scapperotti

Wie King und seine Leser herausfanden, ist ein Buch eine Sache und eine Filmadaption eine ganz andere. Die unnachahmliche Stimme eines Autors ist am besten in der gedruckten Form zu spüren und kann mühelos in eine ungekürzte Lesung übertragen werden. In anderen Medien wird seine Stimme den Zwängen geopfert, die das betreffende Medium ihr auferlegt.

Ein deutlicher Beweis dafür ist der erfolglose Versuch, Kings ersten Roman, Carrie, *auf die Bühne zu bringen. Das Buch, King in Reinkultur, ist ein beeindruckendes Lesevergnügen und wurde überzeugend auf die Leinwand gebracht. Doch* Carrie *als Theaterstück hat einfach nicht funktioniert. Es war ein ambitioniertes, doch glückloses Unternehmen. Nach nur wenigen Aufführungen wurde das Stück abgesetzt.*

In dieser Kritik über das Stück enthüllt Dan Scapperotti, was geschah und warum das Stück durchfiel.

Stephen King kommt an den Broadway. Doch sein Aufenthalt ist nur kurz. Produzent Friedrich Kurz verdient Anerkennung, daß er überhaupt den Mut dazu hatte. Kings Horrorroman *Carrie* für die Bühne umzusetzen wäre an sich schon genug, doch ihn auch noch in eine Musicalform zu zwängen, ist im höchsten Maße gewagt. Und endete katastrophal. Das glücklose Stück, dessen Premiere am 12. Mai in New York stattfand und das ein paar Tage später wieder abgesetzt wurde, hat eine holprige Reise hinter sich.

Nachdem es von den Londoner Kritikern verrissen worden war, wurde das Stück mehrmals umfassend überarbeitet. Selbst Regisseur Terry Hands, der künstlerische Leiter der berühmten Royal Shakespeare Company, distanzierte sich von der Produktion und war vor der Premiere zu keinem Kommentar bereit.

Das Stück wurde von Lawrence D. Cohen geschrieben, der auch das Drehbuch für die 1976er Verfilmung von Brian De Palma verfaßte. Das Musical beginnt recht vielversprechend mit »In«, einer überschwenglichen Gymnastik-Nummer, angeführt von Rock-and-Roll-Veteranin Darlene Love als Miss Gardner, der Sportlehrerin, und den Mädchen ihrer Klasse. Die Nummer geht fließend in die berühmte Duschszene über, hier unterstützt von dem Lied »Dream On«. Die Klasse legt eine Strip-Nummer hin, bevor sie sich diskret in die durch halbdurchsichtige Leinenvorhänge angedeuteten Duschkabinen zurückzieht.

Bis zu diesem Punkt zeigte *Carrie* einige Anzeichen von Lebendigkeit, doch dann geht das Mädchen nach Hause, und wir lernen Mama kennen. Betty Buckley, die im Film die Rolle der Sportlehrerin (Miss Collins) hatte, spielt Margaret White, Carries erdrückend religiöse Mutter. Die Rolle ist so finster angelegt, daß sie es schaffte, die Schwungkraft der Show zum völligen Stillstand zu bringen. Buckley, ein schauspielerisches Talent mit einer starken Stimme, ist mit einer ganzen Reihe von deprimierenden Balladen gestraft. Obgleich sie sich verzweifelt bemüht, gelingt es Buckley doch nicht, sich über das Material hinwegzusetzen, und so ist sie der Niedergang des Stückes.

Eins der Hauptprobleme des Musicals ist, daß es anscheinend irgendwo zwischen *Grease* und *Macbeth* steckengeblieben ist. Nach düsteren Songs wie »Open Your Heart« und »And Eve Was Weak« stürzt sich die Handlung in eine Autokino-Kulisse, in der die gesamte Klasse eine Rock-and-Roll-Nummer, »Don't Waste the Moon«, hinlegt.

Die Titelrolle wird von Linzi Hateley gespielt. Ihre Carrie ist eine plumpe, unattraktive Außenseiterin ohne die angestaute Sinnlichkeit erwachender Pubertät, die Sissy Spacek in der Verfilmung verkörperte. Hateley kann ein Lied herausschmettern, doch sie erweckt nicht die nötige Sympathie, um ihre Rolle abzurunden. Charlotte D'Amboise überzeugt als Chris, Carries Nemesis und die ungekrönte Königin der Lästermäuler und Biester der Schule.

Gene Anthony Ray, der die Hauptrolle in *Fame* und der daraus entstandenen Fernsehserie spielte, ist hoffnungslos fehlbesetzt. Als Billy, die John-Travolta-Rolle, wirkt Ray eher wie ein Motorradrocker mit Rastalocken denn wie ein normaler Highschooljunge. Billy stimmt zu, Chris bei ihrem Plan gegen Carrie auf dem Abschlußball zu helfen. Nach einer lächerlichen Szene, in der sich die Teenager ihren Eimer mit Schweineblut beschaffen, schlendert Billy lässig zu Carrie hinüber, der ahnungslosen, neu gekrönten Ballkönigin, und schüttet ihr das Blut über den Kopf, womit er die abschließende, tödliche Konfrontation einleitet.

Die Horrorelemente des Stücks wurden derart trivialisiert, daß der Geschichte erfolgreich das Herz herausgerissen wurde. Carries einzigartige telekinetische Fähigkeit wird in »I'm Not Alone« zur Schau gestellt, einer blutarmen, eher amüsanten Nummer. Eingeschlossen in ihrem Zimmer, singt Carrie zu einem tanzenden Ensemble von Abendschuhen, Puderquaste und Bürste, die sie mit ihren Kräften in Bewegung gesetzt hat. Doch noch schlimmer ist die Ballszene, die zu einem totalen Reinfall wird. Wo es eigentlich nach einem atemberaubenden Feuerwerk der Bühnenbeleuchtung verlangt hätte, wirkt alles wie eine Disco mit blinkender Laserschau. Inmitten der Lichter und der flatternden roten Girlanden steht Carrie, von der das Schweineblut so zäh herabtropft, als wäre es Erdbeermarmelade. Die letzte Szene ist weniger tragisch als komisch und entlockt dem Publikum sogar einige Lacher. Im Anschluß an das Massaker auf dem Ball erklimmt Carrie eine lange Himmelstreppe. Sie wird von ihrer Mutter getröstet, die »Carrie« singt, während sie das Mädchen erdolcht.

Mit der nichtssagenden Musik, dem kraftlosen Horror und der dümmlichen Umsetzung der Handlung war die Absetzung des Stückes (nach fünf Aufführungen) vorherzusehen. Doch *Carries* Schicksal wird kaum das Interesse des Broadways dämpfen, Schauermärchen auf die Bühne zu bringen. Nach dem phänomenalen und anhaltenden Erfolg von *Das Phantom der Oper* werden die Produzenten weiter die Horrorliteratur nach möglichen Goldminen durchforsten.

Christine

Wie eine verrückte Version von »Happy Days«.

Stephen King über *Christine,* aus dem Vortrag in Virginia Beach

Die Hölle selbst kennt keine Furie, vergleichbar einem verschmähten Weib.

Sie ist männermordend. Sie ist beinahe einundzwanzig, mit phantastischen Scheinwerfern, einem schlanken Chassis und Linien, wie geschaffen für Geschwindigkeit.

Sie ist ein 1957er Plymouth Fury, mit Speziallackierung, rot und weiß.

Sie ist Christine, und wenn du dich mit ihr anlegst, bekommst du es mit ihrem unsterblichen Haß zu tun ...

Bösartige Maschinen

King hat dieses Thema in zahlreichen Geschichten behandelt, allen voran in »Der Wäschemangler« (in der ein industrieller Bügelautomat sich aus seinen Verankerungen losreißt und auf der Suche nach Opfern durch die Gegend streift), »Onkel Ottos Lastwagen« (ein alter, kaputter Transporter schiebt sich Jahr für Jahr, Stück für Stück ein wenig näher an sein anvisiertes Opfer heran) und natürlich in »Lastwagen«, einer Kurzgeschichte, die in der Sammlung *Nachtschicht* erschien und die Grundlage für Kings eigene Regiearbeit lieferte, den Film *Rhea M. – Es begann ohne Warnung.*

»Lastwagen« ist eine Erzählung über eine kleine Gruppe von Leuten, die sich auf einer Fernfahrerraststätte ein letztes Gefecht mit bösartigen Maschinen liefern: Trucks, Zugmaschinen und eine unheimliche Planierraupe erwachen zum Leben, um Jagd auf Menschen zu machen. King erweiterte dieses Thema später in *Das Monstrum* – Technologie, die außer Rand und Band gerät.

In »Lastwagen« fahren zwei Teenager mit ihrem Fury auf eine Fernfahrerraststätte, doch ihr Auto wird von den Lastwagen zermalmt. »Der Fury der jungen Leute lag umgestürzt am Ende einer langen Rutschspur im losen Kies des Parkplatzes. Er war total zertrümmert«, schreibt King.

Ein zermalmter Fury ... doch wird er *zum Leben* erwachen?

Der Inhalt

Wie King uns im Prolog erklärt:

> Dies ist die Geschichte einer Dreiecksbeziehung, könnte man sagen – Arnie Cunningham, Leigh Cabot und, natürlich, Christine. Aber Sie sollten wissen, daß Christine zuerst kam. Sie war Arnies erste Liebe, und obwohl ich meine Hand nicht dafür ins Feuer legen möchte, ... möchte ich doch sagen, daß Christine seine einzige wahre Liebe gewesen ist. Deshalb ist diese Liebesgeschichte für mich eine Tragödie.

Zu Beginn des Romans fährt Arnie Cunningham (ein siebzehnjähriger Klassentrottel) mit seinem besten Freund Dennis Guilder umher. Es ist das Ende des Sommers, der letzte Sommer vor ihrem Abschlußjahr auf der Schule. Als sie an einem vollkommen heruntergekommenen Plymouth Fury vorbeikommen, brüllt Arnie seinen Freund an, er solle anhalten.

Der Fury gehört Roland D. LeBay, einem Kriegsveteran, der ihn kaufte, als er noch im Dienst war, und der später mitansah, wie seine Tochter in dem Wagen erstickte und seine Frau darin starb. Christine (wie LeBay den Wagen getauft hat) steht zum Verkauf, und Arnie kauft sie für 250 Dollar.

Dennis hält es für einen schlechten Kauf und schlägt prophetisch vor, daß Arnie dem Wagen einen neuen Namen geben solle: »Wenn der Schlitten schon unbedingt einen Namen haben muß, würde ich ihn Kassandra nennen oder Sorgenkind.«

Christine ist in einem schlechten Zustand, also bringen die beiden sie zu Darnell's, der Werkstatt am Ort. Arnie läßt die Beschimpfungen des Besitzers, Will Darnell, über sich ergehen, der ihn eigentlich nicht in seiner Garage haben will. Arnie, der sich noch nie gegen irgend jemanden in seinem Leben zur Wehr gesetzt hat, läßt die Beschimpfungen über sich ergehen. Da Arnie Christine liebt, ist ihm kein persönliches Opfer zu groß. Die Miete für einen Stellplatz beträgt 20 Dollar die Woche, doch er hat keine andere Wahl: seine Eltern lassen nicht zu, daß er sie vor ihrem Haus parkt.

In jener Nacht hat Dennis einen Alptraum. Er sieht, wie Christines Motor ganz von selbst in Darnells Werkstatt anspringt. Christine hat nicht die kleinste Schramme – sie ist vollkommen repariert. Und dann ist da »dieses laute entsetzliche Quietschen durchdrehender Reifen auf Beton.

Christine springt auf mich los, ihr Kühlergrill ein offener Rachen mit scharfen, chromblitzenden Zähnen ...«

Der Alptraum ist ein Blick in die Zukunft: Christine ist lebendig.

Da Dennis immer mehr um die Ohren hat, besonders mit einem Cheerleader, sieht er Arnie nur noch selten. Doch Arnie kümmert das nicht, denn er verbringt den größten Teil seiner Zeit in Darnells Werkstatt, wo er Christine wieder gesund pflegt.

Später hat Dennis einen zweiten Alptraum. LeBay, mittlerweile tot, sitzt hinter dem Steuer, während Christine aus der Garage herausbraust und auf Dennis zujagt.

Dann tritt Leigh Cabot in Arnies Leben – ein wahrer Schatz, mit Abstand das hübscheste Mädchen der Schule. Sie verliebt sich in Arnie, und Christine ist eifersüchtig. Schließlich gibt es keinc größere Furie als ein verschmähtes Weib ...

Kommentar

Obgleich die Figur des Arnie Cunningham scheinbar stark an *Carrie* – der Geschichte eines von allen abgewiesenen Mädchens auf einer Highschool – angelehnt ist, so weist er doch weit deutlichere Ähnlichkeiten zu einem anderen Arnie auf, nämlich Arnie Kalowski, dem Protagonisten in einem unveröffentlichten Roman von King, »Sword in the Darkness«. In *Christine* geht der junge männliche Protagonist namens Arnie auf die Highschool und macht Pläne, anschließend das College zu besuchen. Arnie kauft für 250 Dollar einen '58er Plymouth Fury, sein Ticket zur Freiheit. Seine Beziehung zu Leigh Cabot ist konstruktiv, doch seine Beziehung zu Christine ist destruktiv.

In »Sword in the Darkness« geht der junge männliche Protagonist namens Arnie auf die Highschool und macht Pläne, anschließend das College zu besuchen. Er kauft für 50 Dollar einen '56er Ford. Seine Beziehung zu Janets Cross ist konstruktiv, doch seine obsessive Beziehung zu der sexuell anziehenden Kit Longtin ist destruktiv.

Wie Kings andere Mainstream-Horrorromane *(Dead Zone* und *Feuerkind)* ist *Christine* ein gutes Beispiel für Kings Talent, eine Geschichte zu erzählen, die den Leser mühelos vom Anfang bis zur letzten Seite in ihren Bann schlägt, auch wenn sie sicher die Kraft der frühen, bei Doubleday erschienenen Romane vermissen läßt. Wäre King kein Markenname, so wäre *Christine* vermutlich als Taschenbucherstausgabe erschienen und hätte sich vor allem an Flughäfen, Zeitungsläden und Kiosken gut verkauft – eine unterhaltsame Freizeitlektüre, doch nicht viel mehr. *Christine* ist die Art von Buch, das dank seiner leichten Zugänglichkeit die Leser anspricht, die sonst keine Horrorliteratur lesen würden.

Christine ist schnörkelloser Horror ohne jede weitere Ambition, die Art, die King populär machte, und die Art, die ihm eine große Leserschaft eingebracht hat, deren einziges Interesse eine gut erzählte Geschichte ist.

Creepshow

Es war eine Hexenjagd.

Es war die Verführung der unschuldigen Kinder, wenn man dem Trugschluß von Dr. Frederic Wertham Glauben schenkt, der in seinem Kampf gegen die Comics, die unsere Kinder moralisch verdarben, viele willige Helfer fand.

Es waren die Fünfziger, die Ära des Joseph McCarthy.

Es war die Totenglocke für E.-C.-Comics (Educational Comics, später dann Entertaining Comics genannt), eine Reihe, die Titel wie *The Haunt of Fear, The Vault of Horror* und *Tales from the Crypt* führte. Der Zeichner Art Spiegelman erzählt in einem Artikel in *Print* (November/Dezember '88), was dann geschah:

> Schauerliche Krimi- und Horror-Comics mit Titeln wie *Teen-Age Dope Slaves, Reform School Girl* und *Tales from the Crypt* [ein E.-C.-Titel] führten zu einer offiziellen Untersuchung durch den Kongreß, öffentlichen Comic-Heft-Verbrennungen, Boykotten und sehr schnell zu einer »freiwilligen« Selbstkontrolle, die den spaßigen Heftchen den größten Teil des Spaßes nahm.

Die E.-C.-Comics mochten blutrünstig sein, doch sie waren auch höchst moralisch: Am Ende erwischte es immer die Bösen.

Educational – erzieherische – Comics? Nun, auf ihre spezielle Art sicher.

Entertaining – unterhaltsame – Comics? Keine Frage.

Die Welt der Creepshow

Creepshow ist Stephen Kings und George Romeros Hommage an die E.-C.-Comics. Es ist eine Sammlung von fünf Geschichten, die in Form eines übergroßen Comic-Heftes (eines Grafik-Albums, wie man es gemeinhin in diesem Bereich nennt) veröffentlicht wurden. Die Umschlagzeichnung, gefertigt von E.-C.-Zeichner Jack Kamen, zeigt einen Jungen, der im Bett liegt und *Creepshow* liest, während hinter ihm an der Wand zwei King-Poster *(Shining* und *Carrie)* und daneben ein Romero-Poster zu *Zombie* prangen. Die Zeichnungen im Innern des Buches sind von Bernie Wrightson, der im Comic-Bereich allgemein als der führende Künstler des Makabren gilt.

»Vatertag« ist eine typische E.-C.-Rachestory, in der Nathan Grantham, der Familienpatriarch, beschließt, daß er sich nach seinem Ableben seinen verdienten Nachtisch holen wird. Er wird seinen Kuchen bekommen, und er wird ihn auch essen, selbst wenn das bedeutet, daß irgend jemand dabei den Kopf verliert.

»Der einsame Tod des Jordy Verrill« ist die Geschichte des Hinterwäldlers Jordy Verrill, der auf seinem Grundstück einen Meteor entdeckt und ihn zur Abteilung für Meteore an der örtlichen Uni bringt, wo er erfolglos versucht, ihn zu verkaufen.

Er bricht den Meteoriten unabsichtlich auf, so das sich die »Meteoritenscheiße« über seine Hände ergießt. Und dann, wie Sie wohl schon vermuten, beginnt die Geschichte, einem ans Herz zu wachsen ...

»Die Kiste« ist die Art von Geschichte, in der Bernie Wrightson wirk-

Bernie Wrightson über seine Illustrationen

FRAGE: Lassen Sie uns über Ihre Arbeiten für *Creepshow* sprechen. Wie hat dieses Projekt begonnen?
WRIGHTSON: So wie ich es verstanden habe, haben sie die Arbeit am Film begonnen und sich Jack Kamen geholt, der früher die E.-C.-Comics illustriert hat, um die Zeichnungen für die Rahmenhandlung zu machen. Das war die ursprüngliche Idee. Dann fingen sie an, darüber zu reden, einen Comic zu machen. Aber ich vermute, irgendwo hat es mit der Kommunikation nicht geklappt, denn sie gingen davon aus, daß Jack Kamen die Illustrationen übernehmen würde. Ich denke, daß der Ablauf dann so war, daß irgendwann, als das Ganze schon recht weit gediehen war, jemand bei Kamen anrief und sagte: »Wie geht's denn mit dem Comic?« Und er erwiderte: »Das müssen Sie falsch verstanden haben, ich zeichne keinen Comic. Sie müssen sich jemand anders für den Comic holen.« Und so bin ich ins Spiel gekommen.

Stephen King hat mich wegen *Creepshow* angerufen und mir die Lage erklärt und gesagt: »Besteht irgendeine Möglichkeit, daß Sie den Comic machen könnten?« Und zu der Zeit gab es etwas anderes, das ich zurückstellen mußte, um den Auftrag anzunehmen. Sie wollten, daß das Ganze in zwei Monaten fertig sei, doch ich brauchte vier Monate dafür.

FRAGE: Mir haben besonders Ihre Zeichnungen für »Die Kiste« und der abgefahrene Stil von »Der einsame Tod der Jordy Verrill« gefallen.
WRIGHTSON: Ich habe wahrscheinlich die meiste Arbeit in diese beiden Geschichten gesteckt. Das waren meine beiden Lieblingsepisoden aus dem Film. »Die Kiste«, weil es ein Film im Film ist. Und »Der einsame Tod des Jordy Verrill«, weil es so ungezügelt komisch ist.

Bob DeLong, Photo courtesy of the *Bangor Daily News*

Stephen King vor dem Filmplakat zu seinem Film Creepshow II – Kleine Horrorgeschichten

lich sein gesamtes Können zeigen kann. Eine Bestie mit unstillbarem Appetit, die in einer mit Ketten verschlossenen Kiste mit der Aufschrift »Arktis-Expedition, 19. Juni 1834« eingesperrt ist. Nachdem Professor Northrup entdeckt, was *genau* sich in der Kiste befindet, erkennt er, daß die Bestie darin die perfekte Art ist, sich seiner ständig keifenden Ehefrau zu entledigen. Unter einem Vorwand schafft er es, Billie in den Kel-

Photo courtesy of the *Bangor Daily News*

Stephen King liest Creepshow

ler des Laborgebäudes zu locken, und verschafft ihr eine Begegnung mit dem Monster in der Kiste.

»Wenn das Grauen dich überrollt« ist eine typische E.-C.-Story, in der es abermals um Rache geht. Harry Wentworth und Becky Vickers lieben sich, was zwar ihnen gut gefällt, jedoch weniger Beckys Ehemann Richard, der von der Affäre erfährt und die beiden bei Ebbe bis zum Hals am Strand eingräbt. Aber manchmal werden selbst die besten Pläne einfach weggespült ...

»Der Wanzenhasser« ist die letzte Story des Buches. Sie bedient sich einer von Kings zehn größten Ängsten: Insekten.

Es ist die Geschichte von Upson Pratt, einem reichen Mann, der feststellen muß, daß Geld nun einmal keinen Kammerjäger ersetzen kann ...

Creepshow II – Kleine Horrorgeschichten

Wie sein Vorgänger ist *Creepshow II – Kleine Horrorgeschichten* ein Episodenfilm mit drei eigenständigen, doch miteinander verbundenen Geschichten von King, umgesetzt von George Romero. Die Geschichten sind: »Das Floß« (aus *Skeleton Crew*), »Old Chief Wooden Head« (speziell für den Film geschrieben) und »Der Anhalter«.

Anders als bei *Die unheimlich verrückte Geisterstunde* [der dt. Verleihtitel des Films *Creepshow*] gibt es zu *Creepshow II – Kleine Horrorgeschichten* keine dazugehörige Comic Version. »Das Floß« ist eine gelungene Kurzgeschichte, wird jedoch auf der Leinwand recht comicartig. Und weder »Old Chief Wooden Head« noch »Der Anhalter« würden von einer Comic-Umsetzung profitieren.

Kommentar

Sowohl *Die unglaublich verrückte Geisterstunde* als auch *Creepshow II – Kleine Horrorgeschichten* sind Hommagen von King und Romero an E-.C.-Comics und nichts weiter. Für Kinogänger, die an »Hack- und Schlitz«-Horrorfilme gewöhnt sind, sind diese Geschichten im Vergleich recht zahm.

Und King-Fans, die erwarten, eine gelungene Umsetzung des speziellen Kingschen Horrors auf der Leinwand zu sehen, werden feststellen, daß das Kino im Kopf – die eigene Phantasie – noch immer der beste Platz ist, um Kings Prosa zum Leben erwachen zu »sehen«.

Cujo

Kein lebendes Wesen kann ununterbrochen in der Realität leben, ohne seinen Verstand zu verlieren, selbst Lerchen und Grillen sollen, wie manche annehmen, gelegentlich träumen.

Shirley Jackson, *The Haunting of Hill House*

Barmherzigkeit beginnt zu Hause.

Im Falle von Joe Camber und seiner Frau Charity gibt es nicht sonderlich viel Barmherzigkeit. Joe, der am Stadtrand von Castle Rock, Maine, eine Autowerkstatt betreibt, terrorisiert seine Frau und ihren gemeinsamen Sohn Brett.

In einer anderen Familie in Castle Rock gibt es ebenfalls nur wenig Barmherzigkeit. Vic Trenton muß zusehen, wie sein Leben um ihn herum zerfällt. Seine kleine Werbefirma, ad worx (Portland, Maine), steht am Abgrund des finanziellen Ruins, und außerdem muß er feststellen, daß seine Frau ihn betrügt.

Cujo ist ein gnadenlos düsterer Roman – die Art von Buch, die Richard Bachman in einer besonders pessimistischen Stimmung geschrieben haben könnte –, der äußerst überzeugend die Schrecken der Realität und, als Cujo schließlich tollwütig wird, die Realität des Schreckens zeigt.

Der Inhalt

Cujo spielt in Castle Rock, Kings mythischer Kleinstadt in Maine, und ist die Geschichte von Joe Cambers zweihundert Pfund schwerem Bernhardiner Cujo. Das Tier ist nicht von Natur aus ein »böser Hund«, doch er wird dazu, nachdem ihm eine Fledermaus in die Schnauze beißt.

Auch für andere in Castle Rock ist das Leben ähnlich verwirrend. Vic Trenton muß plötzlich feststellen, daß sein Geschäft und sein Privatleben aus den Fugen geraten. Seine Frau muß plötzlich feststellen, daß sie und ihr Sohn Tad in einem kaputten Pinto, der in der Nähe von Joe Cambers Werkstatt am Stadtrand seinen Geist aufgab, gefangen sind, während der tollwütige Cujo sie in Schach hält. Und Steve Kemp – der Tennis-Profi der Stadt, der eine Affäre mit Donna hatte – läuft Amok, weil Donna ihm den Laufpaß gegeben hat.

Kommentar

Als ich *Easy Rider* zum ersten Mal sah, war ich, wie alle anderen, bestürzt über die beinahe gleichgültige Tötung der beiden Hauptfiguren, gespielt von Peter Fonda und Dennis Hopper. Filme enden einfach nicht so, dachte ich. Doch nach *Easy Rider* wurde das emotionslose Töten so zur Gewohnheit, daß es ein Klischee wurde – sowohl im Film als auch im Fernsehen zählte man die Leichen nach Dutzenden.

Cujo erzeugte dasselbe Gefühl. Tads Tod ist sehr naturalistisch und glaubwürdig, doch man sagt zu sich selbst: Bücher enden einfach nicht so. Offensichtlich ist dies kein Horrorroman, ganz sicher nicht die Art von Horror, die man von King erwartet. Wenn es Kings Ziel war, in diesem Roman die häßlichen Wahrheiten des Lebens darzustellen, dann hat er es geschafft. (Es ist so realistisch, daß guten Menschen böse Dinge zustoßen, und wenn man sich fragt, warum das so ist, dann stellt man fest, daß das Leben nun einmal so ist.)

Cujo ist zweifellos Kings pessimistischster und, daraus folgend, realistischster Roman. Auch wenn Douglas E. Winter in *Art of Darkness* findet, daß es »einer von Kings besten Romanen« ist, so stimmen doch die meisten Kritiker mit Harlan Ellison überein, der in seiner Filmkolumne »Harlan Ellison's Watching« meinte: »Manchmal ist King einfach ganz nett, so wie in *Cujo* oder *Christine.*« Ich denke, daß Ellison näher am Punkt ist.

Das Buch ist düster, von Anfang bis Ende. Es ist nicht die Art von Buch, das man zur Unterhaltung liest. Seine Moral ist simpel: Das Leben bescheißt einen, und am Ende stirbt man.

Ein Teil des Problems, das King-Fans mit diesem Buch haben werden, ist, daß sie an Horrorliteratur gewöhnt sind, die, wenn auch offenkundig unrealistisch, zumindest wahrhaftig genug ist, um sie von der Welt und ihren häßlichen Realitäten *abzulenken.* Doch *Cujo* ist keine

Horrorgeschichte, und es ist kein Märchen, in dem alle am Ende glücklich sind, trotz seines märchenhaften Anfangs »Es war einmal ...«

Was in *Cujo* geschieht – ein Hund wird tollwütig und dreht durch –, kann tatsächlich geschehen, was auch den wirklichen Schrecken des Buches ausmacht.

Ich habe *Cujo* einmal gelesen, doch ich kann mir nicht vorstellen, daß ich das Buch ein zweites Mal lese, denn dazu ist es eine zu große Dosis Pessimismus. Doch wenn Sie es noch nicht gelesen haben, sollten Sie es sich ansehen. Sie werden denken, daß das wirkliche Leben nicht so schlimm sein kann wie diese Geschichte. Oder kann es das?

Danse Macabre

Es ist mein letztes Statement zum Uhrwerk der Horrorgeschichte.

Stephen King in der Einleitung zu *Danse Macabre*

Woher haben Sie Ihre Einfälle?

Im Fall von *Danse Macabre* kam die Idee von Stephen Kings Lektor bei Doubleday, Bill Thompson. Wie King in seinem »Vorwort« zu diesem Buch erzählt, rief Thompson ihn an und fragte: »›Warum schreibst du kein Buch über das ganze Horror-Phänomen aus deiner Sicht? Bücher, Filme, Radio, Fernsehen, alles.‹«

Als ein Autor, der das Genre liebt, einer, der viel und umfassend in diesem Bereich gelesen hat, ist King über alle Maßen qualifiziert für diese Aufgabe. In seinem Buch wirft King einen ausführlichen, liebevollen Blick auf das Genre.

Das Buch beginnt mit der Geschichte, wie er im zarten Alter von zehn dem Horror verfiel, als er in einem Kino in Stratford, Connecticut, saß und sich *Fliegende Untertassen greifen an* anschaute. Schaut auf den Himmel ... Schaut auf den Himmel ... und als sie es taten, als mitten im Film die Lichter im Kinosaal angingen, verkündete der Kinobesitzer dem ungläubigen Publikum, daß der *Sputnik* gestartet worden war, daß die Russen einen Schritt schneller beim Raumfahrtrennen waren.

Der Rest des Buches bewegt sich von jenem schicksalsträchtigen Augenblick zu den frühen Achtzigern, und auf der Reise erfährt man viel über das Horror-Genre und besonders über King und seine Werke.

Für diejenigen von Ihnen, die das Buch noch nicht gekauft haben – weil es ein Sachbuch ist und Sie auf einer strikten King-Geschichten-Diät sind –, habe ich eine gute Nachricht: Kings umgangssprachliche Prosa, kombiniert mit seinem großen Wissen über das Genre, werden Sie in ihren Bann schlagen. Wenn Sie noch ein Neuling im Horrorgenre sind – seinen Büchern, seinen Filmen, seinen düsteren Hexenmeistern und, vor allem, seinen bunten Geschichten –, dann haben Sie einen langen Marsch durch einen finsteren Wald vor sich, bei dem King Ihr Führer ist und Ihnen alles zeigt, was Sie wissen müssen. Wenn Sie sich für einen Kenner des Horror-Genres halten, dann wird dieses Buch Sie dazu bewegen, einige Ihrer alten Lieblinge nochmals hervorzuholen und zu lesen. Wie jede gute Kritik beleuchtet dieses Buch andere Werke und enthüllt Aspekte, die man zuvor vielleicht übersehen haben mag.

Das Buch ist in zehn Kapitel und zwei Anhänge unterteilt: der erste Anhang ist Kings Empfehlungsliste von 100 Filmen (1950–80), der zweite ist seine Empfehlungsliste von 100 Büchern (1950–80). Wenn Sie nicht gerade viele Stunden Ihres Lebens in Buchläden und Kinos zugebracht haben, ist es unwahrscheinlich, daß Sie alle angeführten Bücher gelesen und alle Filme gesehen haben. Egal. Beide Listen sind ein guter Ausgangspunkt, wenn Sie sich allein auf dem Weg durch das Reich machen wollen, wo die dunklen Dinge wachsen.

(Nach dem Lesen von *Danse Macabre* mag es immer noch neues Land für Sie sein, doch es wird bei weitem nicht mehr so furchteinflößend sein.)

Für diejenigen von Ihnen, die noch keine Sachtexte von King gelesen haben, ist dieses Buch ein guter Anfang. Obgleich King über zwei Dutzend Bücher geschrieben hat, ist *Danse Macabre* noch einzigartig, da es sich dabei um seine einzige Sammlung von Sachtexten handelt, was eine Schande ist. King hat gut über einhundert solcher Texte geschrieben, aus denen sich leicht ein Buch zusammenstellen ließe.

Wenn Sie jemanden kennen, der King noch nicht gelesen hat, sollten Sie ihm zwei Bücher geben, um ihm einen ersten Eindruck von der Bandbreite Kings zu geben: *Brennen muß Salem* wird ihm zeigen, was es mit Kings Geschichten eigentlich auf sich hat, und *Danse Macabre* wird

Der Autor spricht: Stephen King über den Verlust der Unschuld

Ich war in Stratford, Connecticut, und sah *Fliegende Untertassen greifen an,* wo Außerirdische mit ihren Todesstrahlen und allem Drum und Dran auf der Erde landen, und plötzlich wurde der Film unterbrochen, der Geschäftsführer kam auf die Bühne und sagte: »Ich muß Ihnen mitteilen, daß die Russen gerade einen Weltraumsatelliten abgeschossen haben.« Es war eine Samstagsmatinee, und wir saßen alle wie vom Donner gerührt da. Wissen Sie, das Publikum einer Samstagsmatinee ist laut und lärmend und wirft alles mögliche durch die Gegend, und plötzlich waren alle still. Wir konnten es nicht glauben. So hätte es eigentlich nicht laufen dürfen. Wir hatten alle Filme gesehen. So etwas *war nie geschehen.* Die Bösen waren die ersten! Ich meine, das war so, als hätte dieser russische Boxer Rocky Balboa besiegt oder getötet. *Wie konnte das sein?* Und das war, möchte ich sagen, wirklich der Anfang vom Ende meiner Kindheit.

Die Kindheit stirbt nicht auf einmal. Sie geht irgendwie ein, wie eine Pflanze.

***Stephen King über* Danse Macabre**

Ich habe *Danse Macabre* für einen Freund von mir geschrieben, Bill Thompson, den Lektor meiner ersten Bücher bei Doubleday. Er fragte mich: Wenn ich in einer Bar säße und alles über Horror-Literatur, Horror-Film und deren Bedeutung sagen könnte – weil man mir diese Fragen von Zeit zu Zeit immer wieder stellt –, wäre ich daran interessiert, ein Buch darüber zu schreiben?

Stephen King in der »Larry King Show«

ihm vom, wie King es nannte, »Uhrwerk der Horrorgeschichte« erzählen.

Draußen tobt ein Sturm, doch drinnen im Ballsaal tanzen wir die Nacht durch. Ich spüre ein Klopfen auf meiner Schulter. Ich blicke mich um, und es ist Stephen King. Er klatscht ab, weil er den nächsten Tanz mit Ihnen tanzen möchte. Die Lichter flackern. Nun sind sie ganz ausgegangen. Als ich davongehe, höre ich seine letzten Worte an Sie: »Machen Sie mir das Vergnügen?«

Dead Zone – Das Attentat

In John Kennedy Tooles großartigem humoristischem Roman *Ignaz oder die Verschwörung der Idioten* wird Ignaz J. Reillys Weltbild vom Glücksrad dominiert:

> Als Mediävist glaubte Ignaz an die *Rota Fortunae,* das Glücksrad, einen Zentralbegriff der *Consolatio Philosophiae,* jenes philosophischen Werkes, das am Beginn des mittelalterlichen Denkens steht. Der Spätrömer Boethius, schuldlos auf kaiserlichen Befehl im Kerker schmachtend, hatte dort die *Consolatio* geschrieben, in der er behauptet, daß eine blinde Göttin das Rad dreht, an das wir gebunden sind. Glück ist daher ein zyklisches Phänomen. (Deutsch von Peter Marginter)

Es ist dasselbe Glücksrad, das auch das Leben von Johnny Smith bestimmt, der in *Dead Zone – Das Attentat* unbeschreibliches Glück auf dem Jahrmarkt hat, wo er ausnahmslos auf die richtigen Zahlen setzt und Hunderte von Dollar gewinnt.

Doch das Rad dreht sich ... und Smith hat einen Autounfall, der ihn in ein fast fünfjähriges Koma fallen läßt, während das Leben in diesem Zeitraum unausweichlich weitergeht.

Als Smith sein Bewußtsein wiedererlangt, besitzt er seltsame Kräfte: Durch das Berühren der Hand eines Menschen kann er das Leben dieses Menschen als ein Kontinuum sehen: Vergangenheit, Gegenwart und Zukunft. Und als er bei einer Wahlkampfveranstaltung die Hand von Gred Stillson schüttelt, sieht er dessen Zukunft ... und es ist eine düstere Vision. Smith muß eine einschneidende Entscheidung fällen. Er muß handeln oder nicht handeln. Bestimmt das Glücksrad unser Leben (die Philosophie des Determinismus), oder haben wir einen freien Willen, eine Wahl, die wir treffen können und die dann die Geschehnisse in unserem Leben verändert?

Smith ist ein gewöhnlicher Mann, der mit außergewöhnlichen Fähigkeiten gesegnet (oder gestraft) ist. Doch diese Fähigkeit wird zu einer Verantwortung. Er kann sie zum Guten einsetzen oder, indem er sie ignoriert, das Böse seinen Lauf nehmen lassen. Es ist ein moralisches Dilemma, das Smith nur für sich selbst und in sich selbst lösen kann.

Kommentar

Dead Zone – Das Attentat zählt zu Kings besten Romanen, vor allem weil er einen guten Schritt von den traditionellen Stilmerkmalen und Klischees des Horrors – Werwölfen, Geistern, Vampiren und Spukgestalten – entfernt ist, die für viele Kings Erzählungen auszeichnen.

Die Voraussetzung für Smiths Fähigkeit – ein Autounfall, der irgendwie übersinnliche Kräfte freisetzt – gründet auf der Annahme, daß wir, egal was wir uns auch einbilden mögen, nur sehr wenig darüber wissen, wie der menschliche Verstand eigentlich funktioniert.

Es gab da einmal eine Zeitungsstory von einer Frau, die sich Kopfverletzungen zugezogen hatte und während der Operation ein bestimmtes Kindheitserlebnis in allen Einzelheiten erneut »durchlebte«, mit all ihren Sinnen, und das einzig als Ergebnis einer flüchtigen Berührung eines Teils ihres Gehirns durch ein Skalpell.

So wird Smiths »Gabe« im Laufe der Handlung immer wichtiger. Smiths Perspektive breitet sich von seiner privaten Sichtweise zu einer gesamtgesellschaftlichen hin aus, mit Hilfe deren er seinen freien Willen einsetzen muß und den Lauf der Geschichte verändern kann.

Es

Wäre es nicht toll, ein letztes Mal alle Monster zusammenzubringen? Sie alle zusammenzubringen – Dracula, Frankenstein, den weißen Hai, den Werwolf, das kriechende Auge, Rodan, den Schrecken aus dem Weltall, und es dann Es *zu nennen.*

Stephen King in *Time*

Mit 1138 Seiten war *Es* bis zum Erscheinen der ungekürzten Fassung von *The Stand* Kings längster Roman und brauchte, Kings Nachwort am

Ende des Buches zufolge, vier Jahre bis zur Fertigstellung der endgültigen Fassung.

Wie andere King-Romane wurde auch *Es* stark beworben. Das Buch erschien im September 1986. Der Book of the Month Club führte es als Buch des Monats. Um sicherzustellen, daß es wie eine Bombe einschlug, ließen die Verleger nichts aus: eine Erstauflage von achthunderttausend Exemplaren, ein Werbe- und Publicity-Etat von vierhunderttausend Dollar, Großanzeigen im Buchhandel und in allen wichtigen amerikanischen Märkten, unterstützt von Radiowerbung und landesweiter Publicity. Kurz, es gab keine Möglichkeit zu übersehen, daß *Es* kam.

GB

Der Wasserturm auf Thomas Hill, Bangor, der für Es *verwendet wurde*

Stephen King über Es

Dieser Roman keimte fast drei Jahre lang. Der Einfall dazu schoß mir förmlich durch den Kopf. Ich ging über eine Holzbrücke, und es war fast dunkel. Ich hatte ein paar Stiefel an, konnte meine Schritte hören und mußte an die Geschichte »Billy Goats Gruff« denken, wo der Troll unter der Brücke sitzt (»Wer tripps-trappst da über meine Brücke?«). Und ich dachte mir: Okay, darüber will ich etwas schreiben. Ich will über einen richtigen Troll unter einer richtigen Brücke schreiben. Es vergingen zwei oder drei Jahre, und dann habe ich mich schließlich hingesetzt und mit dem Schreiben angefangen. Etwa vier Jahre und rund sechzehnhundert Manuskriptseiten später war ich fertig.

Stephen King in der »Larry King Show«

In den Buchläden wurde die bevorstehende Veröffentlichung mit entsprechenden Werbemaßnahmen wie Farbplakaten, Schaufenstergirlanden, Anhängeschildern und einem Button mit der Aufschrift »*Es* kommt« angekündigt.

Und schließlich kam *Es.*

Es, mit seinem Gewicht von beinahe zwei Kilo, war ein sofortiger Erfolg und beherrschte die Bestsellerlisten wie all die anderen King-Romane. Doch dann wetzten die Kritiker, wie nicht anders zu erwarten, ihre Messer und begannen mit dem Schlachten. Es sei zu lang. Das Buch hat über eintausend Seiten.

Trotz seiner abschreckenden Länge – dreihundert Seiten länger als *Das letzte Gefecht* in der gekürzten Fassung – hatte das Buch seine Fürsprecher und seine Kritiker. Zwei der prominentesten King-Kritiker,

Der Autor spricht: Stephen King über Es *und die Kindheit*

FRANK MILLER: Ich habe irgendwo gelesen, daß Ihr Vater die Familie verlassen hat, als Sie noch ein Kind waren. Ihre eigenen Kinder müssen Ihnen sicher sehr am Herzen liegen?

KING: Ja. Ich habe gerade sechzehnhundert Seiten Prosa darüber geschrieben. Ich habe einen Roman mit dem Titel *Es* fertiggestellt, und mein Lektor geht gerade die Endfassung durch. Ich habe fünf Jahre an diesem Buch gearbeitet. Ich glaube nicht, daß Recorded Books davon je eine Hörfassung macht, weil sie es in einer Kiste zu den Leuten schicken müßten.

Ich habe einmal einen Neujahrsbeschluß gefaßt: Schreib nie etwas, das größer als dein eigener Kopf ist. *Es* handelt eigentlich gar nicht von Es oder Ungeheuern oder so was. Es handelt von der Kindheit und meiner Vorstellung, wie man die eigene Kindheit erlebt und sie letztlich wegstecken und ein Erwachsener werden kann, ohne etwas zu bereuen, indem man selbst Kinder großzieht. Ich könnte mich irren, aber das ist eben meine Vorstellung.

Douglas E. Winter und Michael Collings, lobten es. Winter sagte in *The Art of Darkness:* »Obgleich es sicher verfrüht ist, bei einem Schriftsteller in Kings Alter von einem Magnum Opus zu sprechen, gibt es doch keine bessere Bezeichnung für *Es.*« Und Collings schrieb in einer Rezension: »*Es* wächst literarisch über sich selbst hinaus, so daß es den Platz des eindringlichsten Romans, den King je geschrieben hat, einnimmt.«

In ähnlicher Art wie der einleitende Absatz von *Danse Macabre,* beginnt *Es* mit der Möglichkeit, daß »das Grauen« vielleicht achtundzwanzig Jahre später sein Ende finden könnte. Von da an entfaltet sich der Roman langsam, entwickelt sich auf den Höhepunkt zu, auf die Konfrontation zwischen *Es* und seinen Erzgegnern.

Aufgrund seiner Komplexität läßt sich die Handlung nur schwer kurz zusammenfassen, doch das zu tun wäre auch eine Schande. King hat erklärt, daß dieses Buch seine Gedanken über die Kindheit (und die Riten des Erwachsenwerdens) und über Monster wiedergibt. Er verbindet die beiden Elemente überzeugend, indem er eine Gruppe von Verlierern (sechs Männer und eine Frau) beschreibt, die als Kinder mit dem Es zusammentreffen, um dann als Erwachsene noch einmal gegen Es und ein altersloses Monster mit dem schlichten Namen Es anzutreten, das jede Gestalt annehmen kann, die es will.

Es ist ein ambitionierter Roman, ganz sicher eine Art Quintessenz für King, und bereitet den Grund für Bücher wie *Sie* (ein psychologischer Thriller), *Die Augen des Drachen* (im Grunde eine Kindergeschichte), *Das Monstrum* (ein Fünfziger-Jahre-Science-fiction-Roman) und *Drei* (der zweite Band einer vielleicht sechs oder sieben Bände umfassenden Saga).

Ist *Es* gut? Ja. Ist *Es* zu lang? Vielleicht. (Ganz sicher, sagen andere.) Ist *Es* wert, gelesen zu werden? Ja.

ID – *von Charles McGrath*

Allein das Gewicht (3 Pfund 200 Gramm) scheint einer Türschwelle angemessener als einem Bestseller. Aber Stephen King ist ein Markenname geworden, und so gaben seine Verleger eine extrem hohe Erstauflage von 800 000 Exemplaren in Auftrag – und dann fünf Neuauflagen, was zu einer momentanen Verkaufszahl von 1 025 000 Exemplaren angewachsen ist.

Stefan Kanter in *Time*

Wenn je ein Roman von King eine Parodie geradezu herausgefordert hat, dann *Es.* Einer von Kings umfangreichsten Romanen – über elfhundert Seiten –, der entweder als Kings bestes oder schlechtestes Buch betrachtet wurde.

Douglas E. Winter hat es als Kings »Magnum Opus« bezeichnet, und Michael Collings, der das Manuskript gelesen hatte, kam zum Ergebnis:

> Obwohl es seinen Teil Profanes und schlimme Wörter, drastische Gewalt und stilistische Mängel enthält (inklusive Wiederholungen bestimmter Ausdrücke, die in einem Roman mit mehr als einer halben Million Worten möglicherweise unvermeidlich sind) und obwohl die Figuren teilweise stereotyp gezeichnet sind, übersteigt sich *Es* letztendlich selbst und ist der eindrucksvollste Roman, den King bis jetzt geschrieben hat.

Aber andere, allen voran Don Herron, waren der Meinung, daß der Kaiser überhaupt keine Kleider anhatte, was sie auch deutlich sagten. In *Reign of Fear,* der dritten Sammlung kritischer Essays über King, kommt Herausgeber Herron zu der Schlußfolgerung, daß es sich bei *Es* um »zwei Tonnen Dreck in einer Fünf-Tonnen-Kiste« handelt. (In einem Interview mit *Penthouse* ging King auf seine ihm eigene verschmitzte Weise darauf ein: »Ich dachte mir, das wäre ein gutes Buch, um abzutreten. Ich habe es *It* genannt. Ich hätte es *Shit* nennen sollen.«)

Später bemerkte King in einem Brief an Michael R. Collings, der in *Castle Rock* in der Ausgabe vom Juli 1986 veröffentlicht wurde:

> Freut mich, daß Ihnen das Buch so gut gefallen hat. Mir gefällt es eigentlich auch ziemlich gut, aber als ich diesen unvorstellbaren Stapel Manuskriptseiten sah, ging ich sofort in eine defensive Duckhaltung. Ich glaube, die Zeiten, da ein so umfangreicher Roman tatsächlich kritisch gelesen wird, sind vorbei. Ich glaube, meine defensive Haltung rührte teilweise daher, daß ich mit vernichtenden Kritiken rechnete, was teilweise meiner eigenen Meinung entsprach, daß das Buch zu lang sei.

Was man auch immer von dem Roman halten mag, eine Parodie war unvermeidlich, und Charles McGrath schrieb »ID«, das im *New Yorker* in der Ausgabe vom 29. Dezember 1986 erschien. Der Schrecken, der schon fünfzehn Wochen andauerte und, soweit ich wußte, nie enden wollte, begann mit den Männern und den Kettensägen.

Die Männer.

Die Kettensägen.

Etwa alle zwölf Monate oder so kamen sie zu den grünen Wiesen und dichten Wäldern vor der kleinen Fabrikstadt Weesquapecket im mittleren Maine. Manchmal kamen sie etwas früher, manchmal etwas später ... aber sie kamen immer.

(Die Männer. Die Kettensägen.)

Für gewöhnlich kamen sie frühmorgens, wenn der Tau noch auf den

Feldern glänzte und der Nebel vom Weesquapeckett River emporstieg, der mitten durch die Stadt floß, und am Abend waren sie wieder verschwunden und nahmen auf ihren langen, dröhnenden Lastwagen Hunderttausende, Millionen Klafter des besten Nutzholzes von Maine mit sich. Pinien und Fichten, Ahorn und Birken, Eichen und Eschen – einerlei, solange es sich nur um Holz handelte.

Aber diesmal war es anders. Die Männer kamen, große Männer, einigen fehlten Finger und Zehen, und sie blieben tagelang ohne Unterlaß. Wo man auch hinging, konnte man das gräßliche *Brrrpppbrrpppbrrppp* ihrer Sägen hören, und ein stechender Harzgeruch lag in der Luft, ein erdiger, süßlicher Geruch, ein schicksalsträchtiger und unentrinnbarer Geruch. Es war der Geruch von Baumharz – von Bäumen, die vor ihrer Zeit gefällt wurden.

Die Männer holzten das Pinienwäldchen hinter der Grundschule von Weesquapeckett ab, sie fällten die uralten Ulmen vor der Gemeindekirche, sie machten den Apfelbaumhain der Gillespies nieder, sie schlugen den rosa Hartriegel um, den der alte Pete Darby vor fünfzig Jahren an seinem Hochzeitstag gepflanzt hatte. Und eines Morgens erwachte ein kleiner Junge in einem verblichenen Fruit-of-the-Loom-Pyjama und mußte mit ansehen, wie die Männer mit den Kettensägen vor *seinem* Baum standen – dem Baum, an den Dad, der Dad des Jungen, einen hübschen alten Goodyear-Reifen als Schaukel gehängt hatte. Der Junge war Chuckie Douglas. Er war sechs. Im Jahr zuvor war er fünf gewesen, und nächstes Jahr würde er sieben sein. Danach möglicherweise acht.

»H-h-h-he, w-w-w-was m-m-m-machen Sie d-d-da?« stotterte Chuckie. Er stotterte häufig, und wenn er nicht stotterte, litt er an Mandelentzündung und Polypen und Asthma. Er gehörte zu der Art von Jungs, deren Gespräche man typographisch aufzeichnen konnte, indem man einfach die Augen zumachte und ein paar Tasten seiner IBM Selectric niederdrückte.

Der Mann hob die Schutzbrille und betrachtete den Jungen mit zusammengekniffenen Augen. Dann grinste er auf eine Weise, die lüstern und albern zugleich wirkte – ein Ausdruck, den Chuckie, wäre er älter gewesen, von Buchumschlägen und American-Express-Werbespots gekannt haben würde –, und er sagte: »Papier, Jungchen. Muß mehr Papier haben.« Er streifte die Brille wieder über, riß einmal, zweimal am Anlasserkabel der Kettensäge – es war eine schwarzgelbe McCulloch, die noch in der morgendlichen Stille rauchte – und BRRRRRRRRRppp.

Ein Gedanke dringt durch Chuckies Gehirn wie Grundwasser, das in einen Keller sickert, wenn die Black & Decker-Pumpe den Geist aufgegeben hat. Es ist kein besonders klarer Gedanke, nur ein Rinnsal – das man vielleicht erst bemerken würde, wenn der Teppich von Du Pont Antron im Fitneßraum völlig durchnäßt ist. Chuckies Gedanke hat etwas mit den Kettensägenmännern und den Filmen zu tun, die im Weesquapeckett Twin-Vu draußen an der Route 1 gezeigt werden – Filme mit Mädchen, die Feuer entfachen können, wenn sie schielen, die mit ihren Autos sprechen oder sich Wüstenrennmäuse mit Tollwut als Haustiere halten oder die immer wissen, wo man totes Zeug finden kann. Jedesmal, wenn die Kettensägenmänner kommen, so scheint es Chuckie, folgt einer dieser Filme auf den Fuß – vielleicht nicht unmittelbar darauf, vielleicht erst nach Monaten, aber unweigerlich früher oder später –, und Chuckie fragt sich, ob da nicht ein Zusammenhang bestehen könnte. Er denkt eine Weile darüber nach, aber dann denkt er: Nöööö. Der Gedanke verschwindet, und es ist, als wäre die Pumpe mit einemmal wieder angesprungen – *rrrwhhEEEEEEEE* – und pumpe das ganze Wasser im Keller wieder hinaus. Aber wenn man Wochen später in den Keller geht, kann man immer noch einen Hauch Mehltau und Feuchtigkeit riechen, *moisture.* Der Keller ist nicht *überschwemmt* oder so, und man kann immer noch da unten fernsehen oder Platten hören, aber er ist auch nicht völlig trocken, und eines Tages könnte man Probleme bekommen, wenn man sein Haus verkaufen will.

Als die Männer diesesmal gegangen waren, war in ganz Weesquapeckett und Umgebung kein einziger Baum mehr zu finden, und das umliegende Land war so flach, daß man bis zum hundert Meilen entfernten Atlantischen Ozean sehen konnte. Aber außer Chuckie schien das niemandem aufzufallen. In diesem Herbst gingen die Leute aus der Stadt wie eh und je hinaus, jäteten die Gärten und wirbelten dichte, schwere Staubwolken auf, die tagelang in der Luft hängenblieben. In der dritten Klasse von Miß Hanson in der Grundschule von Weesquapeckett – die in nur drei Jahren Chuckies Klasse sein würde –, schrieben die Kinder wie ehedem ihre Herbstaufsätze und gebrauchten korrekt in der richtigen Reihenfolge die Wörter »Chlorophyll«, »Laub« und »rostbraun«, und in den Pausen sprangen sie fröhlich in imaginäre Laubhaufen, ohne sich über ihre aufgeschürften Knie zu beschweren.

Anfang Oktober geschah noch etwas. In einer regnerischen Nacht fuhr ein Mann namens Lew Dickinson in einem Lieferwagen der Druckerei R. R. Donnelley & Sons, Zweigstelle Harrisonburg, Virginia, Richtung Bangor, Maine, wo er fünfzig Kartons voll keine Ahnung was abladen sollte – welchen gottverdammten Bestseller sie ihm auch immer diesesmal aufgeladen haben mochten. Er kam ziemlich gut voran, hörte ein altes Stück der Everly Brothers im Radio und klopfte den Rhythmus auf dem Lenkrad mit, als er über die Weesquapeckett Bridge fuhr – eine Brücke mit kräftigen Eisenträgern, die im Jahre 1924 vom Stahlwerk Portland gebaut und von Calvin Coolidge persönlich dem Verkehr übergeben worden war, eine Brücke, die jahrzehntelangen schweren Holztransporten standgehalten hatte –, aber sein Lieferwagen brach *einfach durch die Fahrbahn durch* und stürzte in den Weesquapeckett River. Dort schaukelte er eine Weile, dann kippte er und sank, und keiner weiß, wo er seine letzte Ruhestätte gefunden hat. Am nächsten Morgen war nur noch ein riesiges Loch im Asphalt zu sehen, schrecklich zerfetzter Stahlbeton darunter und etwa eine Meile flußabwärts durchweichte Pappkartons und einige Bögen Papier, die mit der Garamond Nr. 3 bedruckt waren und im eisigen Wasser trieben.

Einige Wochen später stürzte in der Nacht von Halloween die Hauptetage der öffentlichen Bibliothek von Weesquapeckett ein, so daß sämtliche Bücher von »Autoren Ka – Ki« in den Keller donnerten, wo Bob Wilson, der Hausmeister, gerade heimlich eine rauchte. Er wurde fast auf der Stelle erschlagen – regelrecht zu *Brei* zerquetscht –, doch vorher hatte sein gräßlicher Schrei die ganze Stadt geweckt. Die Polizei verkündete später, daß Regale und Deckenbalken darunter einer, wie sie sich ausdrückten, »beinahe übernatürlichen Belastung« ausgesetzt gewesen seien. Sie fanden auch heraus, daß Lew Dickinson und Bob Wilson beide in der neunten Klasse in Englisch durchgefallen waren: Keiner der beiden las besonders viel.

Etwas stimmte nicht mit Dad. Seit Wochen kam er nun schon mit etwas Großem und Schwerem in seinem Samsonite-Aktenkoffer nach Hause – das er weder Chuckie noch sonst jemandem zeigen wollte –, und er beschwerte sich andauernd, wie sehr sein rechter Arm weh tat. Es sollte niemand bemerken, aber dieser Arm war schon fast einen Meter länger als der linke. Wenn Dad sich unbeobachtet glaubte und entspannte, schoß der Arm aus dem Ärmel und baumelte fast bis auf den Boden. Die rechte Manschette von Dads bügelfreiem Arrow reichte ihm kaum noch bis zum Ellbogen.

Und da war noch etwas. Anstatt vor dem Fernseher Miller Lite zu trinken, wie sonst immer, und sich über Louis Rukeyser in »Wall Street Week« lustig zu machen, ging Dad jetzt jeden Abend gleich nach dem Abendessen auf sein Zimmer und schleppte diesen gigantisch schweren Aktenkoffer mit sich. Er gähnte und streckte sich (nur den linken Arm) und tat so, als wäre er müde, aber Chuckie war ziemlich sicher, daß er da drinnen nicht schlief. Das Licht im Schlafzimmer blieb oft noch stundenlang an – Chuckie konnte es unter der Tür durchscheinen sehen, wo es eine grausame, guillotineähnliche Form auf den Teppichboden im Flur warf –, und wenn Dad am Morgen herunterkam, die rechte Hand tief in der Tasche, waren seine Augen schwarz und blutunterlaufen und starrten schrecklich, wie von einem schrecklichen *Wissen* erfüllt, und wenn man ihn bat, die Parkay-Margarine oder Welch's Traubengelee herüberzureichen, tat er so, als hätte er es nicht gehört. Aber einmal vergaß er es, und als Mom nach dem Zucker Marke Domino fragte, ließ er die rechte Hand an ihrem schrecklichen elastischen Glied über die

Tischplatte gleiten. Aber er *schätzte die Entfernung falsch ein.* Ein polterndes, platschendes Geräusch war zu hören, wie von einem Auto, das auf der Straße ein totes Tier überfährt, und Chuckies Schüssel mit Frühstücksflocken, die noch halb voll war, flog *OOOOOOOOOO oooooooooo* sausend durch die Luft, und die Milch lief Tropfen um Tropfen weiß und leblos auf das gleichgültige Linoleum.

Weit, weit von Maine entfernt befand sich der italienische Dampfer *L'avventura* eine Tagesreise von Fort Lauderdale entfernt auf dem Atlantik und brachte den zweiten Abschnitt einer Reise von New York nach Kingston und wieder zurück hinter sich, als Guido Correlli die Entdeckung machte, daß das Schiff schwer nach backbord geneigt war und Wasser zu den Bullaugen in der dritten Klasse hereinfloß. Er rief über Schiffstelefon den Proviantmeister an und schrie: *»Marrone,* unser Ballast, es hat Schlagseite! Sieh dir das *Manifesto* an. Die Fracht in Fort Lauderdale, wir haben zuviel geladen – zuviel *petrolio* oder *irgend etwas!«*

»Im Frachtbrief steht nichts, Signore«, entgegnete der Proviantmeister. *»Niente.* Wir haben in Lauderdale nichts an Bord genommen, außer – *un momento* – da haben wir's. *Si,* nur ein paar Mitglieder des Bertelsmann-Leserings ...«

In diesem Augenblick schreckte Chuckie, der in seinem Bett in seinem Zimmer in Weesquapeckett gelegen hatte, aus dem Schlaf hoch. Er hatte einen so schrecklichen Alptraum gehabt, daß er sich nicht einmal mehr erinnern konnte, was es gewesen war, aber noch schlimmer war, selbst jetzt, im wachen Zustand, schien ihm, als hätte er eine grellrote Schwimmweste über dem Pyjama an.

Mom wühlt in Dads Aktenkoffer. Von irgendwo hört sie eine Stimme rufen: *Aufhören, aufhören! Du verletzt seine Bürgerrechte!,* aber sie hört nicht hin und sucht weiter. Sie findet, wonach sie gesucht hat, und es gibt nur eine Möglichkeit, die Empfindungen zu beschreiben, die ihr durch den Kopf gehen, als sie sich mit dem hinsetzt, was sie gefunden hat. Es ist, als hätte sie im dunkelsten, kältesten Teil ihres Verstands das Kühlschranklicht eingeschaltet – dort, wo die Reste aufbewahrt werden. Sie ist nicht sehr hell, diese kleine Glühbirne. Als Kodak-Blitzlicht würde sie nicht funktionieren. Sie ist nicht einmal so hell wie das Deckenlicht in einem Chevy Camaro. Aber sie erfüllt ihren Zweck. Auf den Drahtregalen da unten, in dem Teil von ihr selbst, wo Mom nie hinschaut, sieht sie Dinge, die nicht für menschliche Augen bestimmt sind: halbvolle Marmeladengläser voll gallertartiger brauner Masse, in Frischhaltefolie gewickelte, schimmlige und verfaulte Klumpen, Tupperschüsseln voll weißlichem Glibber. *Bääää h!* Mom kann es nicht glauben.Wie ist dieses Zeug nur hierhergekommen, in ihren *Kopf?* Sie schlägt rasch die Tür zu, und das Licht geht aus. Aber sie weiß, daß sie wiederkommen wird. Sie legt den Kopf zurück, erschaudert, und eine Woge des Ekels läuft durch sie hindurch, eine so übermächtige Woge, daß sie lächeln muß. Heute abend kommt sie vielleicht nicht dazu, das Abendessen zu machen.

Jetzt sind sie beide dauernd da oben.

Mom und Dad.

Im Bett.

Chuckie versucht, sie gar nicht zu beachten. Er wäscht seine Kleidung selbst mit Woolite in der Küchenspüle und ißt Chef Boy-Ar-Dee aus der Dose. Aber ganz kann er die Gedanken an das Schlafzimmer oben nicht verdrängen, und er überlegt sich, was da oben in dem Bett mit den Laken von Laura Ashley und den farblich passenden Kissenbezügen und Bettumrandungen vorgehen mag. Manchmal, wenn er genau hinhört, kann er seine Eltern da drinnen flüstern hören, dann rezitieren sie Worte mit vielen Silben in einer Sprache, die er noch nie gehört hat: »Batrachier«, »chitinartig«, »Wundjauche«. Und andere Geräusche: Keuchen und Stöhnen und Schreie des Schmerzes und der Überraschung. Was *machen* die nur da drinnen?

»M-m-m-m-m-mom? D-d-d-d-d-dad?«

Das ganze Haus scheint den Atem anzuhalten, alles wird schwarz, bis Chuckie etwas einfällt. Er macht den Mund auf und atmet aus, ein. Dann stößt er die Schlafzimmertür auf und zwingt sich, hineinzusehen. Sie liegen beide auf dem Bett *(Mom, Dad),* seine Mutter auf der rechten Seite, sein Vater auf der linken, ihre Köpfe berühren sich fast. Etwas Schweres drückt auf Dads Brust, drückt ihn in die Matratze und zwingt ihn, unter Anstrengung zu atmen. Sein Gesicht ist rot und verschwitzt, die Augäpfel quellen aus den Höhlen und sausen fieberhaft von rechts nach links. Mom beugt sich über ihn, bewegt rasch die Lippen und zupft mit den Fingern an dem Ding auf Dad – dem schweren Ding, das im Licht der Nachttischlämpchen glänzend und bräunlich wirkt –, und nun scheint das Ding in Hunderte, Tausende weiße Blätter zu zerfleddern.

Plötzlich begreift Chuckie. Eines Tages werden sie wollen, daß er das auch tut. Sie werden ihn *zwingen.* Sie werden von ihm verlangen, daß er es stundenlang macht, bis er sagt, daß es ihm gefällt. Das Ding ist ein Buch, und Mom und Dad – *o mein Gott* – sie lesen.

Feuerkind

»Verschwinden Sie«, zischte sie. »Nehmen Sie Ihr Monstrum mit und verschwinden Sie.«

Norma Manders zu Andy McGee über seine Tochter Charlie, das Feuerkind

Es ist eines jener Rätsel, bei denen man sich an den Kopf greift und sich fragt, *warum sie das getan haben.*

Damit meine ich natürlich das abscheuliche Bild auf dem Umschlag von *Feuerkind*, sowohl in der Viking-Hardcoverausgabe als erstaunlicherweise auch auf dem Titelumschlag der Taschenbuchausgabe. Der Zweck eines Umschlagbildes ist, Aufmerksamkeit zu erregen und einen dazu zu bringen, das Buch zu kaufen. In Kings Fall mag es sein, daß sein Name allein auf dem Cover – in auffälligen, überdimensionalen Buchstaben mit dem Buchtitel darunter – ausgereicht hätte. Doch es gibt keine Entschuldigung dafür, minderwertige Illustrationen auf einen Umschlag zu klatschen, wenn bessere Arbeiten erhältlich sind – wie zum Beispiel Michael Whelans den ganzen Umschlag einnehmendes Farbcover für die Phantasia-Press-Ausgabe von *Feuerkind*.

Wenn man jedoch erst einmal das Umschlagbild überwunden hat, ist *Feuerkind* eine solide kleine Geschichte, die von einer faszinierenden Prämisse ausgeht: Die Supermächte besitzen Organisationen, deren Aufgabe es ist, Menschen mit übersinnlichen Fähigkeiten aufzuspüren und, wahrscheinlich, auf ihre militärische Einsatzfähigkeit hin zu testen.

Telekinese (das Bewegen von Objekten durch die Kraft des Geistes), Telepathie (Gedankenlesen), Pyrokinese (durch die Kraft des Geistes eingeleitete spontane Entzündung) – das alles gehört angeblich eher in den Bereich der Fiktion als den der Tatsachen, wie King in seinem Nachwort zur Taschenbuchausgabe feststellt. Es gibt jedoch Beweise, die das Gegenteil vermuten lassen, besonders, was Pyrokinese betrifft.

Feuerkind ist die Geschichte eines achtjährigen Mädchens mit pyrokinetischen Fähigkeiten, der einzigen Tochter von Andy und Vicky McGee, die beide auf dem College an einem von der Regierung in Auftrag gegebenen Experiment teilgenommen hatten, bei dem ihnen ein Halluzinogen namens Lot Sechs verabreicht wurde.

Wie sich herausstellt, handelt es sich bei Lot Sechs um eine experimentelle Droge mit weitreichenden Auswirkungen. Andy McGee besitzt nun die Fähigkeit, andere Menschen (abhängig von ihrem Intelligenzquotienten) mit seinem Verstand zu kontrollieren. Seine Ehefrau Vicky entwickelt telekinetische Fähigkeiten und ist in der Lage, Objekte einzig mit ihrem Willen zu bewegen. Sowohl bei Andy als auch bei Vicky sind diese Kräfte nur schwach ausgeprägt und daher begrenzt. Im Fall ihrer Tochter Charlene (Spitzname Charlie) jedoch war die Fähig-

Über Whelans Illustration für Feuerkind

Whelans vielleicht berühmtestes Werk war sein beeindruckendes Gemälde für eine limitierte Ausgabe von Stephen Kings *Feuerkind*. Viele Kritiker der phantastischen Kunst sehen darin eine der erlesensten Illustrationen, die je für ein Werk von King gefertigt wurden.

Aus: *The Penguin Encyclopedia of Horror and the Supernatural*, 1986

Die Umschlagillustration der Phantasia-Press-Ausgabe von Feuerkind

keit schon im Säuglingsalter vorhanden, und während sie wächst, wächst auch die Kraft.

Einzig Charlies Willenskraft, ihre Gabe nicht einzusetzen, hat diese bisher unter Kontrolle gehalten. So wie andere Kinder schon im frühesten Alter erzogen wurden, aufs Töpfchen zu gehen, wurde Charlie erzogen, keine Brände zu legen. Sie weiß, daß nichts Gutes davon kommen kann, wenn sie Unrecht tut, und daß ihre Eltern ihr immer wieder eingeschärft haben, ihre Gabe nicht einzusetzen.

Doch als sie älter wird, wird auch die Gabe in ihr stärker. Eine Regierungsbehörde, schlicht »die Firma« genannt, weiß um ihre Fähigkeiten und hat eine kleine Armee von siebenhundert Männern mobilisiert, um Charlie aufzuspüren, gefangenzunehmen und zu testen, um festzustellen, inwieweit sich ihre Kräfte zu militärischen Zwecken nützen ließen.

Wie Carrie besitzt Charlie eine beinahe unvorstellbare Kraft. Sie existiert, und sie hat ein enormes destruktives Potential. Doch im Falle von Charlie wird sie unter Kontrolle gehalten – bis ihr Vater sie bittet, ihre Kraft einzusetzen.

Der wahre Horror des Romans liegt jedoch nicht in der achtjährigen

Charlie McGee, die gestraft ist mit einer Gabe, die sie nie wollte, die ihre Gabe aufgrund ihrer Erziehung nur mit großem Zögern einsetzt, doch die sie nichtsdestotrotz einsetzen *muß,* um sich und ihren Vater vor Schaden zu bewahren. Der wahre Horror, so wie King uns darlegt, liegt in der grenzenlosen Macht der Regierung – selbst in einer Demokratie. (Staatsdiener, sagte Robert A. Heinlein einmal, bedeutet eigentlich Staats*herr.*)

Totale Freiheit ist totale Verantwortung, doch im Falle der Regierung kommt die Frage auf, ob sie tatsächlich ihren Bürgern gegenüber verantwortlich handelt. Oder gibt es Dinge, von denen wir nichts wissen? King deutet an, daß die Regierung tun und lassen kann, was ihr gefällt, mit einem Heer von Staatsdienern, das jeden ihrer Befehle ausführt. Diese Art von Macht führt unausweichlich zu moralischer Verderbtheit und zu einer Umgebung, in der Böses gemeinhin im Namen der nationalen Sicherheit getan wird.

Auf einer Ebene ist *Feuerkind* »nur ein Roman, eine ausgedachte Geschichte, mit der Sie, lieber Leser, wie ich hoffe, einen oder zwei nette Abende verbringen«, wie King in seinem Nachwort sagt. Auf einer anderen, tieferen Ebene ist es ein nachdenklich stimmender Blick auf das, was King als die dunkle Seite der Demokratie sieht – eine Welt, eingehüllt in Schatten, doch nichtsdestoweniger real, in der Regierungsstellen absolute Macht besitzen, eine Welt der Tyrannen und Speichellecker – und ihrer Opfer.

Michael Whelan – ein King-Illustrator der Sonderklasse

Die Art-Direktoren, die gewöhnlich dafür verantwortlich sind, Bestsellerautoren wie King zu illustrieren, sehen in mir nicht den Richtigen, um diese Cover zu gestalten.

Michael Whelan

Wenn es den perfekten Illustrator Kingscher Werke gäbe, wäre dieser Künstler sicher Michael Whelan. Wenn Sie sich nicht auf mein Wort allein verlassen wollen, sehen Sie sich nur einmal seine Umschlagillustration für die Phantasia-Press-Ausgabe von *Feuerkind* an. Sehen Sie, was ich meine?

Oder betrachten Sie doch mal eingehend den Druck gegenüber der Seite 208 in der NAL-Paperbackausgabe von *Schwarz*. Sie können es gar nicht übersehen – es ist das Bild mit dem Revolvermann am Strand, wie er über das Meer hinaus blickt, während die Sonne untergeht ... und im Hintergrund ist der Dunkle Turm ... verschwommen ... real ... und irreal. Sehen Sie, was ich meine?

Aber, höre ich Sie da protestieren, Whelan ist ein Science-fiction- und Fantasy-Künstler! Der illustriert doch keinen Horror, oder?

Doch, das tut er, und wenn er es tut, dann weiß er genau, was er tut, welchen Effekt er erreichen will und wie er ihn in einem Bild am besten erreicht. Als künstlerischer Gestalter von Donald A. Wolheims (DAW) Anthologie-Reihe *The Year's Best Horror Stories* hat Whelan hinreichend seine Liebe für das Illustrieren von Horrorgeschichten bewiesen. Das Cover für Nummer vierzehn, mit einem bösen Kobold im Schrank eines Kindes, könnte sehr wohl eine Illustration zu Kings »Das Schreckgespenst« sein. Und dann ist da noch das Cover, das er mit »Die Puppe« betitelt hat und das für Band elf der Reihe verwendet wurde: eine pausbackige Puppe, der ein Auge ausgerissen wurde, hängt in der Schlaufe eines Henkerseils ... und zwei Kinder, ein Junge und ein Mädchen, stehen im Schatten hinter der Puppe. Diese beiden Kinder sind gemeine kleine Biester, und in ihren Augen blitzt Boshaftigkeit.

Für Whelan bedeutet eine Horrorillustration keine visuelle Darstellung detaillierter Grausamkeiten – sie ist subtiler, suggestiver und dadurch letztendlich stärker. Wie Whelan es in seinen eigenen Worten erklärt: »Man muß zwischen Horror und ›Grand Guignol‹ unterscheiden. Manche Künstler scheinen Horror immer mit blutrünstigen Illustrationen zu verbinden. Ich denke, es ist eher die *Erwartung* von Gewalt.«

Am Anfang

Whelan erinnert sich daran, wie alles begann. Am Schwarzen Brett seiner Schule, dem Art Center College of Design in Los Angeles, sah er ein Flugblatt für einen Comic-Kongreß (1974 in San Diego). »Ich schaute es mir an, und eine Stimme sprach zu mir: ›Es ist Zeit, die Schule zu verlassen und etwas Ernsthaftes zu machen.‹«

Whelan riß das Flugblatt von der Wand und ging nach Hause, um Arbeiten für die Kunstausstellung des Kongresses zu sammeln. Er erinnert sich: »Nichts kostete mehr als fünfzehn Dollar.« Doch alles verkaufte sich, und Whelan bekam den Mut, beim World Con, dem jährlichen Kongreß der Science-fiction-Fans, auszustellen. Abermals verkaufte Whelan alle mitgebrachten Arbeiten, und nun wußte er, daß er sein wahres Zuhause gefunden hatte.

Ein Profi

Ermutigt von der Resonanz in der Science-fiction-Gemeinde, reichte Whelan Dias bei Donald A. Wolheim ein, dem Verleger von DAW Books in New York. »Der Rest ist, wie man so schön sagt, Geschichte«, erklärt Whelan.

Seit damals hat Whelan über dreihundert Bilder für DAW Books und Ballantine/Del Rey und andere Verlagshäuser geliefert, neun Hugo Awards gewonnen, zwei Kunstbücher herausgebracht (*Wonderworks* bei der Donning Company und *Works of Wonder* bei Del Rey) und sich den berechtigten Ruf als einer der populärsten, höchstbezahlten Künstler in diesem Genre verdient. Nach beinahe fünfzehn Jahren als professioneller Illustrator kann Whelan auf seine Arbeiten zurückblicken und zugeben, daß er Beachtliches geleistet hat.

Obgleich Whelan gern mehr Horror-Illustrationen zeichnen würde, erhält er nur selten Gelegenheit dazu: Timing, Stereotypisierung und das künstlerische Budget sind die drei Hauptprobleme.

Das Timing: Da er seine Arbeiten ein Jahr im voraus plant, kann er keine Aufträge in letzter Minute annehmen, was oft bedeutet, daß er Projekte ablehnen muß, die er liebend gern gemacht hätte, hätte er die Zeit dafür gehabt. (Als er gefragt wurde, ob er den zweiten Band der *Saga vom Dunklen Turm* illustrieren würde, lehnte Whelan ab, weil er dafür sonst früher angenommene Verpflichtungen nicht hätte einhalten können. Ebenso lehnte er die Neuausgabe der Tolkien-Bücher zum fünfzigsten Jubiläum ab – *Der Hobbit* und die Trilogie, ein Traumauftrag für Whelan –, da er schon zuvor Verträge abgeschlossen hatte, die er nun nicht brechen konnte.)

Whelan erinnert sich rückblickend an die Aufträge zu *Drei* und der Tolkien-Ausgabe: »Bei beiden bin ich beinahe verrückt geworden bei dem Versuch, sie irgendwie in meinen Zeitplan einzuarbeiten, doch es ging einfach nicht.«

Ein weiterer Punkt: Whelan, der gemeinhin als der Profi der Profis betrachtet wird, schafft es immer irgendwie. Einmal, als er sich nach einer Karatestunde die Hand brach, ließ er sich vom Arzt den Gips anlegen, *während er einen Pinsel hielt,* damit er seinen damaligen Auftrag zu Ende bringen konnte, wie Interviewer Dale Johnson zu berichten weiß, der ein langes Interview mit Whelan für *American Fantasy* führte.

Das Stereotypisieren: Whelan hat so viel in anderen, Nicht-Horror-Bereichen gearbeitet, daß er nicht gerade der Künstler ist, der einem als erster einfällt, wenn man an Horror-Illustrationen denkt. Whelan gesteht: »Ich bin ein Science-fiction- und Fantasy-Künstler«, doch er fügt hinzu, daß seine Definition davon Horror *beinhaltet.* Dennoch liebt er es, Horror zu illustrieren, und nimmt sich die Zeit, für die *The Year's Best Horror Stories*-Reihe von DAW zu arbeiten, auch wenn er dafür weniger Geld bekommt.

Das künstlerische Budget: Da Whelan einer der populärsten Künstler in diesem Bereich ist und da seine Cover Bücher verkaufen, werden ihm für seine Arbeiten Höchstpreise bezahlt. Doch da sich die meisten Horrorbücher nicht so gut verkaufen wie die Bücher, die Whelan gewöhnlich illustriert, wird das künstlerische Budget Whelans üblichem Honorar meist nicht gerecht, also hat Whelan gelegentlich Konzessionen gemacht. Für eine Reihe mit sieben H.-P.-Lovecraft-Büchern fertigte Whelan zwei großformatige Gemälde, aus denen eine Vielzahl von Covern geschaffen werden konnte.

Artwork courtesy of Michael Whelan

»Die Puppe«, das Cover zu einem Band der Year's Best Horror-*Anthologien*

In einem Interview mit *American Fantasy* beschrieb Whelan seine Schwierigkeiten:

> ... [Als] Del Rey die H.-P.-Lovecraft-Bücher herausbrachte ... hatten sie nur ein Budget für zwei Cover, und sie fragten sich, wem sie wohl den Auftrag dafür geben könnten. Alan Dean Foster, gesegnet sei er,

schlug Lester [Del Rey] vor, daß sie es mit mir versuchen sollten. Judy fragte: »Michael Whelan macht auch Horror?«, und zu diesem Zeitpunkt hatte ich für die *Year's Best Horror*-Reihe schon seit wie vielen Jahren? – seit acht Jahren? – gearbeitet. Es ist so absurd, aber sie sind so gewöhnt daran, mich nur für ganz spezielle Fantasy- und Sciencefiction-Bücher einzusetzen, daß es ihnen noch nicht einmal in den Sinn gekommen war.

Als Donald M. Grant den Vertrag über die Veröffentlichung von Stephen Kings *Schwarz* abschloß, wurde dabei vertraglich festgehalten, daß der Illustrator »in beiderseitigem Einverständnis« von Verleger und Autor ausgewählt werden mußte. Grant und King stimmten überein, daß Michael Whelan eine gute Wahl wäre. Wie Grant sich erinnert: »Wir beide setzten Michael ganz hoch oben auf die Liste«, und King »mochte Michaels Arbeiten, also kamen wir schnell überein«.

In einer Werbeanzeige gesteht Verleger Grant ein, daß es »ganz anders als alles ist, was Bestsellerautor Stephen King je geschrieben hat. In der Tat ist es anders als alles, was irgend jemand je geschrieben hat. Und es ist ein Band, der förmlich nach Illustrationen schreit!«

Whelan fertigte für das 1982 erschienene Buch fünf farbige Gemälde, farbige Vorsatzblätter, Illustrationen für die Kapitelüberschriften und -abschlüsse. 1988 veröffentlichte NAL eine Paperbackausgabe, für die Whelan ein neues Gemälde lieferte – ein romantisches Portrait des Revolvermannes mit Zoltan, einem sprechenden Raben, auf seiner Schulter, vor dem Hintergrund der untergehenden Sonne und des drohend aufragenden Dunklen Turms.

Die fertigen Arbeiten für die *Saga vom Dunklen Turm* gefielen Whelan, aber dennoch würde er jetzt einiges anders zeichnen, wenn er die Möglichkeit hätte. Schließlich, sagt er, ist es schon Jahre her, seit das Buch veröffentlicht wurde. Er sieht nun Möglichkeiten, wie man es besser machen könnte.

Stephen Kings Reaktion auf Whelans Arbeiten? »King war höchst zufrieden«, erklärte Verleger Donald M. Grant.

Nach diesem Auftrag stellte Whelan fest, das sein Name nun auf Kings persönlicher Weihnachtsliste stand, und so hat er über die Jahre die Fortsetzungen von *The Plant* sowie die Philtrum-Press-Ausgabe von *Die Augen des Drachen* erhalten.

Traumaufträge

Wenn man ihn fragt, was er von den Cover-Illustrationen der King-Bücher hält, formuliert es Whelan sehr freundlich und gesteht, daß die Darstellungen in vielen Fällen den Büchern nicht gerecht werden.

Whelan hätte sehr gern Gelegenheit gehabt, weitere Cover für King oder für ein Clive-Barker-Buch zu machen, doch besonders gern hätte er die Umschlagillustrationen für *Feuerkind, Brennen muß Salem* und *Shining* entworfen.

Weitere Projekte

Mit mittlerweile achtunddreißig Jahren befindet Michael Whelan sich an einem Wendepunkt seiner Karriere. Nachdem er in den letzten fünfzehn Jahren sechzig bis achtzig Stunden pro Woche gearbeitet hat, tritt er nun auf die Bremse ... ein wenig. Die Mühe, die es ihm abverlangt, ein Bild pro Monat zu fertigen – in der Größe von 60 × 90 cm für eine Titelillustration und 90 × 120 cm für einen ganzen Umschlag –, hält ihn auf Trab, doch seine Familie gleicht die Belastungen seiner Arbeit immer wieder aus.

Und zum erstenmal arbeitet er für sich selbst. »Ich nenne es meinen Eigenauftrag«, sagt er. Die Arbeit besteht aus einer Reihe von großformatigen Bildern 1,20 × 1,20 m und mehr, und ist »stark allegorisch und metaphysisch«. Es könnte sein, daß die Reihe in zwei Jahren in einer Galerie ausgestellt wird, doch es gibt keinen Grund zur Eile, da es keinen Abgabetermin gibt.

Whelans veröffentlichte Cover lesen sich wie ein »Who's who« von Science-fiction und Fantasy: Robert A. Heinlein *(The Cat that Walked Through Walls* und *Friday),* Isaac Asimov (die *Foundation*-Reihe), Arthur C. Clarke *(2010: Odyssey Two),* Anne McCaffrey (die Pern-Saga), C. J. Cherryh und Michael Moorcock (die Elric-von-Melnibone-Reihe), um nur einige zu nennen.

Whelan malte das Cover zu Ray Bradburys Klassiker *Die Marschroniken.* Danach fertigte er die Umschlagillustration für eine posthume Sammlung von Briefen von Robert A. Heinlein, *Grumbles from the Grave* (1989 bei Del Rey als gebundene Ausgabe erschienen). Andere Arbeiten sind zum Beispiel Bilder für einen neuen Roman von Anne McCaffrey und für Joan Vinges *Snow Queen,* das ursprünglich mit einem Cover von Leo und Diane Dillon herausgebracht wurde, deren Illustrationen Whelan sehr bewundert. »Es wird schwer sein, an sie heranzureichen«, gesteht er ein.

Der Filmkritiker Joe Bob Briggs zur Verfilmung von *Feuerkind*

Er ist ein texanischer Humorist, ein landesweit bekannter Kolumnist, ein Fernsehstar und vor allem ein Filmkritiker, der keine Scheu vor Tiefschlägen kennt. Er schreibt »wohl die komischsten, fundiertesten Film- und Gesellschaftskritiken, die man überhaupt zu lesen bekommt«, sagt Big Steve King (wie Joe Bob ihn nennt) in seiner Einleitung zu Joe Bobs Sammlung von Filmkritiken, *Joe Bob Goes to the Drive-In.*

Die Filme, die Joe Bob rezensiert, gehören nicht zur üblichen Kinokost; die Titel allein sagen alles: *Blood Feast, Curse of the Cannibal Con-*

federates, Surf Nazis Must Die und *Make Them Die Slowly*. Mit anderen Worten, sie enthalten wahrscheinlich eine beträchtliche Menge an Blut, Sex und Gewalt – nichts davon, wie ich sogleich anmerken möchte, reißerisch!

Diese Filme schaffen es nie in die Schachtelkinopaläste, in denen man überteuertes Zuckerwasser schlürft, aufgewärmtes Popcorn mampft und auf eine briefmarkengroße Leinwand starrt. Wenn Sie diese Schmuckstücke der Lichtspielkunst sehen wollen, müssen Sie sich in ein Autokino begeben. Wie Joe Bob uns immer wieder in Erinnerung ruft, gibt es nur eine Art, sich einen Film anzusehen: »Unter dem Sternenzelt, wie Gott es wollte, in der Abgeschiedenheit meines eigenen Autos.«

Während er unter dem Sternenzelt in seinem großen Detroiter Chromberg saß, hat Joe Bob seinen Teil an King-Filmen gesehen, und in der folgenden Kritik, entnommen seiner Sammlung *Joe Bob Goes to the Drive-In,* erzählt er uns, was ihm an Kings *Feuerteufel* gefällt.

King, der Ehrengast beim Third Annual World Drive-In Movie Festival and Custom Car Rally in Dallas und einer der beiden einzigen Preisträger des Joe Bob Briggs Lifetime Achievement Award, ist eindeutig ein Schriftsteller nach Joe Bobs Geschmack: ein amerikanisches Original.

Eine Kritik zu Feuerteufel

Big Steve King hat einen neuen Film in den Kinos, der sich *Feuerteufel* nennt. (Es ist erst Steves zweiter Film in zwei Monaten und der vierte oder fünfte im letzten Jahr. Was ist los, Junge, ist deine Schreibmaschine zur Reparatur?) Wir haben hier ein kleines Mädchen, die, wenn sie mal so richtig böse wird, auf dein Hemd starren und deinen Körper in ein Grillhähnchen verwandeln kann.

Es ist dasselbe kleine Mädchen wie in *E. T.,* diesem Großkinovolksverdummer, der außerirdischen Monstern den Ruf versaut hat, und daß sie gleich einen Menschen in eine Gartenfackel verwandeln wird, erkennt man daran, daß sie ihn so richtig durchdringend anstarrt und ihre Haare plötzlich nach allen Seiten hin abstehen, wie bei einem Hund, der gegen einen elektrischen Zaun gelaufen ist. Die CIA versucht, das kleine Mädchen zu schnappen, um sie an eine B-52 zu schnallen und wie eine Atombombe über Rußland abzuwerfen.

David Keith ist ihr Daddy, und sie und er laufen umher und stecken dabei vollkommen unabsichtlich anderer Leute Schuhe in Brand, weil die CIA die Mama des kleinen Mädchens umgebracht und in eine Bügelkammer gestopft hat, da sie nichts über das LSD-Experiment verraten wollte, das sie alle in übersinnliche Chinaböller verwandelt hat. David Keith war so sauer darüber, daß er zwei Agenten zu blinden Zombies werden ließ, einfach indem er sich mit den Händen das Haar raufte und sie anstarrte, als hätten sie gerade seinen Camaro zu Schrott gefahren.

Photo courtesy of the *Bangor Daily News*

Ein Zusammentreffen vor Kings Haus in Bangor, am Abend der Weltpremiere von Feuerteufel *am 9. Mai 1984. Von links nach rechts: Dino De Laurentiis (Produzent), Drew Barrymore (die im Film die Rolle der Charlie spielt), John Supranovich (Leitender Direktor von Northeast COMBAT) und Stephen King*

Diese kleine Aktion brachte ihnen so viel Ärger ein, daß sie sich draußen in Art Carneys Haus verstecken mußten.

Dann versucht die CIA das kleine Mädchen zu kidnappen, doch als sie dort ankommt, geht sie hinaus auf die Veranda und schießt mal eben ihre Laserblitze auf gut sechzehn Regierungsbeamte ab und verwandelt ihre Wagen in Ersatzteile und läßt Art Carneys Farm aussehen wie Miami Beach nach der Invasion der College-Jungs aus Georgia.

Jedenfalls hält die CIA die beiden gefangen, damit sie das kleine Mädchen studieren und beobachten kann, wie sie Holzspäne in Pfadfinderlagerfeuer und massive Holzwände in kiesbestreute Parkplätze verwandelt, und George C. Scott tut so, als wäre er ein Hausmeister, damit er sich mit dem kleinen Mädchen anfreunden und sie dazu bekommen kann, zu tun, was Martin Sheen von ihr will. Martin Sheen ist der Boß der CIA, und an einer Stelle sagt er zu George C. Scott: »Wenn sie je dahinterkommt, werden Sie wissen, wie sich ein Steak in einem Mikrowellenherd fühlt.«

Doch er irrt sich. Es ist noch viel besser. In der Schlußszene bekommen wir genügend fritierte FBI-Agenten für eine Feuerjongliernummer bei der Gong-Show. Diese Typen sehen aus, als hätte jemand Feuerzeugbenzin über Richard Pryor ausgeschüttet.

Ganz heiße Sache. Fünfundvierzig Leichen, ein neuer Rekord für 1984. Neun Fahrzeugexplosionen, inklusive eines Hubschraubers. Eine Gallone Blut. Keine nackten Brüste. (Die einzigen möglichen Kandidatinnen wären das kleine Mädchen und Louise Fletcher, also, he, was soll ich noch sagen?) Eine Bestie (George C. Scott als Tabakladenindianer). Extra Punkte für die Szene mit dem explodierenden Golf-Wagen. Eine großartige Kung-Fu-Szene (Big George tötet einen Typen mit einem einzigen Handkantenschlag auf die Nase). Explodierende Köpfe. Autokino-Oscar-Nominierungen für Drew Barrymore, das kleine Mädchen, und Mark Lester, den Regisseur, der immer darauf achtet, daß die Handlung bloß nicht bei den Spezialeffekten stört.

Dreieinhalb Sterne allein für die Dahingerafften.

Joe Bob sagt: unbedingt anschauen.

Harlan Ellison über das Verfilmen von Büchern

Einige kurze einleitende Betrachtungen

Wenn die Frühausgabe der morgigen *New York Times* die Schlagzeile STEPHEN KING ALS DE-LOREAN-DROGEN-CONNECTION GENANNT trüge, würde es die Anzahl der in dieser Woche verkauften King-Bücher nicht um ein Exemplar schmälern. Wahrscheinlich würde es die Verkaufszahlen sogar noch weiter in die Höhe treiben.

Wenn Tom Brokaws Top-Meldung heute abend in den NBC-Nachrichten lautete: »Der König der Gruselschreiber, Stephen King, wurde heute nachmittag in einem Schaufenster von Saks in der Fifth Avenue dabei gestellt, wie er die Köpfe von Sonntagsschülern abbiß und heißes Blei in ihre Hälse goß«, würde es nicht für einen Augenblick den Ansturm von Filmproduzenten bremsen, die versuchen, auf jedes von ihm geschriebene Wort eine Option anzumelden. Wahrscheinlich würden sie sogar noch Tempo zulegen.

Wenn Ihr Cousin Roger aus Los Angeles – der für einen Essensdienst arbeitet, der am Drehort die Mahlzeiten für die Filmteams liefert – anriefe, um Ihnen das neueste Gerücht aus dem Showgeschäft auszuplaudern, und er würde unter dem Siegel der Verschwiegenheit sagen: »Du kennst doch Stephen King, diesen Verrückten, der diese gruseligen Romane schreibt? Nun, hör dir mal das an: Er hat zusammen mit Errol Flynn während des Zweiten Weltkriegs als Geheimagent für die Nazis gearbeitet!«, dann würde es das jüngste King-Epos nicht einen Platz weiter runter auf der Bestsellerliste des *Publishers Weekly* rutschen lassen. Wahrscheinlich würde es eher einen Platz weiter hochrutschen.

Stephen King ist ein Phänomen *sui generis.* Wie ich hörte, nähert er sich (wenn er ihn nicht schon längst erreicht hat) mit Siebenmeilenstiefeln dem Punkt, der meistverkaufte amerikanische Autor aller Zeiten zu sein. In einer kürzlich erstellten Umfrage von irgendwoher – und ich habe lange danach gesucht, aber ich kann es nicht finden, also müssen Sie mir einfach vertrauen – wurde geschätzt, daß zwei von fünf Leuten, die in einer Flughafenwartehalle oder an einer Bushaltestelle oder irgendeiner ähnlichen Örtlichkeit beim Lesen eines Buches ertappt werden, die Nase gerade in ein King-Werk stecken.

Im Genre des Phantastischen hat es noch nie etwas wie Stephen King gegeben. Ob Sie das, was er schreibt, nun »Horrorgeschichten« oder »Dark Fantasy« oder »einfallsreiche Thriller« nennen, Steve King ist der unbestrittene, ungeschlagene, unvergleichliche Freistil-Champion, drei Siege in drei Kämpfen.

Das ist die gute Nachricht.

Nicht nur, weil Stephen King ein besserer Schriftsteller ist als der übliche Haufen von Bestseller-Epigonen, die die höchsten Ränge der Hitlisten erklimmen – die Judith Krantzes, Sidney Sheldons, Erich Segals und V. C. Andrewses dieser im Grunde von Analphabeten bevölkerten Welt –, oder weil er innerhalb der Parameter seiner unheilbar schalkhaften Natur ein »ernsthafter« Schriftsteller ist oder weil er wahrlich und selbst im Angesicht eines monumentalen Erfolges, der alle anderen von uns verderben würde, ein toller Kerl ist. Es ist, weil er vielleicht der ehrlichste populäre Schriftsteller ist, den wir über die letzten Jahre kennenlernen durften. Er schreibt spannend und überzeugend. Er haut die Käufer seiner Bücher nie übers Ohr. Wenn man zur letzten Seite kommt, mag man für sich selbst entscheiden, ob es ihm gelungen ist, die Sache herüberzubringen, aber man fühlt sich *nie* betrogen. Er erfüllt den einen Job, den kein Schriftsteller ignorieren darf, wenn er nicht geteert und gefedert werden will, er *liefert.*

Manchmal ist das, was er liefert, so gut, wie ein Schriftsteller in dem von ihm gewählten Milieu nur sein kann, wie in *Carrie* und *Dead Zone* und der *Saga vom Dunklen Turm.* Manchmal ist er einfach okay, wie in *Cujo* oder *Christine.* Und hin und wieder, wie in den Sammlungen *Nachtschicht* und *Frühling, Sommer, Herbst und Tod,* singt er weit über seiner Stimmlage.

Weshalb also wirken Filme, die nach Stephen-King-Geschichten gedreht werden, zumeist so, als wären sie von Ausbrechern aus der Anstalt Für Die Unheilbar Untalentierten aus Knetmasse modelliert worden?

Diese Frage, zweifellos eins der brennendsten Themen unseres von Problemen überquellenden Kosmos, stellt sich erneut beim Betrachten von *Feuerteufel* (Universal), Dino De Laurentiis' jüngstem Beitrag in seinem unermüdlichen Kampf, der Welt zu beweisen, daß er das künstlerische Einfühlungsvermögen eines Klavierhockers besitzt. Dieser Film, basierend auf Steve Kings 1980 erschienenem Roman – und ein wahrlich solider Roman noch dazu –, ist (verzeihen Sie mir) ein ausgebrannter, hoffnungsloser Fall. Wir sprechen hier von verbrannter Erde. Smokey der Bär würde ein Schlafmittel brauchen. Jesus weinte. Sie verstehen, was ich meine.

Die Handlung ist eine unbedeutende Variation des Grundkonzepts, das King schon für *Carrie* verwendet hat. Junges weibliches Wesen mit übersinnlichen Fähigkeiten als Pyrokinet.

Der notwendige Konflikt entsteht durch die gnadenlose Jagd nach dem Feuerkind – der achtjährigen Charlene »Charlie« McGee, gespielt von der aus *E. T.* bekannten Drew Barrymore –, die von einer vollkommen unglaubwürdigen Regierungsbehörde veranstaltet wird, die sich abwechselnd Department of Scientific Intelligence (DSI) und »die Firma« nennt. Charlie und ihr Daddy, der ebenfalls übersinnliche Fähigkeiten besitzt, obgleich diese sich zu verändern und zu verwandeln scheinen, wie immer es die Handlung verlangt, sind auf der Flucht. Die Firma hat, aus keinem klar erkennbaren Grund, Charlies Mama umgebracht, und sie will Charlie für ihre eigenen schändlichen Zwecke, von denen keiner logisch scheint. Doch wir können leicht an der Schmierigkeit dieser Anzugträger erkennen, daß Jack Armstrong ihr Programm von ganzem Herzen ablehnen würde. Charlie und ihr Daddy fliehen, die Firma knirscht mit den Zähnen und schickt schließlich George C. Scott als Comic-Heft-Killer hinter ihnen her. Und sie fangen das Pärchen ein. Und sie führen ein paar Special-Effects-Tests durch. Und Charlie bricht aus. Und eine Menge Leute gehen in Flammen auf. Und Daddy und der Killer und der Boß der Firma lösen sich allesamt in Rauch auf. Und Charlie trampt zurück zu dem freundlichen Bauernehepaar, das es für richtig niedlich hielt, als sie mit ihrem Blick die Butter schmelzen ließ.

Das Drehbuch von Stanley Mann, der sich keine Schande mit den Leinwandadaptionen von *Der Fänger* und *Die Nadel* machte, praktiziert hier eine Kunst, die man wohl als einfallsreiches Tippen bezeichnen kann. Oder, den Entwicklungen der modernen Technologie entsprechend, was er da fabriziert hat, erklärt mir den bislang sinnlosen Ausdruck der »Textverarbeitung«. So wie Mr. Mann es praktiziert, ist es das Verarbeiten von Texten nach Art der Cuisinart-Schule für Homogenität.

Die Regie ist erbärmlich. So aufgebläht und psychotisch Manns Szenarium auch sein mag, es wird noch finsterer durch das plumpe, schwerfällige, träge Unvermögen eines gewissen Mark L. Lester (nicht der mittlerweile groß gewordene Junge aus *Oliver!*). Mr. Lesters Ruhm, das Curriculum vita, das ihm dieses Regie-Sinekure bescherte, beruht auf der dubiosen Grundlage von *Truck Stop Women, Bobbie Joe and the Outlaw* (mit Linda Carter und Marjoe Gortner, dem komischsten Paar seit Tracy und Hepburn, Gable und Lombard, Cheech und Chong), *Stunts* und dem erbärmlichen *Roller Boogie*. Qualität setzt sich eben durch!

Wie die schlimmsten Fernsehserien-Massenschreiber, die einem alles dreimal sagen – Seht her, gleich öffnet sie den Sarg!/Jetzt öffnet sie den Sarg!/Großer Gott, sie hat den Sarg geöffnet! –, beweisen Lester und Mann in ihren endlosen dümmlichen Erklärungen für Dinge, die wir schon kennen, wie zum Beispiel in dem einschläfernden Abriß darüber, was Psi ist, dieselbe Geringschätzung für die Intelligenz des Kinopublikums, die auch ihr Herr und Meister an den Tag legt.

Die schauspielerischen Leistungen sind eine Schande. Vom zynischen Einsatz von »Stars« in kleinsten Rollen, die sie ebensogut übers Telefon hätten sprechen können, zum ermüdenden Posieren der Hauptdarsteller ist das Ganze der Alptraum eines Schauspiellehrers. Louise Fletcher schlafwandelt durch ihre Szene wie etwas, das Papa Doc aus einem haitianischen Friedhof hat auferstehen lassen. Martin Sheen, dessen schwächste Vorstellungen in der Vergangenheit noch immer Beispiele von intelligenter und leidenschaftlicher Darstellung waren, zeigt die gesamte künstlerische Bandbreite einer Barry-Manilow-Ballade. David Keith mit seiner ständig blutenden Nase ist einfach nur lächerlich. Und Drew Barrymore ist in gerade mal zwei Jahren zu einer aufgedunsenen, überreizten, selbstverliebten »Schauspielerin« geworden, bar der kindlichen Unbefangenheit, die sie in *E. T.* so liebenswert erscheinen ließ.

Und was um Himmels willen ist aus George C. Scotts ehemals fehlloser Intuition bezüglich der Annahme von Rollenangeboten geworden? Es war schon schlimm genug, daß er sich bereit erklärte, die Hauptrolle in Paul Schraders abscheulichem *Hardcore – Ein Vater sieht rot* zu spielen, doch daß er willens war, die Rolle des John Rainbird, des pferdeschwanzbewehrten Regierungskillers indianischer Abstammung, anzunehmen und die wohl widerlichste Figur seit Joyboys Mutter in *Tod in Hollywood,* Divine in *Pink Flamingos* oder Jabba the Hut zu spielen, und das mit einer darstellerischen Begeisterung, die ans Zähneknirschen grenzt, entzieht sich jeglichem Verständnis. Es ist schon etwas her, daß ich den Roman gelesen habe, doch ich kann mich nicht erinnern, daß die Figur im Buch dasselbe McMartin-Vorschulkinderschändergebaren zeigte, das Scott an den Tag legt. Es ist ein enervierendes, abträgliches, krankes Element, das sich einem heimtückischerweise unauslöschlich ins Gedächtnis einbrennt. Daß es auf diese übelkeitserregende Weise im Gedächtnis bleibt, ist nicht Scotts Erfolg. Es ist die Perversion seines Talents.

Dino De Laurentiis ist der Irwin Allen seiner Generation: grob, ohne jegliches Einfühlungsvermögen, der Produzent von Filmen, die von vulgärer Anmaßung strotzen und die korruptesten Überzeugungen und Handlungsweisen der Filmindustrie widerspiegeln. Er brüstet sich mit der Tatsache, daß er zwei Oscars gewonnen hat, doch kaum jemand erinnert sich, daß sie für Fellinis *La Strada* und *Die Nächte der Cabiria*

1954 und 1957 waren – und wir sollten uns da nicht zum Narren halten lassen, auch wenn die Pressemitteilungen es versuchen: das waren Fellini-Filme, keine De-Laurentiis-Filme –, lange bevor er zu der Heimindustrie wurde, die für Filme wie *Ein Mann sieht rot,* die Remakes von *King Kong* und *... dann kam der Orkan,* die als *Flash Gordon* bekannte Travestie, *Amityville II* und *Amityville 3-D, Conan der Barbar* und den peinlichen *King of the Gypsies* verantwortlich zeichnet.

Doch Dino De Laurentiis besitzt genau die Art von Intellekt, die es am stärksten zu den Werken von Stephen King zieht. Er ist kein einsamer Grashalm in der Wüste. Er ist einfach nur das herausragendste Gewächs am Kingschen Horizont. Neun Filme wurden nach Steve Kings Worten gedreht, und es gibt einen schon formelhaften Grund, weshalb alle diese Filme, mit einer oder zwei Ausnahmen, schlichtweg Dreck waren.

Eine Erklärung dafür, weshalb die Kinder niemals ihren Eltern ähneln

Pinter funktioniert, obgleich er es nicht sollte, und ich will verdammt sein, wenn ich zu sagen wüßte, warum – er tut es einfach. Bradbury und Hemingway tun es nicht, und ich habe keine Ahnung, warum sie es nicht tun, was ein Hinweis darauf ist, weshalb Stephen King es auch nicht tut. Xenogenese scheint hier der Kern der Sache zu sein, und wenn Sie sich Ihren Fremdwörter-Duden zur Hand nehmen und das Wort nachschlagen wollen, dann warte ich hier auf Sie und erkläre es Ihnen, sobald Sie zurückkommen.

Die Zeit vergeht. Blätter lösen sich vom Kalender und schweben davon. Die Jahreszeiten wechseln. Der Leser kehrt von seinem Fremdwörter-Duden zurück.

Nun, da wir die Bedeutung des Wortes Xenogenese kennen, lassen Sie uns darüber sinnieren, warum Kings Bücher – die doch anscheinend mehr als jedes andere je geschriebene Wort nach einer Umsetzung schreien – zumeist ebenso krank wie Idi Amin und so gemein wie der Januar in Chicago und so unbefriedigend wie Sex durch eine noch immer angezogene Strumpfhose hindurch enden; warum die Kinder, diese abscheulichen und verkrüppelten Nachkommen, in keiner Weise ihren Eltern ähneln.

Erstens kann ich mir sehr gut Ihre Überraschung vorstellen, wenn ich Ihnen erkläre, daß dieses Ding »King« gerade mal eben zehn Jahre im literarischen Bewußtsein umherspukt. Es ist gerade erst einmal den Moment eines Augenzwinkerns her, daß der Schullehrer aus Maine schrieb:

> Niemand war überrascht, als es passierte, nicht wirklich, nicht auf der unbewußten Ebene, wo Grausamkeit gedeiht ... Eine nach der anderen versiegten die Duschen, die Mädchen gingen hinaus, trockneten

sich ab, versprühten Deodorant, sahen auf die Uhr über der Tür. Büstenhalter wurden zugehakt, Höschen angezogen ... Carrie drehte die Dusche ab. Sie erstarb mit einem Gurgeln. Erst als sie hinaustrat, sahen sie alle das Blut, das an ihrem Bein hinunterlief.

Zweitens wette ich, daß niemandem von Ihnen bewußt geworden ist, was für ein Zufall es war, daß King einen solch steilen, unerwarteten Senkrechtstart machte. Nun, hier ist die seltsame und unvorhersehbare Erklärung dafür, Ihnen weitergetragen, da ich zufällig zugegen war, als es geschah. (Wer würde euch sonst dieses Zeug erzählen, Leute?)

Doubleday hatte *Carrie* für einen kleinen Vorschuß gekauft. In der Verlagswelt war es nur einer von vielen unbedeutenderen Titeln, eine gruselige Geschichte, die man ohne viel Trara unter den Erstlingswerken auf den Markt bringen würde und die man neun Monate später in den Sonderangebotskatalogen für 1,49 Dollar und eine kostenlose Einkaufstasche findet. Doch Kings Lektor las die einleitende Szene, in der die telekinetisch begabte Carrie White vor den Augen einer Schar pubertärer Hühner ihre erste Menstruation erlebt und mehr als nur die Glühbirne im Umkleideraum explodiert. Fotokopien des Manuskripts wurden gemacht, sie wurden überall im Haus verteilt. Lektorinnen reichten sie an Sekretärinnen weiter, die sie wiederum mit nach Hause nahmen und an ihre Freunde weiterreichten. Die erste Szene traf ins Mark. Sie war die Essenz des Geheimnisses um Stephen Kings phänomenalen Erfolg: Ein alltägliches Erlebnis wird durch die Kraft phantastischer Bilder auf eine mythische Ebene erhoben. Es war ein Jungscher Archetypus, unter der Spannung von zehn Millionen Volt herausgebrochen. Es war die gemeinsame, schreckliche Erinnerung der Hälfte der Bevölkerung, neu interpretiert. Es war das Aufblitzen des Wiedererkennens, das Wunder jenes seltenen Augenblicks, in dem der durch das jahrelange Lesen kunstvoller Lügen abgestumpfte Leser spürt, wie seine Haut bis zum Bersten gespannt wird durch die Begegnung mit der kunstvollen Wahrheit.

Stephen King hatte sein Schicksal in die eigene Hand genommen. Dabei bin ich noch nicht einmal sicher, ob Steve, bei all seiner Selbsterkenntnis, noch über eine ungetrügte Sichtweise darüber verfügt, wie knapp er dem Schicksal entging, auf ewig ein Schullehrer zu bleiben, der als Hobby und zur Aufbesserung des Familieneinkommens in seiner Freizeit Bücher schreibt, die als Original im Taschenbuch erscheinen, wenn er nicht gerade vollkommen erschöpft von all den anderen Pflichten an der High School ist.

Doch genauso wie Ian Fleming »über Nacht« Erfolg hatte, als John F. Kennedy beiläufig fallen ließ, daß die James-Bond-Bücher – die schon seit Jahren auf dem Markt waren – seine geheime Leidenschaft waren, genauso wie *Der Wüstenplanet* nach all den Jahren der Ablehnungen und seinen enttäuschenden Verkaufszahlen in der gebundenen Ausgabe plötzlich den Taschenbuchmarkt eroberte, nachdem Frank Herbert zum »Vater des Erdentags« und der Roman in den *The Whole Earth Catalog* aufgenommen wurde, genauso wie Joseph Heller, dessen Agent und Verleger und das gesamte Literaturestablishment, die *Catch 22* bei seiner Veröffentlichung am liebsten gleich vernichtet hätten, lautstark Hellers Genie lobten, nachdem ein *anderer* Literaturagent namens Candida Donadio in New York umhergelaufen und jedem das Buch unter die Nase gehalten und erklärte hatte, daß es ein neuer amerikanischer Klassiker sei, auf genau dieselbe unerklärliche, unvorhersehbare, magische Weise breitete sich Doubledays im eigenen Hause erwachsenes Interesse aus. Zu *Publishers Weekly,* zu Bennett Cerfs Schreibtisch, zu der Beachtung durch die ersten Leser für die Filmstudios an der Küste, zu dem Heer der Vertreter, deren Aufgabe es war, die Titel in die Buchhandlungen zu bringen, zu den Käufern in den Buchhandlungen und schließlich in das Cocktailpartygeplauder der Mundpropaganda-Clique. Die Nachricht verbreitete sich wie ein Lauffeuer: Dieser Roman *Carrie* ist heiß.

Und die Leser wurden belohnt. Er war heiß: weil sich King mit Carrie Whites Leidensgeschichte in das kollektive Unterbewußtsein eingeklinkt hatte. Die Grundidee war leicht zu schlucken, und wenn sie erst einmal aufgenommen war, folgten nur noch Charakterisierungen. Das ist das Geheimnis von Stephen Kings in nur zehn Jahren erreichtem Erfolg, und es ist der Grund dafür, weshalb – meiner Meinung nach – Verfilmungen Kingscher Romane niemals den vollkommen soliden Romanen ähneln, die sie inspirierten.

In Filmen, zu denen Harold Pinter das Drehbuch schrieb, oder in Filmen, die auf Pinter-Stücken basieren, ist der folgende Dialog zweier Leute in der Halbtotalen nichts Besonderes:

CORA (mit Cockney-Akzent): Hättest du gern 'ne leckere Scheibe getoastetes Brot, Bert?
BERT (abwesend grunzend) Jo. Getoastetes Brot ist lecker.
CORA: Ja ... getoastetes Brot *ist* lecker, nicht wahr?
BERT: Jo. Ich mag getoastetes Brot.
CORA: Nun, dann, hier ist es. Leckeres getoastetes Brot.
BERT: Es ist leckeres getoastetes Brot.
CORA (zufrieden): Es ist also lecker?
BERT: Jo. Getoastetes Brot ist lecker.

Wenn Sie nicht zufällig schon einmal Zeuge meiner umwerfend komischen Pinter-Parodie geworden sind oder sich jemals aus grenzenloser Bewunderung für die Arbeiten dieses Mannes ein Pinter-Stück oder einen Pinter-Film angesehen haben – wie ich es getan habe –, dann läßt sich der vorstehende Dialog nur schwerlich gut lesen. Ebensowenig, wie er sich nach allen Gesetzen der Dramaturgie auf der Leinwand gut *spielen* lassen sollte. Doch er tut es. Ich kann den Code nicht entschlüsseln, doch der Rhythmus wirkt wie ein Zugpferd, das die Handlung und die Entwicklung der Charaktere zieht, die immer dichter werdende Spannung und den emotionalen Konflikt bis zu dem Ziel der hypnotischen Einbeziehung des Zuschauers, die Pinters Markenzeichen ist.

In der Verwendung sich wiederholender Phrasen entwickelt sich eine Art übergeordnetes verbales Kontinuum, das in unseren Ohren sowohl fremdartig als auch betäubend einladend klingt. Mehr läßt sich dazu eigentlich nicht erklären. Es *funktioniert.*

Doch wenn wir den speziellen Sprachgebrauch Bradburys und Hemingways als Beispiel nehmen, erkennen wir, daß solch »spezielles Sprechen« sich nicht gut umsetzen läßt. Es bekommt zu leicht Schrammen und Kratzer.

Vielleicht liegt es an der Ehrfurcht, mit der die Drehbuchautoren, die sich unablässig der Tatsache bewußt sind, es mit *Literatur* zu tun zu haben, das Material überschütten, die sie blind macht, während sie die Makel einbauen, die wir entdecken, wenn der Film auf die Leinwand projiziert wird. Vielleicht liegt es daran, daß wirkliche Menschen in der wirklichen Welt nur selten in einer solch poetischen Ausdrucksweise sprechen. Vielleicht liegt es daran, daß wir das ursprüngliche Material so sehr lieben, daß keine noch so große Nähe zum Original uns befriedigen kann. Doch ich glaube nicht, daß diese Hypothesen, einzeln oder als Ganzes gesehen, den Kern dessen treffen, weshalb weder Bradburys noch Hemingways eindringliche Werke je zu denkwürdigen Filmen wurden. Wenn Rock Hudson oder Rod Steiger oder Oskar Werner solche Bradburyanismen von sich geben wie:

> »Cora. Wäre es nicht nett, wie früher einen Sonntagsspaziergang zu unternehmen, mit deinem seidenen Sonnenschirmchen und deinem langen, raschelnden Kleid, und uns auf diese von dünnen Drahtbeinen gestützten Stühle in der Eisdiele zu setzen und um uns herum den Drugstore zu riechen, so wie er immer gerochen hat? Warum riechen Drugstores heute nicht mehr so? Und dann bestellen wir zwei Sarsarparillas für uns, Cora, und dann fahren wir in unserem 1910er Ford hinaus zu Hannahans Pier, um dort ein Picknick zu machen und uns das Blasorchester anzuhören.Wie wär's damit? ... Wenn du dir etwas wünschen könntest und eine Ausfahrt über die von Eichen gesäumten Landstraßen unternehmen könntest, so wie sie waren, bevor die Autos auf ihnen entlangbrausten, würdest du es *tun*?«

oder Gregory Peck und Ava Gardner diese Art Hemingwayscher Unterhaltung führen würden:

»Wo sind wir in Paris abgestiegen?«
»Im Crillon. Das weißt du doch.«
»Woher soll ich das wissen?«
»Dort sind wir doch immer abgestiegen.«
»Nein. Nicht immer.«
»Dort und im Pavillon Henri-Quatre in St. Germain. Du hast gesagt, du hättest es dort geliebt.«
»Liebe ist ein Misthaufen. Und ich bin der Hahn, der sich daraufstellt, um zu krähen.«
»Wenn du schon fortgehen mußt, ist es dann noch nötig, alles zu töten, was du zurückläßt? Mußt du wirklich alles zerstören? Mußt du dein Pferd töten und deine Frau, und mußt du deinen Sattel und deine Rüstung verbrennen?«

erhalten wir das Audio-Äquivalent zu Spinat. Die Schauspieler vermitteln alle ein Gefühl der Peinlichkeit, der Dialog marschiert über ihre Lippen wie preußische Dragoner im Gefolge von Blücher beim Sturm auf Ligny, und wir als Publikum zucken entweder zusammen oder kichern über die Schwülstigkeit jeder scheinbaren Gestelztheit.

Dieses »spezielle Sprechen« ist eins der reichsten Elemente bei Bradbury und Hemingway. Es liest sich als inspirierte Übersetzung des Alltäglichen. Doch wenn es laut ausgesprochen wird, von Darstellern, deren Hauptanliegen es ist, ein Gefühl der Wirklichkeit zu vermitteln, verkommt es zur Parodie. (Und daß Bradbury und Hemingway endlos parodiert wurden, sowohl von großen wie von niederen Talenten, bestärkt nur ihre Überlegenheit. Sie sind trotz aller Spötter *sui generis.*)

Die in dieser Hinsicht bestehende Verbindung zwischen King, Bradbury und Hemingway scheint mir die Erklärung dafür zu sein, weshalb ihre Werke keine guten Filme abgeben. Was sie verbindet, ist dies:

Wie Harold Pinter und Ernest Hemingway sind Ray Bradbury und Stephen King in höchstem Maße allegorische Schriftsteller.

Alle vier *scheinen* sie mimetische Schriftsteller zu sein, doch das sind sie nicht! Sie scheinen schlicht und unkompliziert zu sein, doch sie sind es nicht! Wie bei Fred Astaires Tanz – der so locker und schwerelos und leicht anmutet, daß selbst der Klumpfüßigste unter uns seine Bewegungen nachvollziehen können müßte, bis wir es versuchen und auf die Nase fallen – lassen diese Schriftsteller die Erschaffung hoher Kunst nachahmbar erscheinen.

Die nackten Handlungsskelette ...

Ein teuflischer Diener manipuliert das Leben seines Dienstherrn so weit, daß sich schließlich ihre Rollen vertauschen.

Ein ehemaliger Preisboxer wird von Killern aufgespürt und getötet, ohne daß je geklärt wird, welchen Vergehens er sich schuldig gemacht hat.

Ein »Feuerwehrmann«, dessen Aufgabe es ist, Bücher zu verbrennen, da sie staatsgefährdend sind, verfällt im geheimen den Genüssen des Lesens.

Ein junges Mädchen mit der latenten telekinetischen Fähigkeit, Feuer zu entfachen, reift heran und nutzt ihre Kräfte zur Rache.

... nackte Skelette, die Hunderte von verschiedenen Geschichten getragen haben, die sich nur minimal voneinander unterschieden. Die Handlung bedeutet nicht viel. Die Geschichten sind nicht sonderlich einfallsreich. Die Abfolge der Ereignisse ist nicht umwerfend neu. Es ist der *Stil,* in dem sie geschrieben sind, der ihnen Flügel verleiht. Es sind nicht die dünnen Handlungsstränge, die sie denkwürdig werden lassen, es ist die packende Art, wie sie geschrieben sind, so daß wir in das fiktionale Universum hineingesogen und, dort angekommen, zu ergebenen Sklaven dieser Meisterschöpfer werden.

Jedes dieser Beispiele schöpft tief aus dem Brunnen des Mythos und der Archetypen. Das kollektive Unterbewußtsein ruft uns, und wir gehen freudig, wohin Hemingway und Bradbury und Pinter ... und King ... uns führen.

Stephen Kings Bücher funktionieren so gut, weil er mehr über den Schatten als über die realen Gegenstände schreibt. Er bohrt mit der Darstellung des modernen amerikanischen Mythos eine Nervenbahn im Rückenmark an, verwendet archetypische Bilder aus dem Unterbewußtsein oder dem Bewußtsein, die vorhersagbaren Krisen unserer Gesellschaft, noch bevor sie ganz Wirklichkeit geworden sind.

Wie George Lukas hat auch Stephen King Campbells *The Masks of God* gelesen, und er weiß um die Macht des Mythos. Er weiß, was uns schaudern läßt. Er weiß um das Mondlicht, das auf Reißzähnen blitzt. Es sind nicht seine Handlungen, die uns die Brust zusammenschnüren, es ist die Wirkung seiner Allegorien.

Doch jene, die *Brennen muß Salem, Cujo, Christine,* »Kinder des Mais« und *Feuerkind* kauften, um sie für die Leinwand zu übersetzen, können nicht lesen. Für sie ist die »spezielle Sprache« Kingscher Alpträume, das Element, das Kings Werk weit über die übliche Thriller-Ware erhebt, nichts weiter als statisches Knistern. Es ist das erste, was fallengelassen wird, sobald die Arbeit am Drehbuch beginnt, wenn der Drehbuchautor »ein Treffen macht«, um darüber zu diskutieren, was der Produzent oder das Studio sich vorstellt. Was übrig bleibt, ist das nackte Handlungsskelett, das Geringste von dem, was King zu bieten hat. (Einmal abgesehen von dem Namen *Stephen King,* der uns schließlich ins Kino zieht.)

Und wenn die Arbeit am Drehbuch dann voranschreitet, entdeckt der Drehbuchautor, daß er nicht genug Mittel hat, um daraus einen überzeugenden oder einen künstlerisch wertvollen Film zu machen. Also wird Blut hinzugefügt. Messer werden hinzugefügt. Reißzähne werden hinzugefügt. Groteskeste Spezialeffekte werden hinzugefügt. Doch die Charaktere wurden stumm gemacht, der Ton ist verlorengegangen. Das Unterbewußte, Mythologische wurde verdammt. Was uns bleibt, ist das nackte Skelett, Blut und Klischees.

Es ist schwer, Steve King zu einem Kommentar über solch »hochkünstlerische« Überlegungen zu bewegen. Wie viele andere außerordentlich erfolgreiche Künstler fürchtet er die Häme und den Neid, die seine Überlegenheit in den Kritikern, anderen Schriftstellern und einem launischen Publikum hervorruft, das einträchtig mit Madame Defarge dasitzt und strickt und nur darauf wartet, daß der Künstler auch nur die kleinste Spur von Hochmut zeigt. Sagen Sie einfach mal zu Steve King, wie ich es tat, daß *Cujo* ein abscheulicher Klumpen unverdaulicher Grütze sei, und er wird erwidern: »Mir gefällt er. Es ist einfach ein Film, der dasteht und seine Fäuste fliegen läßt.«

Wie soll ein Kritiker, voller Zorn über die Verkrüppelung jedes neuen Romans von King, der auf die Leinwand humpelt, gegen eine solche Bemerkung ankämpfen? Indem er sich auf seine Weise schützt – und es steht dem Kritiker nicht zu, zu sagen, ob King wirklich all die Dinge glaubt, die er sagt, um die Schlächter zu verteidigen, die die blutigen Überreste jener ehemals beeindruckenden Romane servieren –, unterbricht er alle eilig eingeleiteten Unterstützungsversuche. Doch wie kann die Situation verändert werden, wenn man nicht entrüstet auf die Barrikaden gehen kann?

Nehmen wir zum Beispiel *Kinder des Zorns* (New World Pictures). Wir haben hier eine nette kleine Gruselfabel, kaum dreißig Seiten in Kings 1978 erschienener Sammlung *Nachtschicht*. Es ist eine gradlinige Kurzgeschichte, deren Gewicht auf jenem schwersten aller zu behandelnden Themen ruht, nämlich der Angst kleiner Kinder. Kaum genug Stoff für einen Kurzfilm, und schon gar nicht für einen abendfüllenden Streifen. Wie gut ist diese Adaption einer King-Geschichte? Das *Los Angeles*-Magazin begann seine Kritik zu *Feuerteufel* wie folgt: »Dieser jüngste Beitrag in einer schier endlos scheinenden Kette von Verfilmungen von Romanen aus Stephen Kings Feder ist noch nicht einmal der schlechteste von allen. Diesen Titel hat schon *Kinder des Zorns* mit einer ganzen Länge Vorsprung gewonnen.« So schlecht ist sie.

Innerhalb der ersten dreieinhalb Minuten (mit der Stoppuhr gemessen) sehen wir vier Menschen quälend langsam an Gift sterben, einem Mann wird die Kehle mit einem Schlachtermesser durchschnitten, einem anderen wird die Hand mit einem Fleischerbeil abgetrennt, ein Tod durch eine Sichel, ein Tod mit Hilfe einer Sense, ein Tod mit Hilfe eines Jagdmessers ... mindestens neun Abschlachtungen auf der Leinwand (vielleicht sind es auch elf, die Umschnitte sind so schnellschnellschnell), und eine Frau wird über das Telefon getötet, was wir nicht sehen, aber hören. Der Magen vollführt einen Salto.

Vollkommen humorlos, die Regie so linkisch wie beim Jahresabschlußprojekt eines Filmhochschulanfängers, gespielt mit all der Großspurigkeit pubertären Gefummels auf dem Rücksitz eines VW-Käfers, bietet *Kinder des Zorns* dieselbe Art von »Traumsequenzen«, die schon als »Überraschungsgag« von Landis in *American Werwolf,* De Palma in *Carrie* und *Dressed to Kill* und sogar von weit weniger talentierten Vertretern dieser Zunft verwendet wurden, die (von Alan Resnais) so treffend als »die Klugscheißer der Naseweise« bezeichnet wurden. Diese Und-dann-wachte-ich-auf-und-es-war-alles-nur-ein-böser-Traum-Einschübe, die die Handlung des Films in keiner Weise vorantreiben, sind ein neuer Kniff, mit dessen Hilfe Fritz Kiersch, der Regisseur von *Kinder des Zorns,* und seine Zeitgenossen – Schlächter mit Kameraobjekten – reißerisch aufgemachte Horrorszenen und vor Spezialeffekten strotzende Massaker einschmuggeln können. Dies ist bei der Umsetzung von Kings Romanen für die Leinwand zu einem feststehenden bildlichen Ausdruck geworden, ein filmisches Mittel, dessen ausgesprochene Abscheulichkeit nicht nur darauf gründet, daß es ein Schlachthaus-Ersatz für den kunstvollen Einsatz von Schrecken ist, sondern weil es sich an die niedersten, verderbtesten Instinkte eines ohnehin schon verkommenen Publikums richtet.

Es ist ein Stück cineastischer Stenographie, von De Palma speziell für *Carrie* entwickelt, das nun mit lächerlicher Regelmäßigkeit in so gut wie *allen* späteren Filmen, die auf Romanen von King basieren, Verwendung findet.

Ich möchte behaupten, diese Schwindeltechnik ist ein weiterer Beweis dafür, daß das, was den Machern dieser morbiden Billigstreifen bleibt, nachdem die Charakterisierungen und die Allegorien weggestrichen wurden, nicht ausreicht, um etwas zu erschaffen, das dem Roman ähnelt, dessen Kind der Film schließlich ist, wie verpfuscht die visuelle Umsetzung auch sein mag. Und so werden Reißzähne, Messerstechereien und ganze Fontänen von Blut hinzugefügt. Die Subtilität wird ausgemerzt und mit ihr der Respekt vor dem Publikum. Jegliche Zurückhaltung löst sich auf in einem hysterischen Versuch, das Hohle und Langweilige anregend erscheinen zu lassen.

Kinder des Zorns ist nur die jüngste Bestätigung für diese Theorien, oder, wie *Cinefantastique* in seiner September-Ausgabe von 1984 sagte: »Kings Massenpublikumsprosa hat einiges an beeindruckendem cineastischem Schund inspiriert, doch *Kinder des Zorns* ist ein neuer Tiefpunkt, selbst an diesen Standards gemessen.«

Von den neun Filmen, die auf Stephen Kings Büchern basieren, haben nur drei (meiner Meinung nach natürlich, aber nun beinahe einhellig unterstützt von den Urteilen des Publikums und der Kritiker) eine gewisse Ähnlichkeit in Qualität oder Inhalt – nicht notwendigerweise im selben Film – zu ihren Buchvätern: *Carrie, Shining* und *Dead Zone.*

Der erste, weil De Palma noch nicht völlig Amok gelaufen ist und die allegorischen Untertöne zumindest ansatzweise durch die herausragenden Darstellungen von Sissy Spacek und Piper Laurie erhalten wurden.

Der zweite, weil es eine Vision Kubriks ist – immer wieder eine interessante Sichtweise –, auch wenn es ebensowenig mit Kings *Shining* gemein hat, wie Orson Welles *Der Prozeß* Kafkas Traum darstellte.

Der dritte, weil David Cronenberg als Regisseur der einzige der Lohnarbeiter in diesem Genre ist, der von künstlerischen Beweggründen motiviert wird. Und weil Christopher Walken als Hauptdarsteller einer der eigenartigsten, faszinierendsten Schauspieler ist, die man heutzutage auf der Leinwand bewundern kann, und seine Darstellung des Johnny Smith schlichtweg unübertrefflich ist.

Doch über die Hirnlosigkeit von *Cujo,* die billigen Effekte von *Christine,* die Plumpheit von *Feuerteufel,* die fernsehgemäße Lächerlichkeit von *Brennen muß Salem,* die widerwärtige Geschmacklosigkeit von *Kinder des Zorns* und selbst Steves eigener *Unheimlich verrückter Geisterstunde* mit ihrer absichtlichen Comic-Heft-Plattheit läßt sich nichts Gutes sagen. Es ist die Pervertierung eines soliden Gesamtwerks, die jeden ernsthaften King-Leser ebenso wie jeden ernsthaften Filmliebhaber mit unendlicher Trauer erfüllen muß.

In der Person von Stephen King ist ein Schriftsteller mit einer grenzenlosen Gabe in unsere Mitte getreten. Vielleicht weil Stephen selbst tolerant gegenüber jenen ist, die ihn für das Recht, eins seiner Kinder adoptieren zu dürfen, bezahlen, bleibt uns nur die Wahl, uns an dem geschriebenen Werk selbst zu erfreuen und zwangsweise alles in Filmform zu ignorieren ... oder zu hoffen, daß eines Tages, in einem besseren Leben, jemand mit mehr als nur der Gier am schnell verdienten Geld, der sich mit Stephen Kings Namen machen läßt, die potentiellen cineastischen Schätze erkennt, die in diesen speziellen Phantasien ruhen. Es *muß* doch einen ehrlichen Mann oder eine ehrliche Frau dort draußen geben, die verstehen, daß Kings Bücher von mehr als nur von Reißzähnen und Blut handeln.

Dazu braucht es nur ein Gespür für Allegorie, feine Zusammenhänge, die Dinge, die das menschliche Dasein bestimmen ... und eine zumindest in Ansätzen vorhandene Nähe zum Genre.

Der Fornit / Der Gesang der Toten / Im Morgengrauen

Wenn man kein Talent für Gedichte besitzt, schreibt man eben Kurzgeschichten. Wenn man kein Talent für Kurzgeschichten besitzt, schreibt man eben Novellen. Und wenn man kein Talent für Novellen besitzt, dann schreibt man eben Romane. (Ich vermute, der nächste Schritt wäre eine Trilogie, eine Tetralogie oder, Gott stehe uns bei, eine unendliche

Geschichte wie Hubbards *Mission Erde.*) Die Idee ist nicht auf meinem Mist gewachsen – sie könnte von Faulkner stammen –, doch es ist ein Gesetz des Schreibens im umgekehrten Verhältnis: Je kürzer das Werk, desto schwieriger ist es zu schreiben.

Und die logische Folge: Die meisten Schriftsteller fühlen sich bei einem bestimmten Umfang am wohlsten. Ray Bradburys Ruf, zum Beispiel, begründet sich auf seinen Kurzgeschichten. Auch Harlan Ellison ist natürlich am besten bekannt für seine kurzen Werke.

Doch gelegentlich taucht einer jener nicht zu fassenden Schriftsteller auf, für den das Werk den Umfang bestimmt: Gedichte, Kurzgeschichten, Novellen, Kurzromane und ausgewachsene Romane. Es ist eine Gabe, die einem Schriftsteller eine unglaubliche Vielseitigkeit verleiht. Stephen King ist so ein Schriftsteller.

Wie *Nachtschicht* ist auch *Skeleton Crew* eine Sammlung unterschiedlichster Stücke, das Werk eines heranreifenden Schriftstellers.

Die Geschichten in *Skeleton Crew* stammen aus den verschiedensten Quellen: Anthologien, die wahrscheinlich nur hartgesottenste Sciencefiction- oder Horrorfans zu Gesicht bekommen haben (*Dark Faces, Shadows, Terrors* und *New Terrors*), Genre-Zeitschriften (*Twilight Zone, Ellery Queen's Mystery Magazine, Startling Mystery Stories, Weird Book* und *Fantasy and Science-fiction*) und Publikumszeitschriften (*Redbook, Gallery, Yankee* und *Playboy*). Die Bandbreite der Publikationen bestätigt eine Tatsache, die schon Ray Bradbury in den Vierzigern und Fünfzigern mit seinen Horrorgeschichten entdeckte: Eine gute Geschichte verkauft sich buchstäblich überall.

Diese Sammlung wird von zwei nicht-fiktionalen Texten Kings eingerahmt. Vorangestellt gibt es eine im Plauderton gehaltene, informelle Einleitung, die Art von persönlicher Leseransprache, die Harlan Ellison in seinen zahllosen Kurzgeschichtensammlungen populär gemacht hat. Und im Nachwort am Ende findet sich die Geschichte hinter der Geschichte – ein sehr interessanter Abschnitt, besonders für Schriftsteller und all jene, die fragen: »Woher haben Sie Ihre Einfälle?« Für die deutsche Ausgabe wurde das umfangreiche Buch in die drei Taschenbücher *Der Fornit, Der Gesang der Toten* und *Im Morgengrauen* aufgeteilt. Vor- und Nachwort sind bisher noch nicht veröffentlicht worden. Eine vollständige Ausgabe in einem Band, die nicht nur das Vorwort und die Nachbemerkungen enthält, sondern auch teilweise revidierte Übersetzungen der einzelnen Stories, befindet sich als Heyne Jumbo in Vorbereitung und soll im Frühjahr 1993 erscheinen.

Dazwischen finden sich zwei Gedichte, ein Kurzroman und neunzehn Kurzgeschichten unterschiedlicher Länge. Wie nicht anders zu erwarten, variieren die Stoffe deutlich, von »Der Überlebenstyp«, der in Grants *Terror*-Anthologie abgedruckt wurde, zu »Der Gesang der Toten« (engl. Titel »The Reach«, ursprünglich im *Yankee* als »Do the

Dead Sing?« erschienen). Da sich schon andere (besonders Winter und Collings) ausführlich mit jeder einzelnen Geschichte in dieser Sammlung beschäftigt haben, möchte ich nur kurz auf drei Werke eingehen, die man, wie ich meine, einfach gelesen haben muß: »Der Nebel«, »Der Milchmann schlägt wieder zu« und »Der Gesang der Toten«.

»Der Nebel«[1]

In seiner Einleitung zu *Dark Forces* erzählt Anthologist Kirby McCauley, ehemals Herausgeber von *Frights,* die Entstehungsgeschichte des Buches. Ein britischer Verleger schlug McCauley vor, eine Anthologie mit neuen, bislang unveröffentlichten Horrorgeschichten zusammenzustellen. Es schien McCauley eine gute Idee – eine Art Horror/Fantasy-Gegenstück zu Ellisons bahnbrechender Trilogie *Dangerous Visions* (von der bisher zwei Bände erschienen sind) –, und McCauley begann, mit möglichen Geschichtenlieferanten Kontakt aufzunehmen.

Natürlich gehörte King dazu. Zu jener Zeit schien es, als wäre keine Anthologie in diesem Bereich komplett, wenn sie nicht einen Beitrag von King enthielt.

Kings Beitrag war ein Kurzroman mit dem Titel »Der Nebel«, eine Geschichte, die von 20 000 Worten auf das Doppelte wuchs. Wie zu erwarten war, wurde »Der Nebel« angemessenerweise an erster Stelle im Buch plaziert.

Ich könnte viel über »Der Nebel« sagen. Ich könnte mich darüber auslassen, weshalb es eine meiner Lieblingsgeschichten von King ist, warum es eine so fesselnde Geschichte ist und warum Bernie Wrightson – der die Idee mit mir durchdiskutiert hat – glaubt, daß es mit seinen unnachahmlichen Arbeiten ein phantastisches kleines illustriertes Buch abgeben würde. Aber ich tue es nicht.

Die Handlung: In einer kleinen Stadt in Maine, am Tag nach einem plötzlich hereingebrochenen Sommergewitter, zieht wie aus dem Nichts ein seltsamer Nebel auf. David Drayton geht gemeinsam mit seinem Sohn Billy und seinem Nachbarn Brenton Norton in den Suermarkt, um Einkäufe zu erledigen. Während sie im Laden sind, sehen die drei den Nebel aufziehen und sind schließlich in dem Geschäft gefangen. Dann beginnt das Grauen.

Es ist eine von Kings typischen Geschichten, ein perfektes Beispiel dafür, wie King eine Story aufbaut. Wenn die ängstliche Spannung ihren Höhepunkt erreicht, beginnt die Grenze zwischen Wirklichkeit und Unwirklichkeit zu verschwimmen ... sich im Nebel zu verlieren ... während die Bewohner der Stadt sich an ein Leben in einer schönen, neuen Welt gewöhnen müssen. Wie sie reagieren, ist die Frage, die King in diesem kurzen Werk interessiert, die Charaktere und ihre Konflikte

[1] Auf deutsch im Auswahlband *Im Morgengrauen* erschienen.

Nebel: ***Die deutsche limitierte Ausgabe***

Eine limitierte Ausgabe von »Der Nebel« ist 1986 in Deutschland veröffentlicht worden. Das wunderschön aufgemachte, auf 500 Exemplare limitierte Buch war größtenteils für die USA bestimmt, aber der Verlag Underwood-Miller, der es vertreiben wollte, mußte die gesamte Ladung zurückschicken, da King sich nachträglich weigerte, den zwischen der Edition Phantasia und dem deutschen Rechteinhaber geschlossenen Lizenzvertrag anzuerkennen. Auch die noch nicht verkauften Exemplare für den deutschen Markt wurden eingezogen und vernichtet.

treten klar und deutlich vor dem Hintergrund eines Nebels, der eine Höllenbrut verbirgt, hervor.

Ein Kritiker sagte einmal über Kings Werk: »Der erste Satz setzt den Filmprojektor im Kopf des Lesers in Gang.« Es ist ein Unterschied dazwischen, es im eigenen Kopf zu »sehen« oder auf der Leinwand. Und das ist der Grund, weshalb »Der Nebel« vermutlich einen ziemlich schlechten Film abgeben würde. Glücklicherweise funktioniert »Der Nebel« ausgezeichnet als geschriebener Text, als ungekürzte Lesung auf einer Toncassette und als Hörspiel.

»Der Milchmann schlägt wieder zu«[2]

»Der Milchmann schlägt wieder zu« ist eine etwas abgefahrene Geschichte, die meiner Meinung nach sehr überzeugend zeigt, wie ein Stück Literatur sich langsam aus der realen in die irreale Welt hinein bewegen kann, aus einer Welt der Normalität in eine bizarre Welt, in der das Irreale zur Regel wird.

In einer kleinen Stadt in Maine begeben sich Rocky und sein Freund Leo – die Laune mit einer Kiste Bier auf Hochstimmung gebracht – auf eine Mission: Sie wollen einen Inspektionsaufkleber für Rockys 1857er Chrysler besorgen. Wie Leo so treffend bemerkt: »Kein Mensch wird dieses Goldkind aus Detroit noch einmal zulassen.« Vier Stunden vor Mitternacht stoßen sie auf »Bob's Gas & Service«-Tankstelle, die Leos Highschoolfreund Bob Driscoll gehört.

Driscoll erklärt sich schließlich bereit, dem Wagen einen Aufkleber zu geben, und als Rocky und Leo wieder davonfahren, braust der Wagen in eine unwirkliche Welt.

»Der Gesang der Toten«[3]

Die preisgekrönte Geschichte »Der Gesang der Toten« – sie erhielt 1981 den World Fantasy Award für Kurzprosa – ist der letzte Beitrag in *Ske-*

---

[2] Auf deutsch im Auswahlband *Der Fornit* erschienen.
[3] Auf deutsch im Auswahlband *Der Gesang der Toten* erschienen.

Skeleton Crew: ***Die limitierte Ausgabe***

Scream Press ist ein aufstrebender Kleinverlag, der die limitierte Ausgabe von *Skeleton Crew* herausbrachte, die vielleicht schönste und am einfallsreichsten gestaltete limitierte Ausgabe eines King-Buches, die je erschienen ist. Sie wiegt über zwei Kilo und mißt etwa zwanzig mal dreißig Zentimeter. Der ursprüngliche Preis eines Bandes dieser in einer Auflage von eintausend Exemplaren gedruckten Edition (illustriert von J. K. Potter, mit Schuber, numeriert und sowohl von King als auch Potter signiert) betrug 75 Dollar; heute muß man dafür auf dem Sammlermarkt 300–500 Dollar anlegen. (Es wurde noch eine mit einem Reißverschluß versehene, in Leder gebundene Ausgabe herausgebracht. Solche Exemplare wechseln heute zu einem Preis von 1250 bis 1500 Dollar den Besitzer.

leton Crew. Es ist die Geschichte von Stella Flanders, die sich am Ende ihres Lebens stehend, zu einer Reise über die Meeresstraße aufmacht, eine Landzunge zwischen Goat Island (wo sie ihr ganzes Leben verbracht hat) und dem Festland.

Es gibt so viel, was ich Ihnen über diese elegische Geschichte erzählen könnte, aber ich begnüge mich damit, dies zu sagen:

Als mein Vater im letzten Sommer völlig unerwartet verstarb, habe ich die Geschichte noch einmal gelesen ... und plötzlichlich einen großen Kloß im Hals gehabt. Dies ist alles, was sie wissen müssen: Die Meeresstraße ist weit, und die Toten singen tatsächlich.

Friedhof der Kuscheltiere

Lasset die Kindlein zu mir kommen.

Markus 10 : 14

Es war ein kalter, klarer Tag im Dezember 1988, als ich mit meinem Mietwagen auf dem Parkplatz eines Supermarktes in Orrington, Maine, hielt. Ich fragte einen der Einheimischen nach dem Weg zum Tierfriedhof, und nachdem er ihn mir erklärt hatte, sagte er: »Aber da oben ist nichts mehr zu finden.«

Der Autor spricht: Stephen King über das Kino im Kopf

Diese eine Geschichte in *Skeleton Crew* wurde dreimal zur Verfilmung angekauft und wieder fallen gelassen, nämlich »Der Nebel«, weil die Spezialeffekte für eine Verfilmung im höchsten Grade aufwendig sein würden. Im Kopf sind sie mühelos herzustellen, und das gerade macht das Einmalige beim Lesen aus, oder beim Anhören speziell dieser Geschichte. Die Spezialeffekte, die man im eigenen Kopf macht, sind die besten.

Das wußte ich, doch ich wollte es mit eigenen Augen sehen. Ich fuhr wieder auf die Route 15, eine Nord-Süd-Verbindung, die am Ufer des Penobscot River entlangführt.

Ich folgte den Wegerklärungen und bog in einen holprigen Feldweg. Zu meiner Linken zogen zwei Apfelbäume mit verdorrten Früchten vorbei. Oben auf dem Hügel stand ein Farmhaus aus rotem Backstein. Ich fuhr vor, stellte den Wagen ab und stieg aus. Besorgt darüber, daß vielleicht noch jemand in dem Haus leben könnte, blieb ich neben dem Wagen stehen und wartete, daß jemand zu mir heraustrat. Niemand kam. Einen großen Bogen um das Haus schlagend, ging ich in den Wald.

Vom »Friedhof der Kuscheltiere«, wie King ihn nannte, war nichts mehr übrig. Doch ich vermutete, daß er jenseits der hastig aufgetürmten Steinmauer tief im Wald lag.

Ich machte ein paar Fotos, stieg wieder in den Wagen und fuhr den Feldweg zurück. An der Kreuzung zur Route 15 hielt ich an. Ein Mädchen, das auf der anderen Straßenseite wohnte, hielt mich an, bevor ich mit meinem Wagen auf die Hauptstraße biegen konnte.

»Kann ich Ihnen irgendwie helfen?« fragte sie.

»Ich wollte mir nur einmal den echten Friedhof der Kuscheltiere ansehen«, erwiderte ich. »Ich mache einige Recherchen für ein Buch über Stephen King.«

Sie zeigte auf ein zweistöckiges weißes Haus auf der östlichen Seite der Route 15. »Dort drüben hat er gewohnt, als er hier lebte«, sagte sie. Das Haus lag an der von Lastern stark befahrenen Fernstraße.

»Ich weiß, daß vom Friedhof nichts übrig ist, doch ich vermute, daß er auf der anderen Seite des Steinhaufens im Wald, rechts vom Haus, lag.«

»Genau da war er.« Sie hielt einen Augenblick inne, dann fügte sie hinzu: »Vor ein paar Jahren ist er verwüstet worden. Sie haben die Grabsteine mitgenommen. Nichts ist übrig geblieben.«

»Das Haus sah verlassen aus. Ich hatte gehofft, daß ich niemanden störe«, erklärte ich.

»Eine Frau lebt in dem Haus. Ich wollte gerade zu ihr gehen.«

»Bitte entschuldigen Sie sich in meinem Namen bei ihr für mein Eindringen.«

Sie sagte, sie würde es tun, und ging den Feldweg hinauf.

Beinahe wäre ich in die Hauptstraße eingebogen, doch plötzlich kam ein Dreißigtonner um die Kurve, ein Dinosaurier von einem Laster, der mit einem Affenzahn über die gewundene Landstraße bretterte. Er brauste vorbei, und mein Wagen erbebte von der Erschütterung.

Auf der Rückfahrt nach Bangor war ich erstaunt von der Anzahl von Lastern auf der Route 15. Es ist eine gefährliche Straße, die Unfälle geradezu herausfordert und unausweichlich ihren Tribut unter der örtlichen Katzen- und Hundebevölkerung fordert.

GB

Der echte *Friedhof der Kuscheltiere in Orrington, Maine*

Der Friedhof der Kuscheltiere

Friedhof der Kuscheltiere wurde wegen vertraglicher Unstimmigkeiten bei Doubleday herausgebracht. Wie Charlton und Mark in *The Writer's Home Companion* erklären, hatte King sich aus steuerlichen Gründen entschieden, für seine Arbeiten einen festen Betrag (50 000 Dollar pro Jahr) von Doubleday zu nehmen. Doch als sich der auf der Habenseite stehende Betrag auf über 3 Millionen Dollar belief, hätte sich die Auszahlung in dieser Form über sechzig Jahre erstreckt. Doubleday bat darum, die Vereinbarung außer Kraft zu setzen und nahm *Friedhof der Kuscheltiere* an, das in einer Erstauflage von einer halben Million Exemplaren erschien.

Friedhof der Kuscheltiere ist ein beunruhigender Roman, die Art von subversivem, realistischem Grauen, die große Horrorliteratur auszeichnet. Wenn, wie King einmal sagte, Horrorliteratur eine Probe für den Tod ist, dann ist dieser Roman ein Danse Macabre.

Es ist die Geschichte von Dr. Louis Creed, der, wie seine Kollegen, manchmal den Tod übers Ohr haut, indem er das Leben verlängert; doch am Ende gewinnt immer der Tod. Es ist die Geschichte eines Mannes, der vergißt, daß er nicht Gott spielen kann, daß er trotz der Wunder der Medizin und der Möglichkeiten, die das Leben verlängern können, das Unausweichliche bestenfalls für kurze Zeit hinauszögern kann.

Rich Hewitt, Photo courtesy of the *Bangor Daily News*

Die Friedhof der Kuscheltiere-*Kulisse in Ellsworth, Maine*

Doch was wäre, wenn er die Toten ins Leben zurückholen könnte? Sollte ein Mensch den Todesfluß überqueren?

Friedhof der Kuscheltiere beantwortet diese Frage.

Die ursprüngliche Idee zu diesem Roman kam von »Die Affenpfote«, der Kurzgeschichte des Engländers W. W. Jacobs. Darin bekommt ein Mann drei Wünsche erfüllt. Mit seinem ersten Wunsch bittet er um eine größere Geldsumme. Er bekommt sie, doch der Preis dafür ist hoch: es ist Blutgeld, das ihm für den Tod seines Sohnes gezahlt wird. Mit dem zweiten Wunsch bittet er darum, daß sein Sohn von den Toten zurückkehrt. Als er ein unheilkündendes Geräusch an der Haustür vernimmt, setzt er in völliger Verzweiflung seinen unausweichlichen dritten Wunsch ein.

Die weitere Inspiration für die Geschichte kam aus dem wirklichen Leben: der Tierfriedhof in der Nähe des Hauses und der Tod der Familienkatze, ein Opfer der von Lastern befahrenen Straße vor dem Haus. Was kommt danach? Was wäre, wenn statt der Katze das eigene Kind getötet worden wäre?

<u>Der Inhalt</u>

Dr. Louis Creed nimmt eine neue Stelle als Leiter der Universitätsklinik an der University of Maine an. Er zieht mit seiner Familie von Chicago in eine Kleinstadt in Maine, wo er ein Haus neben einer stark befahrenen Fernstraße kauft.

Eines Tages wird die Katze seiner Tochter getötet, die auf den Namen Winston Churchill (Church) hörte, ein Opfer eines der vielen Laster, die auf der Straße entlangbrettern.

Hinter dem Haus liegt ein Tierfriedhof und jenseits davon der »richtige Friedhof«, ein uralter Bestattungsort der Micmac-Indianer, und dort begräbt er Church.

Dann kehrt Church zurück, doch nicht der Church, den sie kannten und liebten. Church hat sich verändert.

Der wahre Horror beginnt danach, wenn Creed sich entscheidet, Gott zu spielen, nicht nur einmal, sondern zweimal, und sich in den natürlichen Ablauf des Lebens von der Geburt zum Tod einmischt, wofür er einen höllischen Preis zahlen muß.

Die Verfilmung

Wie *USA Today* in seiner Ausgabe vom 25. April 1989 berichtet, hat *Friedhof der Kuscheltiere* »die Konkurrenz verschreckt und über das Wochenende einen Zuschauerrekord aufgestellt: Der Film spielte 12 Millionen Dollar ein, das höchste je erzielte Einspielergebnis am ersten Wochenende für einen in der ersten Jahreshälfte angelaufenen Film.«

In der selben Ausgabe erschienen im Show-Teil eine Kritik des Films unter der Überschrift »Stephen King's Gravely Flawed Pet Sematary« [dt.: »Stephen Kings zerfledderter Tierfriedhof«]. Der Rezensent, Matt Roush, mochte den Roman, aber nicht die Verfilmung:

GB

Das Haus, das King in Orrington, Maine mietete und in dem er Friedhof der Kuscheltiere *schrieb (Der tatsächliche Friedhof liegt hinter dem Haus, im Wald, neben einem großen Farmhaus auf einem Hügel.)*

> Sein (Kings) Drehbuch ist ein unbeholfenes Wirrwarr von Rückblicken und den üblichen Schockeffekten, das durch die wenig überzeugenden schauspielerischen Leistungen noch langweiliger wird. Es läßt seinen 1983 erschienenen Bestseller – eine gewagt düstere Erzählung über Tod, Trauer und Wiederauferstehung ohne jegliche Andeutung von Erlösung – zu einem ganz gewöhnlichen Horrorstreifen verkommen.

Auch wenn der Film äußerst erfolgreich in den Kinos war, so enttäuschte er doch all jene Fans, die auf eine getreue Verfilmung des Romans gehofft hatten.

Ein echter Tierfriedhof

Haustiere, die hier beerdigt sind, haben sehr viel Liebe empfangen, und sie waren jemandem wichtig genug, daß er ihnen eine letzte Ruhestätte gab.

Cherie Blood, Geschäftsführerin des Garden of the Pine Pet Memorial, Virginia Beach, Virginia

Der Verlust eines Haustiers kann schwere emotionale Folgen nach sich ziehen, und so ist ein Tierbegräbnis nichts, über das man einfach lachen sollte. Wie Cherie Blood erklärt: »Ich glaube nicht, daß ein Tierfriedhof – und das können Sie gern zitieren – auf die leichte Schulter genommen werden sollte, was das Emotionale angeht. Ich denke nicht, daß irgend jemand Witze machen sollte über etwas, das jemand anders liebte. Für diesen Menschen war es Liebe. Ich denke einfach, daß die Leute niemals kritisieren sollten, wie jemand anders empfindet.«

Blood, die auf dem Gelände des Pet Memorial lebt, ist selbst Tierliebhaberin. Sie hat viele Freunde um sich geschart: Eichhörnchen, ein zahmes Opossum, hin und wieder ein Reh, Kaninchen und zahllose Vögel.

Der Tierfriedhof wurde 1957 von Jesse und Kathrine Mercer gegründet, Tierliebhaber, die gut acht Hektar Land bereitgestellt hatten, um darauf Haustieren eine letzte Ruhestätte zu bieten. Seit 1957 wurden, nach Angabe von Blood, über sechstausend Haustiere auf dem Gelände beerdigt. (Blood schätzt, daß das Gelände ausreicht, die Nachfrage nach Grabstätten für das nächste halbe Jahrhundert zu decken.)

Auf dem Gelände finden sich dreimal soviele Hunde wie Katzen. Doch es finden sich auch andere Tiere: Frettchen, Meerschweinchen und Vögel, aber gelegentlich auch etwas exotischere Vertreter des Tierreichs: ein Löwe (aus dem örtlichen Zoo), einige Polizeihunde, ein Reh und eine Ziege. Außerdem finden sich dort die Urnen von fünfzehn Menschen, darunter die Mercers. Wie Blood erklärt: »Immer mehr

Menschen bitten darum, neben ihren Haustieren begraben zu werden, wenn ihre Zeit gekommen ist. Es steht in ihren Testamenten. Wir haben hier schon einige.«

Die Kosten

Die Kosten für ein Tierbegräbnis hängen von der Größe des Haustiers und von der Ausstattung der Grabanlage ab. Für ein kleines Haustier (neun Kilo oder weniger) betragen die Kosten 240 Dollar für die Bestattung, worin die Aufbahrung, die Beerdigung in einem ein mal zwei Meter großen Grab und eine schlichte weiße Grabplatte enthalten sind. Für ein mittelgroßes Tier (dreizehn bis zwanzig Kilo) betragen die Kosten 270 Dollar. Und für ein großes Haustier, wie zum Beispiel einen Dobermann, betragen die Kosten 320 Dollar. Die Kosten variieren hauptsächlich wegen der unterschiedlichen Größen des mit Taft ausgeschlagenen Kiefernsarges.

Das Grab wird mit einer weißen Grabplatte gekennzeichnet, auf der der Nachname des Besitzers steht. Die Grabplatte wird am Fuß des Grabes in den Boden eingelassen. (Eine bronzene Grabplatte kostet 130 Dollar extra, aber sie hält dafür länger. Auf der Grabplatte ist der Name des Haustiers eingraviert, sowie die Daten seiner Geburt und seines Todes und ein Sinnspruch.)

Andere Tierfriedhöfe mögen Grabsteine benutzen, doch auf diesem gibt es nur Grabplatten. Wie Blood erklärt: »Es ist eine Heidenarbeit, um all diese Dinger herumzumähen, besonders, wenn man so viele davon hat.«

Nach Aussage von Blood gibt es fünf bis zehn Beerdigungen pro Woche. Sie versuchen, nicht mehr als zwei pro Tag abzuhalten, eine um 11 Uhr und die andere um 14 Uhr. Die Trauerfeier und die anschließende Bestattung dauern etwa fünfundvierzig Minuten.

Die Bestattung

In den meisten Fällen werden die verstorbenen Haustiere sobald als möglich vom Pet Memorial abgeholt, da »Haustiere nicht einbalsamiert werden«. Dies ist besonders im Sommer bei Hunden wichtig. Wie Blood erklärt: »Ich möchte hier ja nicht eklig werden, aber im Sommer, wenn Sie zur Arbeit gehen und kommen acht Stunden später wieder, und Ihr Hund ist eine Stunde, nachdem Sie das Haus verlassen haben, dahingeschieden, dann war der Hund [für sieben Stunden] der Hitze und den Maden ausgesetzt. Im Sommer bilden sich in einem Haustier binnen einer Stunde Maden, und wenn das erst einmal geschehen ist, dann können wir den Schaden nicht mehr beheben.«

Doch das ist die Ausnahme. Gewöhnlich sieht ein Haustier im Tode ganz natürlich aus. »Wenn sie aufgebahrt sind, sehen sie zumeist weit besser aus als aufgebahrte Menschen, weil Haustiere ein Fell haben, das man aufplustern kann. Haustiere sehen sehr natürlich aus. Sie sehen aus, als schliefen sie nur.«

Um ein Haustier für die Aufbahrung vorzubereiten, schließt das Memorial dessen Augen, schiebt die Zunge ins Maul zurück und legt die Beine in eine bequem aussehende Position. Viele Besitzer legen ein Erinnerungsstück in den Sarg. Hundebesitzer geben ihren Haustieren gewöhnlich ein Foto von sich selbst, Hundeknochen, Lieblingsspielzeuge, die Hundeleine oder das Halsband, einen Lieblingsnapf oder eine Lieblingsdecke mit auf den letzten Weg. (In manchen Fällen, wenn ein gesundes Haustier gestorben ist und ein älteres Haustier krank ist, wird das ältere Haustier eingeschläfert und die beiden werden gemeinsam beerdigt.)

Der Himmel kann warten

Der Tod eines Haustiers kann für den Besitzer mit tiefer Trauer und emotionaler Erschütterung verbunden sein. Manche fragen, ob ihr Liebling im Himmel sein wird, wenn ihre eigene Zeit kommt. Blood geht mit solchen Fragen sehr taktvoll um und verweist auf die Bibel, in der steht, daß Haustiere nicht in den Himmel kommen, da sie keine Seelen besitzen. Manche Besitzer sind jedoch eisern. Sie haben Blood erklärt, daß sie selbst nicht in den Himmel gehen wollen, wenn ihr geliebtes Haustier sie nicht dort erwarten würde. Der Himmel kann warten.

Besonders kleine Kinder werden vom Verlust ihres Haustiers oft schwer erschüttert. »Wenn Sie ein zwölfjähriges Kind haben und das Haustier ist vierzehn, dann ist das Kind mit dem Tier aufgewachsen. Für das Kind ist der Verlust niederschmetternd. Wir gehen besonders vorsichtig und einfühlsam vor, wenn ein Kind der Trauerfeier für ein Haustier beiwohnt«, sagt Blood.

In der Tat mag nach Aussage von Blood die emotionale Bindung an ein Haustier sogar stärker sein als an die Familie: »Viele Menschen erklären mir, daß sie mehr um den Verlust eines Haustiers getrauert haben als um einige der Familienmitglieder, die sie verloren haben. Für jemanden, der das nicht versteht, mag sich das verdammt seltsam anhören. Doch wenn Sie Tante Bessie dreißig Jahre lang nicht gesehen haben, dann ist es ziemlich schwer, tief erschüttert zu sein, wenn sie sich verabschiedet.«

Nach der Trauerfeier

Nachdem ein Haustier beerdigt ist, ist es noch lange nicht vergessen. Die Besitzer statten ihnen an besonderen Tagen, zum Beispiel dem Geburtstag des Haustiers, einen Besuch ab. Und an größeren Feiertagen kommt einem der Friedhof wie der Ausstellungsraum einer Gärtnerei vor. »Der Friedhof sieht sehr hübsch aus. Die Besitzer der Haustiere überschlagen sich an Feiertagen«, sagt Blood.

Doch manchmal genügen die häufigen Besuche nicht. Für diejenigen, die den Verlust nicht verwinden können, hat sich eine Selbsthilfegruppe zusammengeschlossen. Die Mitglieder treffen sich auf dem Friedhof und teilen ein gemeinsames Gefühl: Trauer um ein Haustier. Wer es nicht selbst erlebt hat, weiß nicht, was es heißt, diesen Freund zu verlieren. Wie Blood erklärt: »Menschen, die nie ein Haustier geliebt oder ihre Liebe mit einem Haustier geteilt haben, können nicht ermessen, was für ein emotionales Erlebnis es ist, ein Haustier zu verlieren, mit dem man eine lange Zeit gemeinsam verbracht hat, ganz egal, ob es eine Katze, ein Vogel, ein Hund oder ein Fisch war. Es ist niederschmetternd für die Menschen. Es ist nichts, was man auf die leichte Schulter nehmen sollte. Für sie war ihr Haustier wie ein Baby.« Ich fragte Blood, ob es etwas gäbe, das die Tierliebhaber bedenken sollten, wenn die Zeit kommt, ihren Lieblingen eine letzte Ruhestätte zu geben.

Sie erwiderte: »Ich sage den Leuten, daß wir, wenn wir all die Güte, die Loyalität, die Liebe, die Ehrlichkeit, die unsere Haustiere mit uns teilen, nehmen und davon lernen, danach unser ganzes Leben lang anderen Tieren dadurch helfen. Dann ist das Haustier, das wir beerdigt haben, niemals wirklich tot, sondern lebt statt dessen in jeder Prüfung weiter, die wir in unserem Leben zu bestehen haben. Das ist wahrscheinlich der letzte Dienst, den wir ihm erweisen können.«

Frühling, Sommer, Herbst und Tod

In seinem Nachwort zu *Frühling, Sommer, Herbst und Tod* äußert sich King zu dem Problem, von den Lesern als Horrorschriftsteller festgelegt zu sein. Wie King bemerkt, handelt *Carrie* von einem Mädchen mit telekinetischen Fähigkeiten, *Brennen muß Salem* handelt von einer kleinen Stadt in Maine, die von Vampiren bevölkert wird, und *Shining* handelt von einem Urlaubshotel in Colorado, dessen Geschichte vom Bösen geprägt ist. Die logische Schlußfolgerung wäre, daß Kings nächstes Buch ein Horrorroman wäre.

Doch was wäre, wenn sich die Dinge anders entwickelt hätten? Was wäre, wenn King einen anderen Weg eingeschlagen hätte?

Das folgende, offenkundig fiktive Interview wurde von Rusty Wornom in Kings Winterresidenz in Bangor, Maine, geführt. King, gekleidet in L. L. Bean-Klamotten, saß neben einem gußeisernen Vermonter Holzofen, mit einem Sechserpack Coors-Beer.[1]

King, der bekannte Mainer Lokalschriftsteller, spricht über die Entstehungsgeschichte seiner ersten Sammlung von Novellen, *Jahreszeiten-*

[1] Ethrane Wimbey, »Stephen King: A Change of Season«. In: *Maine's Regional Writers* (Newport News, Virginia: GB Publishing, 1982), S. 65.

Der Autor spricht:
Stephen King über die Festlegung auf ein Genre

Ich betrachte mich grundsätzlich immer nur als Schriftsteller. Ich setze mich einfach hin und schreibe Geschichten. Ich weiß noch, als *Carrie* veröffentlicht war, habe ich meinem Lektor zwei Manuskripte geschickt, und er sagte: »Ich würde *Brennen muß Salem* wirklich gerne machen«, das ist ein Vampir-Roman. Aber er sah so düster drein, daß ich sagte: »Warum schauen Sie so, Bill?« Er sagte: »Weil Sie als Horror-Schriftsteller eingestuft werden, wenn wir es veröffentlichen.« Meine Antwort darauf war sofort: »Sollen sie mich doch bezeichnen, als was sie wollen. Ich meine, Begriffe sind Begriffe, na wenn schon. Mich stört das nicht.«

wechsel, und sein Verlangen, zum ersten Mal reine Horrorromane zu veröffentlichen.

»Es ist ein Problem«, gesteht King. »Doch meine Verleger wurden ein wenig nervös, als ich ihnen sagte, ich wolle einen reinen Horrorroman schreiben.«

Auf dem Schreibtisch lagen zwei Manuskripte: *Second Coming* (242 Seiten), ein Roman über Vampire in einer kleinen Stadt in Maine, und Blaze (173 Seiten), eine literarische Hommage an Steinbecks *Von Mäusen und Menschen.*

»Nachdem mein Lektor beide Bücher gelesen hatte, wollte er ›Blaze‹ herausbringen. Das Buch ist sehr Bachman-artig, und ich hätte es beinahe unter diesem Pseudonym veröffentlicht. Ich dachte, mein Lektor würde *Second Coming* vorziehen, doch wie er mir erklärte, verkaufen sich Horrorromane nun einmal nicht.«

»Was ist Ihr nächstes Projekt?« fragte ich.

»Ich habe da einen Roman mit dem Titel ›Sword in the Darkness‹. Es ist ein langes Buch – 485 Manuskriptseiten, etwa 150 000 Worte. Wie *Carrie* handelt es hauptsächlich von der Hölle der Highschool, doch in diesem Fall bildet ein Rassenkonflikt in einer mittelgroßen Stadt in Maine den Hintergrund.«

»Und danach?«

»Ich wollte schon immer einen reinen Horrorroman schreiben, doch die Verleger machten sich Sorgen, wie man ihn vermarkten könne. Also habe ich sie gefragt, ob sie an einer Sammlung von Novellen interessiert wären – reine Belletristik, doch mit Horrorelementen durchsetzt. Danach kann ich dann über Dinge schreiben, die einem nachts den Angstschweiß auf die Stirn treiben.«

»Was ist in *Jahreszeitenwechsel* enthalten?« fragte ich.

»Es sind vier Geschichten, die alle schon einmal veröffentlicht wurden. Der *New Yorker* hat ›Die Leiche‹ abgedruckt, ›Atemtechnik‹

wurde in der *Saturday Evening Post* veröffentlicht, *Prison Digest* hat ›Pin up‹ gebracht, und Ed Ferman bei *F&SF* hat sich ›Musterschüler‹ geschnappt und sich damit aus dem Staub gemacht. Auf ›Die Leiche‹ hat sich außerdem Reiner eine Filmoption geholt, für ›Musterschüler‹ besteht ebenfalls eine Option. Ich mag die Geschichten und wollte sie in einem Buch zusammenbringen. Es ist also auch für mich ein Jahreszeitenwechsel. Es ist meine Art zu sagen, daß ich *tatsächlich* Horror schreibe. Ich denke, meine Leser werden das verstehen.«

»Warum dieser Umstieg in das Horror-Genre?« fragte ich.

»Ich habe immer schon Horror geschrieben, doch nach den ersten paar Büchern waren die Verleger besorgt, daß es vielleicht Verwirrung auf dem Markt stiften könne. Es gab einige Diskussionen darüber, ob ich für die Horrorsachen mein Pseudonym, Richard Bachmann, benutzen sollte, doch wie Sie wissen, hat Robert Weinberg die Katze aus dem Sack gelassen, und da dachten die Verleger sich, ich solle lieber meinen eigenen Namen benutzen.«

»Haben Sie schon eine Vorstellung, wovon ihr erster Horrorroman handeln wird?« fragte ich.

»Ich habe mit der Idee herumgespielt, über ein großes Verlagshaus in New York zu schreiben, in dem Geister spuken – Autoren, die, während sie auf ihre Tantiemen warteten, gestorben sind und die nun zurückkehren, um sich an den Verlegern zu rächen, so was wie eine E.-C.-Geschichte – aber ich weiß nicht. Es mag ein wenig zu abgefahren sein.«

»Sie meinen die Geister?«

»Nein. Die Verleger«, erwiderte King, während er nach einem neuen Bier griff.

Frühling, Sommer, Herbst und Tod

Wie King so treffend in seinem Nachwort zu *Frühling, Sommer, Herbst und Tod* bemerkt, gibt es keinen wirklichen Markt für Werke, die zu lang sind, um Kurzgeschichten zu sein, aber zu kurz, um als Romane durchzugehen. Zeitschriften kaufen sie nicht, und wenn man keinen bekannten Namen hat, sind die Chancen, eine solche Sammlung zu veröffentlichen, äußerst gering.

Leser, die hier Kings übliches Horrormaterial erwarten, werden enttäuscht sein. Stattdessen müssen sie sich mit Mainstream-Prosa auseinandersetzen, versetzt mit Horrorelementen: »Pin up«, »Der Musterschüler«, »Die Leiche« und »Atemtechnik«.

Alle Geschichten sind gut erzählt – ich glaube nicht, daß King jemals eine langweilige Geschichte erzählen könnte –, doch zwei von ihnen ragen eindeutig heraus: »Der Musterschüler«, die Art von Mainstream-Horror, der einen nicht mehr aus seinen Fängen läßt, und »Die Leiche«, von Robert Reiner als *Stand by Me – Das Geheimnis eines Sommers* auf die Leinwand gebracht.

Frühling, Sommer, Herbst und Tod zeigt auch Kings Vielseitigkeit als Schriftsteller, eine Tatsache, die von Kritikern häufig übersehen wird. Anders als bei vielen Autoren ist Kings Bandbreite bei seinen literarischen Werken beeindruckend: Kurzgeschichten, Novellen, Romane, Sachtexte, Drehbücher und Gedichte. Die Geschichte bestimmt die Form.

»Der Musterschüler«

> Ich sterbe mit freudigem Herzen angesichts der mir bewußten unermeßlichen Taten und Leistungen unserer Soldaten an der Front, unserer Frauen zu Hause, den Leistungen unserer Bauern und Arbeiter und dem in der Geschichte einmaligen Einsatz unserer Jugend, die meinen Namen trägt.[2]

Es gibt zwei Arten von Horrorgeschichten: die Art, von der man weiß, daß sie nie wirklich geschehen könnte, und die Art, von der man weiß, daß sie es könnte. Wie Clive Barker in der »Larry King Show« sagte, erreicht gelungene Horrorliteratur »eine Menge Dinge gleichzeitig: sie regt die Phantasie an, sie beunruhigt und sie macht auch Angst«.

»Der Musterschüler« siegt dabei auf ganzer Linie, da die Erzählung unbehaglich nah an der Realität ist – es könnte geschehen.

Es ist die Geschichte einer krankhaften Symbiose zwischen einem dreizehnjährigen amerikanischen Jungen namens Todd Bowden und dem ehemaligen Kommandanten eines Konzentrationslagers, Mr. Dussander, der die Hoffnung hatte, seine letzten Jahre unter dem Namen Arthur Denker in der Anonymität eines Vororts von Los Angeles zu verbringen.

Doch Bowden, der entdeckt, daß das, was ihn »am meisten interessiert«, die abscheulichen Einzelheiten des Holocausts sind, erpreßt Dussander, damit er ihm über »all diese interessanten Dinge« erzählt. Dussander tut es ... doch der Preis ist hoch, und sowohl Bowden als auch Dussander müssen ihn zahlen.

Kommentar

Es braucht keine Invasion von Außerirdischen wie in *Die Dämonischen,* um aus Menschen Monster zu machen. »Der Musterschüler« beweist erschreckend überzeugend, daß die Monster unter uns sind, doch daß wir sie nicht sofort erkennen können, weil sie vollkommen normal erscheinen. Wenn wir es schließlich tun, ist es zu spät.

Da der Horror aus Todd Bowdens Innerem kommt, während er gleichzeitig in Dussander wiedererweckt wird, trifft er voll ins Mark: In jedem von uns steckt ein bißchen von Todd Bowden.

---

[2] Adolf Hitler in seinem politischen Testament (29. April 1945).

»Die Leiche«

Die stark autobiographische Geschichte »Die Leiche« spielt in Kings mythischem Castle Rock, Maine. Es ist eine Erzählung über das Erwachsenwerden, wie sie entweder brillant funktioniert oder erbärmlich fehlschlägt. In Kings Fall war es ein grandioser Erfolg, ein literarisches Meisterwerk, das von Kings Erinnerungen daran lebt, wie es war, 1960 zwölf Jahre alt zu sein.

Hauptsächlich ist es die Geschichte von Gordie Lachance, einem Spiegelbild von King als junger Schriftsteller. Der Handlungsablauf ist völlig gradlinig. Gordie und seine drei Freunde machen sich auf einen Marsch, um sich die Leiche eines Jungen anzusehen, der von einem Zug überfahren wurde. Ihre Reise führt aus der Kindheit zur ersten Stufe des Erwachsenseins, und sie lernen viel über das Leben und, was noch wichtiger ist, über sich selbst.

Als Erwachsene werden wir älter und vergessen, wie es ist, ein Kind zu sein, doch in »Die Leiche« nimmt uns King mit zurück und zeigt uns, in allen schmerzhaft realen Einzelheiten, wie es ist, wieder jung zu sein.

Stand by Me – Das Geheimnis eines Sommers

Als *Stand by Me – Das Geheimnis eines Sommers* – gedreht von Robert Reiner – im Sommer 1986 in die Kinos kam, wurde der Film *nicht* als ein Stephen-King-Film beworben. Nur wer »Die Leiche« in *Frühling, Sommer, Herbst und Tod* gelesen hatte, oder wer sich den ganzen Abspann angesehen hatte, bemerkte es. Der Film war sowohl in bezug auf die Kritiken als auch in finanzieller Hinsicht ein Erfolg. Der Grund dafür, weshalb *Stand by Me* gelang, was andere King-Filme nicht schafften? Es war eine getreue Adaption, die erfolgreich Kings Prosa auf die Leinwand umsetzte. Einfach gesagt, *Stand by Me* ist Stephen King pur, und der Streifen bewies, daß man King überzeugend verfilmen kann.

Liebe Kunden von Waldenbooks – *von Stephen King*

KING: Man hat mich gefragt, ob *Frühling, Sommer, Herbst und Tod,* meine Sammlung von vier Kurzromanen, nun bedeutet, daß ich mein Interesse an so erhebenden und bildenden Themen wie Ghulen, Gespenstern, Vampiren und unaussprechlichen Dingen, die in den Schränken kleiner Kinder lauern, verloren habe. Immerhin, sagen mir diese Leute, handeln drei dieser vier Novellen von Themen, die nichts mit Horror zu tun haben – Flucht aus dem Gefängnis, kleine Jungs, deren Neugier größer ist, als gut für sie ist, weitere kleine Jungs auf einer ungewöhnlichen (aber durchaus denkbaren) Suche. Als Antwort weise ich stets darauf hin, daß die *vierte* Story in *Different Seasons* (das mein jüngster Sohn Owen beharrlich *Different Sneezes* nennt) ziemlich blutrünstig ist. Sie handelt von einem Arzt, einem seltsamen Männerklub und einer ledigen Mutter, die außerordentlich entschlossen ist, ihr Kind zur Welt zu bringen.

Nein, ich habe immer schon zu den Halloween-Menschen gehört, und ich schätze, das wird auch immer so bleiben. Ich stimme Robert Bloch zu, der seinen Interviewpartnern seit Jahren sagt, er hat das Herz eines kleinen Jungen ... es steht in einem Glas auf seinem Schreibtisch mit einer Vampirfledermaus und einer Klapperschlange – beide glücklicherweise ausgestopft –, aber Sie werden schon verstehen, was ich meine. Ich glaube nicht, daß *irgend jemand* immer nur eine Art Literatur schreiben kann. Herman Wouk, der so grimmige Epen wie *Der Feuersturm* und *Die Caine war ihr Schicksal* geschrieben hat, hat auch einen urkomischen Roman über die Kindheit verfaßt, *City Boy.* Gregory McDonald, der die beiden ungleichen Detektive Fletch und Flynn erfunden hat, hat einen amüsanten Roman über die einsame Kolumnistin einer Tageszeitung geschrieben *(Love Among the Mashed Potatoes).* Fans von Travis McGee werden erstaunt feststellen, daß John D. McDonald eine Menge Science-fiction geschrieben hat, darunter zwei verdammt gute Romane, *Planet der Träumer* und *Herrscher der Galaxis.* Und Evan Hunter (Ed McBain), der aufgrund seines 87sten Polizeireviers häufig mit der schmutzigen Welt des Großstadtverbrechens assoziiert wird, hat mindestens einen Western *(The Chisolms)* und einen Science-fiction-Roman *(Find the Feathered Serpent)* geschrieben.

Auch Verfasser blutrünstiger Bücher machen manchmal etwas anderes. Richard Matheson, der in *Ich, der letzte Mensch* bzw. *Ich bin Legende,* das mit Charlton Heston in der Hauptrolle als *Der Omega-Mann* verfilmt wurde, Vampire im Übermaß geschaffen hat und daneben Verfasser zahlreicher klassischer Kurzgeschichten ist (z. B. *Duel,* das Steven Spielberg unter demselben Titel verfilmt hat), hat einen Kriegs-Roman veröffentlicht *(The Beardless Warriors).* Roald Dahl, der mit seinen grimmigen, ironischen Kurzgeschichten in *Küßchen, Küßchen* und ... *noch ein Küßchen* Weltruhm erlangte, ist heute auch für seine lustigen Geschichten für Kinder bekannt.

Ich will damit sagen, wenn man viel Zeit in seiner Phantasie verlebt, kann sie einen überall hinführen – überall. Die vier Geschichten in *Frühling, Sommer, Herbst und Tod* habe ich aus Spaß geschrieben, nicht wegen des Geldes, normalerweise zwischen größeren Projekten. Ich finde, sie haben eine angenehme, offene Aura – selbst in den grimmigsten Augenblicken (ich konnte dem Horror nicht vollkommen entsagen, nicht einmal hier – es gibt eine Szene in einer der Geschichten, in der jemand seine Katze in den Herd wirft und backt – *Sie wurden gewarnt*) haben sie etwas an sich, das ausdrückt, dem Autor hat es Spaß gemacht, er hat sich gehen lassen und sich nicht um den Geschichtenerzähler gekümmert, sondern nur um die Geschichte.

Ich hatte mit den Geschichten viel Spaß, und das ist normalerweise ein gutes Zeichen dafür, daß der Leser auch Spaß haben wird. Ich schätze, das genügt vorläufig, ich möchte daher mit einer aufrichtigen Warnung zum Schluß kommen: Denken Sie daran, wenn Sie heute abend das Licht ausmachen und ins Bett gehen, es könnte sich *alles Mögliche* darunter verstecken; wirklich alles Mögliche.

In einer kleinen Stadt

Nach Veröffentlichung von *Der Talisman* verkündete King-Freund und Co-Autor Peter Straub, daß er nun genug vom Horror habe und sich anderen Themen zuwenden wollte. Nach einer Schreibpause von drei Jahren veröffentlichte er dann 1977 den Vietnam-Thriller *Koko.*

Als Stephen King seinen legendären Vertrag über vier Bücher für rund 40 Millionen Dollar abschloß, wurden zaghaft ähnliche Töne laut: Der »Durchbruch« für King sollte der Roman *Dolores Claiborne* werden, eine Abkehr vom Horror-Genre. Nun verkündet King so häufig etwas und widerruft es später wieder, daß es müßig ist, Spekulationen anzustellen. Tatsache ist nur, daß *Dolores Claiborne* tatsächlich kein Horror-Roman ist, streng genommen nicht einmal »eine Art Krimi«, wie es in einer Presseverlautbarung hieß, sondern die Charakterstudie einer Frau, die zwei Morde begeht und dennoch schuldfrei gesprochen wird.

Als Vorbereitung dieser Abkehr jedenfalls inszenierte King die Vernichtung von »Castle Rock«, der fiktiven Kleinstadt, in der zahlreiche seiner Romane und Kurzgeschichten angesiedelt sind, darunter *Cujo,* »Die Leiche« und teilweise *Dead Zone – Das Attentat.* Castle Rock fand ein unrühmliches Ende in dem 1991 erschienenen Roman *In einer kleinen Stadt.*

Inhalt

Das Unheil nimmt seinen Lauf, als Leland Gaunt, ein Fremder, nach Castle Rock kommt und dort den Laden »Needful Things« eröffnet, in dem alle Kunden genau das finden, was sie sich schon immer am sehnlichsten gewünscht haben. Lelands erster Kunde, der elfjährige Brian Rusk, findet eine Baseballkarte aus dem Jahr 1956. Wochen später erlebt Lelands Laden einen regelrechten Boom, doch der Inhaber selbst weist darauf hin, daß der Preis, den die Kunden für die Erfüllung ihrer heimlichsten und sehnlichsten Wünsche bezahlen müssen, hoch ist.

Kommentar

Mit *In einer kleinen Stadt* erleben wir King nach der einerseits gelobten, andererseits aber auch kritisierten Sammlung *Nachts/Langoliers* wieder

Der Kritiker spricht:
Edward Bryant über In einer kleinen Stadt

Was im größten Teil des Romans abläuft, ist das Porträt der Maschinerie menschlicher Torheit, die langsam in Fahrt kommt und dann unausweichlich der Vernichtung entgegengeht. Die Faszination liegt darin, zu sehen, wo der Behemoth zuschlägt, wer überlebt und wem die Korruption und Verdammnis zum Verhängnis wird. Das ist ein bißchen, als würde man den Zusammenstoß zwischen einem Schulbus und einem Lastwagen voll Bowlingkugeln in Zeitlupe verfolgen.

Vor allem anderen handelt es sich aber um ein Tribut – um eine Hommage an Kings frühere Bücher und die Bücher anderer Größen.

Aus: *Locus – The Newspaper of the Science Fiction Field,* Nr. 366 (Vol. 27, No. 1, Juli 1991)

einmal in Hochform, und es ist sicher nicht übertrieben zu sagen, daß der Roman sein bester seit langem ist. Es handelt sich um eine »Pakt mit dem Teufel«-Geschichte, für die Mark Twain mit seiner Phantasie »Der geheimnisvolle Fremde« Pate gestanden haben dürfte (dem übrigens auch ein anderes Werk von King, *Der Talisman,* deutlich verpflichtet ist).

Das Jahr des Werwolfs

Wenn ein Roman von King eine Million Exemplare als Hardcover und ein Jahr später drei Millionen Exemplare als Taschenbuch verkauft, welchen Zweck hat es dann, ein neues King-Buch mit einer Erstauflage von 7500 gebundenen Exemplaren herauszubringen?

Wie Donald M. Grants Ausgabe von *Schwarz,* die eine Erstauflage von 10 000 gebundenen Exemplaren hatte, hatte auch Christopher Zavisas Land-of-Enchantment-Ausgabe von *Das Jahr des Werwolfs* nur eine kleine Auflage – 7500 gebundene Exemplare, die zum größten Teil an die eingeschworene Science-fiction-Gemeinde verkauft wurden. Wenn Sie noch nie vom Fan-Kult gehört haben, hier nur ein kleiner Einblick.

Die Welt der Fans

Es ist eine Welt, von der die meisten Menschen nichts wissen, doch jeder, der Science-fiction, Fantasy oder Horror schreibt, kennt sie sehr gut. Man nennt sie den Fan-Kult, und sie setzt sich aus Fans (Fanatikern, wenn Sie so wollen) zusammen, Leuten, die sich der Meinung verschrieben haben, daß der Fan-Kult entweder nur ein verdammtes Hobby oder aber eine Lebensart sei.

Für viele ist es eine Lebensart. Die Fans schreiben einander, bringen Amateurpublikationen (Fanzines genannt) heraus, organisieren oder besuchen Kongresse (so viele, daß man an jedem Wochenende einen anderen besuchen könnte) und formieren sich zu örtlichen Clubs, wo sie sich treffen, zufrieden in dem Wissen, daß es, bei Gott, besser ist, ein Fan als ein »Mundane« (der Fan-Slangausdruck für jeden, der *kein* Fan ist) zu sein.

Locus und *S. F. Chronicle* sind die beiden »Zeitungen« des Genres, die mit Buchrezensionen, Artikeln, Kongreßankündigungen und ähnlichem umfassende Informationen über das bieten, was in ihrer Welt vor sich geht. Viele, wenn auch nicht alle der professionellen Schriftsteller in diesem Genre gehören den Science-fiction Writers of America an. Vor kurzem formierten sich die Horror Writers of America, und viele von denen, die sogenannte »Dark Fantasy« schreiben, sind Mitglieder (ja, Stephen King ist Mitglied).

Dann sind da die Auszeichnungen. Die Mitglieder der SFWA verleihen den Nebula Award, einen wunderschönen Würfel mit einer sich drehenden Nebula-Galaxie darin. Die allgemeine Fangemeinde, die sich bei der jährlichen World Science-fiction Convention (die jedes Jahr am letzten Wochenende im September stattfindet) trifft, verleiht die Hugo Awards, überdimensionale silberne Raketen. Und die Mitglieder der World Fantasy Convention, die sich hauptsächlich an die Fantasy/Horror-Begeisterten richtet, verleiht den Howard Award, eine Miniaturstatue von H. P. Lovecraft.

Fans sind nicht nur Leser, sie sind Herausgeber. Während sich einige damit zufrieden geben, Briefe an andere Fans zu schreiben, liefern andere Beiträge für Fanzines, und wieder andere entscheiden sich, vom Fan zum Pofi zu wechseln und Selbstgeschriebenes auf dem semiprofessionellen und professionellen Markt anzubieten.

Zu diesen ambitionierten Fans gehören die verschiedenen Kleinverleger, gewöhnlich Ein-Mann-Betriebe, die Geschichten und Sachtexte von einigen der größten Namen ihres Umfelds herausbringen. Im Gegensatz zu ihren großen Brüdern im Verlagszentrum New York bieten die Kleinverleger bescheidene, auf die Tantiemen anzurechnende Vorschüsse, drucken kleine Auflagen und verkaufen hauptsächlich an die Mitglieder der Fantasy- und Science-fiction-Gemeinde. Doch sie bieten auch einiges, was die New Yorker Verleger nicht bieten können: eine enge Zusammenarbeit, bei der der Autor ein Teil des verlegerischen Prozesses ist, wunderschöne Ausgaben, bei denen Druck, Gestaltung und Bindung den Text auf besondere Weise gerecht werden, und Illustrationen (sowohl in Farbe als auch in Schwarzweiß) von führenden Fantasy-Künstlern.

Es ist die Welt der limitierten Ausgaben, die Kunst des Verlegens schöner Bücher – im Schuber, numeriert, signiert –, und es liegen Welten zwischen ihr und den einfallslosen Massenprodukten, die die New Yorker Verleger aus Gründen der Wirtschaftlichkeit drucken *müssen.*

Aus Das Jahr des Werwolfs *(gegenüber S. 32 in* Silver Bullet*)*

Land of Enchantment

Christopher Zavisa ist ein Kleinverleger. Anders als Donald M. Grant, Dark Harvest und Scream Press bringt Land of Enchantment nur unregelmäßig Bücher heraus, doch wenn er das tut, sind es denkwürdige Pro-

Bernie Wrightson über seine Illustrationen

FRAGE: Sind Ihre Arbeiten außerhalb der Comic-Szene bekannt?
WRIGHTSON: Viele Leute außerhalb der Comic-Szene denken, ich hätte nur *Das Jahr des Werwolfs* gemacht, doch das stimmt nicht.

FRAGE: Wie kam es dazu, daß man Sie aussuchte, Zavisas limitierte Ausgabe von *Das Jahr des Werwolfs* zu illustrieren?
WRIGHTSON: Chris Zavisa hat das Ganze ins Leben gerufen. Er hatte schon lange die Idee, ein Projekt mit Stephen King zu machen, wobei ich die Illustrationen liefern sollte. Chris wollte etwas Neues, ein kleines Projekt, das er als Kleinverleger durchführen konnte. Wir sprachen darüber, und Chris brachte die Idee auf, einen Kalender zu machen. Von da an mußte es eigentlich eine Werwolfgeschichte werden, denn das einzige, was *alle* Monate gemein haben, ist der Vollmond.

Ich wollte etwas machen, das Verbindung zu den Daten des Kalenders hatte. In welchem Jahr der Kalender auch herauskam, wir würden es so einrichten, daß die Ereignisse an den Tagen mit Vollmond geschahen. Nachdem wir all das ausgearbeitet hatten, trat Chris an King heran, der von der Idee begeistert war. King begann, an diesem Kalenderprojekt zu arbeiten. Die Geschichten sollten nur als kurze Texte unter der Illustration stehen, und darunter käme dann der Kalender. Während er schrieb, sagte King, daß die Geschichte einfach immer größer wurde und er sie nicht mehr in wenigen Absätzen pro Monat unterbringen konnte. Schließlich wurde es offensichtlich, daß es kein Kalender mehr werden würde.

FRAGE: Haben Sie bei den Illustrationen eng mit King zusammengearbeitet, oder haben Sie ein Manuskript bekommen und hauptsächlich allein gearbeitet?
WRIGHTSON: King hat mir die fertige Version geschickt, und ich habe nur die Illustrationen gemacht.

FRAGE: Welche Reaktionen haben sie von Leuten erhalten, die Ihre Arbeiten zum ersten Mal sahen?
WRIGHTSON: Nachdem das Buch bei NAL erschienen war, war ich in einem Lebensmittelladen und bezahlte mit einem Scheck. Der Verkäufer guckte auf den Namen auf dem Scheck und fragte: »Sind Sie der Typ, der (die Illustrationen für) *Das Jahr des Werwolfs* gemacht hat?« Ich bejahte. Dann sagte er: »Das hat mir gut gefallen. Ich habe zwei Exemplare gekauft, und ich habe aus dem einen Bilder ausgeschnitten, um sie aufzuhängen.« Ich frage mich, welche Bilder er wohl ausgeschnitten hat.

duktionen. Vor der Veröffentlichung von *Das Jahr des Werwolfs* hatte Zavisa sich mit etlichen Veröffentlichungen hervorgetan, darunter einer überformatigen Sammlung von Bernie Wrightsons Illustrationen *(A Look Back),* eine Retrospektive von Wrightsons frühen Tagen bis zu seinen Arbeiten für *Frankenstein,* ein Kunstbuch über den philippinischen Künstler Alex Fino *(Satan's Tears),* reich bebildert mit Farbdrucken und einer luxuriösen Ausgabe von Dean Koontz's *Twilight Eyes,* illustriert von Phil Parks.

Stephen King und Land of Enchantment

Es ist eine interessante Geschichte, wie King dazu kam, *Das Jahr des Werwolfs* in Zavisas Kleinverlag herauszubringen, und sie wird ausführlich erzählt im Vorwort zu *Der Werwolf von Tarker Mills,* ebenso wie in einem zweiteiligen Artikel, »The Politics of Limited Editions«, der in *Castle Rock* erschien (Juni und Juli 1985).

Art by Berni Wrightson

Die Illustration für die Rückseite der Land-of-Enchantment-Ausgabe von Das Jahr des Werwolfs *(Variationen dieser Zeichnung wurden als Originale in die Sammlerausgabe eingelegt.)*

Der Geschichte nach war es Oktober 1979, als King gerade an der World Fantasy Convention in Providence, Rhode Island, teilnahm. Dort trat Zavisa mit der Idee an King heran, einen Kalender herauszubringen, den er durch die Buchhandelsketten Waldenbooks und B. Dalton Bookseller auf den Markt bringen wollte. Bernie Wrightson würde die Illustrationen beisteuern, und King sollte ein Dutzend kürzerer Texte schreiben, jede etwa fünfhundert Worte lang, eine für jeden Monat.

Dann wuchs die Geschichte. Das ursprüngliche Konzept war durchdacht und zweifellos originell, doch war es außerstande, der Geschichte gerecht zu werden, die einen größeren Schauplatz brauchte. King, dem das Erzählen einer Geschichte über alles geht, mußte feststellen, daß er es plötzlich mit einem ausgewachsenen Buch zu tun hatte.

Publikationsgeschichte

Das Buch erschien 1983 bei Land of Enchantment in einer großformatigen gebundenen Ausgabe, 21,5 x 28 cm. Die Verkaufsauflage war auf 7500 Exemplare limitiert. (Es wurden verschiedene spezielle limitierte Ausgaben herausgebracht, signiert und numeriert, mit den Unterschriften von King und Wrightson, darunter die »Sammlerausgabe«, in die eine Originalzeichnung eines Werwolfs von Wrightson eingelegt war.)

1985 brachte NAL *Das Jahr des Werwolfs* als Paperback zum Preis von 8,95 Dollar heraus. Später im selben Jahr kam jedoch noch eine weitere Ausgabe unter dem Titel *Silver Bullet (Der Werwolf von Tarker Mills)* heraus, als Begleitmaterial für den Film gleichen Titels. (*Silver Bullet* enthielt zusätzlich zu dem vollständigen Inhalt von *Das Jahr des Werwolfs* ein neues Vorwort von King, acht Seiten mit Filmfotos und Kings Drehbuch.)

Der Inhalt

Es ist Januar, und ein Schneesturm tobt über Tarker Mills, eine Kleinstadt in Maine. Der Bremser der GS&WM-Eisenbahngesellschaft, Arnie Westrum, spielt mit sich selbst Karten, als er plötzlich ein Kratzen an der Tür hört ... und dann wird aus dem Kratzen ein donnerndes Klopfen. Die Tür zersplittert, und ein Werwolf greift an. Das Jahr des Werwolfs hat begonnen.

Jeden Monat bei Vollmond geht das Morden weiter ... doch Marty Coslaw, ein verkrüppelter Junge in einem Rollstuhl, weiß, wer der Werwolf *wirklich* ist. Junge gegen Werwolf – wer gewinnt?

Kommentar

Das Jahr des Werwolfs ist eine leichte Geschichte, die sich auf vertrautem Kingschen Terrain bewegt. Sie ist in einer Kleinstadt in Maine angesiedelt, einer typisch Kingschen Umgebung. Die Charaktere sind meist stereotyp. Die Kürze der Geschichte verlangt, daß die Charakterisierung zugunsten der Story geopfert wird. Und die Identität des Werwolfs ist zu vorhersehbar – wer *sonst* hätte es sein können?

Es wäre interessant gewesen zu sehen, was Zavisa, King und Wrightson aus dem ursprünglichen Konzept gemacht hätten, aus dem Kalender mit den kurzen Texten. Dennoch läßt sich die Geschichte flüssig und schnell lesen, und wenn sie auch keine überragende schriftstellerische Leistung Kings darstellt, so war sie auch ganz offensichtlich nicht als solche gedacht. Es ist ein King, der Spaß an der Sache hat, der mit der Stimmung und der Atmosphäre spielt, und es ist Wrightson, der sein Bestes gibt: der das Grauenhafte und Abscheuliche in blutrünstigen, wunderschönen Einzelheiten illustriert.

Langoliers / Nachts

Stephen King hat sich häufig beschwert, daß es für die literarische Form der Novelle kaum einen Markt gibt – Zeitschriften wollen keine Vorabdrucke machen, weil sie zu lang sind, Buchverlage nicht, weil sie zu kurz sind. Hier ist jedoch momentan eine Art Umdenkungsprozeß im Gange, denn da die Herstellungskosten für Bücher explodieren, sind verschiedene Verlage (anfangs meist Kleinverlage, aber die großen ziehen inzwischen nach) auf die Idee gekommen, solche Novellen oder Kurzromane als eigenständige Publikationen zu veröffentlichen. Der britische Verlag Century/Legend zum Beispiel brachte 1989 eine Novelle von J. G. Ballard unter dem Titel »Running Wild« heraus. Der Erfolg dieses Buches war so groß, daß daraus die Reihe »Century Novella« geboren wurde, in der speziell hierfür geschriebene Kurzromane und Novellen in Buchform vorgelegt werden. Bisher erschienen Titel von Ramsey Campbell (eine Geistergeschichte), Jonathan Carroll, Lucius Shepard u. a. (eine deutsche Ausgabe dieser Reihe bereitet der Heyne Verlag für die von Wolfgang Jeschke betreuten SF-Reihe vor).

In Deutschland gehörte im Bereich Phantastik die Edition Phantasia zu den Wegbereitern dieser Publikationsform. 1985 erschien Peter Straubs Novelle »Blaue Rose«, eine Vorstudie zum Roman *Koko,* 1986 dann der Kurzroman *Nebel* von Stephen King mit surrealistischen Collagen von Herbert Brandmeier. Der Heyne Verlag schuf die Reihe »Heyne Novella« mit Titeln von Dashiell Hammett, Cornell Woolrich, Mary Stewart und anderen.

Stephen King scheint jedoch weiterhin der Überzeugung zu sein, daß man den Lesern für ihr gutes Geld mehr zu bieten habe, und so veröffentlichte er 1991 als dritten Roman seines Vierzig-Millionen-Dollar-Vertrags über vier Titel die Novellensammlung *Four Past Midnight,* die wie *Frühling, Sommer, Herbst und Tod* vier Kurzromane enthielt – mit dem Unterschied, daß es sich hier ausnahmslos um Horror-Novellen handelt. Wegen des großen Umfangs wurde die deutsche Ausgabe in die beiden Bände *Langoliers* und *Nachts* aufgeteilt.

»Langoliers«

1988/89 setzte sich King, wie er selbst sagte, intensiv mit dem Phänomen der Zeit auseinander, was sich zunächst auch in der Kurzgeschichte »My Pretty Pony« niederschlug. Das Thema Zeit ist auch der rote Faden, der sich durch die vier neuen Novellen zieht, aber in »Langoliers« kommt ihm eine zentrale Bedeutung zu.

Hier erzählt King in bester Manier der *Twilight Zone*-Episoden die Geschichte eines Flugzeugs, das durch einen Riß in unserer Dimension in eine seltsam leblose und starre Welt gerät, in der Lebensmittel weder Geschmack noch Geruch haben. Dieses statische Universum ist die Vergangenheit, über die die Walze der Gegenwart buchstäblich hinweggerollt ist, so daß nur eine leere Hülle übrigblieb. Diese leblosen Überreste werden von kugelförmigen Dämonen aufgefressen, die einer der Fluggäste, der die Katastrophe überlebt hat, »Langoliers« nennt.

In diesem Text, der mit rund dreihundertfünfzig Manuskriptseiten schon ein ausgewachsener Roman wäre, ist die faszinierende Vorstellung von der Zeit als einem vergänglichen Streifen Gegenwart verwirklicht, der einer ungewissen Zukunft entgegenrollt, während die Vergangenheit laufend von gefräßigen Monstern aufgefressen wird.

»Das heimliche Fenster, der heimliche Garten«

> »In *Es* habe ich auf ungeheuer breitem Raum aufgehört, über Kinder und die breite Wahrnehmung zu reden, die ihr Innenleben erhellt. Nächstes Jahr habe ich vor, den letzten Castle-Rock-Roman mit dem Titel *Needful Things* zu veröffentlichen. Und diese Geschichte hier ist, glaube ich, die letzte Geschichte über Schriftsteller und das Schreiben und das seltsame Niemandsland, welches zwischen dem Wahren und dem Erfundenen existiert.«
>
> Stephen King über »Das heimliche Fenster, der heimliche Garten«

Nach Veröffentlichung des Romans *Stark* war King unzufrieden, da er meinte, er hätte das Thema nicht genügend ausgereizt und ihm nicht alle Aspekte abgewonnen. Aus diesen Grübeleien ging der Einfall zur Novelle »Das heimliche Fenster, der heimliche Garten« hervor.

Kings faszinierendste Arbeiten handeln oft vom Schreiben, vom Wirken der schriftstellerischen Phantasie und der Beziehung zwischen Werk und Autor. Aus diesem Themenkomplex webt er auch hier das dichte Portrait eines Schriftstellers, der eine seiner literarischen Schöpfungen so realistisch zeichnet, daß sie anfängt zu leben und eigene Wege geht. Trotz einiger logischer Unstimmigkeiten ist gerade diese Novelle das faszinierendste Stück des ganzen Bandes, und es verdeutlicht, wie schade es wäre, sollte King sein Versprechen wahr machen und nicht mehr über Schriftsteller und das Schreiben selbst schreiben.

»Der Bibliothekspolizist«

Diese Novelle nahm ihren Anfang als humoristische Skizze, in der King wieder einmal eigene Kindheitsängste aufarbeitet. Es ist ein Stück Literatur, wie es außer King wohl kein anderer Autor hätte schreiben können, denn kaum ein anderer kann auf eine so treue und große Fangemeinde blicken, die bereit ist, sich auch auf das sehr private Spiel eines Mannes mit seiner eigenen Mythologie einzulassen. Wie auch immer, die Geschichte nahm schnell eine ungewollte Wendung: »Was mir bei einem viel längeren Werk passiert war, dem Roman *Christine,* wiederholte sich hier. Nach etwa dreißig Seiten war die Situation plötzlich nicht mehr komisch. Und nach etwa fünfzig Seiten scherte die Geschichte mit wehenden Fahnen nach links in die dunkle Seite aus, die ich so oft bereist habe und über die ich immer noch so wenig weiß«, sagt King in der Vorbemerkung zu der Geschichte.

»Zeitraffer«

Die letzte Novelle des Bandes gehört ebenfalls zum Zyklus um die Kleinstadt Castle Rock und wird als Bindeglied zwischen den Romanen *Stark* und *In einer kleinen Stadt* angesehen, die der Autor selbst als die »Castle-Rock-Trilogie« verstanden wissen will. Und tatsächlich verweist das Thema (ein kleiner Junge bekommt seinen Herzenswunsch erfüllt – eine Polaroidkamera) bereits auf *In einer kleinen Stadt,* in der es um die Erfüllung heimlicher Wünsche geht. Die Kamera, die Kevin Delevan geschenkt bekommt, erweist sich allerdings nicht als gewöhnliche Kamera, sie macht nämlich, egal worauf man sie richtet, immer nur dasselbe Foto: das eines gräßlichen Monsterhundes, der auf einem Gehweg läuft. Doch zu seinem Schrecken muß Kevin feststellen, daß sich der Hund mit jedem neuen Foto ein wenig bewegt: zuerst sieht er in die Kamera, dann kommt er langsam näher. Kevin bekommt es mit der Angst und beschließt, die Kamera zu vernichten, aber er wird hintergangen, bis das Monster schließlich herauskommt.

Das letzte Gefecht

Dabei war es nur eine Grippe ...

Aus »Nächtliche Brandung« in *Nachtschicht*

Eine Szene aus dem Film *Amadeus* dürfte Stephen King zweifelsohne bekannt vorgekommen sein. Mozart hat gerade sein jüngstes Werk zu Ende dirigiert und wartet nun auf ein Zeichen der Zustimmung von Kaiser Joseph II. (einem musikalischen Dilettanten). Statt dessen ist die Reaktion des Kaisers eher unterkühlt. Außerstande zu sagen, was ihn an dem Werk gestört hat, fragt der Kaiser die höfischen musikalischen Ratgeber (jeder einzelne die personifizierte Unterwürfigkeit) nach ihrer Meinung. Augenblicklich meldet sich einer von ihnen zu Wort und bemerkt, daß Mozarts Werk schlichtweg zu lang sei, daß es zuviele Noten besäße. Die anderen Speichellecker nicken zustimmend.

Der zutiefst verwirrte Mozart erklärt dem Kaiser, daß das Werk *genau* die nötige Anzahl von Noten besitzt – nicht weniger und nicht mehr. Doch der Kaiser beharrt darauf – Mozart soll das Werk kürzen. Wütend fragt Mozart schließlich: Und welche Noten haben Majestät im Sinn?

Der Kaiser weiß darauf keine Antwort.

So wie der Autor für das Überarbeiten verantwortlich ist, so ist der Verleger für das Redigieren verantwortlich, und es fällt dem Lektor des Verlags zu, Hand in Hand mit dem Schriftsteller das Buch in seine beste Form zu bringen. Unglücklicherweise bestimmen manchmal andere Überlegungen – die Verkäuflichkeit zum Beispiel – die Art, wie ein Buch herausgebracht wird, allen editorischen Überlegungen zum Trotz.

Wie King in seinem 1986 gehaltenen Vortrag in Virginia Beach, Virginia, erklärte, wurde *Das letzte Gefecht* Opfer solcher marktspezifischen Überlegungen. King sagte, daß das Buch um vierhundert Seiten gekürzt sei, doch er versprach auch, diese Seiten in der überarbeiteten Ausgabe wieder zu ergänzen.

Diese lange angekündigte ungekürzte Neuausgabe erschien schließlich 1990 bei Doubleday in einer limitierten Vorzugsausgabe von 1250 numerierten, von King und Wrightson handsignierten Exemplaren und in einer Normalausgabe. Die Vorzugsausgabe erhielt im Jahr darauf von der Vereinigung amerikanischer Antiquare einen Preis für das »Begehrteste Sammlerstück des Jahres 1991«. Wenn ein Kritiker *Es* aufgrund seiner Dicke eher als eine Türschwelle als einen Bestseller bezeichnete, so muß man bei der Vorzugsausgabe von *The Stand* schon von einem monumentalen Grundstein sprechen. Das in schwarzes Leder gebundene Buch hat einen dreiseitigen Goldschnitt, aufwendige, eigens angefertigte Vorsatzblätter und wurde in einer Holzkassette ausgeliefert. Autor und Titel sind auf einer aufgeklebten Metallplatte angegeben. Die Vorzugsausgabe ist auf alle Fälle (neben *My Pretty Pony*) das aufwendigste Buch, das je von King hergestellt wurde, und der dickleibige schwarze Foliant verweist jede Familienbibel auf Platz 2.

Was den Inhalt betrifft, so wurde ein Prolog eingefügt, der die Ereignisse erklärt. Die Neufassung stürzt den Leser nicht mehr unvermittelt in die Ereignisse, sondern schildert, wie es in einem Forschungslabor des Militärs zu dem folgenschweren Unfall mit der Supergrippe kommt. Aber King hat nicht nur die gekürzten Passagen wieder eingefügt, er hat auch die Handlung um zehn Jahre vorverlegt, so daß die Ereignisse nun im Jahr 1990 beginnen. Anspielungen auf Filme aus der Zeit und US-Präsidenten wurden geändert. Dadurch gewinnt die Handlung zwar einerseits an Aktualität, büßt aber dafür an Glaubwürdigkeit ein, denn man kann sich einen modernen Popmusiker der Post-Punk-Ära (zu dem Larry Underwood durch die Zeitverschiebung ja nun geworden ist) nur schwerlich mit der Fünfziger-Jahre-Nostalgie vorstellen, die King (der selbst in den fünfziger Jahren groß geworden ist) ihm zuschreibt. Das alles freilich sind nur unbedeutende Mängel, denn das Mehr an Handlung und Hintergrundinformationen und vor allem die deutlich ausgefeiltere Personencharakterisierung machen *The Stand* in der Neufassung wahrlich zu einem monumentalen Lesevergnügen.

Die Popularität des Romans

Trotz seines Umfangs von über achthundert Seiten der ersten Ausgabe und über elfhundert in der Neuausgabe ist der Roman das Lieblingswerk vieler King-Leser, besonders der jüngeren. (Eine *Castle Rock*-Umfrage zeigte, daß die Abonnenten mit deutlichem Vorsprung *Das letzte Gefecht* zu ihrem Lieblingsroman von King kürten. In einer anderen Umfrage in San Francisco wurde *Das letzte Gefecht* von den Zuhörern zum beliebtesten Buch aller Zeiten gewählt.)

Ein literarisches Epos

Für King ist die Geschichte das Wichtigste beim Schreiben, und alles andere, besonders die literarische Form, bildet nur das Gerüst. In diesem Fall verlangte die Geschichte nach einer großen Leinwand, also war das Epos die literarische Form.

Jeder, der J. R. R. Tolkiens literarisches Epos *Der Herr der Ringe* gelesen hat, kann erkennen, welchen Einfluß dieses Werk auf *Das letzte Gefecht* hatte. Tolkiens in der mythischen Mittelerde angesiedelte Erzählung handelt vom mutigen Kampf des Frodo Beutlin, der alles, was er liebt und schätzt, hinter sich zurückläßt und in das Feindesland Mordor reist, wo er seinen Ring, einen Talisman, der unbeschreibliche Macht verheißt, zerstören muß. Sollte der Feind den Ring in die Hände bekommen, so würde dies die Unterwerfung und Versklavung aller Bewohner von Mittelerde bedeuten.

Das letzte Gefecht ist ein zeitgenössisches Fantasy-Epos, das in einer Welt spielt, die von der Supergrippe, einem AIDS-ähnlichen Virus, gegen den es kein Gegenmittel außer einer angeborenen Immunität gibt, zerstört wurde. Nur eine Handvoll Menschen überleben die Seuche – 99,4 Prozent jener, die mit dem Virus in Kontakt kamen, sterben. Dabei war es nur eine Grippe ...

Der Roman beginnt in der ungekürzten Fassung mit dem eigentlichen Auslöser der Geschichte – einem biologischen Experiment in einem

Bernie Wrightson über seine Illustrationen zu Das letzte Gefecht

FRAGE: Über die Jahre hat Stephen King in verschiedenen Interviews auf Ihre Illustrationen für die überarbeitete Fassung von *Das letzte Gefecht* angespielt. Was für Arbeiten haben Sie zu dem Buch beigesteuert?
WRIGHTSON: Ich habe zwölf Federzeichnungen angefertigt, die im Innern des Buches zu finden sein werden. Der Vertrag wurde mit Stephen geschlossen, der den Auftrag dazu gegeben und auch dafür bezahlt hat, und nicht mit dem Verleger.

FRAGE: Als Sie *Das letzte Gefecht* illustrierten, diente Ihnen da die überarbeitete Fassung oder die Originalfassung als Vorlage?
WRIGHTSON: Ich habe beide als Vorlage benutzt. Es gibt zwei oder drei Zeichnungen, die man nicht verstehen kann, wenn man die gekürzten Passagen nicht kennt. Ich glaube, so um die zweihundertfünfzig Manuskriptseiten sind aus dem Originalmanuskript herausgekürzt worden. In der überarbeiteten Fassung gibt es Material um den Mülleimermann, das ihn unter einem ganz anderen Licht zeigt. Und kleine Absätze und Szenen, hier und dort, die Dinge erklären oder ihnen eine weitere Dimension geben. Und dann gibt es da noch Szenen um eine neue Figur, die wohl das Unheimlichste sind, was Sie je gelesen haben.

FRAGE: Sie haben vorhin schon erwähnt, daß die Originalillustrationen als vierzig mal fünfzig Zentimeter große Federzeichnungen gefertigt werden. Gibt es irgendwelche Pläne, ein Portfolio mit Ihren Arbeiten zu *Das letzte Gefecht* herauszubringen?
WRIGHTSON: Verschiedene Leute, die die Arbeiten gesehen haben, sind an mich herangetreten, weil sie gern ein Portfolio oder Drucke herausbringen würden, doch ich habe ihnen allen gesagt: »Lassen Sie uns erst davon sprechen, wenn das Werk veröffentlicht ist. Es ist noch nicht abgeschlossen.« Ich bin für die Zeichnungen bezahlt worden, doch man hat sie bisher noch nicht verwendet. Bis das Buch auf dem Markt ist, will ich nicht darüber sprechen.

streng geheimen Laboratorium in Kalifornien, das irgendwie außer Kontrolle gerät. Die nächste Szene erzählt, wie ein Wagen auf eine Texaco-Tankstelle in der Nähe von Arnette, Texas, gegen Bill Hapscombs Zapfsäule zurast. Der Fahrer versucht zu entkommen, doch es ist zu spät. Kurz nachdem Hapscomb und seine Kumpel ihn aus seinem nach Tod stinkenden Wagen gezogen haben, fällt er dem tödlichen Virus zum Opfer. Dann breitet sich die Seuche aus ... und ein paar Überlebende haben Träume, die sie entweder zum Dunklen Mann, zu Randall Flagg, der sie nach Las Vegas lockt, oder zu Mutter Abagail ziehen, die sie nach Boulder, Colorado, lockt.

<u>*Kommentar*</u>

Das letzte Gefecht, in all seiner Komplexität und Überzeugungskraft, ist eine überragend gelungene, fesselnde Erzählung, die sich von der Science-fiction zur Fantasy hinbewegt, von einer technologischen Welt der Ordnung zu einer Welt des Chaos, einer, in der ein Bhopal-ähnlicher Unglücksfall katastrophale Dimensionen annimmt.

Es ist eine Parabel auf unsere Zeit. Wir haben Spielzeuge und Gerätschaften erschaffen, die wir nicht verstehen, und technologische Katastrophen, die wir vielleicht nicht kontrollieren können.

Das Monstrum

Meine eigene Philosophie ist immer gewesen, daß mir einerlei ist, wie der technische Krimskrams funktioniert. Mir ist wichtig, wie die Menschen funktionieren.

Stephen King in WB Nr. 145

Persischer Golf: Am 3. Juli 1988 um 10 Uhr 47 (Ortszeit) beobachtete die USS Vincennes – ein hochentwickelter, mit modernster Technik ausgerüsteter Kreuzer – den Start eines Flugzeugs vom Bandar-Abbas-Flughafen. Um 10 Uhr 54 feuerte die Vincennes zwei Raketen auf das Flugzeug ab, die es in der Luft zerstörten. Unglücklicherweise war es ein tragischer Irrtum. Der Computer hatte fälschlicherweise den Jumbojet einer Fluglinie (54 m Länge) als eine F-14 (19 m Länge) identifiziert. Das Ergebnis: 290 getötete Zivilisten.

Im Film *Rhea M. – Es begann ohne Warnung* (basierend auf der Kingschen Kurzgeschichte »Lastwagen«) kreuzt die Erde auf ihrer Bahn den Schweif eines Kometen ... und unerklärliche Dinge geschehen: alltägliche Küchengeräte erwachen zum Leben, elektronische Geräte leuchten ihren Käufern mal so richtig heim und riesige Laster treiben ihre menschliche Beute in einem Fernfahrerimbiß in die Enge. Die Technologie läuft Amok. Die Menschheit ist auf Gedeih und Verderb den Maschinen ausgeliefert, die sie erschaffen hat. Der Film ist eine Geschichte über die Schrecken der Technologie, die mehr in den Bereich der Fantasy als in den der Science-fiction gehört. Und es ist eine Geschichte mit einem moralischen Appell an unsere Zeit, die versucht zu verstehen, wie unsere Welt ist und wie sie funktioniert – und wie sie nicht funktioniert. Anders gesagt, als die Büchse der Pandora geöffnet wurde, kamen technologische Schrecken heraus, über die wir nur wenig Kontrolle besitzen. Unter jenen Schrecken befinden sich auch die ultimativen Zerstörungswaffen, Gerätschaften, die den Megatod herbeiführen und jegliche Form von Leben auf diesem Planeten auslöschen können: die Atomwaffen. Sind wir zu Sklaven der Technologie geworden? Welche Kontrolle haben wir denn tatsächlich über diese Maschinen? Was geschieht, wenn die Technologie außer Rand und Band gerät?

Die Botschaft wurde uns in den Science-fiction-Filmen der Fünfziger, dem ersten Jahrzehnt nach der Bombe, eingehämmert: Außerirdische kommen auf die Erde und setzen uns davon in Kenntnis, daß sie eine sterbende Rasse sind, daß ihre Unfähigkeit, ihre Technologie zu kontrollieren, zu der Zerstörung ihrer Welt führte. In *Das Monstrum* zeigt King, daß wir vielleicht als nächste an der Reihe sind, unwissende Opfer der technologischen Spielzeuge, die wir erschaffen haben, doch nicht vollkommen verstehen.

So wie King im Film darauf verzichtet, eine wissenschaftliche Erklärung für die Wirkung des Kometen auf unbelebte Objekte zu geben, erklärt er auch in seinem Roman keines der Rube-Goldberg-gleichen Gerätschaften, die von den Bewohnern von Haven, Maine, unter dem Einfluß einer uralten Rasse zusammengebastelt werden, die möglicherweise vor fünfzig Millionen Jahren durch einen Absturz auf der Erde landete. Aber es ist King auch egal. Denn ihn interessiert nur, was mit den Menschen geschieht. Und das ist – natürlich – die Geschichte, die in *Das Monstrum* erzählt wird.

Seltsame Geschehnisse in Haven, Maine

Der Roman beginnt damit, daß Roberta Anderson entlang eines Holzfällerwegs hinter ihrem Haus in Haven, Maine, nach Holz sucht. Anderson, eine siebenunddreißigjährige Western-Autorin, stolpert über ein acht Zentimeter langes Metallstück, das aus dem Boden ragt. Als sie es berührt, spürt sie eine leichte Vibration. Geheimnisvoll. Sie weiß nicht, daß es sich um die Spitze eines Raumschiffs handelt, das dort vor fünfzig Millionen Jahren im Boden begraben wurde.

Wir erhalten keine Informationen darüber, wie das Raumschiff dorthin gekommen ist oder welche Aufgabe es überhaupt hatte. Dies ist schließlich keine landläufige Science-fiction. Statt dessen ist es Science-fiction mit einem kräftigen Schuß von Kings einzigartiger Mischung aus Fantasy und Horror.

Wir wissen nur, daß das Raumschiff ein technologisches Schreckgespenst ist, das sich negativ auf die Bewohner von Haven auswirkt, die sich alle im Prozeß des »Werdens« befinden.

Roberta Anderson wird als erste davon befallen, wie alle anderen zuerst körperlich und dann geistig. Anderson fallen Zähne aus, sie verliert Gewicht und bekommt unregelmäßige, schwere Monatsblutungen – Symptome, die denen einer Strahlenverseuchung sehr ähnlich sind. Während Anderson zunehmend in das kollektive Bewußtsein der Tommyknockers aufgenommen wird, ist sie in der Lage, mit Geräten herumzuspielen und das wissenschaftlich Unmögliche zu schaffen: ein Haus, in dem alles mit D-Zellen-Batterien betrieben wird, eine manuelle Schreibmaschine, die sie durch Telepathie bedienen kann – aus einer Entfernung bis zu fünf Meilen –, egal ob sie schläft oder wach ist, so daß sie in gerade mal vier Wochen einen Roman schreiben kann, und eine kleine Änderung an ihrem Tomcat-Minitraktor, die mit »hoch« gekennzeichnet ist. Eine Aufhebung der Schwerkraft? Was immer es ist, der Tomcat arbeitet nun vollkommen geräuschlos.

Roberta Andersons früherer Liebhaber, der Dichter Jim Gardener, spürt, daß sie in Gefahr ist und macht sich nach Maine auf. Gardner ist, anders als Anderson und die anderen in der Stadt, immun gegen die Wirkung der Tommyknockers, jener Geschöpfe einer zeitlosen Art, die das Raumschiff bauten.

Wie Roberta verwandeln sich auch die anderen Bewohner der Stadt. Viele erschaffen technologische Spielzeuge, ohne sich über deren Konsequenzen bewußt zu sein. Becka Paulson, deren Ehemann Joe sie betrogen hat, bearbeitet den Fernseher so, daß ihr Mann von einem elektrischen Schlag getötet wird, wenn er das Gerät anschaltet. Nancy Voss, die zusammen mit Joe Paulson im Postamt arbeitet, erfindet eine Maschine, die die Briefe ganz von selbst sortiert. Hilly Brown ergänzt seinen Zauberkasten mit Hilfe einiger elektrischer Teile von Radio Shack, um ein Gerät zu bauen, mit dem er seinen Bruder verschwinden lassen kann ... nach Altair-4, einem Lichtjahre von der Erde entfernten Planeten. Mabel Noyes erfindet ein Gerät, das Silber poliert, doch als sie es benutzt, wird sie binnen eines Bruchteils einer Sekunde in die Twilight Zone katapultiert.

Die Maschinen werden von Leuten erfunden, die nicht die geringste Ahnung haben, was sie da eigentlich tun oder welche Konsequenzen es haben kann, die Geräte zu benutzen – das moralische Dilemma unserer Zeit, wie King uns zu verstehen gibt.

Während die Bewohner der Stadt in einer Gehirnverschmelzung – einem kollektiven Bewußtsein – zusammengeschweißt werden und die Tommyknockers die Stadt vom Rest der Welt isolieren, wird das Böse immer beherrschender, und Jim Gardener ist die einzige Hoffnung auf Rettung, die der Stadt noch bleibt. Er ist immun gegen die Wirkung der Tommyknockers, doch wie kann ein Mann allein schon die Invasion der Körperfresser aufhalten?

Stephen King: Ein Interview mit Waldenbooks

WB: Würden Sie *Das Monstrum* als Science-fiction bezeichnen, im Gegensatz zu Horror? Betrachten Sie sich selbst heutzutage überhaupt noch als Horror-Schriftsteller?
KING: Das hat mich schonmal jemand gefragt, nachdem *Shining* veröffentlicht worden war. Doubleday hat mich auf eine Tour durch sieben Städte geschickt, um Werbung für dieses Buch zu machen. Ich habe jede Menge Huhn und sowas gegessen. Der Typ fing eine Frage an mit: »Als Horror-Schriftsteller, glauben Sie, daß ...« Dann verstummte er

und sagte: »Stört es Sie, wenn ich Sie als Horror-Schriftsteller bezeichne?« Ich sagte: »Nennen Sie mich, wie Sie wollen. Achten Sie nur darauf, daß die Leute erfahren, daß mein Buch in den Buchhandlungen ist.« Tatsache ist, ich versehe das, was ich schreibe, nicht mit bestimmten Bezeichnungen.

WB: Aber *Das Monstrum* geht mehr in Richtung Science-fiction als Ihre bisherigen Romane, oder nicht?
King: Man könnte es als eine Art Science-fiction bezeichnen. Aber die Leute, die Science-fiction schreiben, werden die Nase rümpfen und sagen: »Das ist Mist, weil nirgends erklärt wird, wie etwas funktioniert.« Es gibt eine Anspielung, wonach das Raumschiff in *Das Monstrum* durch Geisteskraft angetrieben wird. Darüber hinaus wird angedeutet, daß mit den Leuten körperliche und psychologische Veränderungen vor sich gehen, die »das Werden« genannt werden. Aber es wird nie erklärt, wie das alles funktioniert. Es ist kein Buch wie *The Legacy of Heorot* von Larry Niven, Jerry Pournelle und Steven Barnes, das von Kolonisten auf einem fernen Planeten handelt. Dieses Buch ist wirklich eine gute Lektüre, eine schnelle Lektüre und eine tolle Monstergeschichte. Aber ich würde sagen, daß *Das Monstrum* Science-fiction einer anderen Prägung ist.

WB: Ist es Science-Fiction so wie *Die Körperfresser kommen* Science-fiction ist?
KING: Die Science-fiction-Leute teilen das, was sie tun, gerne in Kategorien ein. Sie gebrauchen sogar Ausdrücke wie »hard science fiction«, wie Larry Niven sie schreibt, und »soft science fiction« wie *Die Körperfresser kommen.* Meine eigene Philosophie ist immer gewesen, daß mir einerlei ist, wie der technische Krimskrams funktioniert. Mir ist wichtig, wie die Menschen funktionieren.

WB: War es ein bewußter Versuch, dem Horror-Genre den Rücken zu kehren, so wie *Die Augen des Drachen?*
KING: Nein. Es ist einfach so gekommen. Bei *Die Augen des Drachen* war es ein wenig anders, weil ich dieses Buch für meine Tochter schreiben wollte. Ich wußte, sie mag weder Horror noch blutrünstige Sachen. Aber letztendlich habe ich ihr den Gefallen getan und das Buch nur für mich selbst geschrieben, und nur so kommen gute Bücher zustande. Das hört sich arrogant und verdammt egoistisch an, entspricht aber der Wahrheit. Schriftsteller schreiben Bücher, die sie nicht in Bibliotheken bekommen. Bei *Die Augen des Drachen* habe ich die bewußte Entscheidung getroffen, daß es ein Buch sein sollte, das meiner Tochter gefällt. Sie mag die Bücher über die »horse clans« und über Zauberer und Magie. Also habe ich das geschrieben – aber auf meine Art. Ich habe auch *Das Monstrum* auf meine Art geschrieben. Wenn man bei *Das*

Monstrum überhaupt einen Vergleich heranziehen kann, dann könnte man sagen, es ist eine Abwandlung von *Alarm im Weltall,* was wiederum eine Abwandlung von Shakespeares *Der Sturm* war.

WB: Glauben Sie an Raumschiffe, UFOs und Außerirdische?
KING: Das ist eine echte Mike-Wallace-Frage. Ich würde sagen, wenn es eine Frage vor einem englischen Geschworenengericht wäre, würde ich auf »nicht bewiesen« plädieren, was wir in Amerika nicht haben. Ich denke mir aber, daß Wesen von anderen Welten, wo interstellares Leben existiert – Welten, wo die Bewohner imstande sind, andere Sonnensysteme zu besuchen und zu erforschen –, eher die Neigung zu studieren als zu erobern verspüren würden. Mehr wie Safaris nach Afrika mit Fotos statt mit Gewehren. Und falls sie Interesse an uns hatten, hat dieses inzwischen wahrscheinlich auch schon nachgelassen, weil wir den Weg der Selbstzerstörung schon soweit beschritten haben, daß wir buchstäblich in unserem eigenen Dreck ertrinken. Der echte Witz, wenn man sich die Untertassen-Filme aus den fünfziger Jahren ansieht, wo die Außerirdischen sagen: »Wir sind die letzten Angehörigen einer sterbenden Art«, ist der, daß wir selbst einmal diejenigen sein werden, die das zu ein paar armen Narren sagen.

WB: *Das Monstrum* befaßt sich unter anderem auch mit der Gefahr eines Atomkriegs. Machen Sie sich viele Gedanken über dieses Thema?
KING: Sicher. Es macht mir große Sorgen, und das versuche ich mit dem Buch zu sagen – aber nicht auf schulmeisterliche Art. Ich habe nie ein Buch geschrieben, um einen Standpunkt zu vertreten oder eine Botschaft zu verkünden. Ich habe immer nur geschrieben, um mich selbst zu unterhalten. Aber normalerweise ist es so, daß man sich, wenn das Buch halb fertig ist, doch einmal sagt: »Moment mal! *Darüber* schreibe ich eigentlich.« Im Falle von *Das Monstrum* habe ich über technologischen Krimskrams geschrieben. Ich mußte das Buch schreiben, damit mir klar wurde, daß alles – die Minute Man, Skyhawk, die Polaris-Unterseeboote – nichts anderes als technologischer Krimskrams ist. Wenn wir uns selbst vernichten, werden wir es damit machen: mit einer Menge Disneyworld-Kram, wie ihn Kinder mit Chemiebaukästen zusammenbasteln.

WB: Im Vorwort von *Das Monstrum* haben Sie geschrieben, »dieses Buch wurde weniger geschrieben als vielmehr herausgequetscht«. Was bedeutet das?
KING: Daß es sich gezogen und gezogen hat. Es war schwer zu schreiben, allein schon, nicht den Überblick über die vielen Leute in der Geschichte zu verlieren und der Geschichte einen Zusammenhang zu geben. Als ich mit der Rohfassung fertig war, hat die ausgesehen wie der Todesmarsch von Bataan, jede Menge Überschneidungen und so. Ich

habe mich im Badezimmer eingeschlossen und hysterisch gelacht und geweint und dann wieder gelacht. Das ist mir bei einem Buch noch nie passiert. Schließlich habe ich die Überarbeitung doch noch zu Ende gebracht, aber ich habe fünf Jahre gebraucht, bis ich mit dem Buch zufrieden war.

WB: Also wurde *Das Monstrum* schon vor *Sie* geschrieben oder angefangen?
KING: O ja. Es hat eine lange Geschichte. Ich habe angefangen, daran zu schreiben, als ich noch am College war. Damals bin ich einfach nicht mit den Figuren zurecht gekommen – besonders nicht mit der Figur des Jim Gardner. Ich wußte nicht genügend über seine selbstzerstörerische Persönlichkeit. Ich wußte, daß es solche Menschen gab. Aber warum, wußte ich nicht. Was mich betraf, so lagen derartige Störungen bei Menschen für mich einfach daran, daß sie homosexuell waren. Andere Gründe konnte ich mir keine denken. Die Vorstellung, daß man selbstzerstörerisch sein konnte, weil man sich selbst verabscheut, existierte damals einfach nicht für mich.

WB: Ist Jim Gardner auch eine Ihrer Figuren, die man »schöne Verlierer« genannt hat?
KING: Ich habe viel über Außenseiter geschrieben, über Menschen, die sich nicht gut ins System einfügen können. Jim Gardner weist eine gewisse Ähnlichkeit mit Jack Torrance aus *Shining* auf, nur finde ich, daß Jack der bessere Mensch ist. In derselben Situation hätte Jack Torrance viel schneller Dampf gemacht als Jim Gardner, weil Jack seine fünf Sinne noch beisammen hatte. Das Hotel hat ihn zurechtgebogen, bis er daran zerbrochen ist.

WB: *Das Monstrum* ist unheimlich, aber an manchen Stellen auch komisch. Setzen Sie Komik ein, um die Spannung zu lösen – oder weil Sie ein Mensch mit Humor sind?
KING: Die Komik fließt einfach mit ein. Ich denke, das ist nur ein Mittel, das Tempo zu beeinflussen. Ich weiß, in guten Horrorfilmen muß man den Leuten etwas zeigen, worüber sie lachen können – sonst finden sie etwas zum Lachen, das man gar nicht komisch haben wollte. Ich schreibe und stelle mir etwas dabei vor, und dann sehe ich etwas Komisches. In *Das Monstrum* gibt es eine Szene, wo sich Jim Gardner bei einer Party betrinkt und schrecklich ausfällig wird. Ich habe mich regelrecht gewunden, so peinlich ist das. Aber als er diesen Typ mit dem Schirm verfolgt und der klappt auf, da fand ich das gleichzeitig auch ungeheuer komisch.

WB: *Das Monstrum* wird nach *Sie* veröffentlicht, das ausgezeichnete Kritiken bekommen hat. Was meinen Sie, warum hat *Sie* den Kritikern so gut gefallen?

KING: Weil sie es nicht als Horrorroman betrachtet haben. Sie sahen es als etwas, das sich tatsächlich so zutragen könnte. Berühmte Leute können ihren psychotischsten Fans in die Hände fallen. Man kann sich so ein verhängnisvolles Verhältnis zwischen einem Typen wie diesem Mark Chapman und John Lennon vorstellen.

WB: Liegt Ihnen etwas daran, was die Kritiker über Ihre Bücher schreiben?
KING: Aber ja. Ich lese alle Rezensionen gründlich. Wenn sich alle Kritiker darin einig sind, daß ich etwas richtig gemacht habe, dann haben sie recht. Aber wenn sie alle sagen, daß ich etwas falsch gemacht habe, dann habe ich es wahrscheinlich auch falsch gemacht und möchte lernen und es beim nächsten Mal besser machen. Früher einmal beabsichtigte die Kritik, einen Schriftsteller besser zu machen und gleichzeitig dem Leser etwas über das Buch zu geben. Ich bin der Meinung, Kritik sollte das immer noch tun, aber leider ist es immer seltener der Fall. Häufiger bekommt man Rezensionen wie ich für *Frühling, Sommer, Herbst und Tod.* Das Buch hat ziemlich gute Kritiken bekommen. Aber fast jeder Rezensent hat sich eine der vier Geschichten herausgepickt und gesagt: »Diese Geschichte ist nicht so gut wie die anderen.« Aber jeder hat sich eine andere Geschichte dafür ausgesucht. Und daher habe ich zuletzt gar nicht mehr darauf geachtet und zu mir gesagt: »Vergiß es. Es sind alles gute Geschichten.«

WB: Verfolgen Sie die Bestsellerlisten oder gehen Sie einfach davon aus, daß Ihre Bücher die Nummer eins werden?
KING: Ich gehe von gar nichts aus. Ich weiß nicht, warum die Leute meine Bücher lesen, aber ich bin froh darüber. Ich unterhalte die Leute gern, aber darüber hinaus studiere ich die Bestsellerlisten eigentlich nicht.

Elaine Koster von NAL hat mich letzten Sommer angerufen und gesagt: »Herzlichen Glückwunsch.«

Ich war mit meiner Frau im Westen von Maine im Urlaub und sagte: »Danke sehr. Weshalb gratulieren Sie mir?«

Sie sagte: »Wissen Sie es wirklich nicht?«

Ich sagte: »Nein. Was denn?«

Und sie sagte: »Die Taschenbuchausgabe von *Es* ist seit zwei Wochen die Nummer eins.«

Ich sagte: »Prima«, und versuchte, mir zu überlegen, was ich noch sagen konnte, aber mir fiel nichts ein. Ich habe mich gefreut, aber das war alles.

WB: Es hat Ihnen demnach nichts ausgemacht, als *Presumed Innocent,* ein Erstlingsroman, *Sie* letzten Sommer von der Nummer eins verdrängt hat?

KING: O nein. Das war toll. Aber ich kann mich entsinnen, daß ich darüber nachgedacht habe. Zufällig habe ich das Buch zu der Zeit gelesen, und ich weiß noch, ich habe zu jemand gesagt: »O nein! Ich habe das Buch von diesem Kerl gekauft, und der Hurensohn hat mich doch tatsächlich von der Nummer eins verdrängt!« Aber das war natürlich nur Spaß. Es ist schön, jemanden auf der Liste zu sehen, der noch nie dort gewesen ist. Man sieht immer dieselben, ausgelutschten alten Namen – meinen eingeschlossen –, und zwar Woche für Woche. Als angehender Schriftsteller habe ich ein Ablehnungsschreiben nach dem anderen bekommen und mich mit den Worten getröstet: »Nun, früher oder später müssen Leute wie Michener und Uris auch mal ins Gras beißen.«

WB: Haben Sie darum weniger bekannte Schriftsteller wie zum Beispiel Clive Barker so großzügig unterstützt?
KING: Clive ist gut, und die Leute sollten das wissen. Gute Bücher machen mich echt an. Über die beiden letzten Bücher von Jonathan Kellerman habe ich auch so gedacht. Ich dachte: »Mein Gott, der Mann ist toll.«

WB: Stimmt es, daß *Brennen muß Salem* Ihr Lieblingsbuch ist?
KING: Es ist meine Lieblingsgeschichte. Aber ich finde, *Dead Zone* ist vom Aufbau her das beste meiner Bücher.

WB: Ich habe irgendwo gelesen, daß Sie vorhaben, eine Fortsetzung von *Brennen muß Salem* zu schreiben.
KING: Jetzt nicht mehr. Es ist zuviel Zeit vergangen.

WB: Werden Sie noch einmal mit Peter Straub zusammenarbeiten, wie bei *Der Talisman?*
KING: Ich glaube, in ein paar Jahren werden wir wieder einmal etwas Ähnliches machen. Aber es wird etwas viel Kürzeres werden, etwas vollkommen anderes.

WB: Wird *Das Monstrum* verfilmt werden?
KING: Ich finde, es würde einen tollen Film abgeben, aber ich weiß nicht, ob es jemand verfilmen wird oder nicht.

WB: Demnach sind Sie nicht mehr damit beschäftigt, eigene Filme zu produzieren oder Regie zu führen?
KING: Nein, im Augenblick ganz und gar nicht. Die Verfilmung von *Running Man* müßte diesen Herbst in die Kinos kommen, aber darüber weiß ich nicht mehr als Sie.

WB: Sind Sie immer noch ein begeisterter Baseball-Fan? Einige unter uns haben gehofft, Sie würden George Steinbrenner die Yankees abkaufen – oder zumindest einen Baseball-Roman schreiben.
KING: Passen Sie auf, was Sie sagen! Ich hasse die Yankees! Ich bin ein

Fan der Red Sox. Aber darüber, einen Baseball-Roman zu schreiben, habe ich schon häufig nachgedacht. Ich habe sogar eine Idee, aber die werde ich Ihnen nicht verraten. Sie geht mir schon eine Weile durch den Kopf, und eines Tages setze ich mich vielleicht hin und schreibe das Buch.

WB: Was wird Ihr nächstes Buch sein?
KING: Ich habe kein »nächstes Buch«. *Das Monstrum* war so etwas wie ein Ausverkauf. Ich arbeite an Verschiedenem, aber nicht sehr intensiv. Ich bin momentan nicht sehr darauf versessen, etwas zu veröffentlichen. Mein Gott, die Leute müssen mich doch satt haben. Ich habe vier oder fünf Bücher in einem Jahr gemacht. *Das Monstrum* ist für eine Zeitlang mein letzter großer Wurf. Ich mache Ferien.

WB: Würden Sie gerne – außer dem Schreiben oder Filmemachen – noch eine andere Laufbahn einschlagen?
KING: Ja, ich würde gern Rock and Roll spielen. Ich spiele ganz gut Rhythmusgitarre, bin aber nicht besonders geübt. Daher denke ich, daß ich beim Schreiben bleiben werde. Macht mir schließlich auch Spaß.

Nachtschicht

Wenn Sie gerne Kurzgeschichten lesen, werden Sie kaum in den nächsten Buchladen gehen und nach einer Kurzgeschichtensammlung ihres Lieblingsautors suchen. Viel wahrscheinlicher werden Sie nach einer Zeitschrift greifen, weil darin häufig Kurzgeschichten veröffentlicht werden. Und wenn Sie wirklich von Ihrer Schriftstellerei leben wollen, sollten Sie auch nach wie vor Romane schreiben. Schreiben Sie Kurzgeschichten nebenher, wenn Sie es sich *leisten* können, aber stecken Sie Ihre Ziele hoch und schreiben Sie Romane.

Es ist ein Problem der Vermarktung. Verleger wissen, daß sich Kurzgeschichtensammlungen im allgemeinen nicht verkaufen, deshalb ziehen sie es vor, Romane zu veröffentlichen. Aber wenn man eine feste Fangemeinde hat, dann mag sich ein Verleger hinreißen lassen und eine Sammlung kürzerer Stücke herauszubringen. Ein Beweis: Stephen King, der der Veröffentlichung der Sammlung *Nachtschicht* drei Romane voranstellte.

Nachtschicht besteht aus zwanzig Kurzgeschichten, von denen elf in der Zeit zwischen 1970 und 1975 schon im *Cavalier* erschienen sind und für die King, nach Aussage von Lektor Nye Willden, 250–300 Dollar pro Stück bekam. (Die Sammlung enthält auch Geschichten, die in besser zahlenden Magazinen und Zeitschriften abgedruckt wurden: in *Gallery*, *Cosmopolitan* und *Penthouse*.)

Wenn Sie Kings Romane gelesen, aber bisher, aus welchem Grund auch immer, noch keinen Blick auf die Kurzgeschichten geworfen haben, sollten Sie sich einmal *Nachtschicht* anschauen. Ich denke, es wird Ihnen gefallen. Dem verstorbenen John D. MacDonald, der die Einleitung zu diesem Buch verfaßte, ging es jedenfalls so. Am Ende der kurzen Einleitung sagte MacDonald: »Wenn Sie das hier ganz gelesen haben, haben Sie vermutlich viel Zeit. Sie hätten stattdessen schon die Geschichten lesen können.«

Doch bevor Sie zu den Geschichten kommen, gibt es ein längeres Vorwort von King, eine ausführliche Betrachtung über das Schreiben im allgemeinen, darüber, warum er Horror schreibt und über den Sinn von Horrorliteratur. Wenn Sie dieses Vorwort eingehend lesen, wird Ihnen das mehr über den Schriftsteller King erzählen als Bände wissenschaftlicher Abhandlungen über ihn, die jeden Aspekt seiner Art, Geschichten zu erzählen, sezieren. Doch wie King bemerkt, läuft alles am Ende auf folgendes hinaus: »[Wenn] die Geschichte fesselt, kann der Leser alles andere verzeihen.«

Und das, meine Freunde, ist das Geheimnis von Kings Erfolg: Er ist ein mitreißender Geschichtenerzähler, und er weiß, daß er vor allem anderen dem Leser gegenüber verantwortlich ist.

Nachtschicht ist eine Sammlung recht unterschiedlicher Geschichten. »Spätschicht« ist, offengesagt, nichts für schwache Nerven. »Ich bin das Tor«, eine Science-fiction/Horrorgeschichte, inspirierte zu der Umschlagillustration der Taschenbuchausgabe. Die im E.-C.-Stil gehaltene Geschichte »Der Mauervorsprung« wird Ihnen den Schlaf rauben. Und »Die Kinder des Mais« wurde für einen Film, *Kinder des Zorns,* adaptiert, dem allgemein die zweifelhafte Ehre zugesprochen wird, die schlechteste Verfilmung eines King-Stoffes zu sein. Und da ist noch viel, viel mehr.

Noch einmal der Rat, daß Sie einen Blick in diese Sammlung werfen sollten, wenn Sie bisher nur Kings Romane, aber nicht seine Kurzgeschichten gelesen haben. Danach sollten Sie es mit *Skeleton Crew* [auf deutsch aufgeteilt in die drei Bände *Der Fornit, Der Gesang der Toten* und *Im Morgengrauen*] und schließlich mit *Frühling, Sommer, Herbst und Tod* versuchen. Sie werden einen ganz seltenen Einblick auf das Schaffen eines Schriftstellers erhalten: ein Autor, der noch mitten in seiner Entwicklung steckt, der, wie King uns selbst in seinem Epigramm zu *Frühling, Sommer, Herbst und Tod* sagt, am Ende die Erkenntnis erlangt: »Es kommt auf die Geschichte an, nicht auf den, der sie erzählt.«

Ein Lektor blickt zurück – *von Nye Willden*

Wir schrieben das Jahr 1972, und es sollte noch ein Jahr dauern, bis der junge Schriftsteller namens Stephen King den Vertrag für seinen ersten Roman, Carrie, *unterschreiben würde. King, der zu dieser Zeit in einem einfachen Wohnwagen in Hermon, Maine, lebte, schrieb und verkaufte Geschichten an Nye Willden, den Literaturredakteur des* Cavalier, *der unter anderem das mittlerweile verstorbene Cartoon-Genie Vaughn Bodé entdeckte.*

King erinnert sich an Willden, den er »einen guten Engel« nennt, in einem langen Essay, »On Becoming a Brand Name«, in Fear Itself.

In dem folgenden kurzen Rückblick erinnert Willden sich an seine Zusammenkünfte mit King, der selbst an diesem frühen Punkt in seiner Karriere ein beeindruckendes Talent zeigte.

Die meisten der Geschichten, die in Cavalier *erschienen, sind in Kings erster Kurzgeschichtensammlung,* Nachtschicht, *enthalten.*

»Spätschicht« war Kings erste Geschichte, die von uns veröffentlicht wurde, und »Ich bin das Tor« war die zweite. Als Redakteur eines Männermagazins, das sich fast ausschließlich mit erotischer Literatur beschäftigte, waren Stephens Geschichten eine Ausnahme, und wenn sie von jemandem mit weniger Talent geschrieben worden wären, wären sie höchstwahrscheinlich nicht abgedruckt worden. Aber um ehrlich zu sein, ich war zutiefst beeindruckt und spürte, daß die Geschichte etwas sehr Außergewöhnliches hatte. Ich war so aufgeregt, daß ich unseren »freien« Literatur-Redakteur anrief, Mr. DeWalt (er las und liest eine Menge des Schunds für uns) und ihm die Geschichte vorlas. Er hatte dasselbe Gefühl wie ich, daß wir es hier mit einem sich noch entwickelnden, wirklich großen Talent zu tun hatten. Ich war über Stephens späteren Erfolg nicht überrascht und bin es auch heute nicht, auch wenn das Ausmaß einem den Atem verschlägt.

Wir haben seine Geschichten nie sonderlich redigieren müssen. Ich erinnere mich, daß uns einmal das Ende einer Geschichte nicht gefiel oder es gab da etwas, das rausgenommen werden mußte, weil es irgendwie nicht hineinpaßte, und ich rief ihn an, und er bat darum, die Änderung selbst vornehmen zu dürfen, was er dann auch tat.

Cavalier bezahlt bei Veröffentlichung, doch manchmal rief Stephen an und fragte, ob wir ihn im voraus bezahlen könnten, und wir haben es immer getan. Finanziell machte er damals eine schwere Zeit durch.

Stephen war immer ein sehr freundlicher, angenehmer, dankbarer und zuvorkommender junger Mann, der recht häufig nach New York kam und mich dann in meinem Büro besuchte. Wir freundeten uns miteinander an und gingen manchmal zusammen zum Mittagessen. Er war ein großer, warmherziger Teddybär mit einem ausgesprochen jungenhaften, spitzbübischen Grinsen, der es mit seinem Schreiben sehr ernst nahm. Von Anfang an erschien er mir als ein Mensch mit einem Lebensziel, und er wich nie auch nur einen Zentimeter davon ab. Meinen letzten direkten Kontakt mit Stephen hatte ich, als er mich vor etwa sieben Jahren hier in Florida anrief und mich fragte, ob ich nicht irgendeinen vollkommen abgelegenen Ort wüßte, wo er und Tabitha und die Kinder hinfahren könnten, um einmal alles hinter sich zu lassen. Ich rief Sanibel Island an der Westküste Floridas an und besorgte ihnen für eine Woche ein Ferienhaus. Diese Insel war zu jener Zeit recht abgeschieden und es waren wenig Leute dort, und die Kings verbrachten eine wunderbare Zeit mit Spaziergängen am Strand und der Suche nach Muscheln (die Insel wird auch als Muschelhauptstadt der Welt bezeichnet, da wirklich Millionen von Muscheln die Strände überziehen). Auf der Heimreise machte er in Miami Station und besuchte mich ... noch immer derselbe freundliche Mensch. Literatur-Redakteur Maurice DeWalt war als Gast zu einer seiner Verlagspartys geladen; ich glaube, sie war für *Dead Zone* und fand in der Tavern on the Green statt. DeWalt hatte Stephen noch nie zuvor getroffen und berichtete hinterher, King sei nett und immer zu Scherzen aufgelegt und hätte erklärt, wie dankbar er mir und Doug Allan, dem Verleger, für unsere Hilfsbereitschaft und Freundlichkeit ihm gegenüber in den frühen Tagen seiner Karriere sei.

Nach seinen ersten paar Geschichten haben wir ihm tatsächlich etwas mehr als unseren üblichen Satz gezahlt, da wir wußten, daß er etwas Besonderes war. Ich glaube, es waren etwa 250 oder sogar 300 Dollar pro Geschichte.

Die Sache mit »Die Höllenkatze«, da bin ich zufällig auf ein phantastisches Foto von einem Katzenkopf gestoßen (von UPI, glaube ich). Die eine Hälfte war schwarz und die andere Hälfte weiß. Es sah sehr faszinierend aus. Mir kam die Idee zu einem Kurzgeschichtenwettbewerb, dessen Vorgabe einzig dieses Foto wäre. Dann schoß es mir durch den Kopf, wieviel interessanter es doch wäre, wenn Stephen einen knapp skizzierten Geschichtenanfang schreiben würde, um den Wettbewerb in Gang zu bringen, und die Schreiber würden die Geschichte dann weiterspinnen. Also schickte ich Stephen das Foto, und kurze Zeit später antwortete er mir, und in dem Umschlag steckte eine vollständige Kurzgeschichte mit dem Titel »Die Höllenkatze«. Ich kann nicht nur einen Teil einer Geschichte schreiben«, erklärte er. »Das wäre so, als würde man ein halbes Baby bekommen. Also nehmen Sie einen Teil der Geschichte für Ihren Wettbewerb und vielleicht veröffentlichen Sie dann später meine Geschichte in voller Länge als Vergleich zu Ihren Wettbewerbsgewinnern, oder tun Sie damit einfach, was Sie wollen.« Und genau so geschah es auch. Wir veröffentlichten die Gewinnergeschichte, die sehr gut war, und einen Monat später druckten wir »Die Höllenkatze« in voller Länge. Wie Sie wissen, war Stephen zu dieser Zeit schon weltweit berühmt, doch er war noch immer derselbe sanfte, nette, freundliche Mann, so wie wir ihn die vorangegangenen sieben Jahre kennengelernt hatten ... und obgleich ich den Kontakt zu ihm verloren habe, bin ich sicher, daß er mir umgehend antworten würde, sollte ich ihm schreiben. Ich denke, weil ihm jeglicher Größenwahn fremd ist, haben seine Bücher bei seinem Publikum nichts von ihrer wunderbaren Glaubwürdigkeit verloren. Ich finde es ein wenig erheiternd ... nein, bezaubernd, daß er noch immer seine Dankbarkeit Dugent gegenüber bekundet, weil sie ihn veröffentlicht haben. Ich hingegen bin dankbar dafür, daß ich die Gelegenheit hatte, einem wahren Genie zu begegnen – und es gibt nicht den geringsten Zweifel daran, daß er genau das in seinem Genre ist – und meinen Namen in einigen seiner Vorworte und Danksagungen aufgeführt zu sehen. Wir haben nie versucht, unsere Verbindung zu Stephen auszunutzen und würden das auch nie (die Erwähnungen sind alle von ihm selbst ausgegangen), und wir haben ihm umgehend die Rechte an seinen Geschichten überschrieben, als er uns darum bat.

Aber es ist schon toll, ein Buch von oder über ihn in die Hand zu nehmen und dort meinen Namen erwähnt zu sehen. Es war und ist ein Vergnügen, ihn persönlich zu kennen, nicht nur seines Ruhms wegen, sondern weil er ein wirklich netter Mensch ist.

Gary Hart ist merkwürdig, genau wie dieser Film über Corn-flakes-Kinder – *von Joe Bob Briggs*

Eine der eindringlichsten Geschichten in Nachtschicht *ist »Kinder des Mais«. Unglücklicherweise erinnern sich die meisten Leute von der Geschichte nur an das, was sie in der abscheulichen Filmversion gesehen haben.*

Obgleich Kings gesamtes Werk sehr unter den Händen untalentierter Filmemacher gelitten hat, wird doch Kinder des Zorns *allgemein als die bis heute schlechteste Adaption angesehen. Was um so schlimmer ist, da es ein spannungsreicher, schockierender Kurzfilm hätte werden können.*

In seiner Filmrezension kommt Joe Bob Briggs, der König der Autokinokritiker, zu dem Schluß, daß es »ein annehmbarer Autokinostreifen« sei, trotz »zuviel Handlung, die den Film stört«.

Letzte Woche bin ich den Grapevine Highway hinausgefahren, um mir mit Wanda Bodine diesen Streifen mit dem Titel *Kinder des Zorns* anzugucken, über diese Kinder in Nebraska, die mit Vorliebe ihre Eltern abschlachten und seltsame Dinge treiben, doch dann ließ Wanda eine Bemerkung darüber fallen, wie süß Gary Hart sei, und so leid es mir tut, ich mußte den Toronado auf der I-35 North anhalten und ihr erklären, daß das Autokino ein Familientreffpunkt sei und wenn sie noch einmal einen Kongreßabgeordneten erwähnen würde, dann würde ich mich leider gezwungen sehen, einen bestimmten neurologischen Eingriff bei ihr vorzunehmen, wenn ihr wißt, was ich meine, und ich denke, das tut ihr.

Doch wo ich gerade dabei bin, lassen Sie uns die Sache gleich ein für alle Mal aus der Welt schaffen. Wie vielen Leuten hängt Gary Hart zum

Hals heraus? Dürfte ich mal um Handzeichen bitten? Dachte ich es mir doch.

Aber nette Haare, Gary.

Doch bevor ich euch von der riesigen Murmeltier-Pilzwolke in *Kinder des Zorns* erzähle, muß ich wohl erst einmal einiges klarstellen. Eine Menge von euch Heinzeln liest diese Kolumne diese Woche zum ersten Mal, und ihr fragt euch wahrscheinlich: Wer ist dieser Typ? Was ist das hier? Warum lese ich das eigentlich? Wo kann ich mir 'ne gute Massage holen?

Es gibt da ein paar Dinge, die ihr wissen müßt.

Numero uno: Ich schreibe Kritiken über AUTOKINO-Filme. Für euch Typen in San Francisco: das bedeutet DRAUSSEN. Im kommunistischen Rußland könnte man so was nicht machen. Autokinos sind im kommunistischen Rußland verboten. Doch wir genießen das Privileg, Filme auf die Art anzuschauen, wie Gott es wollte, in der Abgeschiedenheit unserer eigenen Autos. Ich möchte das nicht noch einmal erklären müssen. Verstanden?

Numero zwei: Wenn euch solcher nur in geschlossenen Räumlichkeiten zu konsumierender Mist wie *E.T.* gefällt, dann steigt schnellstens in euren Toyota, verknotet euren Körper wie ein Luftballontierchen und fahrt hinaus zum nächsten Einkaufszentrum.

Numero drei: Vielleicht seid ihr wie mein Freund Chubb Fricke, der 1948 einmal zwei Wochen lang auf der PBA-Tour spielte und seitdem nicht mehr aufhört, davon zu quatschen. Chubb ist das, was man einen alten fetten Knaben nennt. Alte fette Knaben fühlen sich leicht auf den Schlips getreten. Alte fette Knaben sollten diese Kolumne nicht lesen. Alle alten fetten Knaben sollten augenblicklich zu den Angelseiten umblättern, damit sie runter zur Legion Hall gehen können und jemandem von all dem Scheiß erzählen können, der im Lake Tawakoni beißt.

Numero vier: Vielleicht seid ihr ja auch Mitglied der Nationalen Vereinigung der Blondchen. Die Nationale Vereinigung der Blondchen sagt, ich hätte keinen Respekt vor Frauen. Die Nationale Vereinigung der Blondchen sagt, ich würde »Gewalt gegen Frauen unterstützen«. Ich habe es schon ein paarmal gesagt, aber ich werde es an dieser Stelle noch einmal wiederholen: Ich bin ganz entschieden gegen Vergewaltigung, Gewaltanwendung, Köpfen, Aufschlitzen, mit Kettensägen abgeschnittene Arme und Beine, Spritzen in Augäpfel, Magenwände durchbohrende Schlagbohrmaschinen, jene Filmszenen, in denen das Monster das Mädchen zerquetscht, bis ihre Augen hervortreten und zerplatzen, quer über die Kniescheiben schneidende Schlachtermesser und Speere durch die Trommelfelle, es sei denn, die Handlung verlangt es.

Okay, nun da wir alle Weicheier losgeworden sind und in siebzehn Städten auf dem Index stehen, fühle ich mich schon viel besser.

Laßt uns nun über Big Steve King sprechen. Steve ist ein ziemlich unheimlicher Bursche. Wanda Bodine ist bei diesem Streifen dreimal unter dem Sitz verschwunden. Besser als *Cujo,* nicht ganz so gut wie *Dead Zone,* aber was soll's? Steve liefert, richtig?

Kinder des Zorns beginnt eines schönen Tages, als die Baptistenkirche in Gatlin, Nebraska, ihre Schäfchen entläßt und alle rüber in die Kaffeestube marschieren, um etwas Fettiges und Widerliches wie Hackbraten zu essen. Doch als sie einen Schluck von ihrem Kaffee nehmen, greifen sie sich plötzlich an die Kehle, als ob man sie gezwungen hätte, sich ein Bob-Hope-Special anzusehen, und dann fangen sie an, Geräusche von sich zu geben wie ein Maytag-Gerät kurz vor dem Zusammenbruch, und dann kommen ihre Kinder in das Restaurant und machen sich daran, sie mit Fleischerbeilen und Sicheln und Äxten niederzumetzeln. Ein Typ wird festgehalten, während sie seine Hand in die automatische Wurstschneidemaschine stecken. Aber das geht in Ordnung, denn im Moment bestellt sowieso gerade keiner was.

Nun ist es drei Jahre später, und dieser kleine Junge rennt mit einem Koffer durch die Maisfelder, um den Highway zu erreichen, doch ein Mann mit einem Schlachtermesser in seinem Halfter verwandelt den Jungen in Shishkebab und legt ihn dann auf die Straße, damit er dort von irgend welchen Touristen wie ein Kartoffelpuffer plattgewalzt werden kann.

Dann fängt der Film an, richtig scheußlich zu werden.

Ich möchte hier gar nicht zu sehr in die ganze Handlung einsteigen, denn die ist langweilig, aber kurz gesagt haben wir es hier mit einer Bande kleiner Flegel zu tun, die alle Erwachsenen in der Stadt umgelegt haben und nun den lieben langen Tag einen hoch machen und Touristen ermorden und diesen Jungen namens Isaac verehren, der einen Buster-Brown-Haarschnitt hat und etwa fünfundsiebzig Zentimeter groß ist und aussieht wie Charlie Brown, dem ein Stück Ziegenfleisch in der Kehle steckengeblieben ist. Außerdem gibt es da noch einen Jungen mit Namen Malachai, der wie Alfalfa mit einer Hippiefrisur aussieht, und Malachai bringt mit Vorliebe kleine Hunde und alte, ein bißchen abgetretene Tankstellenbesitzer um. Ich nenne sie alle die Corn-flakes-Kinder.

Jedenfalls kommen zufällig diese beiden Touristen vorbei und denken sich, daß wohl was nicht in Ordnung ist, als sie sehen, daß alle Straßen der Stadt verlassen sind und überall verwelkte Maishalme herausragen. Dieser Arzt und seine blonde Freundin spazieren durch all diese Gebäude voller Maishalme und nach ungefähr einer Viertelstunde sagen sie: »In dieser Stadt geht etwas Merkwürdiges vor.« Die Rhodesstipendiatin, die das sagt, wird an einem Maishalmkreuz aufgehängt, damit die Kinder sie Dem-der-hinter-den-Reihen-wandelt opfern können. Aber erst müssen sie noch auf Amos warten. Amos ist ein neunzehnjähriges Weichei, dessen Hobby es ist, sich mit verschiedenen

Farmgeräten die Brust aufzuschlitzen und dann sein Blut in einem Becher aufzufangen, damit alle davon trinken können. Amos möchte »zu Ihm« gehen, indem er sich selbst oben an ein Kreuz schnallt, während sich die Corn-flakes-Kinder um ihn versammeln und eine Wiener-Sängerknaben-Nummer hinlegen. Amos und das Blondchen sollen gemeinsam »zu Ihm« gehen, weil Blondchens Ehemann sich mit ein paar kleinen Kindern, die sich die letzten drei Jahre über Monopoly spielend vor Isaac versteckt haben, in einem Atomschutzbunker verschanzt hat.

Ein bißchen zuviel Handlung, die den Film stört. Aber trotzdem ein annehmbarer Autokinostreifen. Zehn Leichen. Ein toter Hund. Keine nackten Brüste. Eine Autoverfolgungsjagd. Etwa zwei Liter Blut. Keine rollenden Köpfe. Dafür rollende Hände. Exzellentes Murmeltier-Pilzwolken-Monster. Großartige Szene, in der Peter Horton, der Tourist mit dem IQ von 24, von einem teuflischen Maishalm stranguliert wird. Autokino-Oscar-Nominierung für Courtney Gains als Hippie-Alfalfa, John Franklin als Charlie Brown, Fritz Kiersch, den Typ, der diesen Stinker gemacht hat, und Big Steve, der das alles möglich machte. Dreieinhalb Sterne.

Die Saga vom Dunklen Turm

Vor allem anderen interessiert mich Gut und Böse, ob es Mächte des Guten und des Bösen gibt, die außerhalb von uns selbst existieren, oder nicht.

Stephen King in *Castle Rock*

In der Stephen-King-Sonderausgabe von *Whispers* (August 1982) – einem kleinen Literaturmagazin, herausgegeben von Stuart D. Schiff, der auch Leiter der Whispers Press ist – schrieb Schiff:

> Nein, ich bin kein Partner von Donald Grant, obgleich ich sicher gern die Möglichkeit hätte, bei ihm einzusteigen! Trotzdem mögen meine nie enden wollenden Lobeshymnen auf seine Publikationen es so erscheinen lassen, als wäre ich finanziell an seinem Verlag beteiligt. Die Wahrheit sieht nun einmal so aus, daß Don phantastische Arbeit leistet und deshalb diese Lobeshymnen verdient. Gerade eben hat er das vielleicht wichtigste Buch herausgebracht, das je in einem Kleinverlag erschienen ist. Es ist Stephen Kings *Schwarz* (gebunden 20 Dollar; *signiert* von Autor und Illustrator, auf 500 Exemplare limitiert, 60 Dollar), illustriert von Hugo-Award-Gewinner Michael Whelan. Das Buch ist eine epische Erzählung, unheimlich und gänzlich anders als alles, was King sonst geschrieben hat. Whelans Zeichnungen sind überragend. Die Verkaufsauflage der gebundenen Ausgabe beläuft

sich »nur« auf 10 000 Exemplare. Und meine Anführungszeichen sind nicht sarkastisch gemeint. Kings Hardcover verkaufen sich normalerweise in einer *vielfach* höheren Stückzahl, also kann es sein, daß das Buch sehr schnell vergriffen ist. In bezug auf die Ausstattung hat Don keine Kosten und Mühen gescheut. Es ist besonderes Papier, farbig bebilderte Abschlußseiten, Fünffarbdrucke und all die anderen Qualitätsmerkmale, die man mittlerweile von Grant erwartet. Sie dürfen dieses Buch auf keinen Fall verpassen.

Das Buch, das nur innerhalb der Science-fiction- und Fantasy-Gemeinde beworben wurde, war schnell vergriffen. Ein Jahr später, als Doubleday *Friedhof der Kuscheltiere* veröffentlichte und *Schwarz* in einer Liste von veröffentlichten King-Büchern aufführte, setzte eine Flut von Telefonanrufen und Briefen ein. King-Fans, die jedes Buch von King voller Spannung erwarten, waren überrascht, daß ein King-Roman veröffentlicht worden war, von dem sie weder gehört hatten noch die Möglichkeit gehabt hatten, ihn zu kaufen.

Der Ansturm begann. King-Leser belagerten Buchhändler und Kings Hausverlag, und einige schrieben sogar an King und versuchten so, an ein Exemplar des Buches zu kommen. Zum ersten Mal gab es hier einen ausgewachsenen Roman von King, den sie weder im Laden erstehen noch bestellen konnten.

Überrascht von der Nachfrage, autorisierte King Donald M. Grant, eine zweite Auflage auf den Markt zu bringen. Wie King in dem Essay »The Politics of Limited Editions« erklärte, war auch die zweite Auflage von 10 000 Exemplaren schnell vergriffen. King bemerkte dazu: »Wie ich bald feststellte, war es ein wenig so, als versuchte man, einen Waldbrand zu löschen, indem man hineinpinkelt.«

Angebot und Nachfrage

Von 1982 bis zum Herbst 1988 blieb das Buch vergriffen. Leute, die die Geschichten lesen wollten, durchforsteten die Buchläden nach den Originalausgaben von *Fantasy and Science Fiction,* in denen sie erschienen waren, doch selbst das stellte sich als recht schwierig heraus. Die Buchhändler wußten um die Nachfrage und schraubten die Preise für die Hefte entsprechend hoch. In der Zwischenzeit gewannen die Grant-Ausgaben mit jedem Tag an Wert.

Um alles noch schwerer zu machen, hatte King nicht vor, eine normale Ausgabe des Buches zu autorisieren. In »The Politics of Limited Editions« führt King drei Gründe für sein Zögern an. Erstens war es nicht »das übliche provinzielle Milieu der ursprünglichen King-Romane«. Zweitens »glaubte ich damals und glaube es auch noch heute, daß die üblichen Leser sowohl schockiert wären als auch sich betrogen fühlen würden vom fehlenden Abschluß des Buches – es ist schließlich nur der erste Teil eines weit längeren Werkes«. Und drittens war da noch die Frage einer möglichen Überschwemmung des Marktes.

Nach dem Stephen-King-Ansturm waren jedoch der erste und dritte Grund irrelevant geworden: Kings Fans verlangten nach seinen Büchern und wollten für sich selbst urteilen. In bezug auf den zweiten Punkt, den »fehlenden Abschluß«, verringerte sich das Problem durch die Veröffentlichung des zweiten Buches innerhalb eines halben Jahres nach dem ersten.

Im September 1988 wurde das Buch als Schwerpunkttitel in NALs Herbst-/Winterkatalog für 1988/89 angekündigt. *Schwarz* wurde zu einem Preis von 10,95 Dollar herausgebracht. Vor dem Buch gab es jedoch schon die ungekürzte Tonkassetten-Lesung von King: ein Vier-Kassetten-Paket im Schuber zum Preis von 29,95 Dollar.

NAL und Schwarz

NAL stellte sicher, daß jedermann wußte, wie einzigartig dieses Buch sein würde. Aus dem Katalog:

Ein Mann namens Slade

Lange bevor Roland der Revolvermann die öde Welt von *Schwarz* durchstreifte, schrieb Stephen King über Jack Slade, den »härtesten, zähesten (seltsamsten?) Revolvermann des amerikanischen Südwestens«.

Erschienen als Serie in *The Maine Campus* (Juni bis August 1970) und nur noch auf Mikrofilm erhältlich, erzählt »Slade« die Geschichte, wie Revolverheld Jack Slade von Miss Sandra Dawson angeheuert wird, gegen Sam Columbine zu kämpfen, der versucht, ihr die Ranch wegzunehmen.

Slade, der zwei 45er im Halfter trägt, mexikanische Zigarren raucht, drei Zombies hintereinander auf Ex hinunterstürzt und erst schießt und dann Fragen stellt, kämpft und schießt sich seinen Weg durch diese Parodie des Western-Genres, alles gänzlich ohne die übliche Liebesgeschichte. Als Sandra Dawson, eine Sexbombe mit »ausladendem Busen«, sich Slade an den Hals wirft und sagt: »Ich tue alles, um dir zu helfen, Slade, *alles!*«, weiß Slade, was er zu tun hat. Er bleibt seiner einzig wahren Liebe treu, Miss Polly Peachtree aus Paduka, Illinois, die getötet wurde, als ein »brennender Fesselballon« in die Scheune stürzte, in der sie die Kühe melkte. Slade preßt zwischen den Zähnen hervor: »Meine Mom hat mir alles über Mädchen wie dich erzählt.«

Erledigt Slade den Halunken Sam Columbine (von der Roten Vulture Ranch)? Rettet Slade Sandra Dawson (von der Bar-T Ranch) vor Columbines Nachstellungen? Und, vor allem, hilft Slade mit seinen beiden 45ern dem Recht ein bißchen nach? Ich werde es nicht verraten. Ich sage nur soviel, daß Sandra ein großes Geheimnis hat, das, als es schließlich enthüllt wird, alles erklärt.

Und wie bei jedem guten Western reitet Jack Slade am Ende auf seinem treuen Pferd, einem schwarzen Hengst namens Stokley, in den Sonnenuntergang.

GB

Das Cover zu NALs Paperbackausgabe von Schwarz, *mit einer Illustration von Michael Whelan*

1982 brachte der populärste Romanautor der Welt ein Buch heraus, das beinahe niemand kaufen oder lesen konnte. *Schwarz,* der erste Teil eines weit längeren Werks mit dem Titel *The Dark Tower [Die Saga vom Dunklen Turm]* wurde nur in einer Auflage von 30 000 [20 000, Anm. d. Verfassers] gebundenen Exemplaren in einer speziellen limitierten Ausgabe herausgegeben. Kings ergebene Fans hoben den Preis für dieses schwer zu ergatternde Buch schnell auf 1000 Dollar pro Stück hoch. Doch mit der Veröffentlichung von *Schwarz* in der Paperbackausgabe können sich endlich Millionen seiner treuen Leser freuen!

Drei

1987 brachte Donald M. Grant den zweiten Band der Reihe, *Drei,* heraus. Das Buch, illustriert von Phil Hale, erschien sowohl in einer limitierten als auch in einer Normalausgabe und war binnen weniger Monate vergriffen. Die limitierte Auflage (850 Exemplare, numeriert und signiert von King und Hale) wurde zu einem Stückpreis von 100 Dollar verkauft und wird nun antiquarisch für bis zu 500 Dollar (und darüber) gehandelt. Die Normalausgabe von Grant, in einer Auflage von 30 000 Exemplaren, wurde mit 35 Dollar auf den Markt gebracht.

Im März 1989 brachte NAL ein ungekürztes Acht-Kassetten-Paket von *Drei* heraus, gelesen von Stephen King. Direkt darauf folgte die Veröffentlichung des Buches als Paperback mit Phil Hales Illustrationen (inklusive eines neuen Umschlagbildes von Hale).

Anders als die Geschichten in der ersten Sammlung, die alle von 1978 bis 1981 im *Magazine of Fantasy and Science Fiction* abgedruckt worden waren, waren die Geschichten im zweiten Band ausgereifter – nicht überraschend, wenn man den zeitlichen Abstand bedenkt. *Publishers Weekly,* die *Schwarz* verrissen, fand auch für den zweiten Band nur wenige Worte des Lobes:

> Obgleich diese trivialen, doch entlarvenden Bücher (mit denen King begann, als er noch auf dem College war) voll von ... pubertärer Düsterkeit sind, ist dieses doch lebendiger als das erste. Roland tritt in der Gegenwelt von New York City in drei Leben ein: das von Junkie und Drogenhändler Eddie Dean, das der schizophrenen Erbin Odetta Holmes und das von Massenmörder Jack Mort. King mag uns vielleicht ein bißchen zu wenig über Roland erzählen, aber er erzählt uns entschieden zuviel über diese Außenseiter, die auf verschiedenste Art geheilt oder bestraft werden, den jeweiligen Erwartungen entsprechend. Wie gewöhnlich ist King viel stärker in den Einzelheiten und Erfahrungen einer bestimmten Realität, und mehrere dieser bravourösen Abschnitte (vom Angriff durch mutierte Hummer zu einem Raubüberfall in einem Waffengeschäft) ragen aus dem üblichen unbesonnenen Geschichtenerzählen heraus.

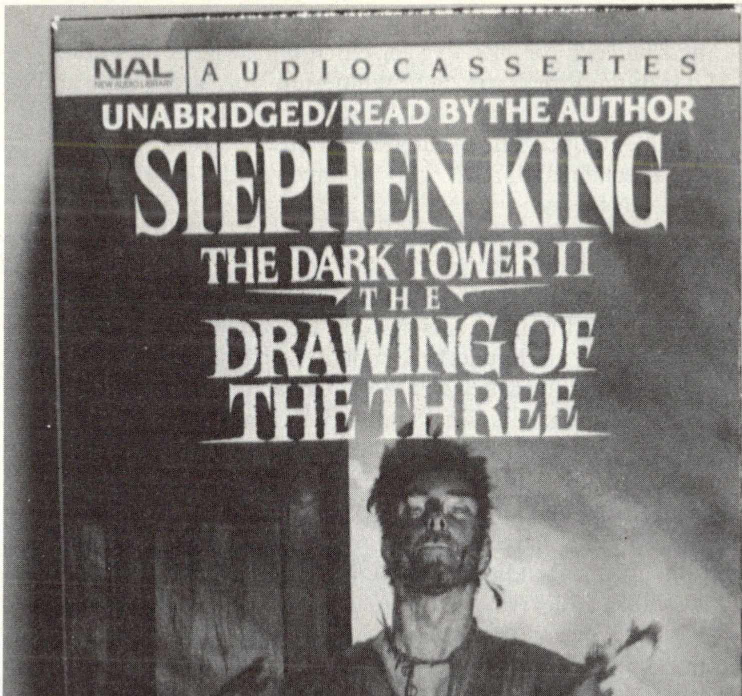

GB

Der Umschlag zu NALs Tonkassetten-Paket Drei *mit einer Illustration von Phil Hale (extra für die NAL-Ausgabe angefertigt)*

Tot

Der dritte Band der epischen Saga erschien 1991, wieder im Verlag Donald M. Grant und wieder in einer limitierten Vorzugsausgabe und einer Normalausgabe. Illustrator war diesesmal Ned Dameron, der einige eindrucksvolle doppelseitige Bilder anfertigte. Beide Ausgaben waren bereits vor Erscheinen durch Vorbestellungen restlos vergriffen. Die limitierte Vorzugsausgabe bestand aus 1200 numerierten, handsignierten Exemplaren, die folgendermaßen verteilt wurden: Die Besitzer des zweiten Bandes mit den Nummern 1–800 erhielten die Möglichkeit, den dritten Band mit derselben Nummer zu bestellen (als Beweis mußte eine Fotokopie der Limitierungsseite den Bestellungen beigelegt werden), die restlichen vierhundert Exemplare wurden durch eine Lotterie verlost. Die Vorzugsausgabe kostete 125 Dollar, die Normalausgabe 35. Nach Erscheinen schnellte der Sammlerpreis der Vorzugsausgabe binnen weniger Tage auf über achthundert Dollar in die Höhe. Für einen kompletten Satz aller drei Bände muß man als Sammler mittlerweile dreitausend Dollar und mehr hinlegen – noch mehr, wenn alle drei Bände dieselbe Nummer haben.

Zum Inhalt: Die Handlung setzt einige Zeit nach dem zweiten Band ein und schildert die Abenteuer von Roland, Susannah und Eddie Dean auf dem Weg zur Stadt Lud. Roland lebt in zwei getrennten Realitäten, was daher rührt, daß der Junge Jake im ersten Band gestorben und in Rolands Welt geraten ist. Im zweiten verhindert Roland seinen Tod, demzufolge kann Jake nie in dessen Welt gelangt sein. Die Folgen dieses Zeitparadoxons drohen Roland um den Verstand zu bringen. Wie er aus dieser mißlichen Lage entkommt, den Jungen Jake rettet und einen entscheidenden Schritt bei seiner Suche nach dem Dunklen Turm voran kommt, schildert *Tot*.

Die Saga vom Dunklen Turm geht weiter

Die Suche wird fortgesetzt. Wie King im Nachwort des ersten Bandes versprach:

> Ich weiß nur eines: Irgendwann einmal, zu einem magischen Zeitpunkt, wird es einen purpurroten Abend geben (einen Abend, der für Romantik wie geschaffen ist!), an dem Roland zu seinem Dunklen Turm kommen, ins Horn stoßen und sich ihm nähern wird ... und wenn ich jemals dort ankomme, sind Sie die ersten, die es erfahren.

Im Nachwort des zweiten Bandes, *Drei,* heißt es dann:

> Das dritte Buch, *The Waste Lands* [dt. *Tod*], erzählt die Hälfte der Suche von Roland, Eddie und Susannah nach dem Dunklen Turm. Das vierte, *Wizard and Glass,* berichtet von einer Verzauberung und ei-

> ner Verführung, vor allem aber von allem, was Roland widerfuhr, bevor die Leser ihm auf der Spur des Mannes in Schwarz zum ersten Mal begegneten.

Dem wird im dritten Band wenig hinzugefügt:

> Der vierte Band der Geschichte vom Dunklen Turm müßte – vorausgesetzt, das Leben des Dauerschreibers geht weiter und das Interesse des Dauerlesers läßt nicht nach – in der nicht allzu fernen Zukunft erscheinen.

Aber auch:

> Die Handlung des nächsten Bandes liegt noch im dunkeln, aber ich kann Ihnen versichern, (...) daß wir noch viel mehr über Rolands Leben als junger Mann erfahren.

Bis dahin werden wir uns wohl oder übel in Geduld fassen müssen und hoffen, daß das Leben des Dauerschreibers tatsächlich weitergeht – denn daß das Interesse des Dauerlesers nachläßt, ist im Augenblick nur schwer vorstellbar.

Shining

In einem Interview mit der Literary Guild im Jahr 1977 erzählt Stephen King, was ihn zu *Shining* inspirierte:

> Ich wollte ein Jahr von Maine entfernt verbringen, damit mein nächster Roman einen anderen Hintergrund bekommen konnte. Während wir dort lebten, hörten wir von diesem außergewöhnlichen alten Berghotel und beschlossen, es auszuprobieren. Aber als wir dort eintrafen, bereiteten sie sich gerade darauf vor, saisonbedingt zu schließen, und wir mußten feststellen, daß wir die einzigen Gäste waren – nur lange, einsame Flure ...

Das Stanley-Hotel

Einer Werbebroschüre für die Gäste nach ist das Stanley ein »altes Berghotel«, wie King es nannte, gelegen in Estes Park, Colorado. Ein luxuriöses Kurhotel, auf dessen Gästeliste sich schon Namen fanden wie »Molly Brown, John Philip Sousa und Theodore Roosevelt, um nur einige zu nennen. (In jüngster Zeit hat der bekannte Autor Stephen King einige Tage in diesem Hotel verbracht und das Jahrhundertwenden-Ambiente genossen ...)«
Shining, das ursprünglich als ein Theaterstück geplant war und nach *Carrie* und *Brennen muß Salem* geschrieben wurde, ist Kings Gespen-

stergeschichte, angesiedelt im Overlook-Hotel in Colorado. Das Hotel, eine Brutstätte des Bösen, hat eine von dunklen Geschehnissen erfüllte Geschichte und wartet nun geduldig auf die Ankunft von Jack Torrance.

Der Inhalt

Torrance ist ein verzweifelter Mann in einer verzweifelten Lage. Nachdem er aus seiner letzten Stellung gefeuert wurde, zieht er sich, vom Alkoholismus gezeichnet, nach Colorado zurück, wo er, durch den Einfluß eines Onkels, im Overlook-Hotel eine Stelle als Hausmeister für den Winter bekommt.

Torrance hat keine Ahnung, daß das Hotel eine dubiose Vergangenheit hat, eine Tatsache, die er herausfindet, nachdem er im Keller ein Album entdeckt. Eins der dunklen Geheimnisse des Hotels: Delbert Grady, der Winter-Hausmeister der 1970/71er Saison, drehte durch und tötete seine beiden Töchter, seine Frau und schließlich sich selbst.

Entschlossen, die Vergangenheit hinter sich zu lassen, plant Torrance, seine Freizeit zu nutzen, um ein Theaterstück in fünf Akten, *Die kleine Schule,* zu schreiben. Doch seine Frau sorgt sich um ihre Zukunft, und sein Sohn Danny teilt ihre Angst, nur daß er *weiß,* daß es einen Grund zur Sorge gibt. Danny besitzt eine Gabe – das »Shining« –, mit

Der Autor spricht:
Stephen King über* Shining *und Kindererziehung

Manchmal beichtet man. Aber man verheimlicht immer, was man beichtet. Das ist ein Grund, weshalb man eine Geschichte erfindet. Zum Beispiel, als ich *Shining* geschrieben habe. Der Protagonist von *Shining* ist ein Mann, der seinem Sohn den Arm gebrochen hat, der bekannt dafür ist, daß er Kinder verprügelt, der selbst gestraft ist. Als junger Vater von zwei Kindern war ich selbst entsetzt, daß ich meinen Kindern zuweilen richtiggehend feindselig gegenüberstand. Hört ihr denn niemals auf? Geht ihr denn nie ins Bett? Mit der Zeit habe ich das Gefühl bekommen, daß es wahrscheinlich sehr viele junge Väter und Mütter gibt, die sehr wütend sind, die Wut auf ihre Kinder empfinden. Aber als jemand, der mit der Vorstellung großgezogen worden war, daß Vater es am besten weiß, mit Ward Cleaver in »Leave it to Beaver« und so weiter, empfand ich regelrecht Ekel vor meinen eigenen Empfindungen, wenn ich dachte: Herrgott, wenn er jetzt nicht still ist, wenn er jetzt nicht sofort still ist ... Als ich das Buch geschrieben habe, habe ich eine Menge von diesen Gefühlen zu Papier gebracht und versucht, es aus mir herauszulassen, aber es war auch ein Geständnis. Ja, es gab Zeiten, da war ich sehr wütend auf meine Kinder und habe sogar gedacht, ich könnte ihnen weh tun. Nun, jetzt sind meine Kinder älter. Naomi ist fünfzehn und Joe dreizehn und Owen acht, und sie sind alle Superkinder, und ich denke, ich habe seit etwa sieben Jahren nicht mehr Hand an eins meiner Kinder gelegt, aber es gab Zeiten ...

der er flüchtige Blicke in die Zukunft werfen kann. Genauso wie es seinem Vater bestimmt war, zu diesem Hotel zu kommen, ist Danny vom Schicksal mit hellseherischen Fähigkeiten bedacht worden. Es funktioniert folgendermaßen: Dannys imaginärer Freund Tony offenbart ihm die Zukunft in Träumen. In einem davon sieht Danny das Wort »Drom« (Mord rückwärts geschrieben), doch er weiß nicht, was es bedeutet. Außerdem sieht Danny seinen Vater mit einem Roque-Schläger in der Hand durch das Hotel rasen und auf die Wände einschlagen, während er seinen Sohn auffordert, seine Medizin zu nehmen!

Dannys einziger Verbündeter ist der Hotelkoch, Dick Hallorann, der wie Danny das Shining besitzt. Als Danny Hallorann seine Befürchtungen mitteilt, erklärt der Koch ihm, daß ihm nichts im Hotel schaden kann, solange er es einfach ignoriert und in die andere Richtung schaut. Dann geht Hallorann, allerdings nicht, ohne Danny vorher zu versichern, daß er im Notfall auf der Stelle zu Hilfe eilen würde. Dann macht Hallorann sich nach Florida auf.

Doch Danny *weiß,* daß von diesem Ort nichts Gutes kommen kann, denn Böses gebiert Böses. In Jack Torrances Fall ergreift das Hotel langsam und schleichend Besitz von ihm und verwandelt ihn in das Monster, das er für immer tief in seinem Innern zu verbergen gehofft hatte. Dann nimmt das Grauen seinen Beginn.

Kommentar

Shining schafft Kings literarischen Durchbruch, in dem sich all seine schriftstellerischen Stärken und Qualitäten zeigen: eine lebhafte Phantasie, eine kraftvolle Erzählweise, lebendige Charaktere (darunter auch einer mit einer tragischen Schwäche), ein interessanter Handlungsschauplatz und das zwangsläufige Eindringen des Bösen. *Shining,* aufgebaut wie eine griechische Tragödie, ist packend geschrieben und bewegt sich mit schnellem Tempo durch die Szenen, während das Böse immer beherrschender wird und Jack Torrance langsam tiefer und tiefer in seine persönliche Hölle hinabsinkt.

Shining ist Kings dritter veröffentlichter Roman, doch sein erster Hardcover-Bestseller – der erste von vielen. Trotz aller anderen, die sich in diesem Genre betätigten, wurde King von seinem Verleger schon als »unumstrittener Meister der modernen Horrorerzählung« gerühmt, ein Titel, auf den er mit diesem Buch schließlich Anspruch erhob. Später würde es keine Zweifel mehr daran geben.

Sie

Das Buch trägt die Widmung »Für Stephanie und Jim Leonard, die wissen, warum. Junge, das *tun* sie«. Ich möchte gar keine Spekulationen darüber aufstellen, welche Erfahrungen Jim Leonard mit tollwütigen

King-Fans gemacht hat, aber ich kann Ihnen sagen, daß Stephanie Leonard, über viele Jahre Kings Sekretärin und Redakteurin und Herausgeberin von *Castle Rock,* aus erster Hand weiß, wie es ist, mit Fans zu tun zu haben – den guten und den Bestien.

Kurz bevor die *Time*-Titelgeschichte über King im Oktober 1986 auf den Markt kam, »überfiel etwas den handgefertigten schmiedeeisernen Zaun, der die Privatsphäre seiner Familie schützt«.

Das berichtet Bob Haskell in einem Leitartikel, »The Prince of Fame«, in Stephen Kings Heimatzeitung, den *Bangor Daily News.* Wie Haskell erzählte:

> Die Kings wachten vor ein paar Wochen eines Morgens auf ... und stellten fest, daß die Flügel der Fledermäuse zu beiden Seiten des Haupttors abgesägt worden waren und daß die drei Köpfe des mythologischen Metallgreifs, der das obere Ende eines der Eckpfosten ziert, ebenfalls verschwunden war ... Die meisten Menschen geben sich mit einem Autogramm zufrieden. Steve King hat, soweit ich weiß, seinen Namen wohl auf so ziemlich alles, was man ihm hinhielt, von seinen Büchern bis zu Papierservietten, gekritzelt.
>
> Andere Leute, die ein wenig wagemutiger sind, bitten darum, sich gemeinsam mit den Berühmtheiten fotografieren lassen zu dürfen. Und Steve King hat geduldig neben Männern und Frauen und Jungen und Mädchen gestanden und auf das Blitzlicht der Instamatic gewartet, weil das eben dazu gehört, wenn man berühmt ist.
>
> Dann sind da noch jene, die nicht eher ruhen, bis sie ein Stück des Stars selbst, einen herausgerissenen Fetzen seines Hemds, einen Schuh oder eben die Flügel der Fledermaus von seinem privaten Zaun, der außerdem ein historisches Denkmal ist, in Händen halten.

Glücklicherweise wurden die entwendeten Stücke zurückgegeben, und die Handwerker fügten die Teile wieder an, doch die Angelegenheit zeigte King mit absoluter Deutlichkeit: Ruhm ist ein zweischneidiges Schwert für alle Betroffenen. Egal, was er tut oder wie sehr er davon überzeugt ist, eine Privatperson zu sein, es wird immer einige unter seinen Fans geben, die in ihrer Verehrung kein Maß mehr kennen.

Die Schrecken des Erfolgs

So wie Motten von einer offenen Flamme angezogen werden, versammeln sich übereifrige Fans aus ihrem ansonsten zumeist ereignislosen Leben heraus um das strahlende Licht ihres Stars.

Hineingesogen in eine fiktive Welt, die ihnen wirklich erscheint, beziehen sie eine ständige Heimstatt im Nimmerland, in dem der Schriftsteller zu einem Gott wird, der in seinem eigenen Universum Ordnung

GB

Der innere Umschlag der Taschenbuchausgabe von Misery *von NAL*

geschaffen hat. King kennt dieses Phänomen gut. Wie er es in einem Interview mit Michael Kilgore für die *Tampa Tribune* beschrieb:

> Das berufsbedingte Risiko für den erfolgreichen Schriftsteller in Amerika ist, daß man darauf achten muß, nicht verschlungen zu werden, sobald man anfängt, Erfolg zu haben. Amerika hat in diesem Punkt eine Art kannibalistischen Kult der Berühmtheit aufgebaut, wo man den Mann zuerst hochputscht und dann auffrißt.

Es begann sehr früh in seiner Karriere. Nach dem Erscheinen von *Carrie* und *Brennen muß Salem* erwartete King die Veröffentlichung seines dritten Romans, *Shining,* und teilte seine Bedenken darüber mit, ein Bestsellerautor zu sein. In einem 1977 erschienenen Interview mit King für *Writer's Digest* berichtete Mel Allen:

> Eine der neuesten Belastungen sind die ständigen Forderungen von Reportern, Schulen, Vereinen, Clubs und ähnlichem nach Interviews und persönlichen Auftritten. Ihre Anzahl ist mit dem gleichen Tempo gewachsen, mit dem King die Bestsellerlisten stürmte.
>
> King beginnt zum ersten Mal in seinem Leben, nein zu sagen. Doch er fühlt sich unwohl dabei. »Einerseits möchte ich den Leuten den Gefallen tun, andererseits brauche ich die Zeit für mich selbst. Jedesmal, wenn ich nein sage, höre ich, wie sie denken: ›Dieser hochnäsige Gernegroß-Schriftsteller‹ ...«

Willkommen in meinem Alptraum

Ein enger Bekannter von King erzählte mir einige Anekdoten, die zeigen, wie es ist, unter dem Mikroskop zu leben.

King ist in Wilmington, North Carolina, und ißt mit seiner Familie und Freunden in einem Restaurant zu Abend. Erstaunlicherweise kommt niemand an ihren Tisch und bittet um ein Autogramm. Als King das Restaurant verläßt, sieht er draußen eine lange Schlange von Fans, die auf ein Autogramm warten ... King ist in einem Buchladen und signiert Bücher. Die Schlange von Kunden mit King-Büchern in der Hand zieht sich *zu beiden Seiten* durch das ganze Einkaufszentrum, so daß die Eingänge zu den anderen Läden blockiert sind, was wiederum die Ladenbesitzer erzürnt. Nach einer endlosen Zeit des Signierens wird es King körperlich unmöglich, auch nur noch ein weiteres Buch mit einem Autogramm zu verzieren. Statt den Laden durch die Vordertür zu verlassen, an der langen Schlange von Fans vorbei, die geduldig gewartet haben, bittet King darum, den Laden durch die Hintertür verlassen zu können. Aus welchem Grund auch immer ist das nicht möglich. Er tritt aus dem Laden hinaus in das Einkaufszentrum, wo ihn die langen Schlangen enttäuschter Fans mit seinen Büchern in den Händen erwarten.

Der Inhalt

Ein Unglück kommt selten allein.

Annie Wilkes, eine ehemalige Krankenschwester, lebt allein in Sidewinder, Colorado, auf einer Farm mit zwei Kühen, sechs Hühnern und einer Sau namens Misery, benannt nach ihrer Lieblingsheldin, Misery Chastain. Ihr unfreiwilliger Gefährte ist Paul Sheldon, der als Autor von historischen Liebesromanen ein Vermögen verdient hat.

Es ist eine »Ehe«, die in der Hölle geschlossen wurde: Sheldon, voller Freude darüber, daß er Misery Chastain in seinem, wie er hofft, letzten Misery-Roman, *Miserys Kind,* endlich umgebracht hat, fährt in seinem 1974er Camaro Richtung Westen. Weiteren Auftrieb erhält er dadurch, daß er gerade ein Buch, *Fast Cars,* abgeschlossen hat, das er schreiben *wollte;* dieses Buch wird ihm die Aufmerksamkeit der Kriti-

Stephen Kings Fan Nummer eins
Eine wahre Horror-Story

Wie dem auch sei, dieses Buch handelt von Fans, speziell vom Fan »Nummer Eins«. Ich habe lange über den Fan Nummer Eins nachgedacht, weil ich eine Menge Post bekomme, und viele Briefe sind unterschrieben mit »Ihr Fan Nummer Eins«. Vor sieben oder acht Jahren habe ich eine »Tomorrow«-Sendung in der Rockefeller Plaza in New York gemacht, und wenn man runterkommt, ist es an der Rockefeller Plaza das Wichtigste, daß man weiß, wo sein Auto steht, weil unten die Autogrammjäger auf einen warten. In manchen Fällen sind es nur einfache Autogrammjäger. In anderen Fällen ist ihr Blick irgendwie leer und ihr Verhalten unheimlich. Sie wissen nicht, weshalb sie dein Autogramm wollen, sie wissen nur, daß man jemand ist, der im Fernsehen auftritt. Man wird durch den Äther geschickt, was einem zu jemand macht, der eigentlich gar nicht real ist, sondern eine Art Berühmtheit oder sowas. Und dann sind da noch andere Menschen, deren Augen nicht nur leer blicken, sondern die regelrecht wie Spukhäuser aussehen, die nicht nur sagen, daß niemand zu Hause ist, sondern daß es da drinnen auch spukt. Und dieser Mann war einer von denen. Ein magerer, dürrer Typ, der mich gepackt hielt und sagte: »Würden Sie das signieren? Würden Sie das signieren?« Er hatte ein Blatt Papier, ich habe es signiert und ging zur Limousine. Und er sagte: »Kann ich ein Foto von mir mit Ihnen machen lassen? Kann ich ein Foto von mir mit Ihnen machen lassen?« Und ich sagte: »Klar, aber bitte schnell«, und er gab die Kamera jemand, und während das Polaroidbild entwickelt wurde, sagt er: »Würden Sie es signieren? Würden Sie es signieren?« Und ich sagte »Klar«, und er holte diesen Spezialkugelschreiber heraus, weil es fast unmöglich ist, auf einem Polaroidbild zu schreiben – alles perlt ab. Und ich signierte es: »Alles Gute für Mark Chapman von Stephen King.« Er war der Mann, der John Lennon erschossen hat. Und im Verlauf unserer Unterhaltung hat er sich als ... *mein Fan Nummer Eins* bezeichnet.

Aus: »Verbotene Bücher und andere Sorgen«, Stephen Kings Vortrag zur »Woche verbotener Bücher« in Virginia Beach, am 22. September 1986

ker einbringen, die er verdient. Gestärkt von zuviel Dom Perignon, fährt Sheldon durch Colorado und wird von einem Schneesturm überrascht.

Er kommt von der Straße ab ... und rutscht mitten hinein in die Welt von Annie Wilkes, einer Verrückten, die ihn wieder gesund »pflegt«. Sie ist natürlich Sheldons größter Fan.

Unglücklicherweise entdeckt Wilkes, daß ihre Lieblingsheldin Misery Chastain in *Miserys Kind* stirbt. (Wenn sie die gebundene Ausgabe gekauft hätte, wüßte sie es schon längst, doch sie ist eine von denen, *die auf das Taschenbuch warten.*) Doch sie hat ja Paul Sheldon, und sie macht ihn von Schmerztabletten abhängig, und er erweckt Misery zu neuem Leben in *Miserys Rückkehr,* speziell für Annie Wilkes geschrieben – einer limitierten Ausgabe in einem Exemplar, ein wahrlich einzigartiges Sammlerstück.

Während Sheldon verzweifelt gegen seinen eigenen Schmerz ankämpft und eine psychologische Schlacht gegen seine Krankenschwester bzw. Gefängniswärterin führt, schreibt er sich auf einer gewöhnlichen Schreibmaschine, die leider immer mehr Buchstaben verliert, durch *Miserys Rückkehr* hindurch. Am Ende erkennt Sheldon, daß es um die Frage geht: »Er oder Annie Wilkes?« Doch Wilkes besitzt Waffen, mit denen Sheldon nicht gerechnet hat, und Sheldon hat ebenfalls ein paar Asse im Ärmel. Wie wär's mit einer kleinen Grillparty?

Eine kurze Bemerkung zu den Ausgaben von Sie

Klappentexte sind zumeist reinste Übertreibung, um Leser zu fangen. Doch was sollen wir von folgendem Klappentext halten: »[King] schuldet seinen Fans einen Liebesbrief. *Sie* ist dieser Liebesbrief?« Zweifellos versuchte sich der Schreiber dieses Textes an kaum verschleiertem Sarkasmus oder an Ironie. Wenn *Sie* irgend etwas ist, dann ein bitterböser Schmähbrief.

Die Coverillustration von Bob Giusti deutet den Inhalt an, ohne ihn zu verraten. Sheldon, gefangen in einem Rollstuhl, hockt in der freudlosen Welt der Annie Wilkes, deren dunkler Schatten ihn überdeckt ... und deren Hände eine Axt schwingen. Draußen herrscht ein trüber Winter, in dem eine blutrote Scheune den einzigen Farbfleck darstellt. In blutigen, verlaufenden Lettern ist das Wort »Misery« über das Cover gekritzelt.

Das Cover der Taschenbuchausgabe ist sogar noch beengter. Die Weitwinkelperspektive des Hardcovers hat sich zu einer scharf eingegrenzten Nahaufnahme von Paul Sheldon verengt, über dem der Schatten von Annie Wilkes, mit der Axt in der Hand, liegt.

Kommentar

In seinem Vorwort zu *Nachtschicht* geht King auf die Schrecken ein, an die man glaubt, und auf die, an die man nicht glaubt:

> Wenn man unheimliche Geschichten liest, glaubt man nicht wirklich, was der Autor da geschrieben hat. Wir glauben nicht an Vampire, Werwölfe oder Lastwagen, die plötzlich von selbst fahren. Die Schrecken, an deren Realität wir alle glauben, sind die, über die Dostojewski, Albee oder MacDonald schreiben ...

Sie jedoch ist realer Horror. Es bleibt stets der Eindruck zurück, daß es wirklich so passieren könnte. Fragen Sie sich ruhig einmal selbst: Was wäre, wenn man die obsessive Natur dieser ›größten Fans‹ nähme und das Ganze nur einen Schritt weiter triebe? Die Antwort, wie King sie in *Sie* gibt, ist etwas, was man nicht am eigenen Leibe erleben möchte.

Thomas Tessier hat in *Reign of Fear* sehr treffend bemerkt, daß der reale Horror von seiner Natur her subversiv ist. Douglas E. Winter, einer der intelligentesten Kritiker dieses Genres, bestätigt dies in einem langen Interview (»Der dunkle Träumer«) in diesem Buch, am Ende von Teil 3. *In Faces of Fear* (eine Sammlung von Interviews, die Douglas E. Winter führte) sagt King dasselbe in seiner üblichen lässigen Ausdrucksweise, als er über »Der Musterschüler« (eine Novelle aus *Frühling, Sommer, Herbst und Tod*) spricht:

> Die Geschichte »Der Musterschüler« ist ... einfach gräßlich. Mein Verleger hat angerufen und protestiert. Das Stück hat ihn beunruhigt. Außerordentlich beunruhigt. Es war zu lebensecht. Wäre dieselbe Geschichte im Weltraum angesiedelt gewesen, wäre das prima gewesen, denn dann hätten wir diesen beruhigenden Puffer gehabt und sagen können: »Das gibt es ja gar nicht wirklich, darum müssen wir uns keine weiteren Gedanken darüber machen.«
>
> Aber ich dachte so bei mir: »Herrje, ich hab's wieder geschafft. Ich habe etwas geschrieben, das jemandem echt unter die Haut gegangen ist.« Und das gefällt mir. Ich mag das Gefühl, daß ich jemandem so zwischen die Beine gegriffen habe.

Sie ist aber auch das brillante Portrait der obsessiven Natur des Schreibens, unerklärlich für diejenigen, die nicht selbst schreiben. King erlaubt uns absichtlich einen gelegentlichen flüchtigen Einblick in jene dunkle Ecke.

Sie wird Ihnen unter die Haut gehen. Es ist subversiver Horror, der zeigt, daß die reale und die fiktive Welt der Schriftsteller tatsächlich sehr dicht beieinander liegen und daß, so paradox es klingt, die Wahrheit seltsamer als die Fiktion sein kann ... manchmal.

Das Spiel

PLAYBOY: Weshalb finden sich in Ihren Büchern so auffällig wenig explizite Sex-Szenen? Fühlen Sie sich damit nicht wohl?
KING: Nun, Peter Straub sagt: »Stevie hat den Sex noch nicht entdeckt.«

Aus dem *Playboy*-Interview, 1983

Den Sex hat Stephen King nun spätestens mit der Veröffentlichung seines Romans *Das Spiel* entdeckt, der nicht nur eine freizügige Sex-Szene enthält, sondern gleich mit ihr beginnt. Schon auf der ersten Seite sehen wir den erfolgreichen Anwalt Gerald und dessen Frau Jessie im Bett beim Liebesspiel. Aber es ist kein gewöhnliches Liebesspiel – Gerald hat im Lauf seiner siebzehnjährigen Ehe abseitige Gelüste entwickelt, und »Geralds Spiel« besteht darin, daß er seine Frau mit Handschellen ans Bett fesselt und eine milde Form von Sado/Maso-Spielchen mit ihr treibt. Jessie hat sich vor geraumer Zeit widerwillig auf dieses Spiel eingelassen, obwohl sie es im Grunde ihres Herzens verabscheut – wie ihr überhaupt wenig an Sex mit ihrem Mann liegt. Und gerade Geralds Verhalten während dieses speziellen Spiels in einer abgelegenen Blockhütte ist der Tropfen, der das Faß zum Überlaufen bringt. Als Gerald trotz ihrer Bitte nicht damit aufhört, verpaßt sie ihm einen Tritt zwischen die Beine, der ihn offenbar so erschreckt, daß er einen Herzinfarkt erleidet und tot vom Bett fällt. Die hilflose, gefesselte Jessie hört vor der Blockhütte einen Hund knurren, wenig später kommt dieser herein und fängt an, am toten Gatten zu knabbern. Jessie glaubt, in einen Alptraum geraten zu sein, aber der Schrecken geht erst richtig los ...

1991 setzte King seinen amerikanischen Verlag und das Publikum wieder einmal in Erstaunen, indem er verkündete, daß der vierte Roman eines Multimillionen-Dollar-Vertrags, *Dolores Claiborne,* der für 1992 vorgesehen war, verschoben werden müßte. Statt dessen präsentierte er völlig überraschend einen neuen, vorher nicht angekündigten Roman – *Das Spiel.* Dieser sollte vorher erscheinen, da er eine »thematische Brücke zu den nachfolgenden Romanen schlagen soll«, deren erster besagter *Dolores Claiborne* ist. Sollte King, dessen eigene Vorankündigungen mit Vorsicht zu genießen sind, tatsächlich in Zukunft auch in anderen Genres schreiben wollen, so kann *Das Spiel* tatsächlich eine Brücke schlagen, denn der Roman entwickelt sich nach der spannenden Eingangssequenz bald zu einer nicht minder spannenden Charakterstudie. Diese Form der Charakterstudie macht praktisch den ganzen Roman *Dolores Claiborne* aus, der interessanterweise mit 290 Manuskriptseiten kürzer ist als manche Texte in *Frühling, Sommer, Herbst und Tod* oder *Langoliers* und *Nachts.*

Stark

»Gestorben. Richard Bachman. An Pseudonym-Krebs.«

King in einer *Time*-Titelstory

Stark ist Kings literarische Auseinandersetzung mit der Enttarnung des Bachman-Pseudonyms. Wie die Novelle »Das heimliche Fenster, der heimliche Garten« (in der der Autor eine Variation des Themas bringt) handelt auch dieser Roman im Grunde von den Auswirkungen schriftstellerischer Phantasie – dessen Mechanismen in *Sie* auf so originelle und spannende Weise aufgezeigt wurden. Und das Buch ist einmal mehr Beweis dafür, wie sehr Stephen King die Leser in seine eigene private Welt hineinziehen kann.

Der Inhalt

Thad Beaumont ist Schriftsteller mit literarischen Ambitionen, dessen Bücher sich freilich eher bescheiden verkaufen. Da der Mensch leben muß, erfindet er das Pseudonym Richard Stark, unter dem er Action-Reißer schreibt, deren literarischer Wert gering ist, die sich dafür aber um so bezahlter machen. Als das Pseudonym enttarnt wird, macht Beaumont gute Miene zum bösen Spiel und läßt sich sogar auf einen Scherz ein: Ein Grabstein aus Pappmaché wird aufgestellt, auf dem der verstorbene Richard Stark gewürdigt wird. Als anderntags ein Loch vor dem Grabstein aufklafft, schlägt der harmlose Spaß urplötzlich in Ernst um, denn Beaumonts Pseudonym ist zum Leben erwacht und zieht mordend durchs Land. Am Ende des Romans muß Beaumont seine »Dunkle Hälfte« (so der Originaltitel des Romans, *The Dark Half*) buchstäblich zu Tode schreiben.

Kommentar

Stark ist möglicherweise eines von Kings persönlichsten Werken, da er zwischen den Zeilen viel über das Schreiben an sich erzählt. Dies ist ihm neben diesem Buch nur noch in *Sie* ähnlich gut gelungen, wo die realen Erlebnisse des gefangenen Autors Paul Sheldon sofort in das Manuskript *Miserys Rückkehr* einfließen, das er für seine Peinigerin Annie Wilkes schreibt. Dies geschieht mit einem sardonischen, augenzwinkernden Humor, und obwohl *Sie* im Grunde genommen mehr ein Essay über Kreativität in Romanform ist, ist das Buch zugleich sehr unterhaltend, nicht zuletzt aufgrund Kings manchmal bizarren Humors, wenn er zeigt, wie sich Alltägliches in Phantastisches umsetzen läßt – häufig mit banalen Dingen. Als Paul Sheldon beispielsweise in Annies linkes Ohr schaut, ist er angewidert vom Ohrschmalz. Wenig später beschreibt er, wie seine Heldin Misery von Eingeborenen in Afrika entführt wird – sie verschleppen sie ins linke Ohr eines gigantischen Götzenbilds.

Ähnlich verhält es sich mit *Stark*, doch stehen hier mehr die dunklen Seiten der Beziehung zwischen Phantasie und Kreativität im Vordergrund. Während des Lesens »wird die Legion der Stephen-King-Fans sich im Gift ihres Meisters winden und tausend Schrecken durchleben – und jede Minute davon lieben«. (Aus der Ankündigung des Romans im Viking-Katalog.)

Der Talisman

Ich habe nie verstanden, wie zwei Männer zusammen ein Buch schreiben können. Für mich hört sich das an, als würden sich drei Menschen zusammentun, um ein Baby zu bekommen.

Evelyn Waugh in *The Writer's Quotation Book*

In *Sie* erklärt Annie Wilkes Autor Paul Sheldon: »Für die Leute im Buch ist der Schriftsteller Gott ...«

Es stimmt. Ein Schriftsteller kontrolliert sein literarisches Universum, indem er es erschafft und mit imaginären Menschen bevölkert, die wie reale Menschen leben und sterben, so wie die Umstände es gerade verlangen. Aus diesem Grunde ist eine Zusammenarbeit unter Schriftstellern selten; um ganz offen zu sein, ist es ein literarisches Experiment, das nur Risiken mit sich bringt. Das Ergebnis wird entweder ein überschwenglicher Erfolg oder ein völliger Reinfall, aber nur ganz selten etwas dazwischen. Deshalb ist eine literarische Zusammenarbeit, besonders über einen ganzen Roman hinweg, ein mutiges Unterfangen oder schlichtweg Dummheit. Eins ist jedoch sicher. Eine als erfolgreich angesehene Zusammenarbeit wird das Beste aller möglichen Welten vereinen: Das Beste jedes beteiligten Schriftstellers, ohne seine Schwächen.

In einer Welt, in der Bücher eine Ware wie andere Dinge auch sind, literarische Experimente nicht gerade ermutigt werden und Verleger zurück statt nach vorn blicken, ist es für mich persönlich immer eine Freude zu sehen, wie jemand sich auf das literarische Hochseil wagt. Daß Autoren sich überhaupt wagen, ist schon ein Wunder.

Ein mutiger Akt? Reine Dummheit? Das entscheiden *Sie.* Doch egal wie Sie entscheiden, es ist immer ein Zeichen dafür, daß der Schriftsteller bereit ist, über sich selbst hinauszuwachsen, ein Risiko einzugehen.

1971 brachte Harlan Ellison – ein Schriftsteller, der sich nicht gerne wiederholt – *Partners in Wonder* heraus, eine Sammlung von vierzehn Kurzgeschichten, die er in Zusammenarbeit mit anderen Autoren geschrieben hat. Es ist ein faszinierendes Buch, eines, in dem aus der Verschmelzung von Ellisons Stimme mit der eines anderen Schriftstellers immer wieder eine neue Erzählstimme entsteht.

Wie Ellison so treffend in seiner Einleitung zu jenem Buch bemerkt: »Der Lohn einer *erfolgreichen* Zusammenarbeit ist etwas, das von keiner der beteiligten Parteien erreicht werden kann, solange sie allein arbeitet.« Mit anderen Worten: Arbeite nie mit jemandem zusammen an einem Buch, das du auch allein schreiben könntest. Warum sich die Mühe machen?

GB

Sicher das dümmlichste Titelbild mit King als Motiv vom mittlerweile eingestellten Magazin Twilight Zone

Von Anfang an war *Der Talisman* für buchstäblich jeden eine willkommene Zielscheibe: für die Literaturkritiker (die bemängelten, daß sein schon bei Erscheinen erreichter Bestsellerstatus zwangsläufig bedeutete, daß es nicht gut sein konnte), für die landläufigen King-Fans (die meckerten, daß sie nur King wollten – und wer zum Teufel ist Peter Straub?) und die Rezensenten (die freudig ihre Kettensägen anwarfen und entschieden, daß es an der Zeit sei, sich an die Arbeit zu machen – Brappa-rappa-BRAPPA-BRAAAAPPPP!).

Nach Abzug aller Stephen-King-Speichellecker – *alles,* was King schreibt, ist einfach wunderbar, nicht wahr? – und der natürlichen Feindseligkeit der Literaturkritiker bleibt nur noch das übrig, was wirklich zählt: jene, die das Buch gekauft haben, und das, was sie davon halten.

Diese Leute sind in zwei Lager gespalten: jene, die die Geschichte gelesen und geliebt haben, und jene, die sie, aus welchen Gründen auch immer, für unlesbar hielten.

So sehr ich es auch immer wieder versuchte, ich konnte einfach nicht in die Geschichte eintauchen. Obgleich ich wirklich alle Romane von King gelesen (und abermals gelesen) habe und auch eine Reihe von Straub-Romanen kenne, muß ich trotzdem feststellen, daß *Der Talisman* eine Ausnahme auf meinem King-Regal bleibt: das ungelesene Buch. (Ich könnte hinzufügen, daß ich anfänglich dieselben Schwierigkeiten mit Tolkiens Trilogie *Der Herr der Ringe* hatte. Doch beim dritten Versuch gelang es mir endlich, einen Zugang zur Geschichte zu finden, und sie riß mich mit sich fort. Am Schluß tat es mir leid, daß das Buch schon zu Ende war.)

Ich werde es natürlich weiter versuchen, doch das Inteessante für mich ist, daß ich nicht allein bin. Ich habe mich mit anderen Leuten unterhalten, die viel aus diesem Genre, aber auch aus anderen Bereichen gelesen haben, Leute, die alles von King und alles von Straub gelesen haben, und sie haben den *Talisman* entweder geliebt oder einfach keinen Zugang zu der Geschichte gefunden.

So etwas kommt vor. Also lesen Sie das Buch und sagen Sie mir, was *Sie* davon halten.

In der Zwischenzeit kann ich Ihnen ja sagen, was ich davon halte. Einerseits ist da Kings packender Erzählstiel, der einen zwingt weiterzulesen, bis man mit blutunterlaufenen Augen aufschaut und feststellt, daß es schon weit nach Mitternacht ist. Man ist körperlich und geistig erschöpft, aber das ist es wert. Andererseits ist da Straubs solide, dichte Prosa, die sich langsam entfaltet, eine beschauliche Prosa, die an Henry James erinnert. Und als die beiden Stile sich in *Der Talisman* verbanden, war das Ergebnis eine dritte Stimme, die weder die von King noch die von Straub war – eine kreative Synthese der beiden, die untrennbar verschmolzen ist. (Nur ein Narr würde versuchen herauszufinden, wer was geschrieben hat, denn beide Schriftsteller sind so gut, daß sie sich selbst

> ***Wer ist Chaucey Boogerheart?***
>
> King sagt, er wünschte, er und Straub könnten *Der Talisman* unter dem Namen Chaucey Boogerheart herausbringen, damit die Leser nicht länger darüber spekulieren konnten, wer bei ihrer Zusammenarbeit was geschrieben hat.
>
> Aus einem *Publishers Weekly*-Interview, Mai 1984

imitieren, ihre eigenen Werke parodieren oder den Stil des anderen nachahmen können.)

Jene, die eine zweite *Christine* oder einen weiteren *Friedhof der Kuscheltiere* erwarteten – die zwei Romane, die der Veröffentlichung von *Der Talisman* vorangingen –, wurden zwangsläufig enttäuscht. (Ich vermute, die Straub-Fans erlebten eine ähnliche Überraschung.)

Am Ende waren sowohl King als auch Straub mit dem Ergebnis zufrieden. Die Verleger waren auf alle Fälle glücklich, denn das Buch stürmte erwartungsgemäß die Bestsellerlisten. Millionen Leser kauften das Buch, und die meisten von ihnen haben es wahrscheinlich auch gelesen und hatten ihre Freude an der Geschichte.

Und wohin bringt mich das? Nun, irgendwann einmal werde ich den ersten Schritt machen und den *Talisman* lesen. Schließlich hat das Buch eine interessante Vorgeschichte – es ist ein Roman über eine Suche, eine Variation von Mark Twains *Tom Sawyer,* der ja als amerikanischer Klassiker gilt –, und ich freue mich darauf, Jack Sawyer (der den Talisman finden *muß,* um seine sterbende Mutter zu retten) auf seinen Wegen durch unsere Welt und die Welt der Twinner (ein Paralleluniversum, bevölkert mit Menschen, die auch in unserer Welt leben) zu begleiten.

Zwei Autoren beim Plausch – *von William Goldstein*

Ein kumpelhaftes Foto von Andrew Unangst ziert die Rückseite von Der Talisman: *ein bärtiger King, den Arm um Peter Straub gelegt, und Straub, seinen Arm um King gelegt, während sie für die Kamera posieren. Beide Herren tragen ein breites Grinsen zur Schau.*

Ihre Freundschaft und ihr gegenseitiger Respekt haben das Fundament für Der Talisman *gelegt.*

In diesem kleinen Aufsatz erzählt Goldstein, wie es zu dem Buch kam, eine ganz eigenständige, faszinierende Geschichte.

Sie haben sich 1976 oder 1977 in England getroffen, im Brown's Hotel in London. Jeder hatte die Bücher des anderen gelesen, und sie hatten ein paar Briefe ausgetauscht. »Wir haben ein oder zwei Drinks zusammen getrunken und uns gut genug verstanden, daß wir meinten, wir könnten zusammen etwas essen«, erinnert sich Stephen King. »Also fuhren wir, meine Frau und ich, zum Crouch End, Peters Haus.«

Er unterbricht kurz, um das genaue Datum festzumachen. »Ich erinnere mich. Sie können es herausfinden. Als wir heimkehrten, kam Stephanie, meine Schwägerin, die zu der Zeit in unserem kleinen Haus in Fleet wohnte, heraus und sagte: ›Ihr werdet nicht glauben, was passiert ist! Bing Crosby ist gestorben.‹«

Noch etwas nachlegend, fügt King hinzu: »Und nun ist Marvin Gaye auch tot.« Peter Straub schnappt sich den Ball: »Ja, wir sollten öfter zusammenkommen, Steve. Wir könnten die Plattenindustrie ruinieren.«

Es ist ein Tag nach dem 1. April, ein Tag, nachdem Gaye erschossen wurde, und King und Straub hocken wieder zusammen, diesmal für ein Umschlagfoto im New Yorker Studio von Andrew Unangst an der Park Avenue South. Die beiden Bestsellerautoren haben zusammen einen Roman geschrieben, und für diesen Roman, *Der Talisman,* ist auch das Umschlagfoto. Das Buch, das im November in einer Startauflage von 500 000 Exemplaren bei Viking erscheinen wird, ist kein Horrorroman (und nicht, »was wir erwartet haben«, wie King und Straub bekunden), aber seien Sie nicht enttäuscht: es ist eine fesselnde Tour de Force, »neues Terrain für uns beide«, wie die Autoren glauben, und »als Kunstwerk gesehen ein stärkerer Roman, als ich je als Resultat einer Zusammenarbeit mit irgend jemand erwartet hätte«, wie King erklärt, »sei es Peter oder irgendein anderer Schriftsteller.«

Der Talisman erzählt die Geschichte von Jack Sawyer, einem zwölfjährigen Jungen, der die Vereinigten Staaten durchqueren muß auf der Suche nach ... nun, sagen wir nach dem Talisman und seinen magischen Fähigkeiten. Doch da ist noch mehr – um genau zu sein, eine andere Welt: ein mittelalterliches Reich, »die Region« genannt, das ein Spiegelbild unserer realen Welt ist, nach Aussage von Straub ein »Amerika ohne Schuldgefühle und ohne Angst«, das von »Twinnern« bewohnt wird, den Gegenstücken der Charaktere in der Gegenwartserzählung. Um zum Talisman zu gelangen, reist Jack (zum Teil begleitet von einigen Freunden) in beiden Welten, indem er hin und her »springt«, besteht eine ganze Menge Abenteuer und lernt viel über Gut und Böse, Vertrauen und Liebe.

Die Idee, gemeinsam ein Buch zu schreiben, kam von King. »Steve machte mir einen Antrag«, sagt Straub. »Das war 1978, ziemlich spät in der Nacht, in meinem Haus in London. Ich glaube, er sagte einfach: ›Warum schreiben wir nicht irgendwann einmal ein Buch zusammen?‹ Und ich erwiderte: ›Tolle Idee.‹ Wir hatten wohl eine Million Bier intus«, lacht Straub, und King bestätigt es mit einem »Jo«. »Ich erinnere mich, daß der ganze Tisch voller Bierflaschen stand«, fährt Straub fort.

»Und ich war nicht dafür verantwortlich«, verteidigt sich King, »denn ich hatte eine Grippe oder sowas, erinnerst du dich? Es war wirklich

schlimm. Ja, es war eins von den Dingen, die man einfach so hinsagt, und dann denkt man bei sich, nun, es ist eine gute Idee, wir werden es wahrscheinlich nie tun. Aber genauso fühlen sich Leute, wenn sie heiraten ...«
»Ja«, scherzt Straub, »die Laß-es-uns-einfach-mal-versuchen-Methode.«

An die Arbeit ging es jedoch erst Jahre später, da beide Autoren noch vertragliche Verpflichtungen zu erfüllen hatten. Straub glaubte, für seine beiden Bücher nach eigener Schätzung noch vier Jahre zu brauchen. Und auch King hielt vier Jahre, ebenfalls aus vertraglichen Gründen, für einen angemessenen Zeitraum. (Während Straub nur am *Talisman* schrieb, als er mit King zusammenarbeitete, hatte King zur gleichen Zeit noch andere Verpflichtungen zu erfüllen. Wie er sagt: »Ich war völlig zugeschüttet mit Arbeit. Als ich klein war, hat meine Mutter immer gesagt, wenn ich ein Mädchen wäre, wäre ich ständig schwanger.«)

Das bedeutete 1982. »Und so«, erklärt Straub, »machten wir einen Termin, der uns genügend Zeit gab, darüber nachzudenken und uns etwas einfallen zu lassen, was man vielleicht machen könnte.« King bekräftigt das mit einem »Jo«. Die beiden scheinen wie geschaffen für eine Zusammenarbeit: sie beenden gegenseitig die Sätze des anderen, stimmen allem zu, was der andere sagt, fügen Einzelheiten, »Jo's« und bekräftigendes Lachen hinzu wie Motown-Backgroupsänger. Ihre Geschichten sind miteinander verwoben, und ihre Stimmen verschmelzen zu einer.

Wie sie so zusammen auf der Couch sitzen, sehen sie erstaunlich verschieden aus, Straub glatt rasiert in einem marineblauen Blazer, khakifarbenen Hosen, weißem Hemd, Schlips und schwarzen Slippern, King in einem weißen Smokinghemd und Jeans, bärtig (dem Fotografen erklärt er, er solle zum Abschied noch einmal ein gutes Foto davon machen, denn heute abend würde er abrasiert werden) und mit braunen Wildlederschuhen, die an den Zehenspitzen schon blank gescheuert sind.

Straub erinnert sich, das *Der Talisman* »richtig in Fahrt« kam, als der Autor einen Thanksgiving mehrere Male zwischen Kings Haus in Center Lovell, Maine, und dem 64 Meilen entfernten Portland hin und her fuhr. »Wir haben eine Menge Zeit in dem Wagen verbracht und (›geredet‹, wirft King ein) über die Sache geredet«, sagt Straub. »Wir brauchen die Zeit, und auf diesen Fahrten haben wir mehr oder weniger die Idee für die Umgebung entworfen und die Tatsache, daß man, wenn man in der Gegend umherreist, auch in dieser Welt umherreist.«

Wie beide erklären, war es das ständige Hin und Her zwischen ihnen, das den Talisman überhaupt möglich machte. »Jeder von uns beiden hätte das Buch schreiben können«, scherzt Straub, während King sich tiefer in die Couchpolster sinken läßt, um zu bemerken: »Wenn jemand meinen Kindern eine Pistole an die Schläfe gehalten und gesagt hätte:

›Schreib den *Talisman* allein‹, dann hätte ich *einen Talisman* schreiben können, doch es wäre nicht derselbe gewesen.«

King und Straub schrieben eine grobe Handlungsskizze für den *Talisman* und teilten die Abschnitte untereinander auf. Im Sommer, bevor sie schließlich mit dem Schreiben begannen, schlug Straub King vor, daß sie beide sich einen Computer kaufen sollten, um die Zusammenarbeit einfacher zu gestalten. King stimmte zu, obgleich er nicht gern am Computer arbeitet: »Ich fühle mich dann wie dieser Mann in dem James-Bond-Film *(Thunderball),* der in der Fitneßmaschine gefangen ist. Ich steige ein, und dann kann ich nicht wieder herauskommen. Der Text läuft einfach immer weiter und weiter den Bildschirm hinauf, und ich habe das Gefühl, diese Worte sind alle hinter Glas.«

(King schreibt seine Manuskripte auf einer IBM Selectric, läßt sie dann von einer Sekretärin in den Computer tippen – »Faule Hände tun des Teufels Werk, um ein Sprichwort zu benutzen, und außerdem liebt sie das Ding« – und überarbeitet sie schließlich am Bildschirm. So hat er *Christine* und *Friedhof der Kuscheltiere* redigiert, zum Teil, um schneller mit dem Überarbeiten fertig zu werden, damit er am *Talisman* arbeiten konnte.)

Kings Wang und Straubs IBM wurden miteinander vernetzt, und jeder schickte dem anderen seine fertigen Abschnitte. Nach einem Jahr Arbeit, erklärt King, »wurde uns plötzlich klar, daß wir an einem Buch schrieben – was hauptsächlich auf meine Kappe geht –, das etwa 9000 Seiten lang sein würde«. Straub wirft ein: »Das stimmt. Wenn wir unserem Konzept gefolgt wären, wäre keiner von uns beiden mehr am Leben. Aber wir hätten einen riesigen Stapel Seiten, beinahe unlesbar. Ursprünglich haben wir den Jungen (Jack) zuviele schwere Prüfungen durchstehen lassen. Viel zuviele zum Lesen. Doch die Rohfassung ist ein sehr spannendes Buch. Das ursprüngliche Konzept war mitreißender und brutaler.«

»*Viel* brutaler«, fügt King an. »Nicht, daß es jetzt kein Blut und Gemetzel mehr gäbe ...« Wir versuchen herauszufinden, welche Fassung *Publishers Weekly* zu Gesicht bekommen hat: die abgemilderte Fassung oder eine frühe Version? Darauf King: »Die entscheidende Frage ist: ›Kam da (in einer Szene) eine Katze aus dem Cola-Automaten?‹« Nein. »Nun, wir haben alles ein bißchen zurückgenommen«, gesteht Straub. Beide finden, wie King erklärt, daß »in dem Buch eine Menge Liebe steckt«.

Ursprünglich sollte es ein »Hol's und bring's zurück«-Buch werden, sagt King. »Schließlich kamen wir überein, daß es nur noch ums ›hol's‹ gehen würde. Denn es ist einfach außer Kontrolle geraten. Und ich trage die Hauptschuld daran, daß es außer Kontrolle geriet. Am Anfang schrieb ich so vor mich hin, und Peter schrieb so vor sich hin, und es lief alles ganz toll.« Dann kam 1982 und »Der Thanksgiving Putsch« im

Long Wharf Marriott in Boston, einem Hotel neben einem Aquarium (»eine wichtige Quelle der Inspiration«, sagt Straub). »Wir mußten etwas anders machen ...

Steve war sich dessen mehr bewußt als ich und sagte aus einer Eingebung heraus: ›Laß uns einfach die zweite Hälftc des Konzepts vergessen.‹ Auf diese Weise ...« Straub faßt kurz den Inhalt zusammen. »Das löste eine Menge der Probleme, über die wir uns den Kopf zerbrachen.«

Das Verbinden der beiden Schreibstile war zu keiner Zeit ein Problem für die Autoren. »Zu Beginn«, sagt Straub, »haben wir beide beinahe unbewußt versucht, den Stil des anderen zu imitieren.« Doch das hörte nach etwa einhundert Seiten auf. King pflichtet dem natürlich bei. »Nach etwa einhundertfünfzig Seiten wurde daraus ein gemeinsamer Stil. Und ich habe nie zuvor so geschrieben, und ich werde wahrscheinlich auch nie wieder so schreiben, es sei denn, Peter und ich kehren noch einmal in die Umgebung zurück.« (Es gibt keine Pläne, dies zu tun, sagen die Autoren.) »Oder wir entscheiden uns, zusammen nach St. Louis zu gehen oder so was«, fügt er hinzu und lacht. »Ich würde es nicht wagen«, schwört er.

»Aber ich sage Ihnen etwas, ich hatte wirklich das Gefühl, als würden sich während des gemeinsamen Schreibens etliche Bremsklötze in meinem Gehirn lösen (›O ja‹). Zum ersten Mal seit fünf oder sieben Jahren habe ich mich sicher gefühlt, kreativ gesehen, denn ich hatte das Gefühl, Peter sei mein Sicherheitsnetz, und wenn mir nichts mehr einfiele, wäre da immer jemand, der sagt: ›Mach das‹ oder ›Warum versuchst du dies nicht mal?‹ Als wir das Konzept entwarfen, war es ... es war wie eins dieser Craftmaster-Malen-nach-Zahlen-Dinger«, nicht für irgend jemand anderen, aber für sie selbst. Doch dieses Fließbandprodukt wurde in eine Schöpfung verwandelt. »Dein Partner ist ein Teil von dir«, sagt King. (»Genau«, nickt Straub). »Oder zumindest war es in diesem Fall so.«

Der Roman ist näher an der Fantasy (in der Tradition von *Zauberhaftes Land* und *Alice im Wunderland,* auf die beide im *Talisman* angespielt wird), als King oder Straub je zuvor geschrieben haben. Das Konzept des Helden war beiden sehr wichtig, und sie haben mehrere Bücher über »den Helden« gelesen, d. h. den epischen Helden, die Bedeutung des Helden, Stufen der Entwicklung zum Helden, die Christus-Figur und -Apotheose. (»Etwas«, wie King erklärt, »das Jack, Gott sei Dank, nie durchlebt.«)

Mit all diesen Dingen im Kopf machten sie sich an das Schreiben, sagt King. »Immer wenn man eine Geschichte erschafft«, beginnt er kritisch, »gibt es viel Gerede darüber, daß ernsthafte Schriftsteller, zu denen Peter und ich nicht gehören, deshalb ernsthaft seien, weil sie sich des gesamten Spektrums literarischer Bezüge und Themen bewußt sind und darauf zurückgreifen. Dabei sieht die Wahrheit so aus, daß man, wenn man eine gute Geschichte hat und wenn man sich dann noch entscheidet, fair zu spielen, nach den Regeln der menschlichen Natur, wie man sie versteht, und der Welt, wie man sie kennengelernt hat, zwangsläufig ein ziemlich ernsthaftes Werk schreiben wird, das treffend die menschlichen Belange und die menschlichen Moralvorstellungen und Lebensweisen widerspiegelt.

Also glaube ich nicht, daß einer von uns beiden an mehr dachte als daran, daß wir eine Geschichte mit einem starken Helden schreiben wollten, der auch auf eine Art schemenhaft sein würde, nicht ein Tom-Sawyer- oder Huckleberry-Finn-Abklatsch, aber daß wir durchaus mit der Idee eines Menschen auf der Suche spielen würden, dem Helden auf der Suche ...«

»Der sich durch seine Reisen und seine Suche verändert«, klinkt Straub sich ein. (»Travelin' Jack« ist einer der Spitznamen des Protagonisten.)

»Jacks Mississippi ist der Highway«, sagt King, und es ist nur zum Teil als Scherz gemeint. »Ich denke, am Ende hatten wir etwas, das sich entlang der Worte bewegt, die wir benutzten: sonnig, fröhlich, manchmal komisch, manchmal traurig. Alles spielt ein wenig«, erklärt er, »auf eine schelmische Art, mit diesen Schlußfolgerungen von Leslie Fiedler (›Ja‹) über die Dunkelheit und das Licht in Amerika, ›Komm zurück zum Floß, Huck-Schätzchen‹, dieses homosexuelle Element, mit all dem spielt es, doch es besteht nicht einmal die Hofnung, daß es gut wird am Ende. Wenn wir über Anliegen reden, vielleicht möchtest du dann«, er läßt den Satz ausklingen, während er sich zu Straub umdreht, »vielleicht möchtest du etwas dazu sagen?«

Straub wehrt ab. »Nein, nein, ich habe mich nie wohl dabei gefühlt, über meine Anliegen zu sprechen, denn sie scheinen mir das Unwichtigste am Buch zu sein, hauptsächlich, weil es die Anliegen des Buches sind und nicht notwendigerweise meine Anliegen.« King fällt ein: »Ja, das ist es!« Die beiden lachen herzlich und scheinen zufrieden, daß sie das Thema untereinander geklärt haben.

Hat das gemeinsame Schreiben ihnen als individuellen Schriftstellern geholfen? Keiner von beiden geht wirklich auf diese Frage ein, statt dessen nutzen sie die Gelegenheit, die Qualitäten ihres Partners zu rühmen. »Ich bin sicher, daß Steve die Charaktere tiefer verstanden hat als ich.« Kind widerspricht: »Das stimmt überhaupt nicht. Ich sage, Peter bringt einen ausgefeilten Stil mit ein, zu dem ich nicht fähig bin, ein weit reiferes Verständnis der Charaktere, ein Gefühl der Reife, das ich nie in das Buch hätte einbringen können.«

»O Steve«, scherzt Straub, »ich dachte, das hättest du eingebracht.« King fährt fort: »Mir fallen keine Schwächen ein, die ich meistern mußte, außer daß es, wie ich schon sagte, war, als würde man in eine dritte Person eintreten, und das war interessant. Doch über Unzulänglichkeiten, Mängel, zu dieser Art von Dingen kann ich nichts sagen. Denn es wird schon genügend andere Leute geben, die sich dazu zu Wort melden.« Die beiden lachen, während King jemanden imitiert, der sagt: »›Dies ist ein großer, ungelenker, weißer Buffalo.‹ Und ich warte darauf, daß irgendein Kritiker mit einem riesigen Weatherby-395-Gewehr auf diesen Koloß zielt ...«

»Und ihn wegbläst«, sagt Straub, und beide können sich vor Lachen nicht mehr einkriegen.

Jack Walas, Photo courtesy of the Public Information Office at the University of Maine at Orono

King hält eine Ansprache bei der Graduiertenfeier (1987)

Die unveröffentlichten Werke

Die Stephen-King-Sammlung an der University of Maine in Orono

Alles begann im Sommer 1974 mit einer Unterhaltung zwischen Stephen King und Eric Flower, dem Bibliothekar des Special-Collections-Archivs der Fogler-Bibliothek an der University of Maine in Orono (UMO). Als King das Special-Collections-Archiv besuchte, sprach Flower mit ihm über die Möglichkeit, daß er seinen Roman *Carrie* in der Sammlung aufnehmen könnte.

Im November 1975 schrieb Flower an King, der damals in Bridgton, Maine, lebte, und erkundigte sich, ob King »alle Stücke, d. h. Ihr Originaltyposkript, die Korrekturfahnen und Druckfahnen, etc.« gesammelt hätte. King suchte das Buch in seinen verschiedenen Fassungen und Formen zusammen und hinterlegte es im Special-Collections-Archiv der Fogler-Bibliothek an der UMO. Seit damals hat King den größten Teil seiner Manuskripte in diesem Archiv hinterlegt, und weitere Zugänge werden erwartet.

Für jeden Philologen, Studenten, Literaturforscher oder Schriftsteller, der an einem Projekt über King arbeitet – besonders wenn es dabei um seine frühen Werke geht – ist das Special-Collections-Archiv eine unschätzbare Quelle. Hier ist eine Liste von den Dingen, die dort hinterlegt wurden.

1. Box 718, Dokumente, *Carrie:*
   - das getippte Manuskript
   - zweite überarbeitete Fassung
   - dritte überarbeitete Fassung
   - Korrekturfahne
   - Druckfahne
2. Box 1005, Dokumente, *The Stand [Das letzte Gefecht]*:*
   - das Originaltyposkript
   - zweite überarbeitete Fassung
   - Korrekturfahne
   - Druckfahne
3. Box 1006, Dokumente, *Night Shift [Nachtschicht]*
   - das Originaltyposkript
   - eine zweite Kopie des Manuskripts
   - Korrekturfahne
   - Druckfahne
4. Box 1007, Dokumente, *Dead Zone [Dead Zone – Das Attentat]:*
   - das Originalmanuskript
   - Fotokopie des Typoskripts

5. Box 1008, Dokumente, *The Shining [Shining]:*
    - das Originalmanuskript
    - Korrekturfahne
    - Druckfahne
    - Typoskript mit dem Titel »The Shine«
6. Box 1009, Dokumente, *Salem's Lot [Brennen muß Salem]:*
    - das Originalmanuskript
    - die Korrekturseiten
7. Box 1010, Dokumente, Originaltyposkripte
    - 4 Seiten: »Your Kind of Place« (ein unveröffentlichter Essay)
    - 4 Seiten: »Culch« (ein unveröffentlichter Essay)
    - 22 Seiten: »The Ledge« (»Der Mauervorsprung«, eine Kurzgeschichte aus der Sammlung *Nachtschicht*)
    - 8 Seiten: »The Boogeyman« (»Das Schreckgespenst«, eine Kurzgeschichte aus der Sammlung *Nachtschicht*)
    - 44 Seiten: »The Monkey« (»Der Affe«, eine Kurzgeschichte aus der Sammlung *Skeleton Crew*)
    - 8 Seiten: »Time in a Glass That Ran« (eine unveröffentlichte Kurzgeschichte, ursprünglich betitelt »The Last of Her«)
    - 23 Seiten: »And Sometimes They Come Back« (»Manchmal kommen sie wieder«, eine Kurzgeschichte aus der Sammlung *Nachtschicht*)

Tabitha und Stephen King während der Zeremonie zur Graduiertenfeier (1987)

Jack Walas, Photo courtesy of the Public Information Office at the University of Maine at Orono

Eric S. Flower (ehemaliger Leiter des Special-Collections-Archiv der Fogler-Bibliothek an der University of Maine in Orono) sichtet die Korrespondenzunterlagen seiner Briefe und Kings Antworten bezüglich der Hinterlegung der King-Manuskripte

- 2 Seiten: »Paranoid: A Chant« (»Paranoid: Ein Gesang«, ein in der Sammlung *Skeleton Crew* veröffentlichtes Gedicht)
- 76 Seiten: »The Aftermath« (ein unveröffentlichtes Manuskript in Romanlänge, geschrieben, als King sechzehn war)
- 173 Seiten: »Blaze« (ein unveröffentlichter Roman)
- 485 Seiten: »Sword in the Darkness« (ein unveröffentlichter Roman)
- 242 Seiten: *Second Coming* (die erste Fassung von *Brennen muß Salem*)

8. Box 1011, Dokumente, Korrespondenz (Briefe von Fans, Pressematerial, private Korrespondenz von Freunden)
9. Box 1012, Dokumente, *Firestarter [Feuerkind]* (weitere Hinterlegungen werden erwartet):
   - Druckfahne
10. Box 1013, Dokumente, *Cujo:*
    - das getippte Manuskript
    - erste Korrekturfahne

> ***Das Special-Collections-Archiv sucht King-Leihgaben***
>
> Das Special-Collections-Archiv sucht nach Leihgaben für seine Stephen-King-Sammlung. Neben den momentan hinterlegten Manuskripten, veröffentlichten und unveröffentlichten Materialien von King möchte das Archiv seine Sammlung auch auf Bücher, Zeitschriften, Werbematerialien, Flugblätter, Tonkassetten und andere Materialien von und über King erweitern.
>
> Aufgrund der Raumknappheit und der Möglichkeit der Vervielfältigung schicken Sie bitte nichts ein, bevor Sie die Zustimmung des Special-Collections-Archivs erhalten haben.
>
> Schreiben Sie an:
> Librarian, Special Collections
> Raymond H. Fogler Library
> University of Maine
> Orono, Maine 04469

11. Box 1014, Dokumente, *Pet Sematary [Friedhof der Kuscheltiere]:*
    - das getippte Manuskript
    - erste Korrekturfahne
12. Box 1015, Dokumente, *Christine:*
    - das getippte Manuskript
13. Box 1016, Dokumente, *Skeleton Crew:*
    - Fotokopie des Typoskripts
14. Box 1017, Dokumente, *The Talisman [Der Talisman]:*
    - Fotokopie des Typoskripts

Unveröffentlichte Romane

Ich habe wahrscheinlich vier Romane in der Schublade, die schlicht und ergreifend Totgeburten sind. Es sind keine guten Bücher. Meine Erklärung dafür, wann man weiß, ob ein Buch schlecht ist, ist, wenn man nicht einmal betrunken darin lesen und sagen kann: »Das ist ein gutes Buch.«

Stephen King in der »Larry King Show«

Ein unveröffentlichter Roman ist eine literarische Kuriosität. Doch wenn das betreffende Werk aus der Feder eines bekannten Schriftstellers wie Stephen King stammt, kann die Neugier der unermüdlichen Fans, Philologen und Sammler zu einer Obsession werden.

Über die Jahre hat es in vielen Büchern über King zahlreiche Hinweise und Anspielungen, aber nur wenig Einzelheiten über Kings unveröffentlichtes Werk gegeben. In *The Art of Darkness* zum Beispiel bemerkt Douglas E. Winter, daß dem Schreiben von *Carrie* zweitausend

Seiten bislang unveröffentlichter Werke vorangegangen sind, doch Winter beläßt es bei dieser Bemerkung.

Kings unveröffentlichtes Werk, zumeist Romane, besteht aus abgeschlossenen Werken, darunter »The Aftermath«, »Blaze« und »Sword in the Darkness« (auch unter dem Titel »Babylon Here« bekannt), und unfertigen Werken, darunter »The Corner«, »The Milkman«, »Welcome to Clearwater« und »The Cannibals«.

Ebenso hat King selbst in verschiedenen Interviews gesagt, er plane eine Fortsetzung zu *Brennen muß Salem,* und gibt sogar in *The Art of Darkness* eine Vorschau darauf. Doch sein jüngster Kommentar zu diesem Thema, 1986 in der »Larry King Show«, zeigt, daß er diese Idee mittlerweile aufgegeben hat:

> »Ich glaube, die Zeit ist vorbei. Lange Zeit hatte ich es wirklich vor, aber inzwischen ist soviel Zeit vergangen, daß die Antwort wahrscheinlich nein lautet, was höchstwahrscheinlich auch nicht weiter tragisch ist.«

Das Special-Collections-Archiv

Im Special-Collections-Archiv der Fogler-Bibliothek an der University of Maine in Orono hinterlegte King 1980 drei unveröffentlichte Romane, alle als Originaltyposkripte: »The Aftermath« (sechsundsiebzig einzeilig getippte Seiten), ein Kurzroman über das post-atomare Amerika, geschrieben, als King sechzehn war; »Blaze« (173 zweizeilig getippte Seiten), ein Thriller-Melodram; und »Sword in the Darkness«, auch unter dem Titel »Babylon Here« bekannt (485 zweizeilig getippte Seiten), ein umfangreicher Roman, der angeblich von einem Rassenkonflikt handeln soll, doch tatsächlich über achtzig Prozent seines Textes darauf verwendet, die Schrecken der Highschool aufzuzeigen.

In Interviews hat King »Blaze« und »Sword in the Darkness« wiederholt als schlechte Bücher, als mißlungene Versuche bezeichnet. Er hat sich jedoch nie zu »The Aftermath« geäußert, bei dem es sich vom Umfang her um einen Kurzroman handelt. Doch darüber hinaus ist es Kings erster Roman, geschrieben im Alter von sechzehn. Der Kurzroman war ein Trockenschwimmen für die ambitionierteren Werke, die folgten.

Ich habe mir eine Woche Zeit genommen und diese drei unveröffentlichten Romane gelesen. Obgleich King die umfangreicheren Werke für Totgeburten hält, halte ich dieses Urteil doch für zu hart. Es sind keine schlechten Bücher. Als Frühwerke in der mit nur wenigen Korrekturen versehenen Rohfassung sind sie sicher nicht druckreif, doch diese Frage sollte sich auch gar nicht stellen. Aber in Hinsicht auf Kings Geschichte als Schriftsteller sind sie wichtig, da sie Gemeinsamkeiten zeigen und uns etwas über Stephen Kings Anfänge als Schriftsteller sagen. Da »The Aftermath« deutlich eine Jugendsünde ist und sowohl

»Blaze« als auch »Sword in the Darkness« nach Stephen Kings eigener Aussage Romane für die Schublade sind (d. h. nicht veröffentlichbar), ist es unwahrscheinlich, daß wir sie je in irgendeiner gedruckten Form zu Gesicht bekommen werden.

Alle drei Werke sind spannend zu lesen und weisen viele der Qualitäten auf, die man aus Kings Prosa kennt: ein überzeugender Erzählstil, sorgfältig gezeichnete Charaktere, die Verwendung bekannter Namen, Umgangssprache und (wie auch in anderen seiner frühen Werke, besonders in den Bachman-Büchern) ein alles beherrschender Pessimismus. Trotz der unausweichlichen, mehr oder weniger großen Mängel und Schwächen in diesen Geschichten tritt doch eins deutlich hervor: King ist ein geborener Geschichtenerzähler. Wenn man keine Geschichte erzählen kann, ist alles andere egal. Technische Mängel sind korrigierbar, doch die Unfähigkeit, eine Geschichte zu erzählen, ist es nicht. Diese Werke zeigen deutlich, daß King schon immer ein Talent zum Schreiben hatte.

Also lassen Sie uns einen Blick auf dieses Trio werfen, und wir werden sehen, wie stark die Bücher schon die Meisterschaft Kings späterer, ambitionierterer Werke erahnen lassen.

»The Aftermath«

Überblick

»The Aftermath«, geschrieben, als King sechzehn war, liegt in einem Originaltyposkript vor, sechsundsiebzig Seiten, einzeilig. Der Umfang beträgt zwischen fünfundvierzigtausend und fünfzigtausend Worte. Es sind nur wenige Korrekturen vorgenommen worden. Eine Notiz von King deutet auf eine überarbeitete Fassung hin, die aber vielleicht nicht geschrieben wurde. »The Aftermath«, das zur selben Zeit entstand, in der er auch mit *Getting It On* begann (später umbenannt in *Rage [Amok]* und 1977 als Bachman-Buch erschienen), ist wichtig, weil es Kings erster Versuch eines längeren Manuskripts, eines Kurzromans, ist.

Ein einleitender Kommentar

»The Aftermath«, geschrieben in der dritten Person, beschäftigt sich mit der Frage, die der Protagonist, ein junger Überlebenskünstler namens Larry Talman, beinahe am Ende der Geschichte beantwortet: »Sind die Schrecken der Regierung wirklich schlimmer als die Schrecken der Anarchie?«

King schreibt über das Leben in Amerika, nachdem die Bombe explodierte. Der 14. August 1967 war der alles entscheidende Tag. Der achtzehnjährige Talman stellt fest, daß die Hölle auf Erden ausgebrochen ist. Das klapprige Haus der Zivilisation ist abgerissen worden, und die Menschen sind einzig darauf aus, so gut wie möglich zu überleben.

An diesem Punkt beginnt die Geschichte.

Photo courtesy of the *Bangor Daily News*

Stephen Kings Jahrbuchfoto aus der Highschool

Der Inhalt

Larry Talman infiltriert zusammen mit dem Ex-Sun-Corps-Soldaten Ian Vannerman das Sun Corps, eine paramilitärische Organisation, die Recht und Ordnung in einer post-apokalyptischen Wert repräsentiert. Das Ziel: die Vernichtung des Sun Corps.

Da er mathematisch begabt ist, bekam Talman schon früh Zugang zu DRAC, einem gigantischen Computer. Er trifft mit Reina Durrell zusammen, die er schon früher auf seinen Reisen kennengelernt hat. Sie ist nun Programmiererin von DRAC.

Talmans Mission ist es, DRAC zu zerstören, und er und Vannerman arbeiten einen Plan dafür aus.

In letzter Minute versucht Talman noch, Durrell, in die er verliebt ist, zu überzeugen, daß das Sun Corps nur schlechte Ziele verfolgt, doch es gelingt ihm nicht. Daraufhin führt er seine Mission aus und zündet die kleine Bombe, die DRAC zerstört und tötet so Durrell – etwas, das Talman schon vorausgesehen hatte.

Auf seiner Flucht zu einem Hubschrauber, in dem Vannerman auf ihn wartet, wird Talman in einen Kampf mit einem Lovecraftschen Monster verwickelt, einem Denebianer, der zur Erde entsandt wurde, um eine Invasion Außerirdischer vorzubereiten. Er kann das Monster töten. Wie sich herausstellt, war das Sun Corps nur eine Tarnung für die Denebianer.

Talman gelingt zusammen mit Vannerman die Flucht in dem Hubschrauber. Sie verlassen Tennessee und fliegen Richtung Chicago. Doch Talman wirft seine Pläne über den Haufen und will abgesetzt werden. Er steigt aus und geht seinen eigenen Weg.

Die Stärken

• Das Erzählen der Geschichte. Die Geschichte bewegt sich schnell voran, mit dem erzählerischen Schwung, der typisch für King ist. Auf der ersten Seite bereitet King den Boden für die Handlung, führt die Hauptcharaktere ein und fügt ein dramatisches Element ein, indem er sofort einen Konflikt aufzeigt, so daß die Geschichte einen Senkrechtstart vollführt. Die Art, wie die Geschichte erzählt ist, schlug mich so in ihren Bann, daß ich das Buch nicht aus den Händen legen konnte, obgleich ich wußte, wie die Geschichte ausgehen würde.
• Der Einsatz packender Bilder. Kings Romane gleichen Filmen, die im Kopf ablaufen. Kings filmische Technik wird unterstützt vom Einsatz lebendiger Bilder. (Auf der zweiten Seite erwähnt King die »hohl knallenden Jagdgewehre« der Plünderer. Es ist eine treffende, realistische Beschreibung und läßt die Geschichte durch glaubhafte Details lebendig werden.)
• Raum für Erweiterung. An vielen Stellen hätte King die Einzelheiten noch weiter ausarbeiten können, zum Beispiel durch das Einführen von Nebenhandlungen, die das Leben nach der Atomexplosion zeigen. Doch die Kürze des Romans verhindert jegliches Abschweifen. Details sind dennoch vorhanden und verleihen der ansonsten schonungslos gradlinigen Erzählung über den unausweichlichen Kampf Mensch gegen Computer Tiefe.

Die Schwächen

- Nebenfiguren. Durch das ganze Buch hindurch werden Nebenfiguren kurz eingeführt und dann schnell wieder abgehandelt. Wenn es keinen Grund für die Existenz dieser Charaktere gibt, sollten sie auch gar nicht erst auf die Bühne gelassen werden. Wenn sie jedoch eingeführt werden, sollten sie die Handlung vorantreiben, eine Nebenhandlung einleiten oder zur Ausschmückung des Hintergrunds dienen.
- Die Liebesbeziehung zwischen Reina und Talman ist nicht überzeugend.
- Der Kampf am Ende wird unabsichtlich komisch, als in letzter Minute das Lovecraftsche Monster eingeführt wird.
- Die große Anzahl an Telepathen im Sun Corps läßt es recht unwahrscheinlich erscheinen, daß Talman und Vannerman je so weit kommen könnten, wie sie es tun. Zweifellos hätte man einen oder beide enttarnt. (Es wird auch keine Erklärung dafür gegeben, daß die Telepathen sich nicht einmal gegenseitig finden.)
- Die grundlegende Frage wird eigentlich nicht beantwortet: »Sind die Schrecken der Regierung wirklich schlimmer als die Schrecken der Anarchie?« Die Frage wird flüchtig am Ende des Romans abgehandelt.

Die herausragenden Themen

»The Aftermath« zeigt, daß King schon früh begann, sich mit Themen zu beschäftigen, die später breiten Raum in seinen Werken einnehmen sollten: außer Kontrolle geratene Technologie, Seuchen, die Zerstörung der gegenwärtigen Gesellschaft, Menschen mit übersinnlichen Fähigkeiten, Initiationsriten und ein durch und durch düsteres Ende, das so typisch für die Bachman-Romane wurde.

Zusammenfassung

Nach Meinung von Douglas E. Winter ist »Aftermath« ein erstaunlich reifes Erstlingswerk. Obgleich viel aus Werken anderer Autoren entliehen ist, gibt es doch auch viel, das Bewunderung verdient. King zeigte schon im Alter von sechzehn Jahren ein deutliches Talent für das Erzählen einer Geschichte. Jeder Lektor, der diesen Text liest und um das Alter des Autoren weiß, muß beeindruckt sein.

Sein Ablehnungsschreiben würde vielleicht wie folgt lauten:

Sehr verehrter Mr. King,

vielen Dank für die Zusendung von »The Aftermath«. Es hat mir sehr gefallen, doch ich muß leider sagen, daß es nicht ganz unsere Standards erfüllt. (Der Teil mit dem Denidianischen Monster ist ein zu direkter H.-P.-Lovecraft-Abklatsch.) Dennoch ist es ein überzeugender erster Versuch, und ich hoffe, daß Sie uns auch weitere Versuche zusenden.

Mit freundlichen Grüßen

»Blaze«

Überblick

Zur selben Zeit, als King *Carrie* bei Doubleday einreichte, schrieb er an zwei weiteren Romanen: der erste, »Blaze« wurde am 15. Februar 1973 fertiggestellt, der zweite »Second Coming«, wurde später in stark überarbeiteter Fassung in *Salem's Lot (Brennen muß Salem)* umbenannt und als Kings zweiter Roman veröffentlicht.

Nach dem Verkauf von *Carrie* sprach King mit seinem Lektor bei Doubleday, Bill Thompson, darüber, welchen Text er als nächstes dem Verlag überlassen sollte. Er zeigte ihm zwei Bücher – »Blaze« und »Second Coming«. King erzählt die Geschichte im Nachwort zu *Frühling, Sommer, Herbst und Tod.*

»›Blaze‹«, erklärt King, »war ein Melodram über einen ungeschlachten, geistig zurückgebliebenen Kriminellen, der ein Baby entführt, um es den reichen Eltern des Kindes gegen ein Lösegeld zurückzugeben ... und sich statt dessen in das Kind verliebt.«

Wie King weiter erzählt, entschied Thompson, daß »Second Coming« das stärkere der beiden Bücher sei, eine Einschätzung, die King teilte, und »Blaze« verschwand wieder in der Schublade.

»Blaze« hat einen Umfang von 173 zweizeilig getippten Seiten, um die fünfzigtausend Worte, in zwanzig Kapiteln. Es gibt eine teilweise überarbeitete Fassung von 106 zweizeilig getippten Seiten. Aus den Bemerkungen, die an den Rand der ersten Fassung gekritzelt sind, sieht man, daß noch jemand anders außer King das Werk gelesen und einige Vorschläge gemacht hat (vielleicht Thompson?).

Die Widmung des Buches lautet: »Dieses Buch ist meiner Mutter, Ruth Pillsbury King, gewidmet.« (Später im selben Jahr, 1973, erlag seine Mutter ihrem Krebsleiden. Sie erlebte noch, wie ihr Sohn seinen ersten Roman verkaufte, doch sie starb, bevor er erschien.)

Einleitende Bemerkungen

In seinem Nachwort zu *Frühling, Sommer, Herbst und Tod* sagt King, »The Blaze« sei eine »literarische Imitation« von John Steinbecks 1937 erschienenem Roman *Von Mäusen und Menschen.*

In Steinbecks Kurzwerk, benannt nach einer Zeile aus Robert Burns' »To a Mouse«, sind Lennie (ein geistig zurückgebliebener Riese) und George (sein Förderer und Beschützer) Landarbeiter, die davon träumen, eines Tages ihr eigenes Stückchen Land zu besitzen. Doch es kommt anders, und George muß tun, was er tun muß, um Lennie vor sich selbst zu »schützen«.

»Blaze« ist eine Variation von *Von Mäusen und Menschen,* allerdings mit einem neuen Dreh: Die Hauptfigur, Blaze (Claiborne Blaisdell, Jr.), ist ein leicht zurückgebliebener Mann, der durch seine Verbindung zu

George Rockley (einem durchtriebenen Schuft) in die Welt des Verbrechens gelockt wird.

In der überarbeiteten Fassung wurde aus George Rockley Arch, vermutlich wegen der unausweichlichen Vergleiche mit Steinbecks gleichnamiger Figur.

Der Roman, geschrieben in der dritten Person, ist – einmal abgesehen von fünf Rückblicken, die Blazes Jugend beleuchten – eine gradlinige Erzählung über den gemeinsamen Plan von Blaze und seinem unheimlichem Mentor George, ein Baby zu entführen und Lösegeld dafür zu verlangen.

Der Inhalt

Blaze plant mit der »Hilfe« von George Rockley, den kleinen Sohn eines bekannten Geschäftsmannes zu kidnappen. Blaze entführt das Kind und kümmert sich, so gut er kann, darum, bis das Lösegeld übergeben wird.

Blaze hinterläßt viele Spuren, und so ist ihm die Polizei schon bald auf den Fersen, die ihn aufspürt und in einer Höhle in die Enge treibt. Auf seiner Flucht mit dem Baby, zu dem er eine starke Beziehung aufbaut, versucht Blaze erfolglos, einen zugefrorenen Fluß zu überqueren. Er wird erschossen, und das Kind wird seinen Eltern zurückgegeben.

Die Stärken

• Die Geschichte ist überzeugend erzählt. Sie schreitet schnell voran und entwickelt sich logisch aus Blazes Beziehung zu seinem Kumpanen George Rockley.
• Durch den Einsatz von Rückblenden, um der Figur von Blaze Tiefe zu verleihen, gelingt es King überzeugend, Sympathie für ihn zu erwecken, der, wie Carrie, eher das Opfer seiner Umstände als ein wirklich böser Mensch ist.

Blazes frühe Kindheit war von Anfang an gezeichnet von Unglück und persönlichen Tragödien. Blaze, das Kind einer kaputten Familie, ist eine sympathische Figur, deren Versuche, Freundschaft zu finden, unausweichlich tragisch enden.

Die Schwächen

• Das Ende ist zu vorhersehbar. Es stellt sich nie die Frage, ob er durchkommen wird, sondern nur, wie lange er sich dem Zugriff der Polizei entziehen kann.
• Die alltäglichen Schwierigkeiten bei der Fürsorge und Pflege eines neugeborenen Kindes lassen es unwahrscheinlich erscheinen, daß Blaze sich so um das Kind kümmern kann, wie uns das die Geschichte glauben machen will, besonders in den Phasen, wenn das Baby längere Zeit allein gelassen wird.

Zusammenfassung

Erwartungsgemäß ist »Blaze« ein gelungenes Lesevergnügen. Kings Erzählstil ist so fesselnd, daß man zeitweilig die Lücken im logischen Aufbau und die Unglaubwürdigkeiten vergißt.

Wie Carrie ist auch Blaze eine tragische Figur, ein Mensch, der verzweifelt versucht, Teil der Gesellschaft zu werden, und fehlschlägt. Wie Carrie begeht Blaze Unrecht, doch er ist nicht in sich selbst böse. Blaze ist am Ende nur ein Opfer der Gesellschaft.

Obgleich King genug von der Geschichte hielt, um sie Bill Thompson für eine mögliche Veröffentlichung vorzulegen, kann ich doch sehen, weshalb Thompson sich stattdessen für »Second Coming«, später zu *Brennen muß Salem* überarbeitet, entschied. Dennoch ist es kein schlechtes Buch, allerdings halte ich es aufgrund seiner offensichtlichen Schwächen auch nicht für veröffentlichbar.

»Sword in the Darkness«

Überblick

»Sword in the Darkness«, Kings längstes unveröffentlichtes Werk, liegt als Originaltyposkript, 485 zweizeilig getippte Seiten, vor. Der geschätzte Umfang beträgt einhundertfünfzigtausend Worte. Der Roman wurde am 30. April 1970 in Orono, Maine, fertiggestellt. Der in anderen kritischen Abhandlungen über King auch als »Babylon Here« bekannte Roman wurde kurz in Kings Artikel »On Becoming a Brand Name« besprochen:

> Buch Nr. 2 war ein fünfhundertseitiger Roman über Rassenunruhen in einer großen (fiktiven) amerikanischen Stadt. Damals – ich war zwanzig – kam es mir weder besonders anmaßend noch besonders komisch vor, daß jemand, der in einer 900 Seelen zählenden Gemeinde in Maine aufgewachsen war, eine Millionenstadt als Kulisse nehmen sollte, oder daß derselbe, der zusammen mit nur rund hundert eines Jahrgangs seinen Abschluß an der Highschool machte, den größten Teil der Handlung in eine Highschool verlegte, deren gemischtrassige Studentenschaft sich auf 4000 junge Leute belief.

Im selben Artikel schrieb King ebenfalls, daß das Buch an ein Dutzend Verleger ging und jedesmal wieder zu King zurückkam. Seine Einschätzung:

> Der Roman über Rassenunruhen ist wirklich nicht so gut ... Buch Nr. 2 ist lediglich ein schlimm versauter Flush.

Der Inhalt

Arnie Kalowski ist ein Junge mit Zukunft. Er schmiedet Pläne, das MIT zu besuchen. Doch plötzlich muß Kalowski feststellen, daß sein Leben aus den Fugen gerät. Seine Schwester Miriam ist schwanger und begeht Selbstmord, seine Mutter leidet an einem Gehirntumor und stirbt unerwartet. Sein Vater wird als Folge dieser beiden Tode immer depressiver.

Kalowski, der stark an Arnie Cunningham, den Highschoolabsolventen in *Christine,* erinnert, versucht, einen Sinn in seinem Leben zu finden. Er beginnt eine erfolglose Beziehung mit Janet Cross, fühlt sich jedoch schon bald zu Kit Longtin hingezogen, einer attraktiven, wohlgeformten Blondine, die, wie Steinbecks Cathy Ames in *Jenseits von Eden,* Sex einsetzt, um Männer für ihre Zwecke zu gewinnen.

In der Zwischenzeit erfährt die Stadt von der bevorstehenden Ankunft von Marcus Slade, der in einem Hotel in San Francisco über seine Reise in das verschlafene Nest Harding nachdenkt, das er im Juni besuchen wird.

Die Vertreter der Stadt befürchten, daß der Besuch Slades, eines schwarzen Bürgerrechtsanwalts, Rassenkrawalle entfachen wird.

Eine Straßenbande will Slades Kommen zum Anlaß nehmen, Krawalle anzuheizen, um die Stadt währenddessen zu plündern.

Slade kommt, und nach einem heraufbeschworenen Zwischenfall an der Highschool, an der er spricht, brechen die Krawalle aus ... und in der Stadt schlagen die Flammen hoch.

Kommentar

Als ich zum ersten Mal las, daß der Roman die Runde gemacht hatte und ein Dutzend mal abgelehnt worden war, wurde ich neugierig. Warum wurde er immer wieder zurückgeschickt? Nachdem ich den Roman gelesen habe, ist mir die Antwort klar. Es handelt wirklich nicht im geringsten vom Rassenkonflikt. Tatsächlich bricht der Konflikt erst auf Seite 400 aus – bei einem 485-Seiten-Buch. Hauptsächlich handelt der Roman vom Leben an einer Highschool, woraus er auch seine Stärke zieht.

Darüber hinaus sind die Szenen mit den Krawallen, wie King selbst erkannte, einfach nicht überzeugend. Ohne jegliche grundlegende Vorstellung darüber, wie die offiziellen Vertreter der Stadt zusammenarbeiten, um bei einem möglichen Aufruhr die Situation in Griff zu bekommen, wirken Kings Krawallszenen wie mit einem allzu groben Pinsel gezeichnet und sind deshalb vollkommen unrealistisch.

Übrig bleibt die Geschichte von Arnie Kalowski, die noch ausführlicher hätte herausgearbeitet werden können und die in der Tat stark genug war, den Roman zu tragen.

In vieler Hinsicht ist es ein weiterer Beitrag zu Kings fortgesetzter Geschichte über das Highschoolleben, ein literarischer Gefährte zu Carrie und Christine, doch ohne Horrorelemente. Die Figuren in der Geschichte sind glaubwürdige, mit Schwächen behaftete Menschen:

- Henry Coolidge, der Rektor der Harding Highschool, der seiner Nichte Kit Longtin, die die Highschool besucht, sexuell verfallen ist.
- Kit Longtin, die versucht, Coolidge zu erpressen, um zu bekommen, was sie will: eine Möglichkeit, aus der Stadt herauszukommen.
- Arnie Kalowski, der verzweifelt versucht, eine Liebesbeziehung mit Janet Cross anzufangen, doch sich stattdessen unwiderstehlich zu Kit Longtin hingezogen fühlt.
- Meg DeClancy, eine Schülerin, die versucht, einen ihrer Lehrer, John Edgar, zu verführen, und die ihn, nachdem es ihr nicht gelingt, der Vergewaltigung bezichtigt, um seinen Ruf zu zerstören.
- Bill Danning, der seine Sekretärin Miriam Kalowski schwängert und der ihr, als sie ihm ihre Liebe gesteht, kaltschnäuzig erklärt, daß er ihre Liebe nicht erwidert, woraufhin sie Selbstmord begeht.

»Sword in the Darkness« ist, entgegen King, kein schlechter Roman. Es ist ein Roman, der nicht funktioniert – doch auch einer, von dem ein Schriftsteller viel über das Handwerk des Schreibens lernen kann.

Eine abschließende Betrachtung

In gewisser Weise ist es schade, daß diese drei Werke wohl niemals in gedruckter Form erhältlich sein werden. Die einzige Möglichkeit, sie zu lesen – wenn man die Zeit und die Geduld hat –, besteht an der University of Maine in Orono, im Special-Collections-Archiv der Fogler-Bibliothek.

Ebenso wie einige höchst erfreut waren, festzustellen, daß King fünf Romane unter dem Pseudonym Bachman geschrieben hatte, war ich erstaunt und beglückt, als ich erfuhr, daß diese Erzählungen – in anderen Büchern über King zwar erwähnt, doch nie ausführlich behandelt – der Öffentlichkeit zugänglich sind.

Meine ursprüngliche Frage vor dem Lesen dieser Frühwerke lautete: Sind sie vielversprechend? Zu meiner Freude stellte ich fest, daß sie nicht nur vielversprechend sind, sondern daß alle Geschichten sehr gut erzählt sind – eine noch unentwickelte Fähigkeit, die King zum ersten Mal im Alter von sechzehn Jahren bewies.

Der dunkle Träumer
Ein Interview mit Douglas E. Winter

Dieses Buch über Stephen King nähert sich nun seinem Ende, und so scheint es passend, daß Douglas E. Winter das letzte Wort zufällt. Winter – Kritiker, Herausgeber, Schriftsteller und Sprecher für das gesamte Horror-Genre – ist der Autor der hochgelobten kritischen Studie zu King, *The Art of Darkness.*

Winter, der tagsüber als Anwalt tätig ist und abends schreibt, arbeitet zur Zeit an der *Stephen King Bibliography* (wird bei Donald M. Grant erscheinen). Er hat eine Horror-Anthologie, *Horror vom Feinsten,* herausgegeben, die Beiträge der wichtigsten Vertreter des Horror-Genres enthält, darunter King, Peter Straub, Clive Barker und Whitley Strieber.

Das Interview wurde von George Beahm und Howard Wornom in Winters Wohnsitz in Alexandria, Virginia, geführt.

FRAGE: Wo stünde der Horror heute, wenn King nicht in diesem Bereich tätig wäre? Was wäre geschehen?
WINTER: Der Bereich der Horror-Literatur blühte schon auf, bevor Stephen King kam. Es gab mehrere erfolgreiche Romane und Filme, die herauskamen, bevor Stephen King die Bühne betrat – denken Sie nur an Ira Levin und Bill Blatty. Es gab etliche Leute, die zur selben Zeit Horror schrieben, und es wurden ständig mehr. Doch erst gegen Ende der 70er wurde Horror wirklich zu einer eigenständigen Vermarktungskategorie. Eine immer größer werdende Anzahl von Horrorromanen wurde auf den Markt gebracht, doch erst als Steve die Hardcover-Bestsellerlisten stürmte, begannen alle Verleger, Horror als ein eigenständiges Genre zu betrachten.

FRAGE: Doch offensichtlich war Steve zur richtigen Zeit am richtigen Ort.
WINTER: Es hat etwas davon, aber wenn Sie genau hinschauen und andere Schriftsteller vergleichen, die zur selben Zeit schrieben – Peter Straub zum Beispiel –: Straub hat seine frühen Horrorromane *nicht* als Reaktion auf Stephen King geschrieben. Peter Straub war in England und Irland und erfuhr erst von Stephen Kings Existenz, nachdem dieser schon zwei Horrorromane veröffentlicht hatte. Charlie Grant schrieb zur selben Zeit Horrorliteratur. Eine ganze Anzahl von Leuten tat das, bevor Stephen King als »Phänomen« auftauchte. Steves Verdienst war es, daß er der allgemeinen Verlagswelt und in bestimmter Hinsicht auch der Filmwelt die Botschaft überbrachte, daß diese Literaturform im höchsten Maße populär sein konnte.

FRAGE: In den Rezensionen zu *The Art of Darkness,* die ich gelesen habe, gab es nur einen großen Kritikpunkt, nämlich, daß das Buch nichts wirklich Kritisches über King enthielt.
WINTER: Ich denke, Sie meinen, daß nicht viel Negatives gesagt wird, was auch nicht das Ziel des Buches war. Das Buch erklärt in seinem Vorwort, worum es geht. Und es sagt, daß es sowohl als Leitfaden für die Leser als auch als eine literarische Betrachtung und Wertung gedacht ist. So wie ich es sehe, hatte ich die Gelegenheit, einer großen Leserschaft – inklusive einer Menge Leute, die nicht zu den Fans des Genres zählen –

nicht nur eine Studie der Bücher von Stephen King, sondern auch den größeren Zusammenhang und etwas über Horrorliteratur im allgemeinen zu präsentieren. Es war nicht meine Absicht, mit einer Art Positiv-negativ-, Pro-und-Contra-Ansatz an die Sache heranzugehen, sondern ein Buch herauszubringen, das sich ausführlich mit Steves Werk beschäftigt und die kritische Bewertung anderen überläßt.

FRAGE: Welche Reaktion haben Sie von Leuten bekommen, die Ihr Buch über King gelesen haben?
WINTER: Ausschließlich gute. Als das Buch herauskam, habe ich Berge von Briefen erhalten. Die Briefe kamen von Schülern, Lehrern, Bibliothekaren, sogar von Häftlingen – und alle sagten sie mir, wie sehr ihnen das Buch gefallen habe. Die meisten Briefe hatten noch ein P.S.: Wie kann ich an ein Exemplar von *Schwarz* kommen? Ich habe wirklich einige nette Reaktionen auf das Buch erhalten. Es gibt dort draußen offenkundig eine große Menge von Stephen-King-Fans, und ich denke, das Buch war etwas, auf das sie lange gewartet haben, das einfach wie geschaffen für sie war, weil es eine Art Ordnung in die Werke brachte und meiner Meinung nach auch als ein wirklicher Leitfaden diente und Kings Bücher, wie ich hoffe, ansprechend analysierte. Es war die Absicht des Buches, zu sagen: Hier sind nicht nur ein paar Bücher, die ihr zur Unterhaltung lesen könnt, sondern da sind auch Botschaften, da sind Themen, da sind Zusammenhänge, die wichtig sind. Für mich war das immer der Einstieg: mir zu überlegen, wovon Literatur handelt und wie sie mich und mein Denken beeinflußt. Ich hasse es, wenn Leute Steve als bloßen Unterhaltungsautor abqualifizieren, denn das ist er nicht. Dasselbe trifft auch auf andere wichtige Schriftsteller der Horrorliteratur zu. Und mit diesem Buch ergibt sich die Gelegenheit, einige der wichtigen Dinge anzusprechen und zu erklären, die da vor sich gehen.

FRAGE: Haben Sie das Gefühl, die negativen Kommentare über Stephen Kings Werk stammen von Leuten, die seine Bücher überhaupt nicht lesen oder nicht sorgfältig lesen, oder daß sie vielleicht eine Art Reaktion darauf sind, daß die Bücher populär sind und deshalb nicht gut sein können?
WINTER: Ich denke, Popularität hat für viele etwas Negatives, aber seien wir ehrlich: eine ganz schöne Menge sehr populärer Literatur ist schlichtweg Schund. Dieses Vorurteil ist also nicht weiter überraschend. Andererseits hat jeder das Recht auf seine eigene Meinung. Wenn ich das betrachte, was ich an negativen Kritiken über Steves Werk gelesen habe, denke ich immer, daß das meiste davon auf seiner Popularität beruht und auf der Tatsache, daß er nun nicht nur Schriftsteller sondern auch eine Berühmtheit ist, und nicht nur auf einer bestimmten Einschätzung seiner Werke oder der Horrorliteratur. Andererseits habe ich einige negative Kritiken gelesen, die absolut fair und in keiner Weise

GB

Douglas E. Winter in seinem Arbeitszimmer

ehrenrührig waren, denen man nicht einfach bösen Willen zuschreiben kann, die statt dessen zeigen, daß die kritische Einschätzung der betreffenden Person ein wenig anders ist. Und manchmal muß ich diesen Leuten zustimmen.

FRAGE: War King persönlich an *The Art of Darkness* beteiligt?
WINTER: Nein. Er hat das fertige Manuskript gelesen, und dann hat er mir die schmutzigen Bildchen wieder zurückgegeben. Spaß beiseite, er war wirklich sehr nett und hat mehrere Interviews mit mir über sich ergehen lassen. Und er und Stephanie Leonard haben mir geholfen, einige der Dinge aufzuspüren, sowohl biographische als auch bibliographische Einzelheiten. Doch davon einmal abgesehen, war es mein Buch, und ich denke, das merkt man auch. Ich habe versucht, das Material aus den Interviews in meine Analysen seines Werkes einzuarbeiten, außer in den wenigen Fällen, in denen Steve im Buch sehr persönliche Ereignisse aufgreift, wie bei *Friedhof der Kuscheltiere* zum Beispiel, bei dem er mir das einzige Interview gegeben hat, das er je über dieses Buch geben wird. Aus diesem Grund ist mein Buch in der Lage, meine kritische Einschätzung und seine persönliche Meinung zusammenzubringen.

FRAGE: Ihr Buch stellt eine Ausnahme unter all den anderen Büchern über King dar, da Sie King sowohl als Privatmann als auch als Schriftsteller kennen und es da sehr viele persönliche Einblicke gibt.
WINTER: Und ich denke, das ist auch sehr wichtig. Das ist die größte Schwierigkeit, die ich mit literaturwissenschaftlich orientierten Studien habe. Ich kenne Michael Collings, und ich mag ihn sehr, doch ich erinnere mich, daß ich seine Rezension zu *Faces of Fear* las, in der er schrieb: Das ist alles sehr interessant, doch wir dürfen nie vergessen, Bücher als Texte zu betrachten, und es ist der Text, der wichtig ist. Und das ist der literaturwissenschaftliche Ansatz. Den Philologen interessiert nur, was innerhalb der vier Ecken eines Buches zu finden ist. Ich bin in erster Linie Schriftsteller und erst in zweiter Linie Kritiker, und für mich als Schriftsteller zählt nicht allein, was ich auf eine Seite schreibe. Zum Beispiel gibt es so viele Dinge in Kings Leben, die Einfluß auf seine Werke haben, und so viele Dinge über das Leben, wie er es sieht, die er versucht, mit seinen Werken zu beeinflussen, daß man seine Bücher gar nicht allein innerhalb ihrer vier Ecken betrachten kann. Ich halte das für unmöglich, wenn man nicht Gefahr laufen will, vollkommen zu verdrehen, worum es in dem Buch geht.

Ich konnte *Art of Darkness* nur so schreiben, wie ich es geschrieben habe. Es ist sehr mühsam, alles in einen Kontext zu bringen, dem Leser einen Eindruck davon zu vermitteln, was hinter jedem Buch steht, was in das Buch eingeflossen ist, weshalb das Buch überhaupt geschrieben wurde, welche Themen das Buch aufgreift, was es erreichen will. Es anders zu machen würde bedeuten, zu sagen: »Hier ist der Text, und jetzt werde ich euch, weil ich viele andere Texte gelesen habe, sagen, in welcher Beziehung er zu anderen Texten steht.« Das ist kein falscher Ansatz, doch für mich als Schriftsteller – und ich denke, die meisten Schriftsteller, die ich kenne, teilen da meine Meinung – mutet dieser Ansatz ein wenig seltsam an. Er bringt nicht die Dinge eines Buchs zum Ausdruck, die der Autor zum Ausdruck bringen wollte. Er bringt die Dinge zum Ausdruck, die der Philologe beim Betrachten des Buches zum Ausdruck bringen möchte.

FRAGE: Der »New Criticism« hat seine Anhänger ... Es ist interessant, festzustellen, daß Collings seit kurzem, besonders in bezug auf King, die Ansicht vertritt, ein Buch sei mehr als nur ein Gebrauchsgegenstand. Es spiegelte ein Individuum zu einem bestimmten Zeitpunkt seines Lebens wider, eine Einstellung, die Harlan Ellison immer wieder in seinen Essays herausstreicht.
WINTER: Meiner Meinung nach trifft das den Nagel auf den Kopf ... Etwas anderes, was mir bezüglich der kritischen Einschätzungen und Studien über King Sorge macht – und das richtet sich nicht an Michael –, ist die ausgesprochene Begrenztheit insofern, daß es eine Kritik über

und an King ist und nichts weiter. Und das ist eine weitere Frage des Kontextes. Das ist der Grund, weshalb ich am Anfang von *The Art of Darkness* versucht habe, Steves Werke in den Kontext des gesamten Bereichs der Horrorliteratur zu setzen, wo sie auch ganz klar anzusiedeln sind. Steve hat von klein auf Horrorliteratur gelesen. Seine ersten Schreibversuche waren Nachahmungen von Horrorliteratur, die andere geschrieben hatten, und er ist stark von diesen Schriftstellern beeinflußt worden. Und das ist ebenfalls Teil des Kontextes, ganz losgelöst von allen biographischen Fakten. Man muß in der Lage sein, Steve im Kontext anderer Schriftsteller zu verstehen, ebenso wie man andere Schriftsteller im Kontext von Steve sehen muß. Viele Leute, die ich kennengelernt habe und die über King schreiben ,... er ist der einzige moderne Horrorschriftsteller, den sie gelesen haben. Das einzige, was sie vielleicht von Peter Straub gelesen haben, ist das, was Peter zum *Talisman* beigesteuert hat, und das ist ein lächerlich beschränkter Ansatz.

FRAGE: Ich bin sicher, daß Sie sich auch darüber ärgern, daß viele Kritiker zu King nicht nur schlecht informiert sind, sondern auch unter einer Fan-Mentalität leiden, wo alles, was King schreibt, einfach wundervoll ist, und es keinerlei kritische Objektivität gibt. Gewöhnlich sind solche »Kritiker« nicht sonderlich belesen, weder innerhalb noch außerhalb des Genres, sondern haben ausschließlich King gelesen.
WINTER: Das stimmt, und das ist nicht nur bei Stephen King so, sondern auch bei Clive Barker, der ebenfalls ein gutes Beispiel ist.

FRAGE: In *Art of Darkness* erwähnen Sie drei unveröffentlichte Werke von King: »The Aftermath«, »Blaze« und »Sword in the Darkness«. Haben Sie diese Werke gelesen?
WINTER: Ich habe »The Aftermath« gelesen. Ich hatte viel Spaß dabei.

FRAGE: Außerdem haben Sie »The Cannibals« erwähnt. Wurde dieser Roman je zu Ende geschrieben?
WINTER: Ich glaube nicht. Vor Jahren hat Steve mir diese merkwürdige Karteikarte gezeigt, die er dafür hatte. Ich denke, er hat ihn nur als eine Art Zeitvertreib geschrieben, während sie mit den Dreharbeiten zu *Creepshow* beschäftigt waren, und daß er später J. G. Ballards *Der Block* gelesen hat, der eine ähnliche Idee verwendet. Vielleicht ist das der Grund, weshalb er die Geschichte aufgegeben hat.

FRAGE: Behandelte die Geschichte das Thema Kannibalismus?
WINTER: Ja. Zu den anderen unveröffentlichten Stücken: »The Aftermath« hat er geschrieben, als er sechzehn war. Es ist ein ganz ansehnlicher Roman. Und »Sword in the Darkness« ist stark von John Farris beeinflußt worden, es ist so eine Art Harrison-High-Roman. Und »Blaze« ist einfach ein sehr merkwürdiges Buch, sehr Bachman-artig, wie man es beschreiben könnte.

FRAGE: Die diesmonatige Ausgabe von *Castle Rock* (Februar 1989) deutet an, daß King sich wieder aus seiner Ruhephase zurückgemeldet hat ...
WINTER: Ich glaube nicht, daß er sich jemals ganz zurückgezogen hat. Ich denke, da haben einige Leute etwas mißverstanden, was er gesagt hat.

FRAGE: Mir scheint es so, als hätte er nur eine Ruhepause eingelegt ... Da war ein Artikel von einer anonymen Quelle im *S.F. Chronicle,* der Titel zu angekündigten King-Büchern nannte, die in dem Leitartikel in *Castle Rock* nicht explizit erwähnt wurden.
WINTER: Ich habe den Artikel nicht gelesen, also weiß ich nicht, welche Titel er genannt hat. Da ist *Stark,* und soweit ich weiß, ist da noch eine bisher unbetitelte Novellensammlung. Und kürzlich hat er einen Roman mit dem Titel *In einer kleinen Stadt* beendet.

FRAGE: Es hat eine ganze Reihe von Artikeln gegeben, und so herrscht einige Verwirrung darüber, was genau veröffentlicht werden wird, einmal von den knappen Fakten abgesehen, die sich in *Castle Rock* finden lassen ... King hat davon gesprochen, daß er eine Fortsetzung zu *Brennen muß Salem* plane, und später hat er es widerrufen, da es schon zu lange her sei und er sie nicht mehr schreiben würde. Glauben Sie, daß er das Buch schreiben wird?
WINTER: Das ist schwer zu sagen. Mir gegenüber hat er sowohl ja als auch nein gesagt. Ich denke, Tabby King hatte den besten Einfall von allen. Sie hat mir gesagt, daß sie die Fortsetzung schreiben würde. Tatsächlich hat sie gesagt, es wäre toll, wenn man einem Haufen Leute erlauben würde, Fortsetzungen zu schreiben.

FRAGE: Eine Art »shared world«-Projekt?[1]
WINTER: Nein. Jeder würde seine eigene Fortsetzung schreiben. Es würde dann vielleicht fünf autorisierte Fortsetzungen zu *Brennen muß Salem* geben. Ich würde eine schreiben. Ich weiß, daß Charlie Grant auch eine schreiben würde. Und ich wette, David Morrell wäre ebenfalls interessiert. Leute, die stark von *Brennen muß Salem* beeinflußt wurden, könnten ihre eigenen Fortsetzungen zusammenbrauen und einfach mal sehen, was geschieht. Wenn sie keinen Kontakt untereinander hätten, wäre es interessant zu sehen, was für Bücher dabei herauskommen würden.

---

[1] In einem »shared world«-Buch wird ein gemeinsamer Handlungsort und -rahmen verwendet, der dann mit Charakteren verschiedener Autoren bevölkert wird. Würde *Brennen muß Salem* auf diese Weise fortgesetzt, könnte es zum Beispiel Geschichten von Douglas Winter, Peter Straub, David Morrell, Clive Barker und anderen Autoren geben, die Kings Figuren, Handlungsschauplätze und Ideen verwenden und eventuell eigene neue Charaktere einführen.

FRAGE: Ich würde Sie gern etwas zu »Nachtflieger«[2] fragen. Hat King in Gesprächen mit Ihnen gesagt, daß er die Geschichte als eine Fortsetzung zu *Brennen muß Salem* betrachtet? Viele Leute halten es dafür.
WINTER: Ich denke, er sieht die Geschichte zum Teil als Fortsetzung zu *Brennen muß Salem,* doch sie setzt auch *Dead Zone* fort: Richard Dees, der schmierige Reporter aus »Nachtflieger«, ist eine Figur aus *Dead Zone.*

FRAGE: Wissen Sie etwas über die Umstände der Veröffentlichung des Videos *Salem II – Die Rückkehr?*
WINTER: Nein, aber ich vermute, daß da etwas im ursprünglichen Vertrag für die Fernseh-Miniserie stand, was eine weitere Verwendung des Titels oder das Drehen einer Fortsetzung erlaubte. Ich muß gestehen, ich habe das Video nicht gesehen. Und bei dem, was ich gehört habe, möchte ich es auch nicht.

FRAGE: Hatten Sie Gelegenheit, *Stark* zu lesen? Ich frage, weil King gesagt hat, daß es eine »Variation des Frankenstein-Themas« sei, nachdem er nach *Es* bekundet hatte, er hätte nun alles, was er über Monster zu sagen habe, in jenem Buch gesagt. Ich habe so den Eindruck, daß er, egal was er sagt, immer wieder zum Horror zurückkehren wird, da dort sein Herz ist.
WINTER: Ich denke, damit könnten Sie recht haben, aber ich denke nicht, daß Sie bezüglich *Stark* richtig liegen. Es ist ein sehr kurzer Roman, ein packendes Buch. Da ist etwas an diesem Buch, das purer Jim Thompson ist ... es ist ein hartes, gradliniges Buch. Es ist ausgesprochen brutal, es *ist* eine Variation des Frankenstein-Themas, aber nicht so, wie Sie denken.

FRAGE: Ich merke schon, daß Sie sehr vorsichtig sind, um nicht zuviel zu verraten.
WINTER: Ich ziehe es vor, wenn Sie es für sich herausfinden. Ich kaue Leuten nicht gern Bücher vor, denn ich liebe es selbst so sehr, Bücher zu erleben ... Es gibt einiges an dem Buch, das ich außerordentlich liebe. Es war eins von den Büchern, die mich einfach ansprangen. Ich weiß nicht, ob immer noch vorgesehen ist, es als Titel von Stephen King und Richard Bachman herauszubringen, aber so ist das Manuskript geschrieben worden ... als eine Zusammenarbeit.

FRAGE: Lassen Sie uns noch einmal auf *Art of Darkness* zurückkommen. Ist NAL mit den Verkaufszahlen zufrieden? War es ein Erfolg?
WINTER: Ja. Es war in der gebundenen Ausgabe sehr erfolgreich. Das

---

[2] Die Leitgeschichte aus Winters Anthologie *Horror vom Feinsten,* erschienen bei NAL als gebundene Ausgabe (1988) und als Taschenbuch (1989), deutsch bei Heyne als Jumbo.

war sehr befriedigend. Aber es hängt auch davon ab, was Sie mit »Erfolg« meinen. Wir sprechen hier nicht von einem Erfolg in Kingschen Dimensionen. Wir sprechen von einem Erfolg im Vergleich zu anderen gebundenen Büchern. Ich glaube, die erste Tantiemenauflistung besagte, daß 20 000 gebundene Exemplare verkauft worden waren. Und heutzutage ist das schon recht gut für ein Buch, denn eine Menge Romane werden mit einer Startauflage von 10 000 Exemplaren auf den Markt gebracht.

FRAGE: Aber die Buchhändler wissen nicht, wo sie es in ihrem Laden hinstellen sollen.
WINTER: Das ist ein *großes* Problem.

FRAGE: Chuck Miller, der zusammen mit Tim Underwood eine Reihe von Büchern über King herausgebracht hat, sagte, daß der Verkauf ihrer King-Bücher durch die unglückliche Aufstellung ihrer Titel behindert würde. War das auch bei Ihrem Buch ein Problem?
WINTER: Ich hatte mit meinem etwas mehr Glück, weil draufsteht *Stephen King: The Art of Darkness* und es eine Art literarischer Biographie ist. Eine Sammlung von Essays hingegen – wie die Underwood-Miller-Bücher – wo soll man sie hinstellen? Die Buchhandlungen hatten schon genug Schwierigkeiten damit, einen Platz für *Horror vom Feinsten* zu finden. Wo findet man heutzutage in Buchhandlungen die Anthologien? Sie sind meist hinten bei den Klassikern, und in der Tat habe ich *Horror vom Feinsten* in vielen Buchhandlungen genau dort gefunden, irgendwo im Eck zwischen den Klassikern, weil da die Kurzgeschichtensammlungen stehen. Es wird interessant werden, zu sehen, was sie mit dem Taschenbuch anstellen.

FRAGE: Wir haben vorhin schon einmal über Tabitha King gesprochen. Halten Sie sie für eine stärkere Mainer Lokalschriftstellerin als King?
WINTER: Tabitha King ... da ist ein Lokalkolorit in ihren Werken, das sie als eine sehr starke regionale Schriftstellerin auszeichnet, und ich meine das als Kompliment. Wir sprechen hier über Faulkner, O'Connor oder einen Steinbeck. Ihren Büchern wohnt eine deutlich regionale Kraft inne. Anders ausgedrückt, ein Teil der Kraft ihrer Prosa beruht auf dem Handlungsschauplatz und den Menschen dort. Es ist eine bestimmte Art von Menschen, die in einer bestimmten Art von Umgebung leben. Andererseits denke ich nicht, daß das ihre Ausdrucksstärke begrenzt, wie das bei anderen Lokalschriftstellern der Fall ist. Ich halte sie für ausgesprochen fähig, Außenseitern wie mir die Eigentümlichkeiten jener Gegend zu vermitteln. Ich habe zum Beispiel einige andere Mainer Schriftsteller gelesen, die die Gesellschaft dort so fremdartig erscheinen lassen, daß sie tatsächlich zu einer fremdartigen Gesellschaft *wird* und man das Gefühl hat, sie eigentlich nicht wirklich zu verstehen.

FRAGE: Tabitha Kings jüngster Roman hat exzellente Kritiken bekommen. Ich glaube, sie hat sich sehr angestrengt, die Tatsache herunterzuspielen, daß sie mit Stephen King verheiratet ist. Sie möchte, daß ihre Bücher nur nach ihrem eigenen Wert beurteilt werden, doch ich glaube, daß das für viele Rezensenten schwierig ist.
WINTER: Ganz sicher, daran besteht kein Zweifel. Und besonders für die Art von Kritikern, über die wir vorhin schon gesprochen haben, deren Hauptaugenmerk darauf gerichtet ist, wie populär Stephen King ist und wieviel Geld er mit dem verdient, was er macht. Und das wirft zwangsläufig einen Schatten auf ihr Werk, was sehr schade ist.

FRAGE: Ist nicht Hilary Ross Ihre Lektorin bei NAL?
WINTER: Ja.

FRAGE: Sie haben vorhin schon Lektoren und ihren Einfluß auf die Bücher erwähnt. War Ross aktiv an *The Art of Darkness* und *Horror vom Feinsten* beteiligt?
WINTER: Das hängt davon ab, was Sie unter »aktiv« verstehen. Ich glaube, weniger bei *The Art of Darkness* als bei *Horror vom Feinsten.* Sie war natürlich eine der inspirativen Kräfte hinter *Horror vom Feinsten.* Es ist sehr interessant, wie es überhaupt zu dem Buch kam. 1986 oder auch 1985 wurde ich für die *Washington Post* interviewt, weil gerade die Taschenbuchausgaben von *The Art of Darkness* und *Faces of Fear* erschienen waren. Sie waren natürlich besonders interessiert an der Tatsache, daß ich sowohl ein Washingtoner Anwalt als auch Schriftsteller war. Eine ihrer Fragen lautete, was ich als nächstes planen würde. Und ich erwiderte: »Ich würde gern eine Sammlung mit Kurzgeschichten zusammenstellen, die die moderne Horrorliteratur am Ende der Achtziger repräsentiert.« Ein paar Wochen später hatte ich bei New American Library ein Treffen mit Hilary, und sie holte das Interview der *Washington Post* hervor, weil die Leute in der Presseabteilung es natürlich ausgeschnitten hatten. Alle Erwähnungen von *The Art of Darkness* waren unterstrichen, und dann sagte sie: »Wissen Sie, ich habe das hier gelesen, und ich habe den Absatz gesehen, wo Sie sagen, was Sie gern als nächstes machen würden. Sind Sie wirklich daran interessiert?« Und ich erwiderte: »Nun, natürlich, ich hätte es nicht gesagt, wenn ich es nicht wäre.« Sie sagte: »Nun, wissen Sie, wir haben in der letzten Zeit einige Horror-Anthologien gesehen, die uns für eine mögliche Taschenbuchveröffentlichung oder sowas eingereicht wurden, und wir haben uns überlegt, daß das ein Bereich ist, in den wir vielleicht einsteigen wollen. Aber nichts von dem, was man uns geschickt hat, war besonders gut.« Und dann hat sie mich nach einigen der Bücher gefragt. Schließlich meinte sie: »Besonders in Anbetracht dieses Artikels gibt es im Augenblick wohl niemanden, der besser geeignet wäre, ein solches Buch, eine hochklassige Horror-Anthologie im Hardcover zusammenzustellen, als

Sie.« Und ich sagte: »Nun, ich denke, da haben Sie recht.« Also schlenderte ich mit einem breiten Grinsen auf meinem Gesicht die Straße hinunter zum Büro meines Agenten, und wir unterbreiteten dem Verlag einen Vorschlag. Und so wurde *Horror vom Feinsten* geboren.

Anhang

Als jemand, der über die letzten fünfzehn Jahre gewissenhaft versucht hat, den Überblick über Kings wahrlich gewaltigen Ausstoß zu behalten, kann ich Ihnen versichern, daß es eine Aufgabe wie geschaffen für einen Herkules ist. Ich denke, Douglas E. Winter würde mir da zustimmen. (Winters Bibliographie der King-Materialien in *The Art of Darkness* wurde für die Veröffentlichung als separates Buch, *The Stephen King Bibliography,* erweitert und soll voraussichtlich 1992 bei Donald M. Grant erscheinen.)

Da sich dieses Buch vornehmlich an die allgemeine King-Leserschaft richtet – jene, die für gewöhnlich nur zu den handelsüblichen Hardcover- und Taschenbuchausgaben Zugang hat –, habe ich eine ausführliche Liste zusammengestellt, was erhältlich ist und wie man es bestellen kann.

Für jeden, der mehr als nur ein flüchtiges Interesse an King besitzt, sollten die folgenden sechs Kapitel des Anhangs ein wichtiger Leitfaden sein, ein guter Ausgangspunkt, wenn Sie weitergehende Informationen suchen.

Anhang 1: »Lieferbare Titel«, listet jedes momentan erhältliche King-Buch und den/die betreffenden Verleger auf.

Anhang 2: »Bücher über Stephen King«, enthält eine Kurzrezension zu jedem Buch. Bis heute haben alle erschienenen Bücher über King einen literaturwissenschaftlichen Ansatz. Das am leichtesten zugängliche Buch ist Douglas E. Winters *Art of Darkness,* das in Zusammenarbeit mit King geschrieben wurde. Außerdem könnte Sie vielleicht *Angst pur* (eine Sammlung von Interviews mit King) interessieren sowie einige der von Underwood-Miller zusammengestellten Essaysammlungen über King und sein Werk. (Die Starmont-House-Bücher, so exzellent sie auch sind, sind eher literaturwissenschaftlich ausgerichtet; ernsthafte Fans, Studenten, Philologen und Lehrer werden sie sehr zu schätzen wissen.)

Anhang 3: »Filmographie und Videographie«, hauptsächlich aus Sekundärquellen zusammengestellt, listet jeden King-Film, jede Original-Videoproduktion und die Videoveröffentlichungen der Kinofilme auf.

Anhang 4: »Audiokassetten«, bietet detaillierte Informationen über Hörspiele, gekürzte und ungekürzte Lesungen und aufgezeichnete Interviews.

Anhang 5: »Sammlerausgaben«, bietet detaillierte Informationen über den momentanen Marktwert der Erstausgaben und limitierten Ausgaben von Kings in den USA erschienenen Büchern. Diese Liste, zusammengestellt von Barry R. Levin – dem führenden Antiquar im Bereich der Fantasy und Science-fiction – ist nach dem Standardaufbau von Bibliographien geordnet.

Anhang 6: »Quellen«, listet die Orte auf, an denen Sie die verschiedenen King-Materialien, die in diesem Buch behandelt wurden, einsehen oder kaufen können.

Anhang 1
Lieferbare Titel

Aufgrund von Kings anhaltender Popularität ist beinahe der gesamte Kanon seiner Werke als Hardcover- und Taschenbuchausgabe erhältlich. Wenn Ihr Buchhändler einen der Titel gerade nicht vorrätig hat, wird er ihn Ihnen sicher gern bestellen.

Die nachstehende Liste führt die Bücher alphabetisch mit Verlag, Ausgabe und Verkaufspreis auf. (Die Preise können gegebenenfalls abweichen, ebenso wie einige der Ausgaben mittlerweile vielleicht vergriffen sind.) Neben den deutschen werden auch die amerikanischen Ausgaben genannt. Die Liste erfaßt außerdem Titel, die nur in USA erschienen sind. Ein Paperback ist eine großformatige, kartonierte Ausgabe, üblicherweise auf gutem Papier gedruckt. Taschenbuchausgaben entsprechen der handelsüblichen Größe und sind zumeist auf dünnerem Papier gedruckt.

Wenn ein Buch vergriffen sein sollte, so ist dies in der Liste vermerkt. Einzelne Ausgaben können aber durchaus noch bei Ihrem Buchhändler erhältlich sein.

1. *Die Augen des Drachen (The Eyes of the Dragon)*
   - Heyne, Taschenbuch, DM 9,80
   - Viking, gebunden, $ 18,95
   - NAL, Taschenbuch, $ 4,50
   - G.K. Hall & Co., gebunden, Großdruckausgabe, $ 21,95
2. *The Bachman Books* (eine Gesamtausgabe der ersten vier Bachman-Romane
   - New American Library (NAL), gebunden, $ 19,95 (vergriffen)
   - NAL, Paperback, $ 9,95
   - NAL/Signet, Taschenbuch, $ 5,95
3. *Brennen muß Salem (Salem's Lot)*
   - Paul Zsolnay, gebunden, DM 38.–
   - Heyne, Taschenbuch, DM 8,–
   - Doubleday, gebunden, $ 19,95
   - NAL, Taschenbuch, $ 4,50
4. *Carrie (Carrie)*
   - Gustav Lübbe Verlag, gebunden, DM 36,–
   - Doubleday, gebunden, $ 16,95
   - NAL, Taschenbuch, $ 3,95
5. *Christine (Christine)*
   - Heyne, Taschenbuch, DM 12,80
   - Viking Press, gebunden, $ 22,95
   - NAL/Signet, Taschenbuch, $ 4,95
6. *Creepshow (Creepshow)*
   - Bastei Lübbe, Paperback, DM 12,80
   - NAL, Paperback, $ 6,95
7. *Cujo (Cujo)*
   - Bastei Lübbe, Paperback, DM 19,80
   - Bastei Lübbe, Taschenbuch, DM 8,80

- Viking Press, gebunden, $ 22,95
- NAL, Taschenbuch, $ 4,95

8. *Danse Macabre (Danse Macabre)*
   - Heyne, Taschenbuch, DM 12,80
   - Berkley, Taschenbuch, $ 4,95
9. *Dead Zone – Das Attentat (The Dead Zone)*
   - Heyne, Taschenbuch, DM 9,80
   - Viking, gebunden, $ 22,95
   - NAL, Taschenbuch, $ 4,95
10. *Dolan's Cadillac*
    - Lord John Press, gebunden, $ 125,– (vergriffen)
11. *Drei (The Dark Tower II: The Drawing of the Three)*
    - Heyne, Paperback, DM 24,80
    - NAL, Paperback, $ 12,95
    - NAL, Taschenbuch, $ 4,95
12. *Es (It)*
    - Heyne, Paperback, DM 24,80
    - Heyne, gebunden (ungekürzte Neuausgabe), DM 56,–
    - Viking, gebunden, $ 22,95
    - NAL, Taschenbuch, $ 5,95
13. *Feuerkind (Firestarter)*
    - Bastei Lübbe, Paperback, DM 19,80
    - Bastei Lübbe, Taschenbuch, DM 9,80
    - Viking, gebunden, $ 22,95
    - NAL, Taschenbuch, $ 4,50
14. *Der Fluch (Thinner)*
    - Heyne, Taschenbuch, DM 9,80
    - NAL, gebunden, $ 12,95 (vergriffen)
    - NAL, Taschenbuch, $ 4,95
15. *Der Fornit, Im Morgengrauen, Der Gesang der Toten (Skeleton Crew)*
    - Heyne, 3 Taschenbücher, DM 7,80/8,80/7,80
    - Putnam, gebunden, $ 18,95 (vergriffen)
    - NAL, Taschenbuch, $ 4,95
16. *Friedhof der Kuscheltiere (Pet Sematary)*
    - Hoffmann und Campe, gebunden, DM 38,–
    - Heyne, Taschenbuch, DM 9,80
    - Doubleday, gebunden, $ 19,95
    - NAL, Taschenbuch, $ 4,95
    - G.K. Hall & Co., Paperback, Großdruckausgabe, $ 9,95 (vergriffen)
17. *Frühling, Sommer, Herbst und Tod (Different Seasons)*
    - Heyne, Taschenbuch, DM 12,80
    - Viking, gebunden, $ 22,95
    - NAL, Taschenbuch, $ 4,95
18. *In einer kleinen Stadt (Needful Things)*
    - Hoffmann & Campe, gebunden, DM 39,80
    - Viking, gebunden, $ 24,95
19. *Das Jahr des Werwolfs (Cycle of the Werewolf)*
    - Bastei Lübbe, Paperback, DM 16,80
    - Bastei Lübbe, als *Der Werwolf von Tarker Mills,* DM 19,80 (Taschenbuch DM 9,80)
    - NAL, Paperback, $ 8,95

– NAL, Paperback, als *Silver Bullet (Der Werwolf von Tarker Mills)*, $ 9,95

20. *Katzenauge* (Auswahl aus *Nachtschicht*)
    – Bastei Lübbe, Taschenbuch, DM 7,80
21. *Langoliers* und *Nachts (Four Past Midnight)*
    – Heyne, Paperback, je DM 26,80
    – Viking, gebunden, $ 22,95
    – NAL, Taschenbuch, $ 5,95
22. *Das letzte Gefecht (The Stand)*
    – Gustav Lübbe Verlag, gebunden, DM 44,–
    – Bastei Lübbe, Taschenbuch, DM 16,80
    – Doubleday, gebunden (erste Ausgabe), $ 19,95
    – Doubleday, gebunden (überarbeitete Fassung), $ 30,–
    – NAL, Taschenbuch (erste Ausgabe), $ 5,95
23. *Das Monstrum (The Tommyknockers)*
    – Hoffmann und Campe, gebunden, DM 39,80
    – Heyne, Taschenbuch, DM 12,80
    – G.P. Putnam's Sons, gebunden, $ 19,95
    – NAL, Taschenbuch, $ 5,95
24. *My Pretty Pony*
    – Whitney Museum, gebunden, $ 2.200,–
    – Normalausgabe in Zusammenarbeit mit dem Whitney Museum, gebunden, $ 50,–
25. *Nachtschicht (Night Shift)*
    – Bastei Lübbe, Paperback, DM 19,80
    – Bastei Lübbe, Taschenbuch, DM 12,80
    – Doubleday, gebunden, $ 17,95
    – NAL, Taschenbuch, $ 4,95
26. *Schwarz (The Dark Tower: The Gunslinger)*
    – Heyne, Paperback, DM 19,80
    – NAL, Paperback, $ 10,95
    – NAL, Taschenbuch, $ 4,95
27. *Shining (The Shining)*
    – Gustav Lübbe Verlag, gebunden, DM 38,–
    – Bastei Lübbe, Paperback, DM 19,50
    – Bastei Lübbe, Taschenbuch, DM 9,80
    – Doubleday, gebunden, $ 19,95
    – NAL, Taschenbuch, $ 4,95
28. *Sie (Misery)*
    – Heyne, Paperback, DM 24,80
    – Viking, gebunden, $ 18,95
    – NAL, Taschenbuch, $ 4,95
    – G.K. Hall & Co., gebunden, Großdruckausgabe $ 20,95
29. *Das Spiel (Gerald's Game)*
    – Heyne, Paperback, DM 26,80
    – Viking, gebunden, $ 22,95
30. *Stark (The Dark Half)*
    – Hoffmann & Campe, gebunden, DM 39,80
    – Heyne, Taschenbuch, DM 12,80
    – Viking, gebunden, $ 21,95
31. *Der Talisman (The Talisman)*

- Hoffmann und Campe, gebunden, DM 39,80
- Heyne, Taschenbuch, DM 12,80
- Viking und G.P. Putnam's Sons, gebunden, $ 18,95
- Berkley, Taschenbuch, $ 5,50

32. *Tot (The Dark Tower III: The Waste Lands)*
   - Heyne, Paperback, DM 26,80
   - Donald M. Grant, limitierte Ausgabe, $ 125,–
   - Donald M. Grant, gebunden, $ 35,–
33. *Trucks* (Auswahl aus *Nachtschicht)*
   - Bastei Lübbe, Taschenbuch, DM 6,80

Anhang 2
Bücher über Stephen King

Als ein Autor, der sowohl Kultfans als auch die allgemeine Leserschaft und Literaturwissenschaftler anspricht, ist King das Thema zahlreicher authorisierter und unauthorisierter Bücher, und es steht zu erwarten, daß auch in Zukunft viele Bücher über ihn geschrieben werden.

Diese Auflistung bietet Ihnen die wichtigsten Informationen darüber, was erhältlich und was angekündigt ist. Sollte eine bestimmte Ausgabe vergriffen sein, so ist dies vermerkt.

1. *The Annotated Guide to Stephen King: A Primary and Secondary Bibliography of the Works of America's Premier Horror Writer* von Michael R. Collings. (Eine ausführliche Bibliographie auf dem Stand von 1986. Eine überarbeitete, auf den neuesten Stand gebrachte Fassung ist nach Aussage von Autor und Verleger nicht geplant.) Starmont Reference Guide, No. 8. Starmont House, 1986.
   - gebunden, $ 19,95
   - Paperback, $ 9,95
2. *Bare Bones,* herausgegeben von Tim Underwood und Chuck Miller. (Eine Sammlung von Interviews, die aus etwa zwei Dutzend Quellen, von bekannten Magazinen wie *Playboy* bis zu Fachpublikationen, zusammengetragen wurden.)
   - limitierte Ausgabe in einer Auflage von 1252 Exemplaren, Underwood-Miller, 1988, $ 75,–, vergriffen
   - gebundene Ausgabe, McGraw-Hill Book Company, 1988, $ 16,95
   - Paperback, Warner Books, 1989, $ 8,95
   - Deutsch: ANGST, Edition Phantasia, limitierte Ausgabe, DM 148,–
   - Deutsch: ANGST PUR, Heyne, Taschenbuch, DM 12,80
3. *Discovering Stephen King,* herausgegeben von Darrell Schweitzer. Starmont Studies in Literary Criticism, No. 8. Starmont House, 1985.
   - gebunden, $ 17,95
   - Paperback, $ 9,95
4. *Enterprise Incidents Presents Stephen King* von James Van Hise. (Zeitschriftenformat, Fadenbindung, ein informell gehaltener Überblick über Kings Romane und Kurzgeschichten, eine Mischung aus persönlichen Stellungnahmen und kritischen Beurteilungen. Reich illustriert mit Bildern verschiedener Künstler.) New Media, 1984, vergriffen.

5. *Fear Itself: The Horror Fiction of Stephen King,* herausgegeben von Tim Underwood und Chuck Miller. (Das Buch war die erste Sammlung von Essays über King von drei Essaysammlungen, die Underwood-Miller herausgebracht haben.)
   - limitierte Ausgabe von 225 numerierten Exemplaren, signiert von den Beteiligten (darunter King), vergriffen
   - gebundene Ausgabe, Underwood-Miller, $ 13,95, vergriffen, 1982
   - Paperback, NAL, $ 7,95, vergriffen
   - Taschenbuch, NAL, $ 4,50
6. *Feast of Fear: Conversations with Stephen King.* (Eine Sammlung von siebenundvierzig Interviews, ähnlich aufgemacht wie *Bare Bones.*) Underwood-Miller, 1989. Es ist keine freiverkäufliche Ausgabe geplant.
   - limitierte Ausgabe in einer Auflage von 500 numerierten Exemplaren, 319 Seiten, $ 75,–
7. *The Films of Stephen King* von Michael R. Collings. (Eine Studie über die Verfilmungen Kingscher Bücher. Keine Fotos oder Illustrationen.) Starmont Studies in Literary Criticism, No. 12. Starmont House, 1986.
   - gebunden, $ 17,95
   - Paperback, $ 9,95
   - Deutsch: STEPHEN KING UND SEINE FILME, Heyne, Taschenbuch, DM 9,80
8. *The Gothic World of Stephen King: Landscape of Nightmares,* herausgegeben von Gary Hoppenstand und Ray B. Browne. (Eine Sammlung wissenschaftlicher Artikel über Kings Werke.) Bowling Green State University Popular Press, 1987.
   - gebunden $ 25,95
   - Paperback, $ 9,95
9. *Infinite Explorations: Art and Artifice in Stephen King's It, Misery, and The Tommyknockers* (Arbeitstitel) von Michael R. Collings. (Eine literaturwissenschaftliche Studie über Kings jüngere Romane.) Starmont House, 1990.
   - gebunden, $ 21,95
   - Paperback, $ 11,95
10. *In the Darkest Night: A Student's Guide to Stephen King* von Tim Murphy. (Eine Bibliographie.) Starmont House, 1990.
    - gebunden $ 21,95
    - Paperback, $ 11,95
11. *Kingdom of Fear,* herausgegeben von Tim Underwood und Chuck Miller. (Eine zweite Sammlung von Artikeln über King von Underwood-Miller.)
    - limitierte Ausgabe, 500 numerierte Exemplare, signiert von den 13 Autoren (aber *nicht* von King) Underwood-Miller, $ 50,–, vergriffen, 1986
    - gebundene Ausgabe, Underwood-Miller, $ 50,– vergriffen, 1986
    - gebundene Ausgabe, Underwood-Miller, $ 25,–, vergriffen, 1986
    - Paperback, NAL, $ 7,95
    - Taschenbuch, NAL, $ 3,95
12. *Landscape of Fear: Stephen King's American Gothic* von Tony Magistrale. (Eine philologische Studie der Kingschen Werke.) Bowling Green State University Popular Press, 1988.
    - gebunden, $ 17,95
    - Paperback, $ 9,95
13. *The Many Facets of Stephen King* von Michael R. Collings. (Eine nach Themen gegliederte Studie von Kings Kurzgeschichten.) Starmont Studies in

Literary Criticism, No. 11. Starmont House, 1986.
- gebunden, $ 17,95
- Paperback, $ 12,95

14. *The Moral Voyages of Stephen King* von Anthony Magistrale. (Das Buch konzentriert sich auf die von King behandelten Themen und übergreifenden philosophischen Ansätze.) Starmont Studies in Literary Criticism. No. 25. Starmont House, 1989.
15. *Reign of Fear,* herausgegeben von Don Herron. (Die dritte Sammlung von Essays über King. Das Buch ist zur Zeit nur in einer limitierten Ausgabe von Underwood-Miller erhältlich. Obgleich U-M eine ISBN-Nummer für eine freiverkäufliche gebundene Ausgabe angegeben hat, ist ein solches Buch zur Zeit nicht erhältlich.) Underwood-Miller, 1988.
    - limitierte Auflage von 500 Exemplaren, signiert von den 17 Autoren, $ 75,– (Obgleich das Buch *über* King ist, ist es nicht von ihm signiert.)
16. *The Shape Under the Sheet: The Complete Stephen King Encyclopedia* von Stephen Spignesi. (600 Seiten, gebunden, illustriert mit 25 Federzeichnungen von Katherine Flickinger und über 40 Fotografien, zumeist Filmfotos und Umschlagfotos von James Leonard. Ein Nachschlagewerk mit einer Konkordanz für Personen, Orte und Dinge [über 15.000 Einträge] und eine alphabetische, mit Querverweisen versehene Auflistung aller Figuren in Kings Werken. Außerdem enthält das Buch Essays, Artikel und Interviews.) Popular Culture, Inc., 1990.
    - limitierte Ausgabe, numeriert und signiert von allen Autoren, vertrieben durch Overlook Connection
    - gebunden, $ 110,–
17. *»The Shining« Reader,* herausgegeben von Anthony Magistrale. (Eine Sammlung von 15 Essays, die sich mit Kings drittem Roman, allgemein als klassische *genus loci*-Erzählung betrachtet, beschäftigen.) Starmont Studies in Literary Criticism, No. 30. Starmont House, 1989.
    - gebunden, $ 19,95
    - Paperback, $ 9,95
18. *The Shorter Works of Stephen King* von Michael R. Collings und David Engebretson. (Eine Untersuchung der Kurzgeschichten von King, gegliedert nach Sammlungen. Für jedes Werk gibt es eine kurze Inhaltsangabe und eine kritische Analyse.) Starmont Studies in Literary Criticism, No. 9. Starmont House, 1985.
    - gebunden, $ 17,95
    - Paperback, $ 9,95
19. *Stephen King* von Douglas E. Winter (Herausgeber der Reihe: Roger C. Schlobin). (Die erste an eine allgemeine Leserschaft gerichtete Studie über Stephen King, später in überarbeiteter und erweiterter Fassung in drei Ausgaben bei NAL erschienen.) Starmont Reader's Guide, No. 16. Starmont House, 1982, $ 5,95, vergriffen.
20. *Stephen King: The Art of Darkness* von Douglas E. Winter. (Die beste Studie über Stephen King, nach Aussage des Autors »eine Mischung von Biographie, kritischer Analyse und überschwenglicher Begeisterung ...«.) NAL.
    - gebunden, 1984, $ 14,95, vergriffen
    - Paperback (erweitert und überarbeitet), 1986, $ 7,95
    - Taschenbuch (nach Aussage von Winter derselbe Text wie in der Paperbackausgabe), 1986, $ 4,95

21. *Stephen King as Richard Bachman* von Michael R. Collings. (Eine eingehende Betrachtung der Gründe, weshalb King das Pseudonym Bachman benutzte, und eine kritische Beurteilung der Bachman-Bücher.) Starmont Studies in Literary Criticism, No. 10. Starmont House, 1985.
    - gebunden $ 17,95
    - Paperback, $ 9,95
22. *Stephen King at the Movies* von Jesse Horsting. (Im Zeitschriftenformat. Das Buch ist eine Starlog Press-Publikation, vertrieben durch NAL. Ein reich bebilderter Überblick über die Verfilmungen Kingscher Romane. A Starlog/Signet Special, 1986, $ 9,95, vergriffen.
    - Deutsch: *Stephen King und seine Filme,* Bastei Lübbe, Paperback, DM 14,80
23. *Das Stephen King Buch,* herausgegeben von Joachim Körber. Umfangreiches, größerformatiges Taschenbuch mit Artikeln und Interviews aus mehreren amerikanischen Büchern über King, mit deutschen Originalbeiträgen, mit Stories von King und Interviews. Heyne Verlag, DM 16,80. Eine erweiterte Neuausgabe ist in Planung.
24. *Stephen King: The First Decade, CARRIE to PET SEMATARY* von Joseph Reino. (Eine Studie über eine Auswahl von Romanen von King.) Ein Band der Twayne's United States Author-Reihe. Twayne Publishers (ein Zweig von G.K. Hall & Co.), 1988.
    - gebundene Ausgabe, $ 17,95
25. *Stephen King Goes to Hollywood* von Jeff Conner, herausgegeben von Tim Underwood und Chuck Miller für NAL. (Ein Überblick über die King-Verfilmungen, wichtig für einen fundierten Eindruck darüber, was hinter den Kulissen geschah, wie es zu den Filmen kam und über die finanziellen Interessen von Hollywood. Autor Conner ist der Verleger von Scream Press, einem Kleinverlag, der unter anderem auch eine limitierte Ausgabe von *Skeleton Crew* herausgebracht hat). NAL, 1987.
    - gebunden, $ 19,50, Paperback, $ 9,95
26. *The Stephen King Phenomenon* von Michael R. Collings. (Eine Studie über King als verlegerisches Phänomen.) Starmont Studies in Literary Criticism, No. 14. Starmont House, 1987.
    - gebunden, $ 17,95, Paperback, $ 9,95
27. *The Stephen King Quiz Book* von Stephen Spignesi. (Quizfragen zu Kings Biographie und seinen Werken, auch zu Texten, die nur in schwer zugänglichen limitierten Ausgaben herausgekommen sind.) Signet/NAL, 1990
    - Taschenbuch, $ 3,95
28. *Teacher's Manual: Novels of Stephen King* von Edward J. Zagorski. (Ein kleines Heft, etwa 10 x 17 Zentimeter, Zeitungsdruck mit Einband, 46 Seiten, Fadenbindung. Die Publikation ist erhältlich bei der Lehrbuchabteilung von NAL. Das Buch ist unterteilt in vier Abschnitte: eine Einleitung, die einen Überblick über das Horror-Genre und Kings Stellenwert in diesem Genre gibt, kurze Bemerkungen über die didaktische Verwendbarkeit, eine Analyse von sechs ausgewählten King-Romanen und eine Analyse der Kurzgeschichten in *Nachtschicht.*) NAL, 1981.
29. *The Unseen King* von Tyson Blue. (Eine Studie über schwer zugängliche King-Werke: Jugendwerke, Artikel und Geschichten aus der Collegezeit, Bücher in limitierten Ausgaben, etc.) Starmont House.
    - gebunden, $ 19,95
    - Paperback, $ 9,95

Anhang 3
Filmographie und Videographie

Zur Zeit gibt es drei Bücher über King-Filme: *The Films of Stephen King* von Michael R. Collings (Starmont House, 1986), *Stephen King at the Movies* von Jessie Horsting (Starlog/Signet Special, vergriffen, 1986) und *Stephen King Goes to Hollywood* von Jeff Conner (NAL, 1987). Wenn Sie einen Blick hinter die Kulissen der King-Verfilmungen werfen wollen oder an näheren Einzelheiten (Darsteller, Produzenten etc.) interessiert sind, greifen Sie bitte auf diese Bücher zurück.

Unglücklicherweise variieren die Angaben über die Filme und Videos von Buch zu Buch. Da ich bei der Zusammenstellung dieses Anhangs zwangsläufig auf diese und andere Sekundärquellen zurückgreifen mußte, versteht sich die Auflistung nur als ein Leitfaden und nicht als ultimativer Filmführer.

Wie schon erwähnt, sind Kings Werke nur selten überzeugend für die Leinwand umgesetzt worden. Obgleich King die Filme als eigenständige, von seinen Texten unabhängige Werke betrachtet, sind Vergleiche doch unausweichlich. Einige Stoffe wurden sehr gut adaptiert – besonders *Carrie, Dead Zone – Das Attentat,* »Omi« (aus *Skeleton Crew*) und die Novelle »Die Leiche« aus *Frühling, Sommer, Herbst und Tod* –, doch die meisten Verfilmungen waren eher enttäuschend. King selbst hat in der »Larry King Show« (10. April 1986) vielleicht die beste Erklärung dafür gegeben, als er gefragt wurde, ob er seine Bücher als das moderne Äquivalent der alten Radio-Hörspiele sieht:

> Klar, ich finde das Schöne am Roman, daß man nie den Reißverschluß am Rücken des Monsters sieht. In Büchern spielen sich alle Spezialeffekte im Kopf ab, genau wie in den alten Hörspielen.

Die meisten Filme sollten bei Ihrem Videohändler zu finden sein.

1. »The Boogeyman [»Wer hat Angst vorm schwarzen Mann«], 30 Minuten, auf Video erhältlich als einer von zwei Kurzfilmen in *Stephen King's Night Shift Collection,* 1985. 1982 mit einem Budget von 20 000 Dollar als studentisches Filmprojekt von Jeff Schiro gedreht, der damals die New York University Film-School besuchte. »The Boogeyman« hat einen Preis beim NYU Film Festival gewonnen. 1985 erwarb Granite Entertainment Group die Rechte, »The Boogeyman« zusammen mit »The Woman in the Room« [»Vergiftet«] auf Video herauszubringen.

2. *Carrie [Carrie – Des Satans jüngste Tochter],* United Artists, 97 Minuten, 1976. Regie: Brian De Palma, Produzent: Paul Monarch, Drehbuch: Lawrence Cohen. Hauptdarsteller: Sissy Spacek (Carrie White). (Der Film hatte großen Einfluß auf Stephen Kings Erfolg, da er eine breite Öffentlichkeit auf das Buch aufmerksam machte. Außerdem ist es eine der besten Verfilmungen eines Kingschen Werks.)

3. *Cat's Eye [Katenzaugen],* MGM/United Artists Entertainment Company, 94 Minuten, 1984. Regie: Lewis Teague, Produzent: Martha Schumacher, Drehbuch: Stephen King; ausführender Produzent: Dino De Laurentiis. Wie *Die*

Unheimlich verrückte Geisterstunde und *Creepshow II – Kleine Horrorgeschichten* ist auch Katzenaugen ein Anthologiefilm mit drei Episoden: »Quitters, Inc.« [»Quitters, Inc.«] und »The Ledge« [»Der Mauervorsprung«] aus *Nachtschicht* und eine neue Episode »The General« [»Der General«].

4. *Children of the Corn [Kinder des Zorns],* New World Pictures, 93 Minuten, 1984. Regie: Fritz Kiersch, Produzenten: Donald Borchers und Terrence Kirby, Drehbuch: George Goldsmith. Basierend auf der Kurzgeschichte »Kinder des Mais« aus *Nachtschicht.* (Der Film wird allgemein als die schlechteste Verfilmung eines King-Stoffes angesehen.)

5. *Christine [Christine],* Columbia Pictures, 110 Minuten, 1983. Regie: John Carpenter, Produzent: Richard Kobritz, Drehbuch: Bill Phillips. Hauptdarsteller: Keith Gordon (Arnie Cunningham), John Stockwell (Dennis Guilder), Leigh Cabot (Alexandra Paul).

6. *Creepshow [Die unheimlich verrückte Geisterstunde],* Laurel Show, Inc., 120 Minuten [deutsche Kinofassung 94 Min.], 1982. Regie: George A. Romero, Produzent: Richard Rubenstein, Drehbuch: Stephen King. Diese filmische Hommage an die E.-C.-Comics, zu der auch eine Comic-Fassung erschienen ist, besteht aus fünf Episoden: »Father's Day« [»Vatertag«], »The Lonesome Death of Jordy Verrill« [»Mondgestein«] (Titelrolle gespielt von Stephen King), »The Crate« [»Expedition ins Tierreich«], »Something to Tide You Over« [»Weggespült ...«] und »They're Creeping Up on You« [»Insektenspray«]. In der deutschen Kinofassung fehlt die Episode »Weggespült ...«, sie ist jedoch auf der Videofassung enthalten.

7. *Creepshow II [Kleine Horrorgeschichten],* New World Pictures, 89 Minuten, 1987. Regie: Michael Gormick, Produzent: David Ball, Drehbuch: George A. Romero. Der Film besteht aus drei Episoden: »The Raft« [»Das Floß«] (aus *Skeleton Crew*), »Old Chief Wooden Head« [»Old Chief Wooden Head«] und »The Hitchhiker« [»Der Anhalter«] (in der King einen kurzen Auftritt hat). (Fortsetzungen reichen selten an das Original heran, was auch bei diesem Film der Fall ist.)

8. *Cujo [Cujo],* Warner Communications, 91 Minuten, 1983. Regie: Lewis Teague, Produzenten: Daniel Blatt und Robert Singer, Drehbuch: Don Carlos Dunaway und Lauren Currier. Hauptdarsteller: Dee Wallace (Donna Trenton), Daniel Hugh-Kelly (Victor Trenton), Danny Pintauro (Thad Trenton), Christopher Stone (Steve Kemp), Ed Lauter (Joe Camber). (Nach Kings eigener Aussage ist dies eine seiner Lieblingsverfilmungen eigener Stoffe.)

9. *The Dead Zone [Dead Zone – Der Attentäter],* Paramount Pictures, 103 Minuten [deutsche Kinofassung 102 min.], 1983. Regie: David Cronenberg, Produzent: Debra Hill, Drehbuch: Jeffrey Boam. Hauptdarsteller: Christopher Walken (Johnny Smith), Brooke Adams (Sarah Bracknell), Martin Sheen (Greg Stillson).

10. *Firestarter [Feuerteufel],* Universal Pictures, 115 Minuten, 1984. Regie: Mark Lester, Produzent: Frank Capra, Jr., Drehbuch: Stanley Mann. Hauptdarsteller:

Drew Barrymore (Charlie McGee), David Keith (Andrew McGee), Heather Locklear (Vicki McGee), George C. Scott (Rainbird).

11. »Gramma« [»Tee für die Oma«], eine Episode der CBS-Fernsehserie *Twilight Zone.* Die 19-minütige Folge wurde erstmalig am 14. Februar 1986 ausgestrahlt. Regie: Bradford May, Produzent: Harvey Frand, Drehbuch: Harlan Ellison (der auch als künstlerischer Berater der Serie fungierte). Nicht erhältlich auf Video. (Ellison, ein äußerst talentierter Schriftsteller und Veteran unter den Drehbuchautoren, ist eine sehr überzeugende Umsetzung gelungen.)

12. *Graveyard Shift [Nachtschicht],* 86 Minuten, 1991, Regie: Beat Lottaz, Produzenten: Ralph S. Singleton und William J. Dunn, Drehbuch: Beat Lottaz, basierend auf der Kurzgeschichte »Spätschicht« (in dem Band *Nachtschicht*) von Stephen King. Hauptdarsteller: David Andrews (John Hall), Stephen Macht (Warwick), Brad Dourif (Tucker Cleveland; seine schauspielerische Leistung hebt die *Los Angeles Times* als einzig Erwähnenswertes an diesem Film hervor).

13. *It [Es],* fürs Fernsehen produzierte Miniserie von ABC, 180 Minuten, 1990. Regie: Tommy Lee Wallace, Produzent: Matthew O'Connor, Drehbuch: Lawrence D. Cohen und Wallace. Hauptdarsteller (als Erwachsene): Richard Thomas (Bill Denbrough), Annette O'Toole (Beverly Marsh), John Ritter (Ben Hanscom), Tim Reid (Mike Hanlon), Richard Masur (Stan Uris), Harry Anderson (Richie Tozier), Dennis Christopher (Eddie Kasprak), Tim Curry (Pennywise, der Clown). (Den Restriktionen für Fernsehproduktionen entsprechend wurde weitgehend auf alle brutalen Szenen verzichtet. Ebenso wurden viele der Erlebnisse der Kinder und auch ihre Biographien verändert. Dafür legt der Film ein stärkeres Augenmerk auf das Verhältnis der Protagonisten untereinander.)

14. *Maximum Overdrive [Rhea M. – Es geschah ohne Warnung],* MGM/UA, 95 Minuten, 1986. Regie: Stephen King, Produzent: Martha Schumacher, Drehbuch: Stephen King, Musik: AC/DC. Der Film basiert auf der Kurzgeschichte »Lastwagen« aus *Nachtschicht.* (Als bekannt wurde, daß King neben dem Drehbuch auch für die Regie zuständig sein würde, hoffte man, daß endlich ein Stoff von King überzeugend für die Leinwand umgesetzt werden würde. Leider war dieser Optimismus etwas voreilig.)

15. *Misery [Misery],* 107 Minuten, 1990. Regie: Rob Reiner, Produzenten: Andrew Scheinman und Rob Reiner, Drehbuch: William Goldman, basierend auf dem Roman *Sie* von Stephen King. Hauptdarsteller: Kathy Bates (Annie Wilkes) (sie wurde für die Rolle mit einem Oscar als beste Hauptdarstellerin ausgezeichnet), James Caan (Paul Sheldon), in weiteren Rollen Richard Farnsworth, Frances Sternhagen und Lauren Bacall. (Regisseur Rob Reiner gelingt nach *Stand By Me* eine zweite überzeugende King-Verfilmung.)

16. *Pet Sematary [Friedhof der Kuscheltiere],* Paramount, 102 Minuten, 1989. Regie: Mary Lambert, Produzent: Richard P. Rubinstein, Drehbuch: Stephen King, basierend auf dem gleichnamigen Roman. Hauptdarsteller: Dale Midkiff (Dr. Louis Creed), Fred Gwynne (Jud Crandall), Denise Crosby (Rachel Creed), Miko Hughes (Gage Creed). King hat eine kleine Rolle als Priester übernommen.

17. *Return to Salem's Lot [Salem II – Die Rückkehr],* »basierend auf den von Stephen King geschaffenen Charakteren«. Eine Larco Produktion, 101 Minuten [deutsche Videofassung 95 Min.]. Vertrieben durch Warner Brothers, 1987. Regie: Larry Cohen, Produzent: Paul Kurta, Story von Larry Cohen, Drehbuch: Larry Cohen und James Dixon. (Der Film ist ein richtiges Ärgernis. Treiben Sie ihm einen Pflock durch das Herz.)

18. *Running Man [Running Man],* Taft Entertainment Pictures und Keith Barish Productions, 101 Minuten, 1988. Eine Linder/Zinnemann Produktion, Regie: Paul Michael Glaser, Drehbuch: Steven E. de Souza. Hauptdarsteller: Arnold Schwarzenegger (Benjamin Richards), Richard Dawson (Dan Killian).

19. *Salem's Lot [Brennen muß Salem/Der Schrecken im Marstenhaus],* eine fürs Fernsehen produzierte Miniserie von CBS. Erstausstrahlung: 17. und 24. November 1979. 210 Minuten. (Der Film ist auf Video in einer gekürzten Fassung von 146 Minuten erhältlich; die deutsche Videofassung ist 100 Minuten lang.) Regie: Tobe Hooper, Produzent: Richard Kobritz, Drehbuch: Paul Monash. Hauptdarsteller: David Soul (Ben Mears), James Mason (Richard Straker), Lance Kerwin (Mark Petrie), Bonnie Bedelia (Susan Norton), Reggie Nalder (Barlow), James Gallery (Father Callahan). (*Brennen muß Salem* ist ein starker Roman, einer von Kings besten, doch diese Miniserie hat aufgrund der Fernsehproduktionen auferlegten Restriktionen viel von der Dynamik und Spannung verloren. Außerdem ist James Mason als Straker fehlbesetzt, und der Nosferatu-ähnliche Vampir ist lächerlich.)

20. *The Shining [Shining],* Warner Brothers, 143 Minuten [die deutsche Kinofassung ist auf 119 Minuten gekürzt worden], 1980. Regie: Stanley Kubrick, Produzent: Stanley Kubrick, Drehbuch: Stanley Kubrick (in Zusammenarbeit mit Diane Johnson). Hauptdarsteller: Jack Nicholson (Jack Torrance), Shelley Duvall (Wendy Torrance), Danny Lloyd (Danny Torrance), Scatman Crothers (Dick Hallorann). (Der Film, der von allen Kubrick-Fans, King-Fans und Nicholson-Fans heiß erwartet wurde, ist sicher mehr Kubrick als King. Nicholson ist ein brillanter Schauspieler, doch in diesem Film ist er fehlbesetzt. Ebenso hat Shelley Duvall kaum Ähnlichkeit mit der von ihr dargestellten Figur im Roman.)

21. *Silver Bullet [Der Werwolf von Tarker Mills],* Paramount, 95 Minuten [deutsche Videofassung 90 Min.], 1985. Regie: Daniel Attias, Produzent: Martha Schumacher, Drehbuch: Stephen King. Hauptdarsteller: Corey Haim (Marty Coslaw), Gary Busey (Onkel Red), Everitt McGill (Reverend Loew). (Das auf *Das Jahr des Werwolfs* basierende Drehbuch von King ist ebenfalls in Buchform erhältlich.)

22. »Sorry, Right Number« [kein dt. Titel], eine Episode aus der Fernseheserie *Tales from the Darkside.* Die 30-minütige Episode wurde erstmalig im September 1987 ausgestrahlt. Regie: John Sutherland, Produzenten: Richard P. Rubinstein, George A. Romero und Jerry Golad, Drehbuch: Stephen King. Nicht auf Video erhältlich.

23. *Stand by Me [Stand by Me – Das Geheimnis eines Sommers],* Columbia Pictures, 84 Minuten, 1986. Regie: Rob Reiner, Produzenten: Andrew Schein-

man, Bruce Evans und Raynold Gideon, Drehbuch: Gideon und Evans, basierend auf der Novelle »Die Leiche« aus *Frühling, Sommer, Herbst und Tod.* Hauptdarsteller: Will Wheaton (Gordie Lachance), River Phoenix (Chris Chambers), Corey Feldman (Teddy DuChamp), Jerry O'Connor (Vern Tessio), Kiefer Sutherland (Ace [in der deutschen Fassung King]). (Unter den vielen enttäuschenden King-Verfilmungen sticht *Stand by Me – Das Geheimnis eines Sommers* löblich heraus. Da King weder als Belletristikautor gesehen noch vermarktet wird und für den Film auch nicht mit seinem Namen geworben wurde, war das Publikum völlig unvoreingenommen. In der Tat waren viele Leute äußerst überrascht, als sie erfuhren, daß der Film auf einem Stoff von King basierte! In *Stand by Me,* einem deutlich biographischen Film, reift Gordie Lachance in den Fünfzigern heran, als er und seine drei Kumpel sich aufmachen, eine Leiche anzuschauen, und auf dem Weg dorthin ihre Unschuld verlieren und erwachsen werden. Kings literarische Stimme, die auf wunderbare Weise im Film erhalten bleibt, zeigt, daß entgegen aller anderslautenden Überzeugungen Kings Werk doch überzeugend auf die Leinwand übertragen werden kann.)

24. »Woman in the Room« [»Vergiftet«], 30 Minuten, auf Video erhältlich als einer von zwei Kurzfilmen in *Stephen King's Night Shift Collection,* 1985 (siehe »The Boogeyman«). Eine Granite Entertainment Produktion und nur auf Video erhältlich. Regie: Frank Darabont, Produzent: George Melton, Drehbuch: Darabont. Hauptdarsteller: Michael Cornelison (John), Dee Croxton (Mutter).

25. »Word Processor of the Gods« [kein dt. Titel], basierend auf der gleichnamigen Kurzgeschichte aus *Skeleton Crew.* Eine Produktion der Laurel Entertainment, Inc. für die Fernsehserie *Tales from the Darkside.* Die Episode wurde erstmalig am 19. November 1985 ausgestrahlt. Regie: Michael Gornick, Produzent: William Teitler, Drehbuch: Michael McDowell. Hauptdarsteller: Bruce Davidson (Richard Hagstrom), Karen Shallo (Lina Hagstrom), Bill Cain (Mr. Nordhoff), Jon Matthews (Jonathan), Patrick Piccininni (Seth).

Geplante Filmprojekte

Die unstete Welt von Hollywood macht es unmöglich, gesicherte Einzelheiten über bestimmte Projekte zu geben, besonders, wenn es sich um Verfilmungen Kingscher Bücher handelt, auf die zum größten Teil eine Option besteht. (Kings kürzere Werke haben sich ebenfalls als fruchtbarer Boden erwiesen. Mit Ausnahme von »Briefe aus Jerusalem« besteht nach Aussage von King auf alle Geschichten aus *Nachtschicht* eine Option. *Skeleton Crew* liefert natürlich ebenfalls ausreichend Material, von dem einiges schon verfilmt wurde.)
Zur Zeit sind zumindest zwei Projekte ins ernsthafte Planungsstadium übergegangen: *The Stand [Das letzte Gefecht]* und *The Dark Half [Stark].* Bei *The Stand* soll John McTiernan Regie führen, und Sean Connery soll eine der Hauptrollen übernommen haben. Da gerade dieses Projekt jedoch schon sehr häufig angekündigt und wieder zurückgestellt worden ist, müssen diese Informationen mit Vorsicht betrachtet werden. Bei *The Dark Half* scheint festzustehen, daß George A. Romero, auf Kings ausdrücklichen Wunsch, die Regie übernehmen wird.
Außerdem gibt es schon seit längerem Gerüchte über eine geplante Verfilmung von *The Talisman [Der Talisman].* Bisher haben sich jedoch anscheinend noch keine Pläne konkretisiert.

Interviews und anderes

• »American Express: Stephen King«, produziert von Ogilvy & Mather Audio Visual. Ein amüsanter Werbespot, den King für American Express gedreht hat. Nicht käuflich zu erwerben.
• »Stephen King at the Pavilion«, produziert von der Stadt Virginia Beach, Virginia. Eine Aufzeichnung von Kings Vortrag im Virginia Beach Pavillon im September 1986, professionell angefertigt, mit ausgezeichneter Ton- und Bildqualität. Nicht käuflich zu erwerben.
• »Stephen King Commencement«, produziert vom Department of Public Affairs an der University of Maine in Orono. Eine Aufzeichnung von Kings Rede bei den Graduierungsfeierlichkeiten im Mai 1988. Nicht frei erhältlich.
• »Stephen King's World of Horror«, Front Row Video, 45 Minuten, 1989. $ 17,95. Ein Überblick über kürzlich erschienene Horrorfilme mit einem Kommentar von King. Eine Baruch-Television-Group-Präsentation einer Simmons/Fortune-Produktion, Produktion und Regie: John Simmons, ausschließlich durch Front Row Video, Inc. vertrieben. Erhältlich über Front Row Video (154 Northfield Avenue, Bldg. No. 410, Edison, N.J. 08837) oder Overlook Connection (P.O. Box 526, Woodstock, Ga. 30188).
• »He Who Writes Will Be Remembered«, ein Interview für die monatliche Literatursendung des belgischen Fernsehens, geführt von Martin Coenen. Schätzungsweise 10 Millionen Menschen haben dieses Interview gesehen, das nicht in den USA ausgestrahlt wurde. 50 Minuten, Ausstrahlungsdatum nicht bekannt (vermutlich 1988 oder 1989). Nicht käuflich zu erwerben.

Anhang 4
Audiokassetten

In Deutschland ist bislang nur eine Kassette erschienen:

Schwarz, von Stephen King. Deutsch von Joachim Körber. Eine Heyne Audio Tonkassette. 1989. 6½ Stunden. 5 Kassetten.

In den USA ist dagegen das Angebot wesentlich größer. Die folgenden Kassetten können bestellt werden:

1. »Apt Pupil« (»Der Musterschüler«, aus *Frühling, Sommer, Herbst und Tod*), # 84065, Recorded Books, Inc. Eine ungekürzte Lesung von Frank Muller auf fünf Kassetten; 7½ Std.
2. »Ballad of the Flexible Bullet« (»Der Fornit«, aus *Skeleton Crew*), # 85330, Recorded Books, Inc. Eine ungekürzte Lesung von Frank Muller auf zwei Kassetten; 3 Std.
3. »The Body« (»Die Leiche«, aus *Frühling, Sommer, Herbst und Tod*), # 84064, Recorded Books, Inc. Eine ungekürzte Lesung von Frank Muller auf zwei Kassetten; 6 Std.
4. »The Breathing Method« (»Atemtechnik« aus *Frühling, Sommer, Herbst und Tod*), # 84066, Recorded Books, Inc. Eine ungekürzte Lesung von Frank Muller auf zwei Kassetten; 3 Std.
5. *The Dark Tower: The Gunslinger [Schwarz],* NAL, 1988. Eine ungekürzte Lesung von Stephen King auf vier Kassetten; 6 Stunden 16 Minuten. Produziert von Nancy Fisher, Creative Programming, Inc., New York; Ton-

techniker: Mark Wellman, John Ciglia und Marcelo-Gandala; Coverillustration von Michael Whelan; Foto von James Salzano; Schrift von Ed Ruoya.

6. *The Dark Tower II: The Drawing of the Three [Drei]*, NAL, 1989. Eine ungekürzte Lesung von Stephen King auf acht Kassetten; 12 Std. Produziert von Mark Wellman von Marketing, Media & Wellman; Tontechniker: Mark Wellman; Coverillustration von Phil Hale, Foto von James Salzano; Schrift von Ed Ruoya.

   (Ebenso in einer limitierten Ausgabe erhältlich, eventuell numeriert, alle signiert von King.)

7. »The Mist (»Der Nebel«, aus *Skeleton Crew*), ZBS Foundation. Ein Hörspiel, aufgenommen in 3-D-Sound unter Verwendung der Kunstkopftechnik; 1 Stunde 20 Minuten. Regie: Bill Raymond; Adaption von M. Fulton; in Zusammenarbeit mit Dennis Etchison; Musik von Tim Clark. (Auf der Cassette befindet sich ebenfalls eine 15-minütige Dokumentation, die demonstriert, wie die Soundeffekte unter Verwendung der Kunstkopftechnik erzeugt wurden, »The Making of ›The Mist‹«.)
   - Realzeit-Chromkassette
   - normale »low noise«-Aufnahme mit Dolby B (vergriffen)
   - »high speed«-Überspielung, lizensierte Ausgabe der ZBS 3-D-Version von Simon & Schuster Audioworks

8. »The Mist« (»Der Nebel«, aus *Skeleton Crew*), # 85230, Recorded Books, Inc. Eine ungekürzte Lesung von Frank Muller auf drei Kassetten; 4 1/2 Std.

9. »Prime Evil: A Taste for Blood« (aus *Prime Evil/Horror vom Feinsten*), Simon & Schuster Audioworks. Eine ungekürzte Aufnahme, gelesen von Ed Begley, Jr., auf zwei Kassetten; 150 Minuten, mit einer Einleitung von Herausgeber Douglas E. Winter. Drei Geschichten: »The Night Flier« [»Der Nachtflieger«] von Stephen King, »Food« von Thomas Tessier und »Having a Woman to Lunch« von Paul Hazel.

10. »Rita Hayworth & Shawshank Redemption« (»Pin up«, aus *Frühling, Sommer, Herbst und Tod*), # 84063, Recorded Books, Inc. Eine ungekürzte Lesung von Frank Muller auf drei Kassetten; 4 1/2 Std.

11. *Skeleton Crew: Book One* (Auszüge aus *Skeleton Crew*), # 85210, Recorded Books, Inc. Eine ungekürzte Lesung von Frank Muller auf sechs Kassetten; 9 Std. Enthält folgende Geschichten:
    - »The Man Who Wouldn't Shake Hands« [»Der Mann, der niemandem die Hand geben wollte«] und »The Word Processor of the Gods« [»Der Textcomputer der Götter«]; # 85320.
    - »Morning Delivery« [»Morgenlieferungen«], »Big Wheels« [»Der Milchmann schlägt wieder zu«], »For Owen« [»Für Owen«] und »Survivor Type« [»Der Überlebenstyp«]; # 85250.
    - »The Jaunt« [»Travel«] und »Beachworld« [»Der Dünenplanet«]; # 85280.
    - »The Raft« [»Das Floß«] und »Reaper's Image« [»Der Sensenmann«]; # 85280.
    - »The Monkey« [»Der Affe«] und »Cain Rose Up« [»Kains Aufbegehren«]; # 85290.
    - »The Reach« [»Der Gesang der Toten«] und »Uncle Otto's Truck« [»Onkel Ottos Lastwagen«]; # 85330.

12. *Skeleton Crew: Book Two* (Auszüge aus *Skeleton Crew*), # 85220, Recorded Books, Inc. Eine ungekürzte Lesung von Frank Muller auf fünf Kassetten; 7 1/2 Std. Enthält folgende Geschichten:

- »The Ballad of the Flexible Bullet« [»Der Fornit«]; zwei Kassetten, # 85240.
- »Nona« [»Nona«], »Paranoid – A Chant« [»Paranoid: Ein Gesang«] und »Here There Be Tygers« [»Achtung – Tiger!«]; # 85240.
- »Mrs. Todd's Shortcut« [»Mrs. Todds Abkürzung«] und »The Wedding Gig« [»Der Hochzeitsempfang«]; # 85310.
- »Gramma« [»Omi«]; # 85340.

13. *Stories from Night Shift* (Auszüge aus *Nachtschicht*), Warner Audio Publishing, erhältlich als Box und, in einigen Fällen, einzeln. Dieselben Aufnahmen wurden auch als lizensierte Ausgabe von Waldenbooks in der Waldentapes-Reihe herausgebracht (vergriffen). Der Box ist auch ein kleines Heft beigelegt, in der sich ein Nachdruck der Einleitung von John D. MacDonald aus dem Buch findet. Spieldauer: 6 Stunden. Enthält folgende Geschichten:
    - »Jerusalem's Lot« [»Briefe aus Jerusalem«]; Seite 1 und 2, gelesen von Colin Fox.
    - »I Am the Doorway« [»Ich bin das Tor«]; Seite 3, gelesen von Fox.
    - »Night Surf« [»Nächtliche Brandung«]; Seite 4, gelesen von David Purdham.
    - »I Know What You Need« [»Ich weiß, was du brauchst«]; Seite 5 und 6, gelesen von Deidre Westervelt.
    - »Last Rung of the Ladder« [»Die letzte Sprosse«]; Seite 7, gelesen von David Purdham.
    - »The Boogeyman« [»Das Schreckgespenst«]; Seite 8, gelesen von David Purdham.
    - »Graveyard Shift« [»Spätschicht«]; Seite 9 und 10, gelesen von David Purdham.
    - »One for the Road« [»Einen auf den Weg«]; Seite 11 und 12, gelesen von Colin Fox.
    - »The Man Who Loved Flowers« [»Der Mann, der Blumen liebte«]; Seite 12, gelesen von David Purdham.
14. *Stories from Skeleton Crew* (Auszüge aus *Skeleton Crew*), Warner Audio Publishing, erhältlich als Box und, in einigen Fällen, einzeln. Dieselben Aufnahmen wurden auch als lizensierte Ausgabe von Waldenbooks in der Waldentapes-Reihe herausgebracht (vergriffen). Spieldauer: 6 Stunden. Enthält folgende Geschichten:
    - »The Monkey« [»Der Affe«], gelesen von David Purdham.
    - »Mrs. Todd's Shortcut« [»Mrs. Todds Abkürzung«], gelesen von David Purdham.
    - »The Reaper's Image« [»Der Sensenmann«], gelesen von David Purdham.
    - »Gramma« [»Omi«], gelesen von Gale Granett.
15. *Thinner* von Stephen King (geschrieben unter dem Pseudonym Richard Bachman), Durkin·Hayes Publishing Ltd. (zu der auch der ursprüngliche Verleger, LFP, Listen For Pleasure, gehört), LFP 7127. Eine gekürzte Lesung von Paul Sorvino auf zwei Kassetten; 2½ Std. Gekürzt von Sue Dawson, produziert von Graham Goodwin.

Interviews und anderes

»The Author Talks: Stephen King«, # 87380, Recorded Books, Inc. Eine Kassette, 1 Stunde. Ein Sampler mit einer kurzen Lesung von »Mrs. Todds Abkürzung« von King und Lesungen von Frank Muller aus *Skeleton Crew* und *Nachtschicht,* unterbrochen von einem Interview mit King, geführt von Frank Muller, und einem Überblick über Kings schriftstellerische Karriere.

»Stephen King«, aus der »Larry King Show«, 10. April 1986. Lion Recording Service (P.O. Box 962, Washington, D.C. 20044). Eine Kassette, 2 Stunden. (Ein faszinierendes, informatives Interview. Der einzige Mangel ist die schlechte Tonqualität, die vielleicht von der »high speed«-Überspielung herrührt.)

Anhang 5
Sammlerausgaben von King – eine Preisliste

von George Beahm und Barry Levin

In der Januar-Ausgabe von 1985 des *Wall Street Journal* informierte ein Artikel von Mark Zieman die Öffentlichkeit über etwas, das Antiquaren und Science-fiction-Fans schon lange bekannt war: Stephen Kings Bücher sind gesuchte Sammlerobjekte. Der Titel von Ziemans Artikel sagt schon alles: »When Buying Rare Books, Remember: Go for Stephen King, Not Galsworthy« [etwa: »Bedenken Sie beim Kauf seltener Bücher: Greifen Sie zu King, nicht Galsworthy«].

Trotz aller Spekulationen in bestimmten Kreisen, daß dem Boom bei King-Sammlerobjekten eine Flaute folgen würde, ist es schwer, sich vorzustellen, daß dies in allernächster Zeit geschehen wird. Auf lange Zeit gesehen, besteht diese Möglichkeit jedoch. Die Gründe:

1. King spricht nicht nur ein allgemeines Publikum an – das eine Million gebundene Ausgaben und drei Millionen Taschenbücher von jedem neuen King-Roman verschlingt – sondern auch ein Kultpublikum.
2. Das Interesse an King-Sammlerobjekten bleibt stark, nach Aussage der Händler, die King-Bücher verkaufen, auch bei den limitierten Ausgaben. (Wenn Sie über genügend Kleingeld verfügen, haben sie jedes Buch für Sie oder können es zumindest für Sie beschaffen.)
3. King ist ein ausgesprochener Vielschreiber und trägt noch eine ganze Reihe von Büchern in sich, die nur darauf warten, geschrieben zu werden.

Die folgende Preisliste versteht sich nur als Überblick über das, was veröffentlicht wurde, und den momentanen Marktwert dieser Ausgaben. Ich bin Barry R. Levin, der mir alle Preise und bibliographischen Angaben für diesen Anhang lieferte, zu großem Dank verpflichtet. Dies ist weit mehr sein Werk als meines. (Ich nehme jedoch alle Schuld für eventuelle Fehler auf meine Kappe.) Außerdem hat der King-Spezialist Michael Autrey die Liste durchgesehen und eine Reihe von Verbesserungsvorschlägen gemacht.

Die aufgeführten Preise beziehen sich auf Bücher in einem »sehr guten« Zustand. Das bedeutet, daß das Buch »wie neu« aussieht, also im selben Zustand ist, den man erwarten würde, wenn man es kurz nach Erscheinen im Laden kauft. Bei den Preisen wird außerdem vorausgesetzt, daß das Buch in seiner ursprünglichen Aufmachung erhältlich ist – mit Schutzumschlag (bedrucktes Papier, Seidenpapier, Acetat oder ein schlichter Papierumschlag).

Wie Sie sicher vermuten, bestimmen die Auflage des Buches und seine Seltenheit seinen momentanen Marktwert. Und natürlich haben das Gesetz von Angebot und Nachfrage sowie die Schwankungen des Marktes einen bedeutenden Einfluß auf den Wert eines Buches.

Definitionen

Die beste Quelle für Definitionen für Buchsammler ist John Carters *ABC for Book Collectors,* zur Zeit in seiner sechsten Auflage, überarbeitet, herausgegeben von Alfred A. Knopf (gebunden $ 18,95, 211 Seiten).

Limitierte Ausgaben: Gewöhnlich ist ein Buch auf eine *angegebene Anzahl* von Exemplaren limitiert. (Es gibt Bücher, die als limitierte Ausgaben bezeichnet und auch als solche verkauft werden, die diese Bezeichnung aber nicht im geringsten verdienen. Tatsächlich handelt es sich bei ihnen um unlimitierte Ausgaben, da die Auflagenhöhe nicht angegeben ist.) Oft werden limitierte Ausgaben vor der Normalausgabe von Kleinverlagen herausgebracht und sind zumeist vom Autor signiert. (Oftmals gibt ein Verleger sowohl eine signierte als auch eine unsignierte limitierte Ausgabe heraus.)

Erstausgaben: Die erste Auflage eines Buches. Weitere Auflagen werden zumeist im Impressum vermerkt. (John Carter definiert es wie folgt: »Ganz, ganz allgemein gesprochen, bedeutet es das erste Erscheinen des betreffenden Werks, als Einzelausgabe, zwischen seinen eigenen Buchdeckeln.«)

Echte Erstausgaben: In Fällen, in denen sowohl eine Normalausgabe und eine limitierte Ausgabe veröffentlicht werden und jede im Impressum als »Erstausgabe« bezeichnet wird, ist die *zuerst erschienene* Ausgabe die *echte* Erstausgabe.

Vorabexemplare: Manchmal wird vor dem Erscheinen einer gebundenen Ausgabe eine kleine Auflage im Paperbackformat gedruckt und an wichtige Rezensenten und Buchhändler verteilt. Diese unverkäuflichen und als »Vorabexemplar« gekennzeichneten Bücher bieten zumeist auf der Rückseite Informationen über die Ausgabe: die Höhe der Erstauflage, den Werbeetat, das Publikationsdatum, Anzahl der Seiten, Preis und Format, und die ISBN-Nummer (ein vom Buchhandel verwendetes standardisiertes Numerierungssystem).

Das Vorabexemplar wird von vielen Sammlern als die erste Veröffentlichung der Erstausgabe bezeichnet. Zum Beispiel für *Carrie* und *Der Fluch* wurden solche Vorabexemplare an den Buchhandel verteilt.

Fassung: Laut Definition von John Carter: »Wenn während des Herstellungsprozesses Änderungen, Korrekturen, Zusätze oder Erweiterungen an einem Buch vorgenommen werden, so daß am Publikationstag Exemplare unterschiedlicher Form auf den Markt kommen, bezeichnet man diese Exemplare als verschiedene *Fassungen* einer Ausgabe.« (Zum Beispiel gab es bei der Erstausgabe von *Brennen muß Salem* verschiedene Fassungen des Schutzumschlags: insgesamt gab es eine erste Fassung, eine zweite Fassung und eine zweite Auflage.)

Ausgabe (Veröffentlichung): Laut Definition von John Carter: »Wenn *deut-*

lich nachgewiesen werden kann, daß Änderungen *nach* dem Erscheinen eines Buches vorgenommen wurden, so kann man zwei (oder mehr) Ausgaben unterscheiden.« [Hervorhebungen durch den Verfasser] (Werden zum Beispiel Vorabexemplare herausgebracht, so sind sie die ersten Ausgaben [Veröffentlichungen] der Erstausgabe. Siehe *Carrie* und *Thinner.*)

Was wird in dieser Preisliste erfaßt?

Da sich dieses Buch vornehmlich an den interessierten Leser richtet, beschränken sich die nachstehend aufgeführten Objekte zumeist auf Erstausgaben und gegebenenfalls verschiedene Fassungen und Ausgaben von limitierten Editionen. Die Preise in Klammern geben den ursprünglichen Verkaufspreis an (die Anmerkung »unverkäuflich« erklärt sich von selbst). Die Preise nach dem Doppelpunkt geben den momentanen Marktwert an. »Kennzeichen« gibt an, wie die betreffende Ausgabe zu identifizieren ist.

Der üblichen Praxis bei Bibliographien folgend, sind die Einträge nach Vorrangigkeit der Ausgaben aufgeführt, d.h. von der seltensten Ausgabe zu den häufiger zu findenden Ausgaben.

Kaufempfehlungen

Kaufen Sie von einem renommierten Händler. Wenn Sie nach einem bestimmten Titel suchen, sollten Sie eine »Wunschliste« an ein Antiquariat schicken.

1. *The Bachman Books: Four Early Novels by Stephen King*
   New York: New American Library, 1985.
   - Erstausgabe, gebunden, mit Schutzumschlag ($ 19,95): $ 85–150. *Kennzeichen:* Auf der Copyright-Seite: »First (Omnibus) Printing, October, 1985«.
   - Erstausgabe, Paperbackausgabe ($ 9,95): $ 20–25. *Kennzeichen:* Auf der Copyright-Seite: »First (Omnibus) Printing, October, 1985«.
2. *Carrie [Carrie]*
   Garden City, N.Y.: Doubleday, 1974.
   - Vorabexemplar, Paperback (unverkäuflich): $ 950–1.500. *Kennzeichen:* Auf der Rückseite: »SPECIAL EDITION NOT FOR SALE«.
   - Erstausgabe, gebunden, mit Schutzumschlag ($ 5,95): $ 450. *Kennzeichen:* Auf der Copyright-Seite: »First Edition«. (Auflage 30 000 Exemplare.)
3. *Christine [Christine]*
   - New York: Viking Press, 1983. Echte Erstausgabe, gebunden, mit Schutzumschlag ($ 16,95): $ 35. *Kennzeichen:* Auf der Copyright-Seite: »First published in 1983 by The Viking Press«.
   - West Kingston, R.I.: Donald M. Grant, 1983. [Barry R. Levin gibt an, daß eine geletterte Fassung existiert, doch die Anzahl der Exemplare ist nicht bekannt. Diese zum Zeitpunkt der Publikation unverkäuflichen Exemplare verkaufen sich nun zu einem Preis von $ 850–1.000.]
   - West Kingston, R.I.: Donald M. Grant, 1983. Eine limitierte Ausgabe von 1000 numerierten Exemplaren, mit Schutzumschlag und Schuber ($ 65): $ 350. *Kennzeichen:* Auf der Limitationsseite: »This special edition of CHRISTINE is limited to 1,000 copies, signed by the author and artist. This is copy ___ [von Hand numeriert 1–1000]«.

4. *Creepshow [Creepshow]*
New York: New American Library/Plume, 1982. Erstausgabe, Paperback ($ 6,95): $ 20. *Kennzeichen:* Auf der Copyright-Seite: First Printing, July 1982«.
5. *Cujo [Cujo]*
- New York: Viking, 1981. Echte Erstausgabe, gebunden, mit Schutzumschlag ($ 13,95): $ 35. *Kennzeichen:* Auf der Copyright-Seite: »First published in 1981 by The Viking Press«.
- New York: Mysterious Press, 1981. Eine geletterte Fassung, eventuell limitiert auf 26 Exemplare (A–Z). Bei Erscheinen unverkäuflich, kosten Exemplare nun $ 850–1.500.
- New York: Viking, 1981. Einige limitierte Ausgabe in einer Auflage von 750 Exemplaren, mit einem Mylar-Umschlag und Schuber ($ 75): $ 250. *Kennzeichen:* Auf der Limitationsseite: »Of this special limited edition of *Cujo*, 750 copies have been numbered and signed by the author. This is copy no. [von Hand numeriert 1–750]«.
6. *Cycle of the Werewolf [Das Jahr des Werwolfs]*
- Westland, Mich.: Land of Entchantment, 1983. Die echte Erstausgabe wurde in wenigstens fünf verschiedenen Fassungen herausgebracht:
(1) Eine Präsentationsfassung, acht Exemplare, mit handschriftlichem Limitationsvermerk, zum Beispiel, wie folgt: »Presentation copy 1 of 8«: $ 1.000–1.200.
(2) Eine Sammlerfassung mit einer eingelegten Zeichnung von Bernie Wrightson: $ 850.
(3) Eine Deluxe-Fassung von 250 Exemplaren, mit einem Wrightson-Portfolio: $ 500.
(4) Eine Deluxe-Fassung ohne Portfolio: $ 250.
(5) Eine Verkaufsfassung von 7500 Exemplaren: $ 75.
- New York: New American Library/Signet, 1985. Paperback ($ 8,95): $ 20. *Kennzeichen:* Auf der Copyright-Seite: »First Signet Printing, April, 1985«.
- als *Silver Bullet:* New York: New American Library/Signet, 1985. Paperback ($ 9,95): $ 25. *Kennzeichen:* Auf der Copyright-Seite: »First Printing, October, 1985«. [Diese Edition besteht aus einer kompletten Ausgabe von *Cycle of the Werewolf,* einer Einleitung von King, einem Abschnitt mit Fotos und Kings Drehbuch.]
7. *Danse Macabre [Danse Macabre]*
- New York: Everest House, 1981. Echte Erstausgabe, gebunden, mit Schutzumschlag ($ 13,95): $ 45. *Kennzeichen:* Auf der Copyright-Seite findet sich nur eine Codenummer »RRD281« und ansonsten kein weiterer Vermerk, der zeigt, daß es sich um eine Erstausgabe handelt.
- New York: Everest House, 1981.
(1) $ 3.000 für die geletterte Fassung.
(2) Eine limitierte Ausgabe von 250 Exemplaren, mit einem Schutzumschlag aus schlichtem Seidenpapier und einem Schuber ($ 65): $ 650 für die numerierte Fassung. *Kennzeichen:* Auf der Limitationsseite: »This special edition of DANSE MACABRE is limited to 250 copies numbered 1 to 250, No. [von Hand numeriert oder gelettert]«.
- New York: Everest House, 1981. Eine Verlagsfassung, limitiert auf 35 Exemplare (unverkäuflich): $ 750. Kein Limitationsvermerk, kein Frontispiz, kein Schutzumschlag und kein Schuber.

Barry R. Levin: Ein kurzes Porträt

»Nach dreizehn Jahren als Sammler und bibliographischer Studioso seltener Editionen und Erstausgaben aus dem Bereich der Science-fiction, Fantasy und des Horrors«, sagt Levin, gründete er »am 1. Januar 1973 Barry R. Levin Science-fiction and Fantasy Literature. Unser Verkaufsraum befindet sich zur Zeit in der Nr. 726 Santa Monica Boulevard, Suite 201, Santa Monica, California 90401, Telefon (213) 485-6111; unsere Öffnungszeiten sind 10–15 Uhr, montags bis freitags, sonntags nur nach Vereinbarung. Zusätzlich haben wir noch ein Lagerhaus, in dem wir den größten Teil unseres Bestandes von 15 000 Erstausgabenbänden aufbewahren.

Die Firma handelt ausschließlich mit seltenen Editionen und Erstausgaben, Fahnenabzügen und Manuskripten aus den Bereichen Science-fiction, Fantasy und Horror, vom siebzehnten bis zum zwanzigsten Jahrhundert, und bedient weltweit eine Kundschaft erlesenster Sammler dieser Genres. Außerdem bieten wir unsere Dienste als Berater bei Science-fiction-, Fantasy- und Horrorfilmen an.«

Levin, Mitglied der Antiquarian Booksellers Association of America und anderen Organisationen der Buchbranche und aus dem Bereich der Science-fiction und Fantasy, hat »unzählige Kataloge seltener Bücher« verfaßt und assistierte bei R. Reginalds *Science Fiction and Fantasy Literature: A Checklist 1700–1974.* Außerdem bringt Levin ein informatives Angebotsheft für seine Kunden heraus.

1988 begründete Levin den Collectors Award. Die erste Auszeichnung wurde im Januar 1989 an Dean R. Koontz (als Autor mit dem größten Sammlerwert des Jahres) und an Alex Berman von Phantasia Press für die geletterte Deluxe-Fassung von David Brins *The Uplift War* (das Buch mit dem größten Sammlerwert des Jahres) verliehen.

»Der Collectors Award«, erklärt Levin, »wird jährlich im Januar in unseren Verkaufsräumen in Santa Monica, Kalifornien, verliehen, an den Science-fiction-, Fantasy- oder Horrorautor und das Buch der betreffenden Genres, dem von der renommierten Kundschaft unseres Geschäfts der größte Sammlerwert zugesprochen wird. Die Auszeichnung besteht aus einer massiven Travertin-Kugel (einen Planeten darstellend), die auf einem durchsichtigen Fuß ruht – und welche Auszeichnung könnte wohl passender sein für einen Autor oder Verleger, der seine gesamte Karriere darauf verwendet hat, für andere Menschen Welten zu erschaffen.«

8. *The Dark Tower: The Drawing of the Three [Drei]*
   - West Kingston, R.I.: Donald M. Grant, Publisher, Inc., 1987. [Levin gibt an, daß zwei zusätzliche Fassungen existieren: eine geletterte Fassung, eventuell 52 Exemplare, mit Doppellettern (A–Z, AA–ZZ): $ 1.000; und eine Verlagsfassung, 50 Exemplare: $ 1.250.]
   - West Kingston, R.I.: Donald M. Grant, Publisher, Inc., 1987. Eine limitierte Edition von 850 Exemplaren, mit Schutzumschlag und Schuber ($ 100): $ 350–500. *Kennzeichen:* Auf der Limitationsseite: »This special first edition of THE DARK TOWER II: THE DRAWING OF THE THREE is signed by author Stephen King and artist Phil Hale. The Edition is limited to 850 copies of which 800 are for sale. [3 Leerzeichen] This is copy ___ [numeriert oder geletttert]«.
   - West Kingston, R.I.: Donald M. Grant, Publisher, Inc., 1987. Eine Buch-

handelsausgabe (30 000 Exemplare), mit Schutzumschlag ($ 35): $ 45–85. *Kennzeichen:* Auf der Copyright-Seite: »FIRST EDITION«.

- New York, NAL, 1989. Vorabexemplar im Paperbackformat (unverkäuflich).
- New York, NAL, 1989. Paperback ($ 12,95).

9. *The Dark Tower: The Gunslinger [Schwarz]*
   - West Kingston, R.I.: Donald M. Grant, Publisher, Inc., 1982. Levin gibt an, daß zwei zusätzliche Fassungen existieren: eine geletterte Fassung ($ 2.300 und mehr) und eine Verlagsfassung ($ 2.500 und mehr).
   - West Kingston, R.I.: Donald M. Grant, Publisher, Inc., 1982. Eine limitierte Edition von 500 Exemplaren, mit Schutzumschlag und Schuber ($ 60): $ 900–1.200 und mehr. *Kennzeichen:* Auf der Limitationsseite: »This special first edition of *The Dark Tower: The Gunslinger* is limited to 500 copies, signed by the author and artist. [2 Leerzeichen] This is copy ___ [numeriert]«.
   - West Kingston, R. I.: Donald M. Grant, Publisher, Inc., 1982. Eine Buchhandelsausgabe (10 000 Exemplare), mit Schutzumschlag ($ 20): $ 400–700.
   - West Kingston, R.I.: Donald M. Grant, Publisher, Inc., 1984. Eine zweite Ausgabe (10 000 Exemplare), mit Schutzumschlag ($ 20): $ 200. *Kennzeichen:* Auf der Copyright-Seite: »Second Edition«.
   - New York: NAL, 1989. Vorabexemplar im Paperbackformat (unverkäuflich).
   - New York: NAL, 1989. Paperback ($ 10,95). *Kennzeichen:* Auf der Copyright-Seite: »First Plume Printing, September, 1988«.

   Anmerkung: Einige Exemplare wurden mit einem abweichenden Umschlag gedruckt, der mit dem der NAL Tonkassetten-Box identisch ist. Hierbei findet sich der Schriftzug »The Dark Tower« in kleinen Lettern oben und der Schriftzug »The Gunslinger« in großen Lettern unten. Doch als NAL erkannte, daß das Buch in den USA allgemein als »Dark Tower« bekannt war, wurde der Umschlag neu gestaltet, um den vertrauteren Titel hervorzuheben. Es ist nicht bekannt, wie viele Exemplare mit dem abweichenden Umschlag gedruckt wurden.
10. *The Dead Zone [Dead Zone – Das Attentat]*
    New York: Viking, 1979. Erstausgabe, gebunden, mit Schutzumschlag ($ 11,95): $ 85. [Levin gibt an, daß zumindest zwei Fassungen und eventuell eine abweichende Ausgabe existieren; daraus ergibt sich, daß der angegebene Preis von neuen Preisen ersetzt wird, sobald die bibliographischen Unterschiede festgemacht werden konnten.]
11. *Different Seasons [Frühling, Sommer, Herbst und Tod]*
    New York: Viking, 1982. Erstausgabe, gebunden, mit Schutzumschlag ($ 16,95): $ 45.
12. *Dolan's Cadillac*
    Northridge, Calif.: Lord John Press, 1989. Eventuell wurden bis zu *neun* Fassungen veröffentlicht. [Anmerkung: Diese 64seitige Edition stellt die erste Veröffentlichung in Buchform dieser in Fortsetzungen in *Castle Rock* erschienenen Geschichte dar. Das Buch war schon kurz nach seinem Erscheinen vergriffen.]

Auf dem Kolophon steht in 1½-zeiligem Abstand:

This first edition of
DOLAN'S CADILLAC
is limited to One Thousand numbered copies,
Two Hundred and Fifty deluxe copies quarter bound
in leather and Twenty-Six lettered copies,
specially bound and slipcased, all of which
have been signed by the author.

The paper is Caress Eggshell Text and the
type CG Plantin.
Designed by Robert Schneider and printed by
Carl Bennitt of Pace Lithographers, Inc.
Binding by Marianna Blau.

Anmerkungen

1. Es könnte bis zu neun Fassungen dieses Buches geben: zwei (oder vielleicht drei) Fassungen des Vorabdrucks, die geletterte Fassung, die signierte Deluxe-Fassung, die limitierte signierte Fassung und drei Präsentationsfassungen. Die Präsentationsfassungen unterscheiden sich von den anderen Fassungen durch die Abschlußseite mit dem Cadillac-Motiv. Wie es scheint, folgen die Präsentationsfassungen dem Binden der geletterten, Deluxe- und limitierten Fassungen.
2. Fahnen und Vorabdrucke werden nicht nach Vorrangigkeit des Erscheinens aufgeführt; diese betreffende Reihenfolge konnte noch nicht festgestellt werden.

(1) Vorabdruck, unverkäuflich. In Golddruck auf der Vorderseite: »ADVANCE PROOF«. Gebunden in einen blauen Papiereinband: $ 400.
(2) Vorabdruck, unverkäuflich. In Golddruck auf der Vorderseite: »ADVANCE PROOF«. Gebunden in einen grauen Papiereinband: $ 400.
– eventuell existiert eine dritte Fassung dieses Vorabdrucks (bisher nicht angeboten).
(3) Präsentationsfassung persönlicher Exemplare für den Autor, Verleger, Binder, u.a.m., mit dem Namen des Empfängers in Drucklettern auf der Limitationsseite, signiert von King (unverkäuflich): $ 1.500 und mehr. (Eventuell dem Bindungsstil der in Halbleder gebundenen, geletterten Exemplare folgend [noch nicht angeboten].)
(4) Präsentationsfassung einer unbestimmten Anzahl von Exemplaren, Bindungsstil der limitierten, mit Lederrücken gebundenen Fassung; in Drucklettern auf der Limitationsseite: *»Presentation copy«,* signiert von Stephen King (unverkäuflich): $ 750.
(5) Präsentationsfassung einer unbestimmten Anzahl von Exemplaren, Bindungsstil der limitierten, in Halbfranz gebundenen Fassung; in Drucklettern auf der Limitationsseite: *»Presentation copy«,* signiert von Stephen King (unverkäuflich): $ 400.
(6) geletterte Fassung von 26 Exemplaren, geletttert A bis Z. Halbbindung [Leder und marmoriertes Papier], im Schuber, signiert von Stephen King: $ 1.500.
(7) signierte Deluxe-Ausgabe von 250 numerierten Exemplaren, Rücken-

bindung [mit marmoriertem Papier], signiert von King ($ 250): $ 375–400.

(8) limitierte, signierte Ausgabe von 1000 numerierten Exemplaren, signiert von King. Halbfranz mit gedruckten Deckeln, signiert von King ($ 100): $ 150–200.

13. *The Eyes of the Dragon [Die Augen des Drachen]*

– Bangor, Maine: Philtrum Press, 1984. Die echte Erstausgabe, eine limitierte Ausgabe von 1250 Exemplaren: 1000 in schwarzer Tinte numerierte Exemplare zur allgemeinen Verwendung und 250 in roter Tinte numerierte Exemplare zur privaten Verwendung. *Kennzeichen:* Auf der Limitationsseite: »THE EYES OF THE DRAGON was printed and bound in Lunenburg, Vermont, by Stinehour Press. This first edition was designed and cared for by Michael Alpert. One thousand two hundred fifty copies were printed in the fall of 1984. One thousand copies are for sale and are numbered in black, 1 through 1000. Two hundred fifty copies are reserved for private distribution and are numbered in red, 1 through 250. [2 Leerzeichen] This is copy [numeriert in schwarzer oder roter Tinte]«.

(1) Levin gibt an, daß zwei geletterte Fassungen existieren: gelettert in roter Tinte, nicht mehr als 26 Exemplare, nur zur privaten Verwendung (unverkäuflich): $ 2.000 und mehr; und gelettert in schwarzer Tinte, nicht mehr als 26 Exemplare, als Geschenk für enge Freunde (unverkäuflich): $ 2.000.

(2) Numeriert 1–250 in roter Tinte (unverkäuflich): $ 1.500–2.000.

(3) Numeriert 1–1000 in schwarzer Tinte ($ 120): $ 750.

– New York: Viking, 1987. Erstausgabe, gebunden, mit Schutzumschlag ($ 18,95): $ 25.

14. *Firestarter [Feuerkind]*

Anmerkung: Für die limitierte Ausgabe und die Normalausgabe wurden die selben Druckplatten verwendet. Die limitierte Ausgabe ist die echte Erstausgabe.

– Huntington Woods, Mich.: Phantasia Press, 1980. Echte Erstausgabe, gebunden, mit Schutzumschlag. Eine limitierte Ausgabe von 725 Exemplaren, mit Schutzumschlag und Schuber ($ 35): $ 450, wenn die Limitationsseite vom 5. Juli 1980 datiert ist; sonst $ 350. [King hat die Limitationsseiten über eine Spanne von vier Tagen signiert; da er die Seiten jedoch *datiert* hat, hat der erste Tag, 5. Juli 1980, Vorrang vor den folgenden Tagen und ist deshalb wertvoller.] *Kennzeichen:* Auf der Limitationsseite: »This first edition of Firestarter by Stephen King is limited to seven hundred twenty-five copies, all of which have been signed and numbered by the author. [2 Leerzeichen] This is copy [numeriert]«.

– New York: Viking, 1980. Buchhandelserstausgabe, gebunden, mit Schutzumschlag ($ 13,95): $ 45. *Kennzeichen:* Auf der Copyright-Seite: »First published in 1980 by The Viking Press«.

– Huntington Woods, Mich.: Phantasia Press, 1980. Eine in Asbest gebundene Edition von 26 geletterten Exemplaren (A–Z), signiert von Stephen King am 8. Juli 1980: $ 3.000.

15. *It [Es]*

– *ES,* Linkenheim, Deutschland: Edition Phantasia, [Mai] 1986. Die echte (Welt-) Erstausgabe wurde in einer limitierten Edition von 250 numerierten Exemplaren veröffentlicht. In Leder gebunden und in einen roten

Samtschuber eingestellt. Diese deutschsprachige Ausgabe stellt ein einzigartiges Sammlerstück dar: $ 600.

- New York: Viking, 1986. Erste amerikanische Ausgabe [erste englischsprachige Ausgabe], gebunden, mit Schutzumschlag ($ 22,95): $ 25. *Kennzeichen:* Auf der Copyright-Seite: »First published in 1986 by Viking Penguin Inc.«.

16. *The Long Walk [Todesmarsch]* von Richard Bachman [Pseudonym von Stephen King]
New York: NAL/Signet, 1979. Erstausgabe, Taschenbuch ($ 1,95): $ 100.

17. *Misery [Sie]*
New York: Viking, 1986. Erstausgabe, gebunden, mit Schutzumschlag ($ 18,95): $ 35. *Kennzeichen:* Auf der Copyright-Seite: »First published in 1987 by Viking Penguin Inc.«.

18. *My Pretty Pony*
Zum Zeitpunkt des Verfassens dieser Liste (Juli 1989), war nur die Ausgabe des Whitney Museums erschienen. Man kann wohl mit Fug und Recht davon ausgehen, daß der Preis für diese Ausgabe in kürzester Zeit in die Höhe schnellen wird, da es sich um die teuerste limitierte Ausgabe von King handelt und die Exemplare bereits auf dem Kunstmarkt gehandelt werden.
- New York: Whitney Museum of American Art, 1989. Eine limitierte Ausgabe von 280 Exemplaren, von denen 150 zum freien Verkauf angeboten wurden. Numeriert und signiert von der Künstlerin Barbara Kruger und Autor Stephen King. Das Buch ist der sechste Band der Artist's and Writer's-Reihe des Museums ($ 2.200): Der gegenwärtige Marktwert steht noch nicht fest.
- New York: Alfred A. Knopf, 1989. Die erste Buchhandelsausgabe, limitiert auf 15 000 Exemplare ($ 50). [Für die Normalausgabe eines populären Autors von einem großen Verlagshaus ist die Auflage, festgesetzt von King, sehr niedrig, besonders wenn man bedenkt, daß es ansonsten üblich ist, gebundene Ausgaben von King in einer Auflage von über einer Million Exemplaren zu drucken. So wie die erste und zweite Auflage der Grant-Ausgabe von *The Dark Tower: The Gunslinger* schnell vergriffen war, war auch diese Knopf-Ausgabe schon vor dem Erscheinungsdatum ausverkauft. Es ist nicht bekannt, ob King weitere Auflagen autorisieren wird.]

19. *Nebel* [Linkenheim, Deutschland]: Edition Phantasia, 1986. Eine limitierte Edition von 500 numerierten Exemplaren; es existieren nunmehr, nach Aussage von Barry Levin, weniger als 100 Exemplare. Die meisten Exemplare dieser unauthorisierten Ausgabe wurden vernichtet. *Kennzeichen:* Auf der Limitationsseite findet sich eine Blankozeile mit einer handschriftlichen Zahl neben einer gedruckten Zahl:
[handschriftliche Zahl/gedruckte Zahl]
Der Text auf der Limitationsseite:
Dieses Buch erscheint in einer einmaligen auf 500 numerierte Exemplare limitierten Auflage. Dieses Exemplar trägt die Nummer ___. Die römisch I bis XXX numerierten Exemplare gelangen nicht in den Handel.

20. *Night Shift [Nachtschicht]*
Garden City, N.Y.: Doubleday, 1978. Erstausgabe, gebunden, mit Schutzumschlag ($ 8,95): $ 750. *Kennzeichen:* Auf der Copyright-Seite: »FIRST EDITION«.

21. *Pet Sematary [Friedhof der Kuscheltiere]*
Garden City, N.Y.: Doubleday, 1983.
- Vorabexemplar, Paperback (unverkäuflich). *Kennzeichen:* »Promotional Copy – not for sale«.
  (1) Eine fotokopierte Fassung des Kingschen Originaltyposkripts, von dem noch etwa 50 Exemplare erhalten sind: $ 500 und mehr.
  (2) Eine Druckfahnenfassung: $ 200.
- Erstausgabe, gebunden, mit Schutzumschlag ($ 15,95): $ 45. *Kennzeichen:* Auf der Copyright-Seite: »FIRST EDITION«.

22. *The Plant*
Anmerkung: Ein im Selbstverlag von Kings Philtrum Press herausgegebenes Heft, das als Weihnachtsgruß verschickt wurde
- Bangor, Maine: Philtrum Press, 1982. Der erste Abschnitt, *The Plant: the opening segment of an on-going work.* Numerierte Exemplare 1–200, signiert von King: $ 1.500–2.000. [Levin gibt an, daß eventuell eine geletterte Fassung existiert, die bisher jedoch nicht angeboten wurde.]
- Bangor, Maine: Philtrum Press, 1983. Der zweite Abschnitt, *The Plant – Part Two.*
  (1) 26 geletterte Exemplare, A–Z, signiert von King (unverkäuflich): $ 2.000–3.000.
  (2) numerierte Exemplare, 1–200, signiert von King (unverkäuflich): $ 1.500–2.000.
- Bangor, Maine: Philtrum Press, 1985. Der dritte Abschnitt, *The Plant – Part Three.*
  (1) 26 geletterte Exemplare, A–Z, signiert von King: $ 2.000–3.000.
  (2) numerierte Exemplare, 1–200, signiert von King: $ 1.500–2.000.
  Anmerkung: Levin gibt an, daß noch außer der Reihe veröffentlichte Exemplare der ersten beiden Abschnitte existieren. Diese sind nicht numeriert, nicht geletttert und nicht von King signiert (einige persönliche Exemplare des Gestalters): $ 500 und mehr. Die außer der Reihe veröffentlichten Exemplare des zweiten Abschnitts sind etwas seltener zu finden als die des ersten Abschnitts. Bisher sind noch keine außer der Reihe veröffentlichten Exemplare des dritten Abschnitts angeboten worden.

23. *Rage [Amok]* von Richard Bachman [Pseudonym von Stephen King]
New York: NAL/Signet, 1977. Erstausgabe, Taschenbuch ($ 1,50): $ 100–150.

24. *Roadwork [Sprengstoff]* von Richard Bachman [Pseudonym von Stephen King]
New York: NAL/Signet, 1981. Erstausgabe, Taschenbuch ($ 2,25): $ 100–125.

25. *The Running Man [Menschenjagd]* von Richard Bachman [Pseudonym von Stephen King]
New York: NAL/Signet, 1982. Erstausgabe, Taschenbuch ($ 2,50): $ 100.

26. *Salem's Lot [Brennen muß Salem]*
Garden City, N.Y.: Doubleday, 1975. Erstausgabe, gebunden, mit Schutzumschlag: Preise variieren je nach Fassung. *Kennzeichen:* Auf der Copyright-Seite: »First Edition«.

Es existieren drei Fassungen mit geringen Abwandlungen des Schutzumschlags: die erste Fassung, die zweite Ausgabe der ersten Fassung und die zweite Fassung (ein neugedruckter Schutzumschlag, tatsächlich eine zweite Auflage des Schutzumschlags).

1. Die erste Fassung ($ 8,95): $ 2.000; auf dem Schutzumschlag steht der Preis $ 7,95 und im vorderen Klappentext des Umschlags wird »Father Cody« erwähnt.
2. Erste Fassung, zweite Ausgabe ($ 7,95): $ 750; mit dem ausgeschnittenen Preis $ 8,95 und dem aufgedruckten Preis $ 7,95, außerdem der Erwähnung von »Father Cody« im vorderen Klappentext des Umschlags. [Hierbei handelt es sich um die zurückgenommene Fassung der ersten Veröffentlichung.]
3. Die zweite Fassung [eine Neuauflage des Schutzumschlags] ($ 7,95): $ 400; der Preis von $ 7,95 ist nicht ausgeschnitten und im vorderen Klappentext des Umschlags wird »Father Callahan« erwähnt.

27. *The Shining [Shining]*
Garden City, N.Y.: Doubleday, 1977. Erstausgabe, gebunden, mit Schutzumschlag ($ 8,95): $ 250. *Kennzeichen:* Auf der Copyright-Seite: »FIRST EDITION«.

28. *Skeleton Crew*
- New York: G.P. Putnam's Sons, 1985. Die echte Erstausgabe, gebunden, mit Schutzumschlag ($ 18,95): $ 20–25. *Kennzeichen:* Auf der zusätzlichen Seite, die die Copyright-Seite darstellt, findet sich am Fuß der zweiten Seite eine Reihe von Zahlen: »1 2 3 4 5 6 7 8 9 10«. Ebenfalls auf dieser Seite findet sich die Anmerkung: »A limited first edition of the book has been published by Scream/Press«.
- Santa Cruz, Calif.: Scream Press, 1985. Die Erstausgabe in dieser Form, mit einer zusätzlichen Geschichte, »The Revelations of 'Becka Paulson« aus *The Tommyknockers* [»'Becka Paulson«/*Das Monstrum*], die weder in der gebundenen Ausgabe von Putnam noch in der Taschenbuchausgabe von NAL enthalten ist. Gebunden, mit Schutzumschlag, Schuber und dem eingelegten Farbdruck von J. K. Potter, der das Buch illustrierte.
  (1) In Leder gebunden, 17 Präsentationsexemplare, numeriert: $ 2.750; und 52 Exemplare, doppelt gelettert A–ZZ auf der Blankozeile ($ 350): $ 1.250–1.500. [Autrey gibt an, daß die 17 Präsentationsexemplare das Ergebnis eines Bindungsüberschusses sind; diese ansonsten als außer der Reihe zu betrachtenden Exemplare wurden als Präsentationsexemplare genommen und zur seltensten Fassung des Buches; acht Exemplare wurden zum freien Verkauf angeboten.] *Kennzeichen:* Auf der Limitationsseite findet sich ein Paar eckiger Klammern und in der Mitte zwischen den oberen Ecken der Klammern eine Zahl, ein Schrägstrich und der Großbuchstabe »P«; zwischen den Klammern steht das Wort »presentation« und in der Mitte zwischen den unteren Ecken der Klammer das Wort »copy«.
  (2) Eine »Limited first edition« [limitierte Erstausgabe] von 1000 Exemplaren, numeriert in silberner Tinte, signiert von Autor und Künstler ($ 75): $ 300–350. *Kennzeichen:* Auf der Limitationsseite: »STEPHEN KING'S / SKELETON CREW [3 Leerzeichen] This volume is one of one thousand copies, signed on the facing page in silver ink by the author and artist«.

29. *The Stand [Das letzte Gefecht]*
New York: Doubleday, 1978. Erstausgabe, gebunden, mit Schutzum-

schlag ($ 12,95): $ 250. *Kennzeichen:* Auf der Copyright-Seite: »First Edition«.

30. *Stephen King*
Anmerkung: Eine Komplettausgabe, zusammen mit *The Shining [Shining], Salem's Lot [Brennen muß Salem], Night Shift [Nachtschicht]* und *Carrie.*
– New York: Octopus Books; und London: William Heineman, 1978. Erstausgabe, gebunden, mit Schutzumschlag [kein Preis angegeben]: $ 50–65.
– Peerage Books, 1986. In einem Schuber mit *Isaac Asimov* und *Robert Ludlum;* alle drei Bände sind Teil der Modern·Classics·Collection (auf drei Seiten des Schubers aufgedruckt); gebunden in Ledervlies mit gedruckten marmorierten Endseiten und vergoldeten Kanten (empfohlener Verkaufspreis: $ 75).

31. *The Talisman [Der Talisman]*
– New York: Viking und G.P. Putnam's Sons, 1984. Die echte Erstausgabe, gebunden, mit Schutzumschlag ($ 18,95): $ 25. *Kennzeichen:* Auf der Copyright-Seite: »First published in 1984 by Viking Penguin Inc.«.
– West Kingston, R.I.: Donald M. Grant, Publisher, Inc.
(1) Die »Artist's Presentation«-Fassung, eine geletterte Fassung, in zwei Bänden, im Schuber; signiert vom Autor und den 10 Illustratoren: $ 1.500. *Kennzeichen:* Auf der Limitationsseite ist von Hand ein Druckbuchstabe in die für die Numerierung freigelassene Stelle eingesetzt worden. »This presentation copy # ___ of 70 copies of this special illustrated first edition of The Talisman is signed by the participants in the edition and is not for sale.« [Die Anzahl der geletterten Exemplare ist nicht bekannt.]
(2) Die »Artist's Presentation«-Fassung, eine numerierte Auflage von 70 Exemplaren, in zwei Bänden, im Schuber, signiert vom Autor und den 10 Illustratoren: $ 1.000. *Kennzeichen:* Auf der Limitationsseite ist handschriftlich eine Zahl [1–70] in die für die Numerierung freigelassene Stelle eingesetzt worden. »This presentation copy # ___ of 70 copies of this special illustrated first edition of The Talisman is signed by the participants in the edition and is not for sale.«
(3) »Deluxe-Ausgabe« in zwei Bänden mit Schuber, in einer Auflage von 1200 numerierten Exemplaren, signiert von King und Straub ($ 120): $ 400–500. *Kennzeichen:* Auf der Limitationsseite: »This special illustrated edition of The Talisman is limited to 1200 numbered copies signed by the authors. [2 Leerzeichen] This is copy ___ [numeriert 1–1.200]«.
(4) »Trade Edition«, Handelsausgabe in einer Auflage von 1200 Exemplaren in zwei Bänden mit Schuber ($ 65): $ 100.

32. *Thinner [Der Fluch]* von Richard Bachman [Pseudonym von Stephen King]
New York: NAL/Signet, 1984.
– Vorabexemplar, Paperback (unverkäuflich): $ 125–150.
– Erstausgabe, gebunden, mit Schutzumschlag ($ 12,95): $ 35.

33. *The Tommyknockers [Das Monstrum]*
New York: Viking, 1987. Erstausgabe, gebunden, mit Schutzumschlag ($ 19,95).
– Erste Fassung, mit dem Aufdruck »permissions to come« auf der Copyright-Seite, $ 45–75, mit zwei verschiedenen Fassungen des Schutzum-

schlags: Kings Name in roten Glanzfolienbuchstaben und in goldenen Glanzfolienbuchstaben aufgedruckt.
- Zweite Fassung, ohne den Aufdruck »permissions to come«, $ 20, mit zwei verschiedenen Fassungen des Schutzumschlags: Kings Name in roten Glanzfolienbuchstaben und in goldenen Glanzfolienbuchstaben aufgedruckt.

Anhang 6
Bezugsquellen

Die Informationen in diesem Anhang gelten für den Zeitpunkt des Schreibens und können sich jederzeit ändern. Bevor Sie bestellen, sollten Sie sich auf alle Fälle schriftlich nach dem gegenwärtigen Preis erkundigen und einen frankierten Rückumschlag für die Antwort beilegen.

Kunst

• *Modern Graphics* (Oranienstr. 22, 1000 Berlin 36) bietet immer wieder Drucke, Lithographien, Serigraphien usw. namhafter Comic-Künstler und Illustratoren an (auch Fantasy, Horror usw.). Eine Angebotsliste wird zugeschickt.
• *Graphic Collectibles* (P.O. Box 683, Staten Island, N.Y. 10302) ist eine gute Quelle für Drucke von Bernie Wrightson; die Frankensteindrucke sind von besonderem Wert.
• *Glass Onion Graphics* (P.O. Box 88, Brookfield, Conn. 06804) ist die beste Adresse für Drucke des King-Illustrators Michael Whelan. Schicken Sie 2 Dollar für den aktuellen Farbkatalog mit.
• Antiquare wie *Bud Plant, Inc.* und *Dreamhaven Books and Arts* verfügen über große Bestände an Drucken von Science-fiction-, Fantasy-, Horror- und Comic-Künstlern. Für nähere Informationen siehe Abschnitt »Spezialbuchhändler und Antiquariate«.

Allgemeine Buchhandlungen

Jede allgemeine Buchhandlung ist die beste Anlaufstelle für alle erhältlichen King-Bücher in gebundener oder Taschenbuchausgabe. Sollte das gewünschte Buch nicht vorrätig sein, wird man es Ihnen sicher gern bestellen.

Wenn Sie an Erstausgaben interessiert sind, sollten Sie ein Buch kaufen, sobald es auf den Markt kommt; sonst erhalten Sie vielleicht nur noch die zweite Auflage. Bei Doubleday-Ausgaben findet sich in solchen Fällen der Vermerk »First Edition« auf der Copyright-Seite. (Spätere Auflagen sind üblicherweise identisch mit der Erstausgabe, einmal abgesehen vom Preis und dem Wegfallen des Vermerks »First Edition«.) Viking-Bücher tragen zumeist im Impressum den Vermerk »First published in [Erscheinungsjahr]«. NAL-Bücher tragen gewöhnlich den Vermerk »First printing« im Impressum, gefolgt vom Monat und Jahr der Veröffentlichung.

Wenn Sie überprüfen wollen, welche Auflage Sie besitzen, sehen Sie sich bitte das Impressum an. Die Zahlenreihe, gewöhnlich am Fuß der Seite zu finden, sieht zumeist wie folgt aus: 1 2 3 4 5 6 7 8 9. Die *niedrigste* Zahl gibt die Auflage an.

Spezialbuchhändler und Antiquariate

Da es für eine Buchhandlung unmöglich ist, ihre Bestände auf alle Kundenwünsche auszurichten, haben Fachbuchhandlungen diese Lücke mit Büchern und Waren für spezielle Geschmäcker gefüllt. Wenn Sie sich für Science-fiction, Fantasy oder Horror interessieren, schlagen Sie doch einfach mal in den Gelben Seiten Ihres Telefonbuchs unter »Buchhandlungen« nach und suchen Sie nach einem Eintrag der auf eine spezielle Fachrichtung wie Science-fiction-Bücher oder Comics hinweist.

Einige renommierte Geschäfte in Deutschland und USA verdienen Ihre Aufmerksamkeit:

• *Andere Welten* (Rappstr. 15, 2000 Hamburg 13) bietet Neuerscheinungen im Bereich SF und Horror (auch englischsprachige Ausgaben) und antiquarische Titel.
• *Morgenwelt* (Karl-Marx-Str. 30, 1000 Berlin 44) bietet eine große Auswahl an Horror, SF, Fantasy, Comics usw.
• *Avenue Victor Hugo Bookshop,* 339 Newbury St., Boston, Mass. 02115.
• *A Change of Hobbit,* 1433 Second St., Santa Monica, Calif. 90401.
• *Dangerous Visions,* 13563 Ventura Blvd., Sherman Oaks, Calif. 91423.
• *Forbidden Planet,* 821 Broadway, New York, N.Y. 10003.
• *Moonstone Bookcellars,* 2145 Pennsylvania Ave., N.W., Washington, D.C. 20037.

Wenn Sie keine betreffende Fachbuchhandlung in Ihrer Nähe haben, können Sie sich Ihre Bücher zusenden lassen. Die auf Katalogbestellung spezialisierten Händler verkaufen zumeist an Sammler. Da viele von ihnen selbst Sammler sind, geben sie sich besondere Mühe beim Verpacken der Bücher, damit sie sicher und heil bei Ihnen ankommen.

Die Antiquariate sind die beste Adresse für vergriffene Bücher und Bücher in limitierten Ausgaben. Die Preise für diese Sammlerstücke können recht hoch sein.

Versandbuchhändler

• *Transgalaxis* (Postfach 1127, 6382 Friedrichsdorf/Ts.) ist die größte Versandbuchhandlung für phantastische Literatur in Deutschland. Ein umfangreicher Farbkatalog wird in der Regel zwei- bis dreimal jährlich verschickt. Alle phantastischen Neuerscheinungen, dazu immer wieder Antiquariatsangebote.
• *Antiquariat Frank Pflaum* (Seegasse 7/3, 6902 Sandhausen) ist eine der ersten Adressen in Sachen Phantastik. In regelmäßigen Abständen Listen mit seltenen Erstausgaben und gesuchten Sammlerstücken. Führt ständig das Gesamtprogramm der Edition Phantasia.
• *Versandantiquariat Martina Beyer* (Wiener-Neustädter-Str. 39, 4019 Monheim 2) bietet stets eine große Auswahl antiquarischer Titel aus den Bereichen Krimi, Abenteuer, SF und Horror. Angebotslisten werden auf Wunsch zugeschickt.
• *Andy Richards* (136 New Road, Bedfont, Feltham, Mddsx. TW 14 8HT, Groß-

britannien) verschickt regelmäßig Kataloge mit SF, Fantasy und Horror, darunter immer wieder King-Neuerscheinungen und seltene Erstausgaben.
• *Bud Plant, Inc.* (P.O. Box 1689, Grass Valley, Calif. 95945). Der beste Bestellkatalog für den Comic-Bereich.
• *L.W. Curry* (Elisabethtown, N.Y. 12932). Gute Quelle für vergriffene Bücher.
• *Dreamhaven Books and Arts* (1300 Fourth St., S.E., Minneapolis, Minn. 55414). Greg Ketter bietet gute Auswahl an Kunst, Büchern, Drucken, etc.
• *Barry R. Levin Science Fiction and Fantasy Literature* (726 Santa Monica Blvd., Suite 201, Santa Monica, Calif. 90401). Ladenverkauf und Katalogbestellung. Beste Quelle für besondere Sammlerstücke und die seltensten, wertvollsten Bücher und Fassungen. Verschickt Informationsbroschüren.
• *Overlook Connection* (P.O. Box 526, Woodstock, Ga. 30188). Gute Quelle für Horrorbücher im allgemeinen. Kataloge erhältlich.
• *Vagabond Books* (2076 Westwood Blvd., Los Angeles, Calif. 90025). Gute Quelle für amerikanische Erstausgaben, besonders von populären Autoren, die auch Signierstunden im Geschäft abhalten. Kataloge erhältlich.
• *Robert and Phyllis Weinberg* (15145 Oxford Dr., Oak Forest, Ill. 60452). Mein persönlicher Favorit unter den Versandbuchhändlern, wegen seiner großen Auswahl in den Bereichen Science-fiction, Fantasy und Horror. Kataloge erhältlich.

Kongresse

Kongresse für Science-fiction-, Fantasy- und Horror-Fans werden in aller Welt abgehalten. Der größte von ihnen, die World Science Fiction Convention, ist einen Besuch wert, wenn Sie einmal aus erster Hand erleben wollen, was Fankult bedeutet. (Zu Beginn seiner Karriere hat King an vielen Kongressen teilgenommen.) Wenn Sie wissen wollen, was wann stattfindet, sollten Sie am besten *Locus* abonnieren (siehe unter »Zeitschriften« in diesem Anhang), *das* monatlich erscheinende Nachrichtenblatt des Genres.
• *Horrorfest,* der Kongreß für King-Fans. Wenn Sie an näheren Informationen interessiert sind, schreiben Sie an: Ken Morgan, P.O. Box 277652, Riverdale, Ill. 60627-7652).

Filme

Filme von King werden zumeist ausführlich in den Filmkolumnen der Zeitungen, in Filmzeitschriften und in Büchern mit gesammelten Filmkritiken besprochen.
• *Cinefantastique,* das fünfmal pro Jahr erscheint, beschäftigt sich eingehend mit Horror, Science-fiction und Fantasy. Wenn Sie es nicht bei Ihrem Händler bekommen können, können Sie natürlich abonnieren. Schreiben Sie an: *Cinefantastique,* P.O. Box 270, Oak Park, Ill. 60303.
• *Harlan Ellison's Watching* von Harlan Ellison, erschienen bei Underwood-Miller, ist eine Sammlung von Ellisons Filmkritiken, darunter auch Artikel über King. Sehr zu empfehlen. Gebunden, 536 Seiten. (Direkt beim Verlag zu bestellen.)
• *Joe Bob Goes to the Drive-In* von Joe Bob Briggs ist eine Sammlung seiner Filmkritiken. Einleitung von Stephen King. Paperback.
• *We Are the Weird,* die »letzte unzensierte Publikation in Amerika«, ist eine

Zeitung von Joe Bob Briggs, der viele King-Filme rezensiert hat, während er in seinem Toronado unter freiem Himmel gesessen und die Streifen gesehen hat, wie Gott es seiner Meinung nach wollte. Joe Bob ist zu bescheiden, Ihnen zu sagen, daß Sie diese Zeitung unbedingt einmal lesen sollten, also nehmen Sie dies als meine unqualifizierte Empfehlung. Zu bestellen bei Joe Bob Briggs, P.O. Box 2002, Dallas, Texas 75221.

Zeitschriften

- *Horror News* ist das einzige deutschsprachige Stephen-King-Fachblatt. Es wird in unregelmäßigen Abständen herausgegeben von der KRAG (King Readers Association Germany, Peter Schmitz, Postfach 1933, 7910 Neu-Ulm) und bietet Wissenswertes und Kurioses zu und über King.
- *Nachtschatten (Tales)* ist ein semiprofessionelles Horror-Magazin, das neben Kurzgeschichten auch Buchbesprechungen zu aktuellen Neuerscheinungen auch Informationen zur Horror-Szene allgemein und Stephen King speziell bietet. Das illustrierte, sorgfältig edierte und ansprechende Blatt wird herausgegeben von Carsten Scheibe, Riemeisterstr. 118, 1000 Berlin 37, der sich auch sonst immer wieder positiv im Bereich Horror hervortut.
- *Castle Rock,* herausgegeben von Christopher Spruce, ehemals *das* Nachrichtenblatt über Stephen King. Das Blatt wurde im Dezember 1989 eingestellt. Alte Ausgaben sind zum Teil noch erhältlich. Castle Rock, P.O. Box 8060, Bangor, Maine 04401.
- *The Harlan Ellison Record Collection* ist das Nachrichtenblatt für Ellison-Leser, mit Informationen über seine demnächst erscheinenden Bücher und gegenwärtigen Projekte. Zu bestellen bei der Harlan Ellison Record Collection, P.O. Box 55548, Sherman Oaks, Calif. 91413-0548.
- *Locus* ist die umfassendste Publikation des Fantasy- und Science-fiction-Genres. Eine unersätzliche Informationsquelle für all jene, die ein tiefergehendes Interesse an diesem Bereich haben. Erscheint monatlich. Zu bestellen bei Locus Publications, P.O. Box 13305, Oakland, Calif. 94661.
- *Midnight Graffiti* ist ein ansprechendes Magazin, das sich auf »Dark Fantasy« spezialisiert hat. (Die Stephen-King-Sonderausgabe vom Frühjahr 1989 ist noch erhältlich. In dieser Ausgabe findet sich unter anderem der Erstabdruck der Kurzgeschichte »Rainy Season« von King. Verleger James Van Hise ist ein alter Profi darin, ansprechende Sonderausgaben zusammenzustellen. was sich auch hier wieder zeigt.) Zu bestellen bei: Midnight Graffiti, 13101 Sudan Rd., Poway, Calif. 92064.
- *Whispers,* herausgegeben von Stuart D. Schiff, richtet sich an alle, die am Horror-Genre interessiert sind. (Die Stephen-King-Ausgabe, leider vergriffen, ist ein gutes Beispiel für die herausragende Qualität des Magazins.) *Whispers* erscheint in Doppelausgaben, die Sie sich unbedingt einmal ansehen sollten. Zu bestellen bei: Whispers Press, 70 Highland Ave., Binghamton, N.Y. 13905.
- Andere Fachzeitschriften – Mischungen aus Kunst, Prosa, Interviews, Buchkritiken und Autorenportraits – sind gemeinhin bei allen Fachbuchhändlern zu erhalten.

Audiokassetten-Verlage

- *Heyne Verlag* (Türkenstr. 5–7, 8000 München 2) hat die einzige deutschsprachige Tonkassette von King herausgebracht, den vollständigen Text von *Schwarz* in deutscher Übersetzung sowie als Anhang Auszüge aus der von King selbst gelesenen Originalversion.
- *Durkin·Hayes Publishing Ltd.* bietet eine gekürzte Lesung von *Thinner [Der Fluch]* an.
- *Lion Recordings* (P.O. Box 962, Washington, D.C. 20044) bietet Aufzeichnungen der »Larry King Show« auf Kassette. Hier ist auch die Aufnahme des Stephen King-Interviews erhältlich, das am 10. April 1986 ausgestrahlt wurde.
- NAL bietet zwei Kassetten-Boxen mit den Lesungen der *Dark Tower*-Bände *[Schwarz* und *Drei]* und Kings Vampirgeschichte »Night Flier« [»Der Nachtflieger«] aus *Prime Evil [Horror vom Feinsten]* an.
- *Recorded Books* (P.O. Box 409, Charlotte Hall, Md. 20622) bietet viele Lesungen kurzer Stücke von King als Kauf- oder Leihkassetten an. Kostenloser Katalog erhältlich.
- *ZBS Foundation* (R.R. 1, Box 1201, Fort Edward, N.Y. 12828) bietet die Hörspielfassung von »The Mist« [»Der Nebel«] an.

Allgemeine Verlagshäuser

Deutsche Verlage

- *Hoffmann und Campe* hat gebundene Ausgaben von *Friedhof der Kuscheltiere, Der Talisman, Das Monstrum, Stark* und *In einer kleinen Stadt* herausgebracht. Alle Ausgaben sind über den Buchhandel erhältlich.
- *Schneekluth* veröffentlichte 1977 als erstes Buch von King in deutscher Übersetzung *Carrie.* Die Ausgabe ist vergriffen.
- *Zsolnay* brachte 1979 eine gekürzte deutsche Ausgabe von *Brennen muß Salem* auf den Markt, die die Grundlage für alle nachfolgenden Taschenbuchausgaben bildete. Die Ausgabe ist im Buchhandel erhältlich. 1991 erschien eine preiswerte Sonderausgabe.
- *Bastei Lübbe* veröffentlichte die frühen Romane Kings sowohl in Paperback- wie auch in Taschenbuchausgaben. Lieferbare Titel sind u.a. *Shining, Cujo, Nachtschicht, Carrie, Das Jahr des Werwolfs* usw. Der Gustav Lübbe Verlag veröffentlichte gebundene Ausgaben einiger King-Titel, am spektakulärsten war 1990 die ungekürzte Version von *The Stand/Das letzte Gefecht.* Daneben sind lieferbar: *Carrie* (ungekürzte Neuübersetzung 1992), *Shining, Feuerkind* und *Cujo* als Sonderausgabe in einem Band und *Nachtschicht.*
- Der *Heyne Verlag* veröffentlichte alle neueren Werke Kings entweder als Paperback-Originalausgaben (»Jumbos«) oder Taschenbuchnachdrucke von Hoffmann und Campe. Lieferbar sind unter anderem *Nachts, Schwarz, Drei, Tot, Langoliers, Es, Sie, Friedhof der Kuscheltiere, Stark, Christine, Dead Zone – Das Attentat, Das Monstrum, Der Talisman, Brennen muß Salem* sowie die Kurzgeschichtenbände *Im Morgengrauen, Der Gesang der Toten* und *Der Fornit,* die in einem Band (und in revidierten, textgetreuen Neuübersetzungen) unter dem Titel *Blut* erschienen sind. Daneben kam bei Heyne das Sachbuch *Danse Macabre* und der Interview-Band *Angst pur* heraus, letzterer als Nachdruck der Edition Phantasia. Außerdem ist bei Heyne eine revidierte, ungekürzte Neuausgabe von *Es* als Hardcover erhältlich.

• *Moewig* veröffentlichte eine stark gekürzte Ausgabe von *Dead Zone.* Dieser Titel ist vergriffen und inzwischen ungekürzt und sorgfältig übersetzt bei Heyne erschienen.
• Der *Deutsche Taschenbuchverlag* veröffentlichte im Rahmen der Horror-Reihe dtv-Phantastika den Roman *Brennen muß Salem,* auch diese Ausgabe ist vergriffen und inzwischen von Heyne neu aufgelegt worden.

Amerikanische Verlage

• *Berkley* hat die Taschenbuchausgabe von *Danse Macabre* herausgebracht. Erhältlich in Buchhandlungen.
• *Doubleday* hat *Carrie, Night Shift [Nachtschicht], Pet Sematary [Friedhof der Kuscheltiere], Salem's Lot [Brennen muß Salem], The Shining [Shining]* und *The Stand [Das letzte Gefecht]* als gebundene Ausgaben herausgebracht. Außerdem ist bei diesem Verlag 1990 die überarbeitete und erweiterte Fassung von *The Stand [The Stand: »Das letzte Gefecht«]* erschienen. Alle Titel sind im Buchhandel erhältlich. (Der Doubleday Book Club bietet diese Titel und andere King-Bücher zu leicht reduzierten Preisen an, die Preise sind im Mitgliederkatalog zu erfahren.)
• *G. K. Hall & Co.* hat einige King-Titel in seiner Großdruck-Reihe (für Menschen mit Sehschwächen) herausgebracht.
• *G. P. Putnam's Sons,* der King in gebundenen Ausgaben herausbringt, hat *Skeleton Crew, The Talisman [Der Talisman]* (in Zusammenarbeit mit Viking) und *The Tommyknockers [Das Monstrum]* veröffentlicht. Erhältlich im Buchhandel.
• *New American Library* (kurz NAL) bringt King in Hardcover-, Paperback- und Taschenbuchausgaben (unter dem Signet-Label) heraus. Außerdem hat NAL King-Tonkassetten (die Saga vom Dunklen Turm) und Bücher *über* King auf den Markt gebracht, darunter *Stephen King: The Art of Darkness, Stephen King Goes to the Movies* und einige der Underwood-Miller-Sammlungen mit Artikeln über King. (Siehe Anhang 1: »Erhältliche Titel«.)
• *Viking,* Kings Stammverleger, hat *Christine, Cujo, The Dead Zone [Dead Zone – Das Attentat], Different Seasons [Frühling, Sommer, Herbst und Tod], The Eyes of the Dragon [Die Augen des Drachen], Firestarter [Feuerkind], It [Es], Misery [Sie], The Talisman [Der Talisman]* (in Zusammenarbeit mit G. P. Putnam's Sons), *The Dark Half [Stark], Four Past Midnight [Langoliers/Nachts]* und *Needful Things [In einer kleinen Stadt]* herausgebracht.

Kleinverlage

Alle nachstehenden Verlage bieten Informationsblätter oder Kataloge an.
• *Arkham House* (Sauk City, Wis. 53583).
• *Blood and Guts Press* (2076 Westwood Blvd., Los Angeles, Calif. 90025)
• *BGSU Popular Press* (Bowling Green State University, Bowling Green, Ohio 43403).
• *Dark Harvest* (P.O. Box 941, Arlington Heights, Ill. 60006).
• *Donald M. Grant, Publisher, Inc.* (P.O. Box 187, Hampton Falls, N.H. 03844). Der herausragendste Verleger Kingscher Bücher.
• *Hill House Publishers* (P.O. Box 1783, Grand National Station, New York, N.Y. 10163).
• *Land of Enchantment* (P.O. Box 5360, Plymouth, Mich. 48170).
• *Lord John Press* (19073 Los Alimos St., Northridge, Calif. 91326).

• *Phantasia Press* (5536 Crispin Way, West Bloomfield, Mich. 48033).
• *Philtrum Press* (P.O. Box 1186, Bangor, Maine 04401). Stephen Kings eigener Verlag.
• *Popular Culture, Inc.,* (P.O. Box 1839, Ann Arbor, Mich. 48106).
• *Scream Press* (P.O. Box 481146, Los Angeles, Calif. 90048).
• *Starmont House* (P.O. Box 851, Mercer Island, Wash. 98040).
• *Underwood-Miller* (708 Westover Dr., Lancaster, Pa. 17601). Der herausragendste Verlag für Bücher *über* King.
• *Whispers Press* (70 Highland Ave., Binghamton, N.Y. 13905).
• *Mark Ziesing* (P.O. Box 76, Shingleton, Calif. 96088).

Allgemeines

• *Horror Writers of America*, eine Organisation für professionelle Schriftsteller, die sich auf den Bereich der »Dark Fantasy« spezialisiert haben. Schreiben Sie an: Joseph A. Citro, 112 Hadley Rd., South Burlington, Vt. 05403, wenn Sie an näheren Informationen interessiert sind. (Ja, Stephen und Tabitha King sind Mitglieder.)
• *Special Collection of Stephen King Material,* richten Sie Anfragen an: Librarian, Special Collections, Raymond H. Fogler Library, University of Maine, Orono, Maine 04469.

Danksagung

Hiermit möchte ich all denen danken, die großzügig Zeit und Mühe auf sich genommen haben, um mir bei diesem Buchprojekt behilflich zu sein.

Besonders tief stehe ich bei meiner Frau Mary in der Schuld, die viele sowohl redaktionelle als auch schreibtechnische Arbeiten erledigt und darüber hinaus viele Einfälle beigesteuert hat, die das Buch verbessert haben. Ohne ihre Hilfe wäre das vorliegende Buch nie zustande gekommen.

Desgleichen bin ich Howard (»Rusty«) Wornom sehr verpflichtet, der mir unermüdlich behilflich war, dem Manuskript seine endgültige Form zu geben: er assistierte mir bei Interviews, steuerte Artikel und viele Einfälle bei, hat korrekturgelesen. Rustys editorische Spuren sind im ganzen Buch zu finden.

Timothy O'Shaughnessy verdient besondere Erwähnung für seinen künstlerischen Rat und seine unschätzbare Mithilfe.

Ebenfalls meine Dankbarkeit versichern möchte ich den Leuten bei Andrews und McMeel: Thomas Thornton, der mich überhaupt ermutigt hat, dieses Buch zu schreiben; Donna Martin, meine Lektorin, deren Kürzungen und Vorschläge das Manuskript entscheidend verbessert haben; Patty Dingus, die es irgendwie geschafft hat, bei den vielen Briefen, Päckchen, Anrufen und FAX-Übertragungen nicht den Überblick zu verlieren; Jean Lowe, die die Endredaktion überwacht hat; und Lisa Shadid, die »Hebamme« der Herstellung. Bei all meinen Freunden von Andrews und McMeel stehe ich tief in der Schuld.

Besonderen Dank schulde ich außerdem: Charlie Campo (Bibliothekar bei den *Bangor Daily News*) für Fotos, Mikrofilmkopien von Artikeln und Beistand bei meinen Besuchen in der Redaktion; Eric S. Flower (Chef des Special Collections Department der Fogler Library der University of Maine in Orono) für Anrufe, Briefe und persönliche Unterstützung während meiner Recherchen in der Bibliothek; Barry R. Levin für seine unschätzbare Hilfe bei den Preisangaben für Sammlerstücke; Paul Reynolds (Chefredakteur der *Bangor Daily News*), weil er mir großzügig gestattet hat, Fotografien und Auszüge von Artikeln aus der Zeitung von Kings Heimatstadt nachzudrucken; und natürlich Stephen King und seinen Angestellten und Assistenten: Shirley Sonderegger (Sekretärin), Christopher Spruce (Redakteur/Verleger des Nachrichtenblatts *Castle Rock*), Kirby McCauley (von der Agentur McCauley) und Arthur B. Greene, Kings literarischem Agenten.

Meinen Dank auch zahlreichen Personen und Organisationen, die auf mannigfaltige Weise unschätzbare Hilfestellung geleistet haben: Michael Autrey für bibliographische Informationen, Fotos und Exemplare einiger Veröffentlichungen; der Bangor Historical Society für verschiedene Forschungsmaterialien; Paul Burke für Rat und Unterstützung; May Castleberry (vom Whitney Museum) für Informationen über *My Pretty Pony;* Michael R. Collings für Rat und kritische Einsicht; Colleen Doran für Zuspruch und Ratschläge; Ted Ditky für Informationen und Exemplare der Bücher des Verlags Starmont; Donald M. Grant, der sich trotz seines übervollen Terminplans die Zeit genommen hat, seinen humoristischen Artikel über King zu überarbeiten; Karen und Pat Killough; Patrick Piper, Produzent der »Larry King Show«, für seine Genehmigung, aus den Interviews mit King zu zitieren; Martha J. Sims (Direktorin der öffentlichen Bibliotheken von Virginia Beach) für Hintergrundinformationen und Unterstützung bei der Rekonstruktion eines detaillierten Berichts über Kings Vortrag im Virginia Beach Pavillon; Sandy Spencer (von Recorded Books) für Kopien von Kings Audiokassetten und die Erlaubnis, aus einem Interview mit King zu zitieren; Carroll Terell (Professor der University of Maine in Orono) für persönliche Eindrücke und kritische Anmerkungen zu King; Michael und Audrey Whelan, die mir großzügig ihre Zeit geopfert und mir gestattet haben, sie zu interviewen und Bilder abzudrucken; und Herb Yellin (von Lord John Press) für Informationen über Kleinverlage, Rat und Zuspruch.

Besonders stehe ich bei all jenen in der Schuld, die mir Interviews gewährt haben: Clive Barker, Michael R. Collings, Harlan Ellison, Terry Steel, Michael und Audrey Whelan, Nye Wilden, Douglas E. Winter und Berni Wrightson.

Dank gebührt auch allen, die mir die Abdruckgenehmigung aus ihren Veröffentlichungen erteilt haben: John F. Baker (von *Publishers Weekly*), Dara Tyson (von *Waldenbooks*), Grace Darby (vom *New Yorker*), Fran Arminio (vom Verlag *Taunton Press*), Marcia Terrones (vom *Playboy*) und Avis Weatherbee (von *Cinefantastique*).

Darüber hinaus bedanke ich mich bei allen, die mir Kopien verschiedener Veröffentlichungen und Materialien geschickt haben: American Express, die Popular Press der Bowling Green University, Carolee Brockway (von ZBS Foundation), New American Library, der Abteilung für Öffentlichkeitsarbeit der University of Maine in Orono, und Stephen Spignesi.

Bei allen, deren Werk angefordert, aber nicht verwendet wurde, und bei allen, die eine Erwähnung verdient hätten, aber vergessen wurden, möchte ich mich in aller Form entschuldigen.

Newport News, Virginia — *George Beahm*

Über den Autor

George Beahm hat zwei Bücher über phantastische Kunst publiziert und ist der Verfasser von vier Sachbüchern. Als einer der Verantwortlichen von GB Publishing hat er zwei landeskundliche Bücher herausgegeben. Außerdem war er Verkaufsleiter eines Verlags.

George Beahm lebt mit seiner Frau Mary in Newport News, Virginia.

Rechtenachweis

Fotos mit dem Verweis *Bangor Daily News* werden mit freundlicher Genehmigung der Zeitung nachgedruckt.

Bilder werden mit freundlicher Genehmigung der jeweiligen Künstler nachgedruckt.

»Der Autor spricht – The Author Talks« sind Auszüge aus einem Interview, »The Author Talks: Stephen King«, Copyright © 1987 by Recorded Books, Inc. Nachdruck mit freundlicher Genehmigung. Aus dem Amerikanischen von Joachim Körber.

Auszüge aus dem Rundfunkinterview, das in der »Larry King Show« vom 10. April 1986 ausgestrahlt wurde, Copyright © 1986 by Mutual Broadcasting System, Inc. Alle Rechte vorbehalten. Aus dem Amerikanischen von Joachim Körber.

Die Welt des Stephen King – ein Autor wird vorgestellt

Zwei Briefe von »Stephen King« stammen aus »Letters to the Editors« in *National Lampoon,* September 1981 und Juli 1983. Aus dem Amerikanischen von Joachim Körber.

»*Playboy* Interview: Stephen King« erschien in *Playboy* (US-Ausgabe), Juni 1983. Nachdruck mit freundlicher Genehmigung des Playboy Magazin. Copyright © 1983 by *Playboy.* Deutsch erstmals in *Das Stephen King Buch,* herausgegeben von Joachim Körber. Copyright © der deutschen Übersetzung 1989 by Wilhelm Heyne Verlag. Aus dem Amerikanischen von Joachim Körber. Für die vorliegende Ausgabe geringfügig revidiert.

»Stephen King wird vorgestellt« (»Introducing Stephen King«) von Kelly Powell wird mit freundlicher Genehmigung der öffentlichen Bibliothek von Virginia Beach nachgedruckt. Aus dem Amerikanischen von Joachim Körber.

»Verbotene Bücher und andere Sorgen« (»Banned Books and Other Concerns«). Der Vortrag in Virginia Beach. Aus dem Amerikanischen von Joachim Körber.

»Stephen King als Breckenridge Elkins?« (»Stephen King as Breckenridge Elkins?«) von Donald M. Grant. Copyright © 1989 by Donald M. Grant. Aus dem Amerikanischen von Ute Thiemann.

»Ein Mädchentraum wird wahr« (»A Girl's Dreams Come True in Mansion Fit For Kings«) von Joan H. Smith erschien erstmals in *Bangor Daily News* vom 8. Dezember 1984, Nachdruck mit freundlicher Genehmigung. Aus dem Amerikanischen von Ute Thiemann.

»Schmiedeeisen« (»Wrought Iron«) von Terry Steel erschien erstmals in *Fine Homebuilding,* Oktober/November 1983, Nachdruck mit freundlicher Genehmigung von The Taunton Press Publishers. Aus dem Amerikanischen von Ute Thiemann.

Die Welt des Stephen King – der Autor und seine Leser

»Meine Meinung« (»My Say«) von Stephen King erschien in *Publishers Weekly* vom 20. Dezember 1985. Copyright © 1985 by The Xerox Corporation. Nachdruck mit freundlicher Genehmigung. Aus dem Amerikanischen von Joachim Körber.

»Ein Interview mit Michael R. Collings« (»Michael R. Collings: An Interview«). Copyright © by Michael R. Collings. Alle Rechte vorbehalten. Aus dem Amerikanischen von Ute Thiemann.

»Stephen King und die Kritiker: Einige persönliche Bemerkungen« (»Stephen King and the Critics: A Personal Perspective«) von Michael R. Collings. Copyright © 1989 by Michael R. Collings. Alle Rechte vorbehalten. Aus dem Amerikanischen von Ute Thiemann.

»Stephen King macht sich gegen das Zensur-Referendum stark« (»Stephen King Helps Spearhead Censorship Referendum«) von Christopher Spruce erschien erstmals in *Castle Rock,* Juli 1986. Nachdruck mit freundlicher Genehmigung. Aus dem Amerikanischen von Ute Thiemann.

»Clive Barker über Stephen King, Horror und E.C. Comics« (»Clive Barker on Stephen King, Horror and E.C. Comics«) besteht aus Kommentaren Barkers in der »Larry King Show«, die am 6. Mai 1987 und 11. Oktober 1988 gesendet wurden. Copyright © 1987/88 by The Mutual Broadcasting System, Inc. Alle Rechte vorbehalten. Aus dem Englischen von Joachim Körber.

»Ein Interview mit Harlan Ellison« (»Harlan Ellison: An Interview«) wurde von George Beahm und Howard Wornom geführt. Copyright © 1989 by Kilimanjaro Corporation. Alle Rechte vorbehalten. Aus dem Amerikanischen von Ute Thiemann.

»Terror in Toonstadt« (»Terror in Toontown«) von Howard Wornom. Copyright © 1989 by Howard Wornom. Alle Rechte vorbehalten. Aus dem Amerikanischen von Ute Thiemann.

Die Welt des Stephen King – die Bücher

»Die Bauchlandung des Stephen-King-Musicals am Broadway« (»Stephen King Musical Lays Eggs On Broadway«) von Dan R. Scaperotti erschien erstmals in *Cinefantastique,* Volume 19, 1/2 Copyright © 1989 by Cinefantastique. Aus dem Amerikanischen von Ute Thiemann.

»Liebe Kunden von Waldenbooks« (»Dear Walden People«) von Stephen King erschien erstmals in *Book Notes* von Waldenbooks, August 1983. Copyright © 1983 by Walden Book Company, Inc. Alle Rechte vorbehalten. Nachdruck mit freundlicher Genehmigung. Deutsch erstmals erschienen in *Angst. Gespräche über das Unheimliche mit Stephen King,* Edition Phantasia, 1989. Aus dem Amerikanischen von Joachim Körber. Für die vorliegende Ausgabe geringfügig revidiert.

»Der Filmkritiker Joe Bob Briggs zur Verfilmung von *Feuerkind*« (»A Review of *Firestarter*«) ist ein Auszug aus »Burned-Up NOW Bimbos Can't Hold A Candle to *Firestarter*«. Copyright © 1987 by Joe Bob Briggs, aus *Joe Bob Goes to the Drive-In,* Nachdruck mit freundlicher Genehmigung von Delacorte Press, einem Unternehmen der BANTAM, DOUBLEDAY, DELL PUBLISHING GROUP. Aus dem Amerikanischen von Ute Thiemann.

»Harlan Ellison über das Verfilmen von Büchern« (»Harlan Ellison's Watching«) erschien ursprünglich in *The Magazine of Fantasy and Science Fiction.* Copyright © 1984 by Kilimanjaro Corporation. Nachdruck mit freundlicher Genehmigung des Autors. Aus dem Amerikanischen von Ute Thiemann.

»ID« (»ID«) von Charles McGrath. Copyright © 1986 by Charles McGrath, erstmals erschienen in *The New Yorker,* 29. Dezember 1986. Nachdruck mit freundlicher Genehmigung. Aus dem Amerikanischen von Joachim Körber.

»Ein Lektor blickt zurück« (»An Editor's Reminescence«) von Mr. Nye Wilden. Copyright © 1989 by Nye Wilden. Alle Rechte vorbehalten. Aus dem Amerikanischen von Ute Thiemann.

»Gary Hart ist merkwürdig, genau wie dieser Film über Cornflakes-Kinder« (»Gary Hart is Strange and So Is This Movie About Cornflake Kids«) von Joe Bob Briggs. Copyright © 1987 by Joe Bob Briggs, aus *Joe Bob Goes To the Drive-In,* Nachdruck mit freundlicher Genehmigung von Delacorte Press, ein Unternehmen der BANTAM, DOUBLEDAY, DELL PUBLISHING GROUP, INC. Aus dem Amerikanischen von Ute Thiemann.

»Zwei Autoren beim Plausch (A Coupl'a Authors Sittin' Around Talkin) von William Goldstein erschien erstmals in *Publishers Weekly,* 11. Mai 1984. Copyright © 1984 by The Xerox Corporation. Nachdruck mit freundlicher Genehmigung. Aus dem Amerikanischen von Ute Thiemann.

»Stephen King: Ein Interview mit Waldenbooks« (»Stephen King: An Interview With Waldenbooks«) ist ein Auszug aus »WB Celebrates Halloween with an Exclusive Interview With the Scaremaster Himself ... Stephen King!« Das Interview wurde erstmals veröffentlicht in *WB,* November 1987. Nachdruck mit freundlicher Genehmigung aus *WB # 145,* a Waldenbooks Newsweekly. Aus dem Amerikanischen von Joachim Körber.